高等院校精品课程系列教材

计量经济学及其应用

ECONOMETRICS THEORY AND APPLICATION

|第4版|

主　编　杜　江
副主编　张伟科　李恒
参　编　田晓丽　刘诗园　贾　文

机械工业出版社
CHINA MACHINE PRESS

本书运用通俗易懂的语言，在深入浅出地介绍了计量经济学基本理论的同时，还强调理解、掌握和应用计量经济学的基本思想，并尽可能少地使用数学公式解释计量经济学的核心方法，帮助读者学会如何使用计量经济学软件分析解决现实的经济问题，是一本读了就会懂，懂了就会用，兼具理论性与实用性的优秀教材。此外，书中还设计了丰富的案例分析，涉及经济学、管理学、社会学、心理学等领域，为读者提供了运用EViews、Stata等软件分析现实中经济问题的有效方法，既实用又有趣。

本书适合作为高等院校经济、管理学专业本科生和硕士研究生的教材或相关专业教师的教学参考书，也适合作为具有一定数学、经济学和经济统计学基础的经济管理人员与研究人员的参考读物。

图书在版编目（CIP）数据

计量经济学及其应用 / 杜江主编 . -- 4 版 . -- 北京：机械工业出版社，2025.3. -- （高等院校精品课程系列教材）. -- ISBN 978-7-111-77724-3

Ⅰ．F224.0

中国国家版本馆CIP数据核字第2025VL1334号

机械工业出版社（北京市百万庄大街22号　邮政编码100037）
策划编辑：王洪波　　　　　　　　责任编辑：王洪波　章承林
责任校对：李荣青　张雨霏　景　飞　责任印制：单爱军
保定市中画美凯印刷有限公司印刷
2025年7月第4版第1次印刷
185mm×260mm · 24.25 印张 · 613 千字
标准书号：ISBN 978-7-111-77724-3
定价：69.00元

电话服务	网络服务
客服电话：010-88361066	机 工 官 网：www.cmpbook.com
010-88379833	机 工 官 博：weibo.com/cmp1952
010-68326294	金 书 网：www.golden-book.com
封底无防伪标均为盗版	机工教育服务网：www.cmpedu.com

前 言
PREFACE

"教书育人事业辉煌，敬业爱岗理想璀璨"是编写本书的精神支柱，我们从最初的编写到每版的修订也一直遵循和坚持"让人读了就会懂，懂了就会用，兼具理论性与实用性"的宗旨，第4版的修订也是如此。

本书继续保持第3版的逻辑框架。在修订过程中，再次吸纳了众多读者的反馈和建议，并借鉴同类书的优点，增删了部分内容，特别是对最为基础的第1篇做了一些更为详尽的表述，包括定性的语言描述和定量的数学推理，同时，更新了数据资料，力求案例分析更加贴近现实、紧跟时代，旨在为学生学习计量经济学提供更多的便利，既能让教授者把计量经济学讲得更加生动、通俗易懂，也能让学习者学习计量经济学更饶有兴趣、更为入神。

实际上，计量经济学是一门十分有趣的课程。乍一看，它似乎属于自然科学的范畴，而它实际上真正属于社会科学中的经济学科。面对经济活动中复杂且难以琢磨的现象，我们能够借助计量经济学提出很多研究设想，并通过计量方法和工具从这些设想中寻求合理的解决之道，能够解释经济活动中政府、企业和家庭等行为决策的内在逻辑，体现了社会现象、经济理论和事实证据的有机统一，会让人耳目一新、茅塞顿开。可以说，解决现实问题的需求推动了计量经济学的不断发展，计量经济学的发展为应用和解决问题提供了有效路径，理论与应用密切相关、互为促进。

计量经济学是一门集合运用数学、统计学和信息科学等多学科（工具）的课程，要求的知识面广。教学实践中，面对学生基础知识薄弱、课时少和先修课程尚未学习等问题，教授者不免在教学中会有许多困扰，我的观点是因材施教，做到简明扼要、通俗易懂，由浅入深，循序渐进。我要告诫学生的仍然是：要学好计量经济学，需要一把不可移动的板凳和一个充满智慧的大脑，像胡杨般坚韧，耐下心、坐得住，充满激情和动力，多思考、勤实践。待到将计量经济学运用自如时，学生对计量经济学的价值和意义的体会就会更加深切，从而产生学习热情，树立职业理想。

非常感谢诸位同人在本书第4版修订中的鼓励和帮助。感谢四川大学经济学院秦雨桐和曾妙博士研究生，以及胥钦、雍庆港、廖苓利、陈颜培等硕士研究生的助力。感谢四川大学经济学院邓国营教授、赵绍阳教授以及从事计量经济学教学的其他老师，你们的教学经验和建议极大地丰富了本书内容。感谢乐山师范学院经济管理学院吴耀国副教授，河南师范大学商学院宋跃刚副教授，四川农业大学经济学院邓鑫副教授，喀什大学经济与管理学院郭秋生、赵庆华、梁荣平、杨增增和陈黎老师，以及滇池学院商学院刘尧老师，正是你们的真知灼见和倾力相助使本书更具实用性。本书的编写和修订借鉴了很多素未谋面的学者的观点，也一并表示谢意。感谢喀什大学于海凤副教授对本书的语言修饰和文字校对，最后要谢谢机械工业出版社编辑们的悉心指导和辛勤付出。

水平有限，瑕疵难免，恳请再次斧正。

杜 江
2024年10月16日

教学建议
TEACHERING SUGGESTIONS

教学目的

本课程教学的目的在于让学生掌握计量经济学的基本知识和原理，主要包括经典假设下的计量经济学模型、放宽假设的计量经济学模型、联立方程模型的理论与应用，以及时间序列计量经济学模型及其应用四个部分，要求学生不仅要熟练掌握计量经济学的基础知识，能够运用计量经济学模型分析经济现象，还要能够熟练使用 EViews 软件完成相应的数据处理。

前期需要掌握的知识

微积分、线性代数、概率论与数理统计、微观经济学、宏观经济学等学科相关知识。

课时分布建议

教学内容	学习要点	课时安排 本科生	课时安排 硕士研究生
第 1 章 EViews 软件简介与数据处理方法	（1）了解 EViews 软件 （2）了解 EViews 软件中的数据分类 （3）了解数据获取途径以及如何将数据录入 EViews （4）掌握基于 EViews 软件的数据处理	3	2
第 2 章 Stata 软件简介与基本操作	（1）了解 Stata 软件 （2）了解如何将数据录入 Stata 软件 （3）掌握使用 Stata 软件进行数据处理的基本命令 （4）了解 Stata 软件的图形绘制	3	3

(续)

教学内容	学习要点	课时安排 本科生	课时安排 硕士研究生
第3章 最小二乘法及其应用	（1）掌握散点图的画法 （2）理解函数的形式与参数的经济意义 （3）掌握最小二乘法的思想 （4）掌握最小二乘法的 EViews 软件和 Stata 软件的实现方法	3	2
第4章 一元线性回归	（1）了解总体回归函数和样本回归函数的概念 （2）了解一元线性回归模型的基本假设以及最小二乘估计量的基本特征 （3）掌握判定系数的概念及其意义 （4）掌握参数显著性检验的概念及其意义 （5）了解点预测与区间预测 （6）掌握本章涉及知识点的 EViews 软件和 Stata 软件的实现方法	6	4
第5章 多元回归分析（一）	（1）了解多元回归模型概念及其假设 （2）掌握多元回归模型的参数估计方法 （3）理解判定系数和校正后的判定系数 （4）掌握多元回归模型的显著性检验 （5）了解多元回归模型的点预测和区间预测 （6）掌握本章涉及知识点的 EViews 软件和 Stata 软件的实现方法	6	4
第6章 多元回归分析（二）	（1）掌握虚拟变量的概念及其引入方式 （2）掌握虚拟变量的引入原则 （3）了解虚拟变量与 Chow 检验的联系与区别 （4）理解参数标准化的意义 （5）掌握参数标准化的方法 （6）掌握本章涉及知识点的 EViews 软件和 Stata 软件的实现方法	4	4
第7章 异方差性	（1）理解异方差性的概念、类型 （2）了解异方差产生的后果 （3）掌握异方差性的诊断方法 （4）掌握消除异方差的方法 （5）掌握本章涉及知识点的 EViews 软件和 Stata 软件的实现方法	4	4
第8章 序列相关性	（1）理解序列相关性的概念 （2）了解序列相关性产生的后果 （3）掌握序列相关性的诊断方法 （4）掌握消除序列相关性的方法 （5）掌握本章涉及知识点的 EViews 软件和 Stata 软件的实现方法	4	4

(续)

教学内容	学习要点	课时安排 本科生	课时安排 硕士研究生
第9章 多重共线性	（1）理解多重共线性的概念 （2）了解多重共线性产生的后果 （3）掌握多重共线性的诊断方法 （4）掌握消除多重共线性的方法 （5）掌握本章涉及知识点的 EViews 软件和 Stata 软件的实现方法	4	4
第10章 联立方程模型及模型识别	（1）了解联立方程模型的概念 （2）了解结构式模型和简约式模型，并掌握两者的转化过程 （3）了解联立方程模型识别的概念 （4）掌握联立方程模型识别的方法	3	2
第11章 联立方程模型的参数估计方法	（1）了解递归模型及其估计方法 （2）掌握 IV 估计法 （3）掌握 ILS （4）掌握 2SLS （5）掌握本章涉及知识点的 EViews 软件和 Stata 软件的实现方法	4	2
第12章 时间序列的平稳性及其检验	（1）了解平稳性的概念 （2）掌握平稳性检验的方法和步骤 （3）掌握本章涉及知识点的 EViews 软件和 Stata 软件的实现方法	4	2
第13章 单变量时间序列模型	（1）了解自回归（AR）模型 （2）了解移动平均（MA）模型 （3）掌握自回归移动平均（ARMA）估计方法 （4）掌握本章涉及知识点的 EViews 软件和 Stata 软件的实现方法	6	4
第14章 VAR 模型及其应用	（1）了解 VAR 模型的概念 （2）了解 VAR 模型的参数估计 （3）掌握脉冲响应函数 （4）掌握预测误差方差分解 （5）掌握 Granger 因果关系检验 （6）掌握本章涉及知识点的 EViews 软件和 Stata 软件的实现方法	6	4
第15章 协整与误差修正	（1）了解协整理论 （2）掌握 Engle-Granger（E-G）两步法 （3）了解 Johansen 检验的思想 （4）掌握误差修正模型 （5）掌握向量误差修正模型 （6）掌握本章涉及知识点的 EViews 软件和 Stata 软件的实现方法	6	4

(续)

教学内容	学习要点	课时安排 本科生	课时安排 硕士研究生
第 16 章 虚拟被解释变量模型	（1）了解线性概率模型步法 （2）掌握二元 logit 模型 （3）掌握本章涉及知识点的 EViews 软件和 Stata 软件的实现方法	6	4
第 17 章 面板数据模型	（1）了解面板数据模型 （2）了解混合、变截距和变系数模型 （3）掌握固定效应模型和随机效应模型 （4）掌握本章涉及知识点的 EViews 软件和 Stata 软件的实现方法	6	4
课时总计		78	57

说明

（1）标注的课时与相关内容仅供参考，主讲老师可根据教学特点灵活调整。

（2）EViews 软件和 Stata 软件的操作实训等可在课程中穿插进行，也可以专门设置特定的试验课程。

目录
CONTENTS

前　言

教学建议

绪　论　什么是计量经济学 ························· 1

为什么要学习计量经济学 ························· 1

如何学习计量经济学 ····························· 2

计量经济学的方法及步骤 ························· 2

思考与练习 ····································· 5

第1篇　经典假设下的计量经济学模型

第1章　EViews软件简介与数据处理方法 ············· 8

1.1　EViews 软件简介 ························· 8

1.2　数据分类 ······························· 9

1.3　数据获取 ······························ 11

1.4　数据处理（EViews）····················· 14

1.5　数据的统计特征 ························ 17

思考与练习 ··································· 21

第2章　Stata软件简介与基本操作 ················ 23

2.1　Stata 软件简介 ························· 23

2.2　数据录入和存储 ························ 26

2.3　数据处理（Stata）······················· 29

2.4　绘制图形 ······························ 35

2.5　其他命令 ······························ 38

思考与练习 ··································· 39

第3章　最小二乘法及其应用 ···················· 40

3.1　散点图 ································ 40

3.2　函数的形式与参数的经济意义 ············ 42

3.3　最小二乘法 ···························· 43

3.4　案例分析 ······························ 48

思考与练习 ··································· 51

第4章　一元线性回归 ·························· 53

4.1　传统假设下的一元线性回归模型 ·········· 53

4.2　一元线性回归模型的基本假设 ············ 56

4.3　最小二乘估计量的特征 ·················· 57

4.4　判定系数 ······························ 59

4.5　最小二乘回归的若干重要结论 ············ 62

4.6 参数显著性检验——t检验 …………… 63
4.7 预测 …………………………………… 65
4.8 案例分析 ……………………………… 67
思考与练习 ………………………………… 75

第5章 多元回归分析（一） ………… 78

5.1 多变量线性回归模型 ………………… 78
5.2 多元线性回归模型的若干假设 ……… 79
5.3 多元线性回归模型的参数估计 ……… 79
5.4 多元回归模型的拟合优度 …………… 83
5.5 多元线性回归模型的参数检验 ……… 85
5.6 多元线性回归模型的预测 …………… 87
5.7 案例分析 ……………………………… 88
思考与练习 ………………………………… 96

第6章 多元回归分析（二） ………… 100

6.1 带有虚拟变量的回归模型 …………… 100
6.2 参数的标准化 ………………………… 105
6.3 非标准线性模型的标准化 …………… 107
6.4 案例分析 ……………………………… 108
思考与练习 ………………………………… 117

第2篇 放宽假设的计量经济学模型

第7章 异方差性 ……………………… 122

7.1 什么是异方差性 ……………………… 122
7.2 异方差产生的原因和后果 …………… 123
7.3 异方差性的诊断 ……………………… 125
7.4 如何消除异方差 ……………………… 129
7.5 案例分析 ……………………………… 132
思考与练习 ………………………………… 151

第8章 序列相关性 …………………… 154

8.1 什么是序列相关性 …………………… 154
8.2 序列相关性产生的原因和后果 ……… 155

8.3 序列相关性的诊断 …………………… 157
8.4 如何消除序列相关性 ………………… 162
8.5 案例分析 ……………………………… 167
思考与练习 ………………………………… 179

第9章 多重共线性 …………………… 182

9.1 什么是多重共线性 …………………… 182
9.2 多重共线性产生的原因和后果 ……… 183
9.3 多重共线性的诊断 …………………… 186
9.4 如何消除多重共线性 ………………… 188
9.5 案例分析 ……………………………… 191
思考与练习 ………………………………… 199

第3篇 联立方程模型的理论及其应用

第10章 联立方程模型及模型识别 …… 204

10.1 联立方程模型的概念 ………………… 204
10.2 结构式模型与简约式模型 …………… 207
10.3 模型识别的定义、方法与应用 ……… 209
10.4 案例分析 ……………………………… 211
思考与练习 ………………………………… 213

第11章 联立方程模型的参数估计方法 … 215

11.1 OLS与递归模型 ……………………… 216
11.2 IV估计法 ……………………………… 216
11.3 ILS ……………………………………… 220
11.4 2SLS …………………………………… 221
11.5 案例分析 ……………………………… 224
思考与练习 ………………………………… 233

第4篇 时间序列计量经济学模型及其应用

第12章 时间序列的平稳性及其检验 … 238

12.1 时间序列数据的平稳性 ……………… 238
12.2 时间序列数据的平稳性检验 ………… 240

12.3 案例分析 ······ 243
思考与练习 ······ 250

第13章 单变量时间序列模型 ······ 253

13.1 AR模型 ······ 253
13.2 MA模型 ······ 257
13.3 ARMA模型 ······ 261
13.4 案例分析 ······ 264
思考与练习 ······ 276

第14章 VAR模型及其应用 ······ 278

14.1 VAR模型概述 ······ 278
14.2 VAR模型的估计 ······ 280
14.3 脉冲响应函数 ······ 283
14.4 预测误差方差分解 ······ 286
14.5 Granger因果关系检验 ······ 289
14.6 案例分析 ······ 291
思考与练习 ······ 303

第15章 协整与误差修正 ······ 304

15.1 协整理论 ······ 304
15.2 ECM ······ 311

15.3 VECM ······ 315
15.4 案例分析 ······ 318
思考与练习 ······ 331

第5篇 计量经济学的高级应用

第16章 虚拟被解释变量模型 ······ 334

16.1 线性概率模型 ······ 334
16.2 二元logit模型 ······ 336
16.3 案例分析 ······ 338
思考与练习 ······ 343

第17章 面板数据模型 ······ 344

17.1 什么是面板数据模型 ······ 344
17.2 固定效应模型 ······ 346
17.3 随机效应模型 ······ 348
17.4 Hausman检验 ······ 348
17.5 案例分析 ······ 349
思考与练习 ······ 358

附　录 ······ 361

参考文献 ······ 376

绪 论
INTRODUCTION

什么是计量经济学

计量经济学（Econometrics）是一门用于验证和测度的学科。它是一门运用数学、统计学和经济理论对经济现象进行定量分析的社会科学学科。社会科学与自然科学在研究过程中的主要区别就是前者没有实验作为基础，而后者的研究都可以通过实验来验证。在计量经济学出现之前，经济学的研究多处于理论分析的阶段，无法对理论分析的结果给出现实的证据；在计量经济学出现之后，经济学研究者开始采用客观的经济数据来对理论分析的结果进行验证，使得经济研究的结果更令人信服，一定程度上解决了社会科学研究缺乏实验验证的缺陷。可以说，计量经济学是以经济理论和经济现象中的数据事实为依据，通过构建数学模型来研究经济数量关系和规律的一门学科，具有社会科学属性，强调的是验证和测度。

为什么要学习计量经济学

计量经济学的功能是验证和测度，我们之所以要学习计量经济学就是因为现实生活中有许多经济现象需要进行验证和测度。西方经济学微观部分开篇就讲到需求定律，即在其他条件不变的情况下，一种商品的价格上升会引起该商品需求量的下降。根据生活经验，一种商品的价格上涨了，消费者可能不情愿购买，也可能负担不起，从而需求量就会降低。然而，在整个社会中，这种关系是否是成立的呢？某种商品的价格上涨一单位，需求量会降低多少呢？或者说某种商品的价格上涨1%，需求量会降低几个百分点呢（需求价格弹性）？这些都是单纯的理论分析无法回答的问题。

1928年，美国数学家柯布（Charles Cobb）和经济学家道格拉斯（Paul Dauglas）提出了著名的 C-D 生产函数，其数学表达式为

$$Y=AK^{\alpha}L^{\beta} \qquad (0\text{-}1)$$

式中，Y 表示生产部门的产出水平；K 和 L 分别表示资本和劳动的投入；α、β 表示资本与劳动的

产出弹性；A 表示效率系数，用于测度广义技术进步水平。

如果没有计量经济学就无法测度出以上参数的值，也无法测度出产出弹性的大小，进而无法衡量技术进步的水平。采用计量经济学，就可对经济变量进行定量分析，起到验证和测度的作用，使经济学的研究更为深入。

如何学习计量经济学

从计量经济学的定义可以看出，计量经济学是一门涉及数学、统计学和经济理论的学科。具体来讲，在学习这门学科之前应该掌握微积分、线性代数、概率论与数理统计、微观经济学、宏观经济学等基础知识。在学习的过程中，除了掌握计量经济学的知识要点之外，还应该跳出教材讲解的知识点，与现实经济现象联系起来思考。计量经济学是一门方法论学科，是一种研究工具，只有与现实经济现象联系起来思考才能发挥它的作用。学习计量经济学最大的目的不是单纯地了解这门学科，而是要学会使用这门学科分析和解决经济问题。所以，学习计量经济学就如同学习驾驶一样，要勇于实践。在学习的时候，应该大胆运用计量经济学这门研究工具，去解决一些现实经济问题。

计量经济学的方法及步骤

如果我们要用计量经济学去分析一种经济问题，该采取何种方法呢？在这里，我们以经典的单方程计量经济学模型为例，介绍采用计量经济学分析经济问题的方法。一般来说，采用计量经济学分析经济问题主要采用如下方法。

（1）通过理论分析建立理论假设。
（2）在理论假设的基础上构建计量经济学模型。
（3）收集样本数据。
（4）估计计量经济学模型的参数。
（5）模型的检验。

上述方法分别对应以下具体步骤。

第 1 步：理论分析与理论假设。

在分析一个经济问题时，首先要了解现有的经济理论是如何阐述这个问题的。如果现有的经济理论没有对其进行阐述，那么就应该对其进行合理推导以形成某种结论。比如，在宏观经济学中，凯恩斯的绝对收入假说下的消费理论认为居民消费水平受到可支配收入的影响，随着居民可支配收入的增加，居民的消费水平也在提高，但是，居民可消费支出的增长速度不及收入的增长速度。

第 2 步：构建计量经济学模型。

计量经济学是通过对模型参数的估计来达到验证和测度的效果的，因此，构建模型就是必需的步骤。计量经济学模型的构建主要包含选择变量，确定变量之间的数学关系，拟定待估参数的理论值。

计量经济学模型是由变量构成的，在单方程计量经济学模型中变量主要分为解释变量和被解释变量两种类型。例如，居民可支配收入影响了居民消费水平，因此，我们把居民可支配收入在理论假设中认为是解释变量，它解释了居民消费水平的变化；与此对应，居民消费水平就是被解释变量，它的变动被居民可支配收入解释，是由收入的变动引起的。我们在前面的理论分析中已经假设居民消费水平和可支配收入呈现正相关的关系，因此，它们之间的数学关系是一元线性关系（在无法较好给出理论假设的情况下需要借助散点图来观察变量之间的关系，在第2章有详细介绍）。我们在理论假设基础上，构建计量经济学模型

$$Y = \beta_0 + \beta_1 X + \mu_i \tag{0-2}$$

式中，μ_i 代表随机误差项（random error term），简称误差项（error term），式（0-2）中给定一个 Y_i 就有唯一一个 X_i 与之对应。然而，在现实当中两者并不是精确的函数关系，而是不确定的统计关系，因此，为了反映这种不确定性，在理论假设的基础上引入了随机误差项 μ_i。随机误差项的具体含义将在后面的相应章节给予解释和讨论。在估计这个模型之前，通过相关经济理论，我们预期，在通常情况下，$0<\beta_1<1$，在估计出参数 β_1 之后，结合这个理论预期就达到了验证的效果。同时也测度出了边际消费倾向的大小。

当然，也有特殊情况存在。在现实生活当中，对于某些消费个体而言，可能有的月份消费支出略微大于收入而有的月份则收支相抵后略有结余。那么，从统计意义上来讲，这些消费个体在一段时间内的平均消费支出水平应该恰好等于收入，也就是说 β_1 恰好是等于1的。这种情况即为我们生活中的"月光族"现象。

从式（0-2）中，可以提炼出计量经济学研究的经济关系具有两个特征。一是表现为因果关系，二是呈现出随机关系。

第3步：收集样本数据。

采用计量经济学方法进行实证分析离不开数据的收集。数据的数量和质量直接影响到实证分析的效果。一般来说，有三种数据可以用于实证分析。这三种数据的具体形式为：

（1）截面数据。
（2）时间序列数据。
（3）混合数据。

截面数据（cross-section data）是指对于某一经济变量相对于同一时间点上，来自不同个体的数据集合。例如，某一个年度，某个村落中的所有家庭的收入所构成的数据。

时间序列数据（time series data）是指某一经济变量，按照时间先后顺序排列，来自某一单独个体的数据集合。例如，某村落中的某个家庭，10年以来的收入所构成的数据。

混合数据（pooled data）是指时间序列数据和截面数据的组合。例如，某村落的所有家庭10年以来的收入构成的数据。在这组混合数据中，该村落中的某个家庭10年以来的收入构成了时间序列数据，而某一年所有家庭的收入构成了截面数据。在混合数据中，有一类特殊的数据叫面板数据（panel data），也称纵向数据（longitudinal data），指一个截面单位的跨期调查数据。例如，将上述村落中的所有家庭看作一个截面单位，调查所有家庭10年以来的收入水平所构成的数据。

第4步：计量经济学模型的参数估计。

参数估计是计量经济学的核心内容。在建立了计量经济学模型，并收集到模型所需要的所有数据后，就应该选择采用适当的方法来对参数进行估计。例如，我们需要对式（0-2）的参数 β_0 和 β_1 进行估计。参数估计是纯技术过程，包括对模型识别问题的研究、解释变量相关

程度的研究、估计方法的选择、计量经济学应用软件的操作等。常用的参数估计方法有普通最小二乘法（OLS）、加权最小二乘法（WLS）、间接最小二乘法（ILS）、二阶段最小二乘法（2SLS）等。

第5步：计量经济学模型的检验。

当模型的参数估计出来后，可以认为得到了一个计量经济学模型的初步结果。但它能否客观反映经济问题中相关经济变量之间的关系，能否具有指导作用，必须要通过对模型的检验才能决定。一般来说，对模型的检验主要分为以下五个方面。

（1）经济意义的检验。经济意义的检验即检验参数估计值的符号和大小是否符合应有的经济意义。例如，对于式（0-2），是否满足人们的理论预期 $0<\beta_1<1$。如果不满足，则需要找出原因并进行修正。

（2）统计检验。统计检验是采用统计理论来检验参数估计值可靠性的一种检验方法。例如，相对于式（0-2）中，假定估计得出 $\beta_1=0.47$，但我们并不能说明之前的理论假设得到了实证结果的验证。我们必须确保这一估计参数并非偶然的结果，才能真正相信这一估计结果。常用的统计检验有拟合优度检验、变量显著性检验和方程显著性检验等。

（3）计量经济学检验。计量经济学检验是从计量经济学理论出发的，主要检验模型的计量经济学性质是否符合计量经济学的相关假设。比如，随机干扰项是不是独立的，波动的幅度或程度是不是趋于一致的。最主要的检查标准有异方差检验、序列相关性检验和多重共线性检验。

（4）模型预测检验。模型预测检验主要检验估计值的稳定性以及相对于样本容量变化时的灵敏度，确定所建立的模型是否可以用于样本观测值以外的范围的预测，即模型的所谓超样本特性。具体方法如下：①利用扩大了的样本重新估计模型参数，将估计值与原来的估计值进行比较，并检验两者之间差异的显著性；②将所建立的模型用于样本以外某一时期的实际预测，比较预测值与实际观察值，然后检验两者差异的显著性。

（5）计量经济学模型的应用。经历并通过上述步骤之后，一个计量经济学模型的真正结果就建立起来了，它可以用于预测、结构分析和政策评价等目的。

预测是指利用现有样本数据以外的某些变量值，给出经济变量在未来时期中或其他空间上的预测结果值。

结构分析是指应用计量经济学模型对经济变量之间的关系做出定量的测度。

政策评价是指通过计量经济学模型仿真或模拟各种政策措施的效果，对不同的政策方案进行比较和选择。图0-1较为完整地反映了计量经济学模型的构建和分析过程。

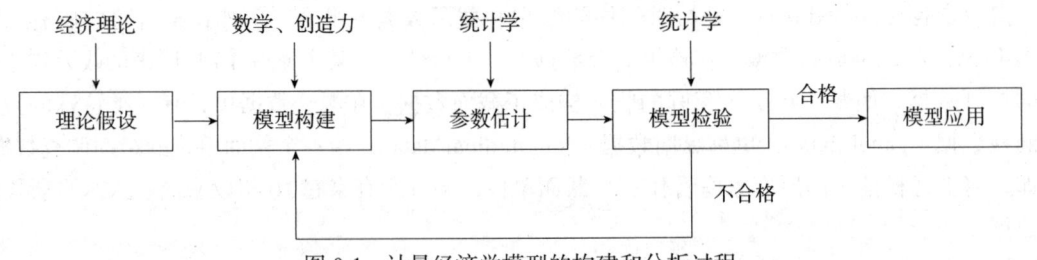

图0-1 计量经济学模型的构建和分析过程

从图0-1可以看出，计量经济学模型在建立过程中，体现了经济学、统计学和数学的结合。同时也可以看出"模型构建"在整个过程中处于枢纽地位，经检验不合格的模型需要重新构建，检验合格方可进入应用。在构建模型的过程中是离不开构建者的创造力的。

思考与练习

1. 请解释下列名词：计量经济学；被解释变量；解释变量；随机误差项；截面数据；时间序列数据。
2. 计量经济学的研究的对象和内容是什么？计量经济学模型研究的经济关系有什么基本特征？
3. 试结合一个具体经济问题说明建立与应用计量经济学模型的主要步骤。
4. 试说明时间序列数据和截面数据有哪些异同，并分别举出一组时间序列数据和截面数据。
5. 下列假想的计量经济模型是否合理？为什么？

    （1）$SC_t = 8300 - 0.24RI_t + 1.12FI_t$

    式中，SC_t 为第 t 年社会消费品零售总额（亿元），RI_t 为第 t 年居民收入总额（亿元）（城镇居民可支配收入总额与农村居民纯收入总额之和），FI_t 为第 t 年全社会固定资产投资总额（亿元）。

    （2）$C_t = 180 + 1.2Y_t$

    式中，C、Y 分别是城镇居民消费支出和可支配收入。

    （3）$\ln Y_t = 1.15 + 1.62\ln K_t - 0.28\ln L_t$

    式中，Y、K、L 分别是工业总产值、工业生产资金和职工人数。

    （4）$GDP = \alpha + \sum \beta_i GDP_i + \varepsilon$

    式中，GDP_i 是第 i 产业 $(i=1,2,3)$ 的国内生产总值。

6. 下列关系中，哪些是确定性关系？哪些关系具有不确定性？

    （1）销售额、销售数量与价格。
    （2）圆的面积和半径。
    （3）粮食产量与温度。
    （4）总成绩、数学成绩和语文成绩。
    （5）身高、地区、运动时间和饭量。
    （6）本期投资、上期收入和上期投资。
    （7）身高和体重。
    （8）距离、速度和时间。

第1篇 PART 1

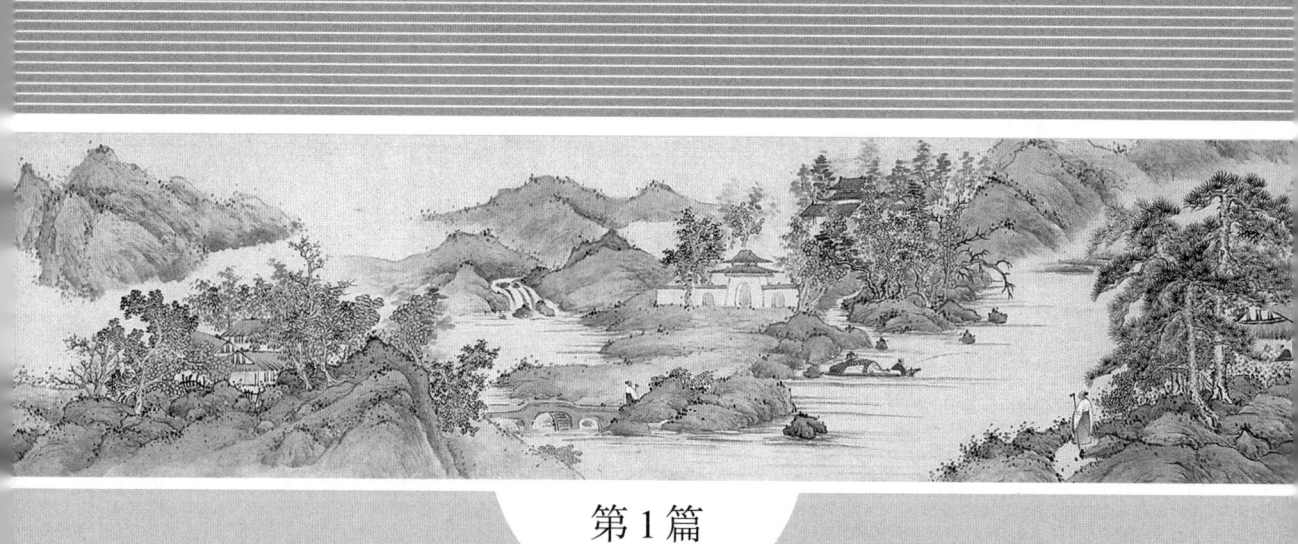

经典假设下的计量经济学模型

第1章　EViews软件简介与数据处理方法
第2章　Stata软件简介与基本操作
第3章　最小二乘法及其应用
第4章　一元线性回归
第5章　多元回归分析（一）
第6章　多元回归分析（二）

第1章
CHAPTER 1

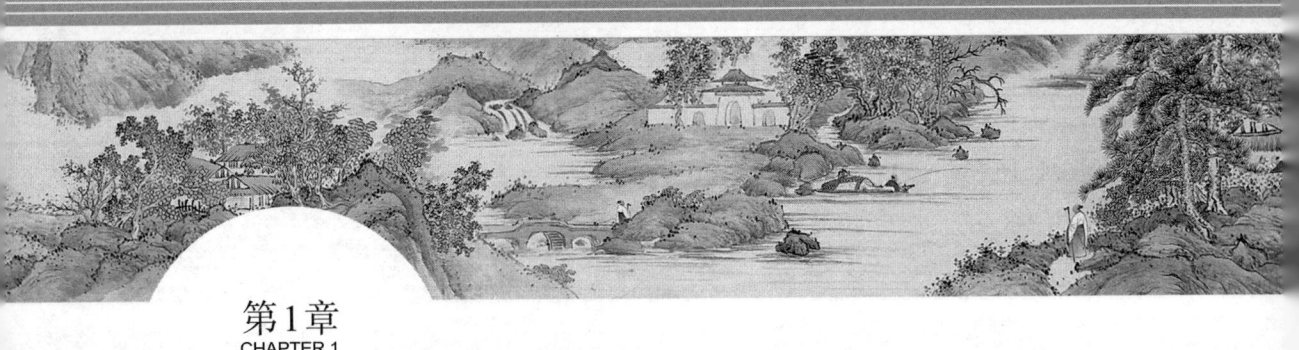

EViews软件简介与数据处理方法

采用计量经济学的方法来定量分析各种经济关系，其中涉及的计算过程非人力可及，除非是比较容易计算的。因此，计量经济学软件的使用就显得尤为重要，这从后面的章节中我们就会看到。虽然有很多计量分析软件，但 EViews 软件的使用更为普遍。EViews 的功能很强，在 Windows 操作系统下，可以实现对复杂数据的统计分析，进行计量经济学中的各种估计方法的参数估计和检验等。EViews 软件已经在社会科学，特别是经济学和管理学中被广泛使用。

1.1 EViews 软件简介

EViews 软件主要通过菜单实现人机对话，完成各种计量分析和处理工作，很适合不熟悉程序设计语言的使用者。同时，EViews 软件也带有很强的命令功能和程序设计语言，可以解决很多问题。本书主要以 EViews3.1 为基础，讲解它的使用方法。

1.1.1 EViews软件的启动

（1）方法1：在 Windows 操作系统的桌面下，单击"开始"按钮，然后选择"所有程序（P）"中的 EViews 执行程序软件。

（2）方法2：在"我的电脑"或"计算机"下，逐步进入 EViews 目录，选择 EViews 执行程序软件。

（3）方法3：如果桌面上有 EViews 执行程序图标，则双击该图标。

（4）方法4：如果存在已经建立的 EViews 文件，则直接双击该文件图标，进入类似于图 1-3 或图 1-8 的工作文件窗口。

当程序启动后，将显示如图 1-1 所示的 EViews 的主菜单窗口。这个窗口由 5 个部分组成：

标题栏、主菜单、命令窗口、工作区窗口、状态栏。白色区域是命令窗口，下面相邻的区域是工作区窗口。

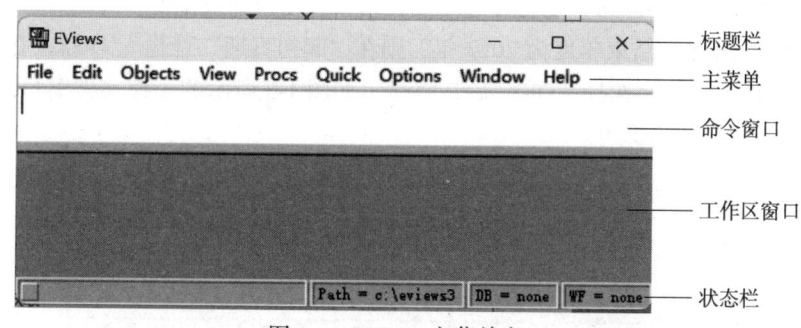

图 1-1　EViews 主菜单窗口

1.1.2　EViews软件的文件类型

EViews 软件可以处理 4 种类型的文件，这 4 类文件分别是工作文件（Workfile）、程序文件（Program）、数据库文件（Database）和文本文件（Text）。本书在后面的软件应用中主要针对工作文件展开讲解。如果读者喜爱程序设计的话，也可采用程序文件。

EViews 软件的核心是对象（Object）。对象是指具有关联的信息组织在一起的单元，主要对象有：样本区间（Sample）、序列（Series）、方程式（Equation）、图形（Graph）、序列组或群（Group）、向量（Vector autoregression，VAR）等。这些对象所组成的集合构成了一个工作文件。实际的工作文件中，也许包含了所有不同类型的对象，也许包含了部分对象。

1.2　数据分类

1.2.1　选择数据类型

EViews 软件主要针对的是数值型数据。在使用 EViews 软件时，如果不存在所要处理的工作文件，就需要建立新的工作文件。建立新工作文件的步骤是：在主菜单下，选择 File/New/Workfile，然后将看到如图 1-2 所示的对话框。

在图 1-2 所示的对话框中，要分析处理的数据频率（freqency）有 8 种选择，分别是年度数据（Annual）、半年度数据（Semi-annual）、季度数据（Quarterly）、月度数据（Monthly）、周度数据（Weekly）、类似于股市的 5 日制数据（Daily[5 day weeks]）、商业企业的 7 日制数据（Daily[7 day weeks]），以及无规则或截面数据（Undated or irregular）。对时间序列而言，就是指跨期的时间间隔。如果样本观测值是频率较低的年度数据，也可选择年度数据。

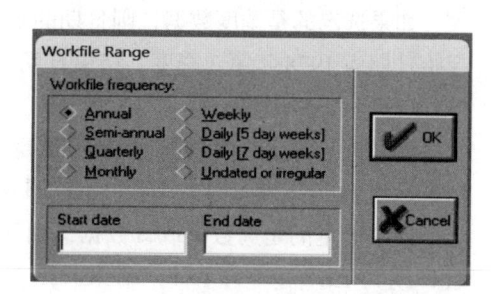

图 1-2　建立新工作文件对话框

当数据频率选定后，则要输入样本范围，可在"起初日期"（Start data）处输入起初日期，"结束日期"（End data）处输入结束日期。

如果选定年度数据，则起初日期为开始年度，结束日期为结束年度。假定有一组时间序列数据的起始年度为 1978 年，结束年度为 2023 年，则在"起初日期"处输入 1978，在"结束日期"处输入 2023。当输入完毕，选择"OK"后，将显示如图 1-3 所示的工作文件窗口。当然，读者在实际操作中按照需要设定即可。

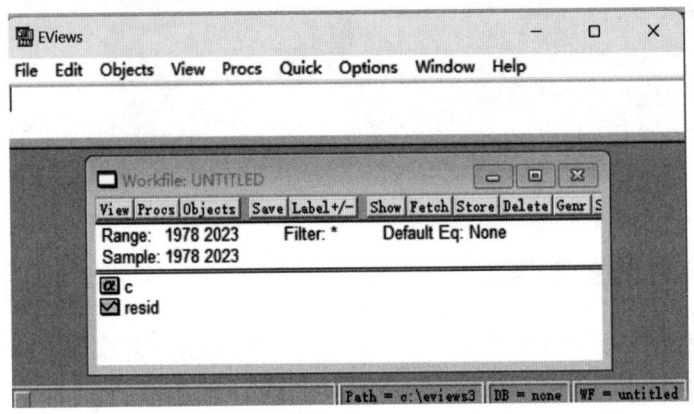

图 1-3 工作文件窗口

在图 1-3 所示的工作文件窗口中，"c"为系数向量，也就是后面所要讲到的回归模型中的参数估计值构成的向量，"resid"代表残差，是指回归分析中的样本实际值与估计值之差。它们将随着不同回归模型而发生变化，这一点尤其需要注意，若后续要用到当前的残差的话，可把当前的先保存起来。有兴趣的话，单击看看，若是新工作文件，"c"中的默认值为 0，"resid"中的默认值为 NA；若不是新工作文件，且做过回归估计，就会呈现出具体的数值。

如果选定的是半年度数据，则日期的表示格式为年度:1 或 2。若为上半年，则为 1，否则为 2。例如，若起始日期为 1978 年下半年，结束日期为 2023 年上半年，则在"起初日期"输入 1978:2，在"结束日期"输入 2023:1。

如果选定的是季度数据，则日期的表示格式为年度:季度。第 1 季度为 1，依此类推。例如，起始日期为 1978 年第 3 季度，结束日期为 2023 年第 2 季度，则在"起初日期"输入 1978:3，在"结束日期"输入 2023:2。

如果选定的是月度数据，则日期的表示格式为年度:月份。例如，起始日期为 1978 年 7 月，结束日期为 2023 年 6 月，则在"起初日期"输入 1978:7，在"结束日期"输入 2023:6。

如果选定的是周数据或日数据，则起始日期和结束日期的表示格式为月:日:年。例如，起始日期为 1978 年 7 月 1 日，结束日期为 2023 年 6 月 30 日，则在"起初日期"输入 7:1:1978，在"结束日期"输入 6:30:2023。

注意：有些版本的 EViews 软件的数据起初日期和结束日期格式中，":"也用"/"代替。

1.2.2 创建数据对象

对象是由相关联的信息组织在一起的单元，每个对象都包含与特定分析领域有关的信息。例如，序列对象（Series）和矩阵对象（Matrix-Vector-Coef）主要包含数值方面的信息，而方程对象（Equation）、向量自回归对象（系统中用"VAR"表示）和系统对象（System）除了含有数值方面的信息外，还包含了估计结果方面的信息。

在建立各种对象之前，必须使工作文件处于激活状态，然后在图1-3所示的窗口下选择"Objects/New Object"，将出现如图1-4所示的对话框，之后，在"对象类型"（Type of Object）中选择所要建立的对象，在"对象名称"（Name for Object）处输入名称，单击"OK"即可完成了对象的建立，该对象名称就会出现在工作文件窗口中。

建立数据对象有如下三种方法。

（1）方法1。在如图1-4所示的对象选择对话框中，选择"序列对象"（Series），在"对象名称"（Name for Object）处输入名称，如命名为X，单击"OK"即可。

（2）方法2。在主窗口下，选择"Quick/Generate series"，或工作文件窗口下，选择工具条上的"Genr"，然后，在出现的方程式对话框（Enter equation）中键入对象名称，如X，单击"OK"即可，即使没有具体的方程式。如果有具体的方程式，则不仅建立了数据对象，还给出了这个数据对象的具体数据。

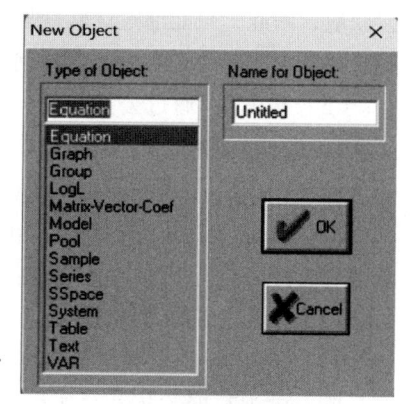

图1-4 对象选择对话框

（3）方法3。在主窗口下，选择"Quick/Empty Group"（Edit Series），之后，在对应的组窗口下，在"obs"所对应的行上，依次输入序列名称X和Y。具体操作可参考数据录入部分的介绍。

在EViews软件中，所有的变量名称和对象名称，包括文件名称，都必须采用以英文字母开头，后面可以是字母，也可以是数字，英文字母大小写都可以，目前不支持中文。需要注意的是，变量名称不能与软件中预设的函数名相同，否则系统会提示出错。

1.3 数据获取

一项计量经济研究结果的准确性和科学性，取决于数据的数量和质量。数据的数量表现在数据多；数据的质量体现在特征明确，数据真实，数据是随机抽取的，不能带有选择性的倾向。我们研究任何一种经济现象或关系，必然涉及某些个体的特征，可以用变量来表示，用数据具体描述。例如，居民收入与消费之间的关系，就涉及居民的收入水平和消费支出，居民收入水平用PGDP表示，消费支出用PC表示。但为了用数据进行具体描述，就必须有获得数据的方法，然后将这些数据整理、录入。

1.3.1 数据的获取方法

（1）方法1：通过调查与试验获取数据。数据获取方法可以分为调查方法和试验方法。如果是有限总体，则可以通过普查和抽样调查获取样本数据。如果是无限总体，则只能采取抽样调查获取样本数据。

凡是不对被调查对象数据施加任何约束，进行直接调查的，相应数据被称为观测数据。观测数据是众多因素共同作用的结果。例如，以农业为主的农民的收入会受到许多因素的影响，这些因素主要包括气候、自然灾害、产品品种、市场需求等。

若是在数据的获取过程中，对数据产生的条件实施了约束，则所得到的数据被称为试验数据。这种数据通常是单一因素作用的结果。例如，在现实经济活动中，企业的诚实报税率无法直接获取，因此，只能通过试验获取。这是因为受法规的限制，企业无法真实地、大幅度地随意改变税率，由此导致我们无法观测到税率变化条件下的企业的诚实报税率。

（2）方法2：通过公开发布的出版物获取数据。很多数据都以出版物的形式公开发布，因此，可以通过这些出版物直接获取所需数据。例如，全面反映中国经济发展状况的《中国统计年鉴》，反映中国对外贸易发展水平的《中国经济贸易年鉴》和《中国海关统计年鉴》，反映中国金融发展状况的《中国金融年鉴》，还有反映世界各国地区经济状况、考察世界经济发展动向、追踪世界各经济行业发展状况的《世界经济年鉴》，以及反映行业发展水平的各种统计年鉴和反映区域经济社会发展的区域性统计年鉴。

（3）方法3：通过各种数据库获取数据。目前，互联网为研究者或读者提供了大量翔实的数据，既有微观数据，又有宏观数据。我们可以充分利用各种数据库，下载最新或历史数据。例如，中华人民共和国国家统计局官网（http://www.stats.gov.cn），中国经济信息网（http://www.cei.gov.cn），世界银行集团官网（www.worldbank.org），国际货币基金组织官网（www.imf.org），国际贸易组织官网（www.wto.org），国泰安（CSMAR）数据库，万得数据库（https://www.wind.com.cn）等。

1.3.2 数据录入

为了在 EViews 软件下，运用获取后的数据进行各种统计分析和计量分析，就必须将数据录入 EViews 软件中。

假定存放在 Excel 文件的数据如图 1-5 所示，数据录入方法主要有下面几种。

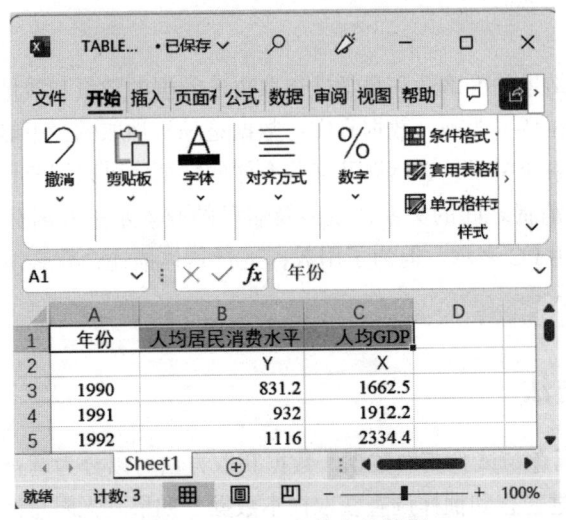

图 1-5 Excel 文件中的数据

（1）方法1：键盘录入。在主菜单下，选择"Quick/Empty Group"（Edit Series），将出现图 1-6 所示的数据录入窗口。然后，按先后顺序将鼠标键置于"obs"所在行的各列处后单击左键，录入数据的变量名称，即序列对象名称，例如，Y。紧接着，在变量名字对应列录入数据。如果录入数据后，没有给出变量名，则会按序默认为变量名 SER××，其中，×× 为顺序号。

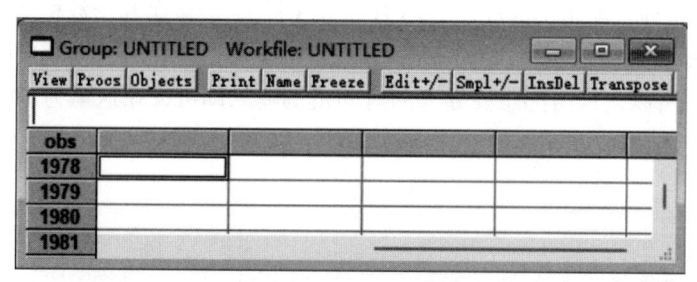

图 1-6 数据录入窗口

（2）方法 2：复制粘贴。如果数据在其他文档中，可在其他文档的管理中先进行复制，然后选择 EViews 软件主菜单中的"Edit/Paste"，把数据复制到图 1-6 所示的对应的变量名下。另外，也可把图 1-5 所示的变量名和数据一起复制，然后粘贴于"obs"旁，这样就不需要再录入变量名了。

（3）方法 3：文件导入。事实上，大多数数据都存在 Excel 文件中，我们可以把 Excel 的数据导入 EViews 工作文件中。在主菜单下，选择"File/Import/Read Text-Lotus-Excel"，或在图 1-3 所示的工作文件窗口下，选择"Procs/Import/Read Text-Lotus-Excel"，然后，在目录中找到包含所需数据的 Excel（.xls）文件，单击后出现如图 1-7 所示的对话框。

图 1-7 Excel 文件数据导入对话框（1）

在"数据排列方式"（Order of data）中，选择 Excel 文件中的数据排列方式是按列（In columns）还是按行（In rows）。在"数据起始位置"（Upper-left data cell）或左上角位置中，输入所需数据在 Excel 文件中左上角的起始单元格，默认位置是 B2，即 B 列的第 2 行。在"变量名和变量个数"（Names for series or Number of series if names in file）中，按序输入工作文件中的变量名。在"导入样本范围"（Sample to import）中，输入把 Excel 的数据要导入 EViews 工作文件中的什么范围（样本区间）。

根据文件导入方法，如图 1-8 所示，将给出把图 1-5 所示的在 Excel 文件（TABLE3-1.xls）中保存的数据如何导入 EViews 工作文件中，该文件数据将在第 3 章的表 3-1 中详细列出。在数据排列方式中选择按列，起始位置选择 B3（B 列第 3 行），变量名和个数栏中输入：Y X。注意：变量间要用空格分隔，要与 Excel 文件图列一致。因为样本范围栏会自动生成图 1-7 所示的 1978 2023 的时间区间，所以，只需把想要导入的时间范围输入即可，在这里为 1990 2022。确认后，数据就导入了 EViews 工作文件中。

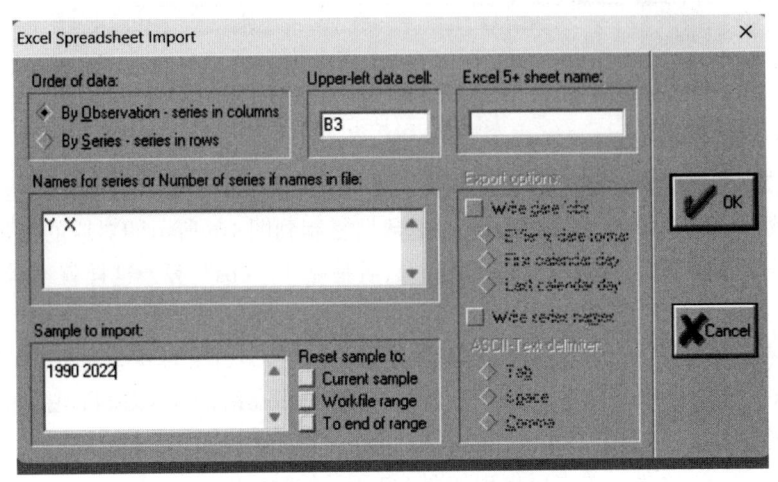

图 1-8　Excel 文件数据导入对话框（2）

从图 1-9 中可明显看出，与图 1-3 相比，多出了序列对象"x、y"，显示了在数据导入时，也建立了新的序列对象。

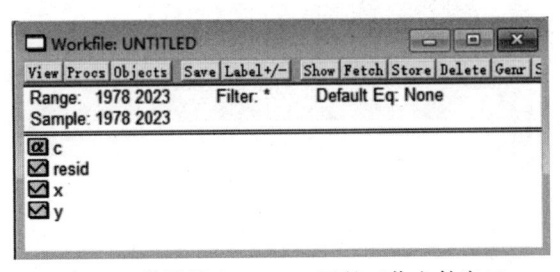

图 1-9　数据导入 EViews 后的工作文件窗口

1.4　数据处理（EViews）

在 1.3 节的数据获取和数据录入中，只是提到了获取数据的方法和手段，把数据录入了工作文件中。也许这些数据中的有些数据并不能直接应用，需要进行必要的加工和处理，转换为真正能够用于分析的数据。常用的方法是用公式生成新的数据。

1.4.1　用公式生成新数据

用公式生成新数据，就是使用数学公式对 EViews 工作文件中已经有的变量或序列进行变换。

例如，如果需要变量 Y 的自然对数，则采用函数
$$\ln Y = \log(Y)$$
于是生成了一个新的变量或序列 $\ln Y$。

对于这种变换，在 EViews 软件中，可在主菜单下，选择"Quick/Generate series"，或选择工作文件窗口中的工具条上的 Genr，弹出如图 1-10 所示的对话框后，在"方程式"（Enter equation）对话栏中键入等式"$\ln Y = \log(Y)$"即可。还可以在"命令框"中键入：GENR $\ln Y = \log(Y)$，然后按回车键。注意：无论哪种方式输入的数据，当需要修改时，双击选中的序列对象名称，或在主菜单下，选择"Quick/show"，或工作文件窗口的工具条上的"show"。输入序列对象名称后，进入序列窗口或主窗口，通过单击"Edit+/-"按钮，切换编辑状态，当处于可编辑状态时，可对数据进行修正，也可以通过单击"InsDel"按钮，确定是插入数据还是删除数据。

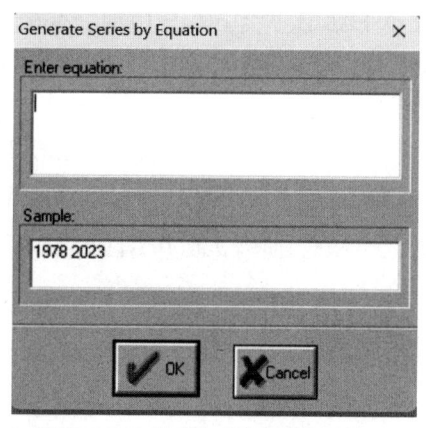

图 1-10 公式生成新数据对话框

又如，我们需要某个金融资产的收益率，假定该金融资产以绝对价格标记的本期价格为 P_t，上期价格为 P_{t-1}，则该金融资产的对数收益率为
$$g_t = \log \frac{P_t}{P_{t-1}}$$
这样，就产生了一个新的变量或序列 g_t。而这个变量 g_t 涉及先行指标和滞后指标。

EViews 软件针对有先行指标和滞后指标的变量，在该变量的后面引入了一对小括号，括号内的数字表示滞后期数或先行期数，若为负，则表示滞后，若为正，则表示先行。与前面的操作相同，在进入图 1-10 的对话框后，只要在方程式对话栏中键入等式：$g = \log(P / P(-1))$ 或 $g = \log(P) - \log(P(-1))$。就可以生成新序列，命名为 g。当然，先要定义变量名 P，还要保证有数据。

需要注意的是，如果工作文件中已经存在类似于 $\ln Y$ 和 g 的变量名，则用公式生成新数据将会替代原始数据，使原始数据丢失，这点需要特别谨慎。

1.4.2 EViews软件中公式的运算符和函数功能

表 1-1 所示的是常用的运算符号和功能。

表 1-1 常用的运算符号和功能

运算符号	功能	运算符号	功能	运算符号	功能
+	加	>	大于	<=	小于或等于
-	减	<	小于	>=	大于或等于
*	乘	=	等于	AND	与
/	除	<>	不等于	OR	或
^	乘方				

在 EViews 软件中，除了通常意义下的变量外，也可以使用逻辑变量，这些变量有真和假两种结果，用 1 表示真，用 0 表示假。同样，可以通过使用逻辑运算符 AND 与 OR 表述较为复杂的逻辑运算。例如，在图 1-10 的方程式对话栏中键入"$Z = X<30$ AND $Y>=10$"，就可以实现当 X 小于 30 且 Y 大于等于 10 时，变量 Z 的值赋为 1，否则为 0。

表 1-2～表 1-4 列出了一些常用的函数及其功能，其他函数没有在本书中列出，可参考相关文献。

例如，若我们要生成一个趋势变量 T，就可以利用函数 @TREND(d)。如果 EViews 的工作文件中的样本区间为 1978～2023，当表达式 T = @TREND(d) 的 d 取 1978 时，T 的观测值依次为 0,1,2,…,45，而当 d 取 1977(1979) 时，则 T 的观测值依次为 1,2,3,…,46 ($-1,0,1,…,44$)。把表达式 "T = @TREND (d)" 输入图 1-10 的方程对话框中，就等价于既定义了变量名 T，又录入了序列 T 的观测值。

表 1-2　生成新变量的常用函数及其功能

函数	功能
$D(X)$	变量 X 的 1 阶差分，即 $X - X(-1) = \Delta X$，是变量 X 的变动量
$D(X,n)$	变量 X 的 n 阶差分，如 2 阶差分 $D(X, 2)$……
LOG(X)	变量 X 的自然对数
DLOG(X)	变量 X 的自然对数的 1 阶差分，即变量 X 的对数增长率
EXP(X)	e^X，即 e 的 X 次幂
SQR(X)	变量 X 的平方根，即 $\sqrt{X}$
ABS(X)	变量 X 的绝对值，即 $|X|$
@TREND(d)	生成以 d 期开始的相对期数为 0 起始的时间趋势变量
@SEAS(d)	生成季节虚拟变量。当第 d 季度时，取值为 1，否则为 0

表 1-3　与描述统计相关的常用函数及其功能

函数	功能
@MAX(X)	变量 X 的最大值
@MIN(X)	变量 X 的最小值
@SUM(X)	变量 X 的和
@MEAN(X)	变量 X 的均值
@VAR(X)	变量 X 的方差
@SUMSQ(X)	变量 X 的平方和
@OBS(X)	变量 X 的样本观测值个数

（续）

函数	功能
@COV(X,Y)	变量 X 与变量 Y 的协方差
@COR(X,Y)	变量 X 与变量 Y 的相关系数

表 1-4　与回归方程相关的常用函数及其功能

函数	功能
@R2	判定系数 R^2 的值
@RBAR2	调整后的判定系数 $\bar{R}^2$ 的值
@SE	回归的标准误差，即随机误差项的标准差
@SSR	残差的平方和
@DW	杜宾统计量的值
@F	F 统计量的值
@MEANDEP	被解释变量的平均值
@SDDEP	被解释变量的标准差

很显然，表 1-3 和表 1-4 所示的函数给出的结果是一个具体的数值。对于与回归方程相关的函数，如果只关心当前的（最后一次）回归方程的有关结果，则可以直接应用表 1-4 中的相关函数来获取。而如果关心以往的其他回归方程的有关结果，则需要在相应函数的 @ 前冠以原方程名再加一个英文句号"."（如果以往的方程存在的话）。

例如，在第 7 章讲解 Goldfeld-Quandt 异方差检验时，需要知道两段回归的残差的平方和，假定第 1 段的回归方程名为 EQU1，第 2 段的回归方程名为 EQU2，则第 1 段的残差平方和采用函数

$$\text{EQU1.@SSR}$$

第 2 段的残差平方和采用函数

$$\text{EQU2.@SSR}$$

需要注意的是，上述函数的熟练应用是建立在边学习边操作的基础之上的。

1.5　数据的统计特征

在第 1.4 节，我们只简单地提到了如何利用函数获取包括均值、方差、协方差等描述性统计量的方法。本节将阐述如何利用 EViews 软件的各种窗口下的操作，来获取这些统计量，以及其他的应用方法。

1.5.1　单变量的描述性统计量

在如图 1-9 所示的 EViews 工作文件窗口下，选择一个序列后进入序列窗口，例如，选择序

列 X。单击序列窗口栏中的 "View" 键，将出现如图 1-11 所示的下拉菜单，总共有 11 项。其中，在计量经济学中经常用到描述性统计量及其检验的有 2 项，这两项是 "描述性统计量"（Descriptive Statistics）和 "平稳性检验"（Unit Root Test）。平稳性检验将在第 12 章中讨论。

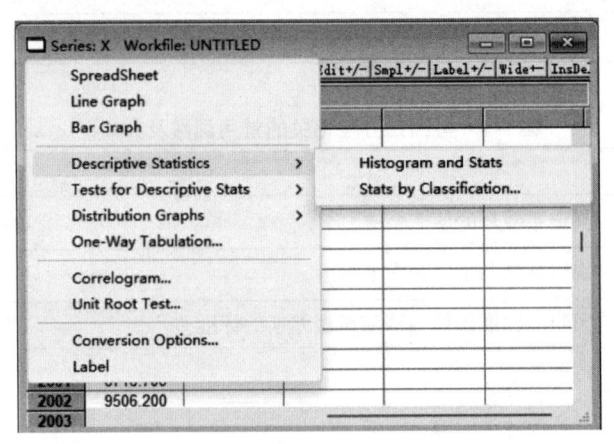

图 1-11　单变量描述性统计量下拉菜单

1. 单变量描述性统计量

当选择 "View/Descriptive Statistics/Histogram and Stats" 后，就会出现如图 1-12 所示的序列 X 的直方图和描述性统计量。

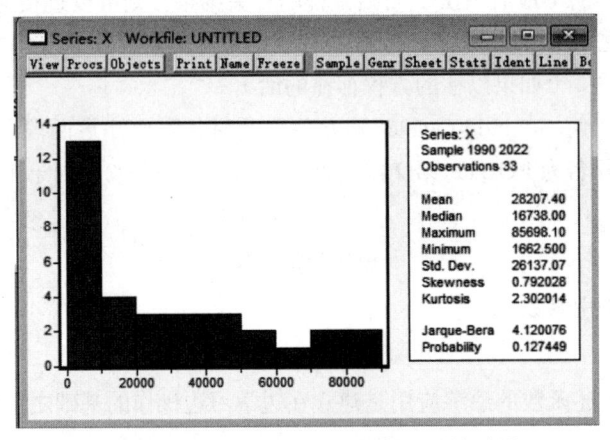

图 1-12　序列 X 的直方图和描述性统计量

在图 1-12 所示的直方图中，显示了序列 X 的数据的频率分布。这个直方图把序列 X 的极差（最大值与最小值之差，也称为全距）按相等的组距进行了划分。

在图 1-12 所示的描述性统计量中，主要包括平均值（Mean）、中值（Median）、最大值（Maximum）、最小值（Minimum）、标准差（Std.Dev.）。其中，标准差的计算公式为

$$s = \sqrt{\frac{\sum_{t=1}^{n}(X_t - \bar{X})^2}{n-1}}$$

式中，X_t 表示第 t 个样本观测值，$\bar{X}$ 表示样本的平均值，n 表示样本观测值的数目。

2. 分组描述性统计量

当选择"View/Descriptive Statistics/Stats by Classification"后，将弹出如图 1-13 所示的对话框。通过这个对话框，可以实现序列不同属性的样本的描述性统计量。换句话说，可以实现把指定序列按照不同属性或范围划分为几个子序列，然后分别计算每个子序列的描述统计量。

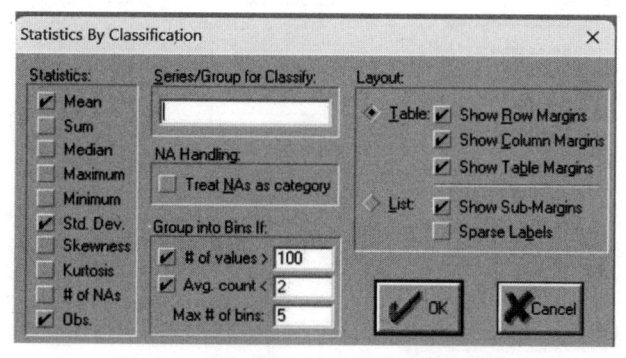

图 1-13 分组描述性统计量选择对话框

在图 1-13 的"统计量"（Statistics）选项中，可以选择要显示的统计量，主要包括观测样本的平均值、和（Sum）、中值、最大值、最小值、标准差；在分类序列或序列群中，直接输入要用于分类的序列名，或序列组名（序列组之间用空格分开），在 bins 选项中输入分组的组数，这样就可以把一个序列划分为若干个子序列。选择完毕确认后就可以得到所需要的结果。

例如，在统计量选项中，选择平均值、中值、最大值、最小值与标准差，在序列或序列群中，直接输入变量 X，其他选项保持默认值（组数值为 5），确认后得到如图 1-14 所示的结果。

图 1-14 分组描述性统计结果

1.5.2 多变量的描述性统计量

在如图 1-9 所示的 EViews 工作文件窗口下，选择一个序列组对象（群对象）进入序列组对象窗口。或者，在工作文件窗口下，按住 Ctrl 键，选择所要分析序列，形成一组序列（至少两个序列），然后作为序列组对象打开，进入序列组对象窗口。

单击序列组窗口栏中的“View”键，将出现如图 1-15 所示的下拉菜单。其中，在计量经济学中经常用到的描述性统计量及其检验的有：描述性统计量（Descriptive Stats）、方差与协方差（Covariance Analysis）、单位根检验（Unit Root Test）、协整检验（Cointegration Test）和因果关系检验（Granger Causality）。其中，因果关系检验和协整检验将分别在第 14 章和 15 章中专门讲解。

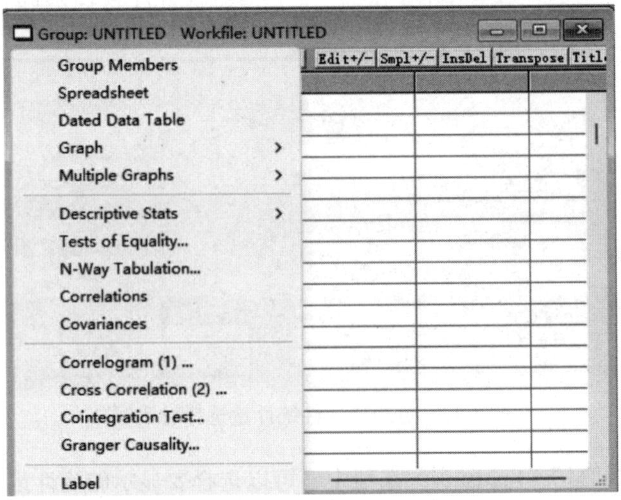

图 1-15 多变量的分析选择下拉菜单

当选择“View/Descriptive Stats/Common Sample”后，与单个序列的描述性统计一样，就会得到平均值（Mean）、中值（Median）、最大值（Maximum）、最小值（Minimum）、标准差（Std. Dev.）等描述性统计量，如图 1-16 所示。在这种选择下，要求所有的序列都具有同样多的样本观测值。

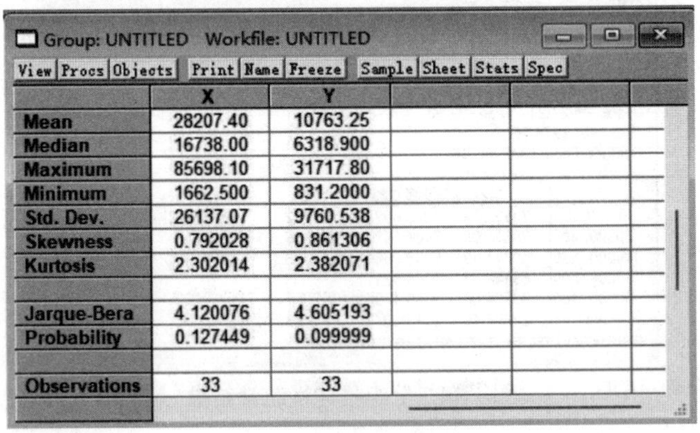

	X	Y
Mean	28207.40	10763.25
Median	16738.00	6318.900
Maximum	85698.10	31717.80
Minimum	1662.500	831.2000
Std. Dev.	26137.07	9760.538
Skewness	0.792028	0.861306
Kurtosis	2.302014	2.382071
Jarque-Bera	4.120076	4.605193
Probability	0.127449	0.099999
Observations	33	33

图 1-16 多变量描述性统计

当选择“View/Descriptive Stats/Individual Sample”后，同样也会得到平均值（Mean）、中值（Median）、最大值（Maximum）、最小值（Minimum）、标准差（Std.Dev.）等描述性统计量。在这种选择下，不必要求每个序列的样本观测值的数目都相同。如果所有序列的观测值数目都相同，则采用两种选择所得的结果是一样的。

为了了解变量 X 和 Y 间的方差-协方差系数矩阵，在图 1-15 的菜单中选择"Covariances"，并单击"OK"后就可得到图 1-17 所示的方差-协方差系数矩阵。

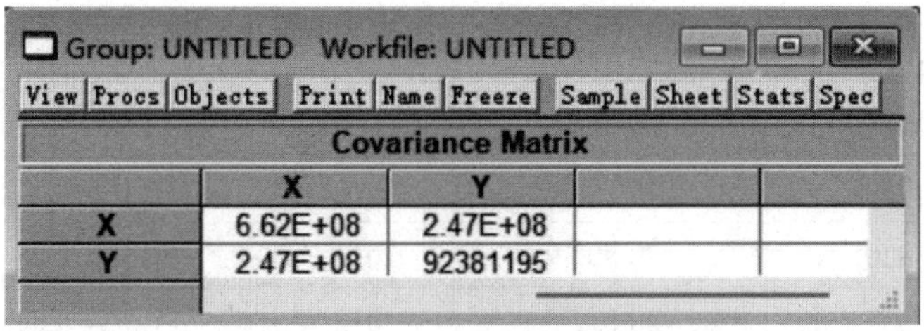

图 1-17　方差-协方差系数矩阵

同样，为了观察变量 X 和 Y 间的相关程度大小，在图 1-15 的菜单中选择"Correlations"，并单击"OK"就会得到图 1-18 所示的相关系数矩阵。

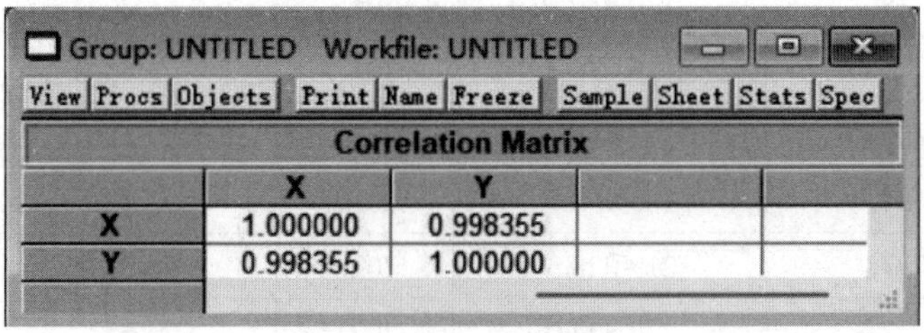

图 1-18　相关系数矩阵

到此为止，相信读者对 EViews 软件已经有了初步的了解。需要强调的是，序列对象是最基本的对象，要先构建它。不过，本书旨在促使读者在计量经济学的学习过程或应用中学会如何运用软件，而不是专门介绍软件。因此，对其他对象的处理过程留待以后的章节陆续提及。

思考与练习

1. 请解释下列名词：工作文件；序列对象；序列组对象。
2. 表 1-5 给出了我国 1990—2021 年的就业人员数量和国民生产总值的数据，试利用本章学习的知识，完成下列要求。

（1）在 EViews 中建立两个序列对象，变量名分别命名为 X 和 Y。

（2）将就业人员数量和国民生产总值的数据录入 EViews，分别保存在变量 X 和 Y 中。

（3）利用 EViews 软件操作获取变量 X 和 Y 的平均值、方差、协方差、相关系数的方法和途径。

（4）数据在 Excel 文档，以 label1-5 命名。将数据从 Excel 导入 EViews 中。

表 1-5　我国 1990—2021 年的就业人员数量和国民生产总值的数据

年份	就业人员数量（万人）	国民生产总值（亿元）	年份	就业人员数量（万人）	国民生产总值（亿元）
1990	64 749	18 923.3	1992	66 152	27 208.2
1991	65 491	22 050.3	1993	66 808	35 599.2

（续）

年份	就业人员数量（万人）	国民生产总值（亿元）	年份	就业人员数量（万人）	国民生产总值（亿元）
1994	67 455	48 548.2	2008	75 564	321 500.5
1995	68 065	60 356.6	2009	75 828	348 498.5
1996	68 950	70 779.6	2010	76 105	411 265.2
1997	69 820	78 802.9	2011	76 420	484 753.2
1998	70 637	83 817.6	2012	76 704	539 116.5
1999	71 394	89 366.5	2013	76 977	590 422.4
2000	72 085	99 066.1	2014	77 253	644 791.1
2001	72 797	109 276.2	2015	77 451	686 449.6
2002	73 280	120 480.4	2016	74 264	741 140.4
2003	73 736	136 576.3	2017	77 640	830 945.7
2004	74 264	161 415.4	2018	77 586	915 243.5
2005	74 647	185 998.9	2019	77 471	983 751.2
2006	74 978	219 028.5	2020	75 064	1 005 451.3
2007	75 321	270 844.0	2021	74 652	1 133 239.8

资料来源：万得信息网等。

3. 假定有两个变量 X 和 Y，样本区间为 [2010, 2022]。设 $X = \text{NRND} + @\text{TREND}(2010)$，$Y = 100 + 0.8X$，试建立序列对象 X 和 Y，然后建立组对象，并且将组对象命名为 XY。在组对象窗口下的菜单中选择"画图"，绘制曲线图。

第 2 章
CHAPTER 2

Stata软件简介与基本操作

除了第 1 章提到的 EViews 软件之外，还有其他一些能够用于计量分析的软件，Stata 软件就是其中之一。它也是目前使用范围很广的计量分析软件。Stata 软件能够为其使用者提供数据管理、数据分析以及绘制专业图表等功能，具有易操作、绘图功能强、操作过程可回溯等特点。

2.1 Stata 软件简介

Stata 软件主要通过输入命令来进行各种计量分析和处理工作，命令语言可以另存为 Do-file 文件，方便回溯操作过程。本书主要以 Stata13.1 为基础，讲解它的使用方法。

2.1.1 Stata软件的启动

（1）方法 1：在 Windows 操作系统的桌面下，单击"开始"按钮，然后选择"所有程序（P）"中的 Stata 执行程序软件。
（2）方法 2：在我的电脑下，逐步进入 Stata 目录，选择 Stata 执行程序软件。
（3）方法 3：如果桌面上有 Stata 执行程序图标，则双击该图标。
（4）方法 4：如果存在已经建立的 Stata 文件，则直接双击该文件图标。

当程序启动后，将显示如图 2-1 所示的 Stata 的主菜单界面（1）。这个界面由 6 个部分组成：标题栏、主菜单、工具栏、历史记录、结果窗口和命令窗口。

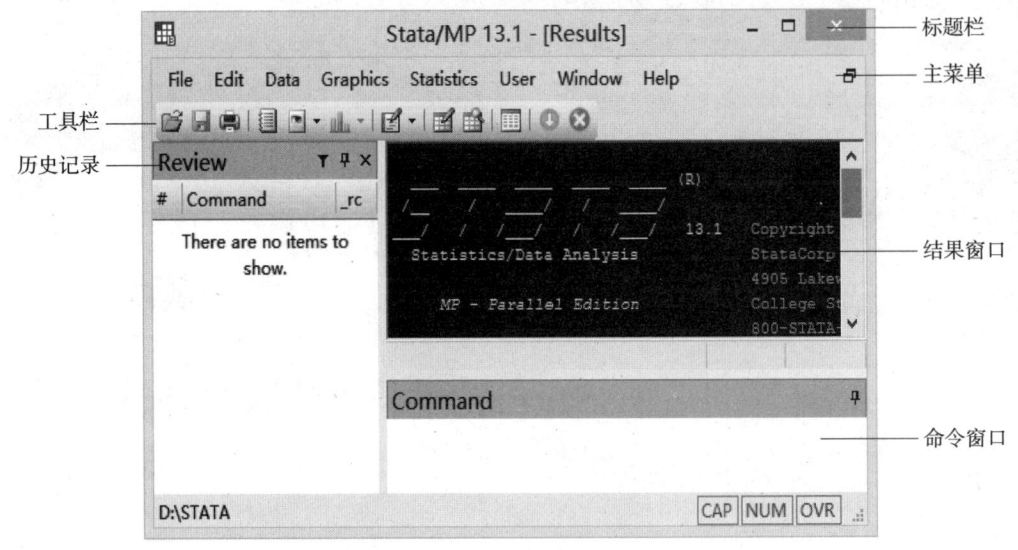

图 2-1 Stata 主菜单界面（1）

通常，采用操作"Window/Variables"调出变量窗口"Variables"，显示出数据集中的变量名称和变量个数，方便后续进行计量分析，经过上述操作后新的主菜单界面如图 2-2 所示。

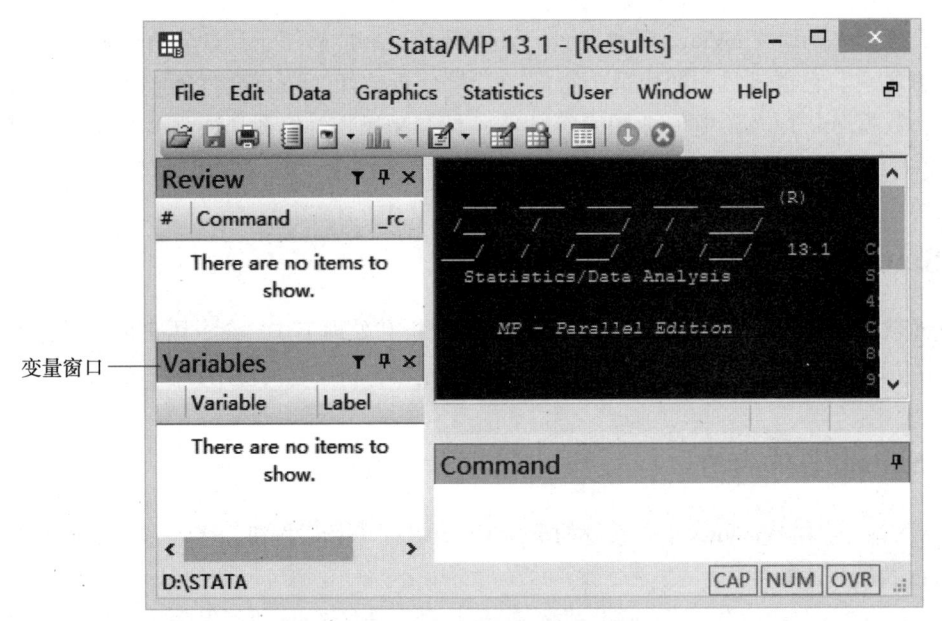

图 2-2 Stata 主菜单界面（2）

如果想对 Stata 的主菜单窗口进行更改，可以通过操作"Edit/Preference/General References"，打开图 2-3 所示的对话框，将主菜单界面更改为自己喜欢的布局和颜色。更改后若想回到最初的界面，进行操作"Window/Review"即可。

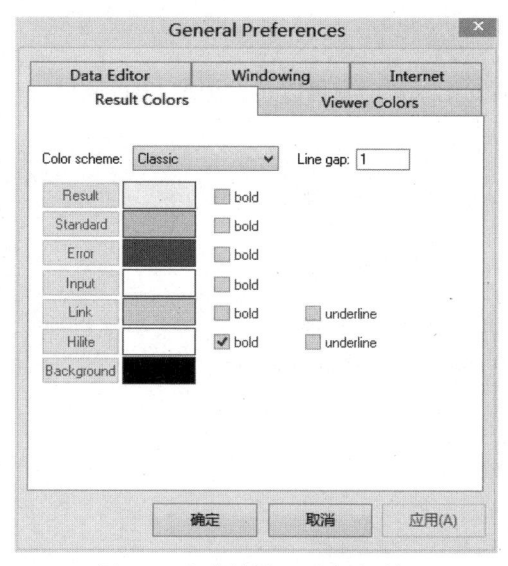

图 2-3　主菜单界面更改对话框

2.1.2　Stata软件的基础操作

使用 Stata 软件进行回归分析时，需要养成一些好的习惯，这在进行一些数据量很大、过程复杂的分析时尤其重要。

1. 文件编辑器Do-file

在 Command 窗口可以直接输入命令，但是这种输入方式限制较大且不便于保存，很不方便。在实际操作中，通常单击工具栏中的图标，打开如图 2-4 所示的 Do-file 编辑窗口，在 Do-file 文件中编程。这样做的好处是可以记录我们需要的命令，很方便地执行以前写过的命令，便于下一次使用和分析。要知道，在处理一些复杂的数据时，常常无法一次性完成，这时 Do-file 文件的记忆存储功能就显得尤为重要。

在 Do-file 文件中输入命令时，可以用一些符号表示注释内容，加入注释语句能增强命令的可读性，格式如下：

图 2-4　Do-file 编辑窗口

方法 1： // 注释内容

方法 2： * 注释内容

方法 3： /* 注释内容 */

Stata 软件在运行命令时会跳过这些注释语句，在实际操作中，应该养成为重要的命令注明注释内容的习惯。例如，说明命令的结果、操作的目的等，方便后续的工作。

2. 日志文件 log

日志文件像是一个忠实的记录员，它可以帮助记录 Stata 软件运行的所有命令和结果，包括错误。操作命令格式如下：

```
-log using C:\Users\Lenovo\Stata.log
............
-log close
```

这样，Stata.log 文件就记录了从"log using"命令到"log close"命令之间 Stata 软件运行的所有结果，Stata.log 文件被存储在"C:\Users\Lenovo"中。

2.2 数据录入和存储

2.2.1 数据录入

在进行各种统计分析和计量分析之前，首先需要将数据录入 Stata 软件中，数据录入方法主要有下面几种。

1. 键盘录入

方法 1：在 Do-file 文件中，输入命令并运行 -edit。
方法 2：在工具栏中，单击 图标。
方法 3：在主菜单栏中，选择"Data/Data Editor/Data Editor(Edit)"，将出现图 2-5 所示的数据录入窗口。

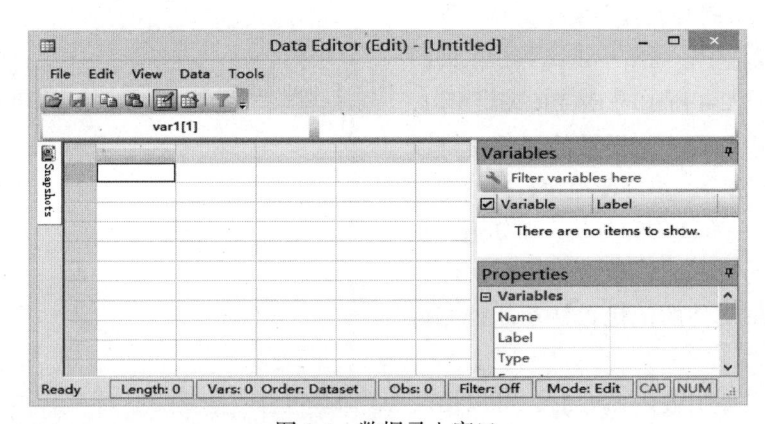

图 2-5 数据录入窗口

在数据录入窗口中，选中单元格后直接输入数据即可。单击"属性窗口"（Properties），可以编辑变量的名称、标签、类型等。如果录入数据后，没有给出变量名，则 Stata 软件会按序默认为变量名为"var××"，其中，"××"为顺序号。

2. 复制粘贴

如果数据在其他文档中，可在其他文档的管理中先进行复制，然后把数据粘贴到图 2-5 所示窗口中的表格。

3. 文件导入

事实上，大多数数据都存在 Excel 文件中，我们可以把 Excel 中的数据直接导入 Stata 工作文件中。在主菜单下，选择"File/Import/Excel spreadsheet"，出现图 2-6 所示的对话框，在"Browse"中找到包含所需数据的 Excel（.xls; .xlsx）文件，单击"OK"即可。在"工作页"（Worksheet）可以选择导入的 Excel 表格页面，在"单元格范围"（Cell range）可以选择输入数据的样本区间，在下方可以勾选"将第一行导入为变量名"或者"全部导入为数据"。

图 2-6　Excel 文件数据导入选择对话框

4. Stata 命令导入

实际上，上面三种方式在实际操作中都很少使用，我们通常习惯在 Do-file 文件中输入并运行命令，达到将数据导入的目的。导入数据的 Stata 命令有很多，由于篇幅限制，在这里我们只介绍最常用的几种，其余命令在后面的章节中会陆续介绍。

方法 1：input。这个命令一般用于手动输入数据，这种方法其实在 Stata 软件中并不常用，格式如下：

```
-clear
-input year GDP CONS
    1990 19067.0 12001.4
    1991 22124.2 13614.2
      1992 27334.2 16225.2
-end
```

单击工具栏中的 图标，或者在 Do-file 文件中运行"browse"命令，可以查看输入的数据集，如图 2-7 所示。

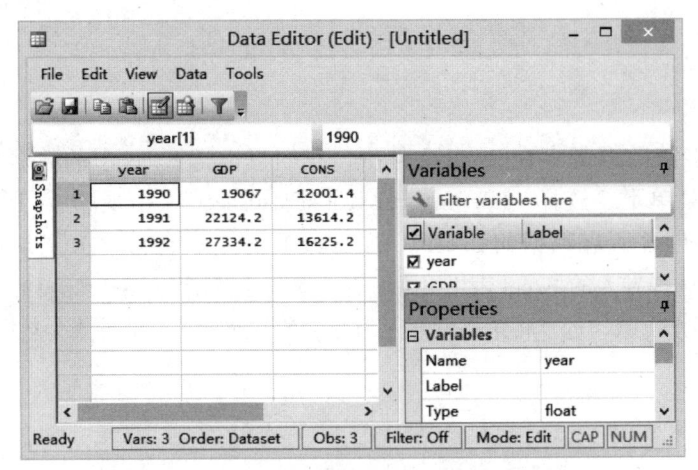

图 2-7　查看输入的数据集

方法 2：import。这个命令功能非常强大，可以导入几乎所有格式的数据，是最常用的导入命令，格式如下：

-import excel "C:\Users\Lenovo\Stata1.xls"

运行上述命令，即可导入存储在"C:\Users\Lenovo\"中的 Excel 文件 Stata1.xls。如果想把 Excel 文件中的第一行转变成变量名，可以借助命令"firstrow"实现，格式如下：

-import excel "C:\Users\Lenovo\Stata1.xls", firstrow

除了上面着重介绍的两个命令，Stata 软件中还有许多其他的命令可以用于读取文件数据，它们的功能见表 2-1。

表 2-1　Stata 用于读取文件数据的其他命令及其功能

命令	功能
use	读取 Stata 格式的文件数据
insheet	读取 tab 分隔的文本文件数据
infile	读取 TXT 格式的文件数据
xmluse	读取 XML 格式的文件数据

2.2.2　数据存储

在 Stata 软件中最常用的数据存储命令是"save"，格式如下：

```
-clear
-input year GDP CONS
   1990 19067.0 12001.4
   1991 22124.2 13614.2
    1992 27334.2 16225.2
```

```
-end
-save Stata1.dta, replace      // 保存数据
-use Stata1.dta, clear         // 调入数据
```

值得注意的是，在 Stata 软件中多个数据库不能同时运行，所以在调入一个新的数据库之前，必须要先清理之前运行的数据库，清理命令是"clear"。

此外，Stata 软件中还有许多其他的命令可以用于导出存储数据，它们的功能见表 2-2。

表 2-2 Stata 导出存储数据命令的功能

命令	功能
outsheet	导出为 tab 分隔的文本文件
outfile	导出为 TXT 格式的文件
xmlsave	导出为 XML 格式的文件

2.3 数据处理（Stata）

导入数据后，可以根据具体的研究目的对数据进行一系列处理，下面介绍一些在 Stata 软件中常用的数据处理命令。

2.3.1 删除数据和生成变量

1. drop

这个命令用于删除变量，格式如下：

```
-use auto.dta,clear    // 调用 auto.dta 数据库（这是 Stata 软件自带的数据库）
-drop mpg mpg1         // 删除变量 mpg
```

2. keep

这个命令用于保留需要的数据，格式如下：

```
-use auto.dta,clear
-keep if price>=4000   // 保留变量 price 的值大于或等于 4000 的数据
```

上述操作也可以借助"drop"命令完成，格式如下：

```
-use auto.dta,clear
-drop if price<4000    // 删除变量 price 的值小于 4000 的数据
```

3. generate

这个命令用于创建新变量，格式如下：

```
-use auto.dta,clear
-generate lnY=log(price)          // 新建变量 lnY，取值为变量 price 的自然对数
```

"generate"是一个很好用的命令，借助它可以很方便地对已有的变量或序列进行变换。这里涉及变量的命名，Stata 软件中的变量名的设置规则如下。

（1）由英文字母、数字或 _ 组成，至多不超过 32 个。
（2）首字母必须为字母或 _ 。
（3）英文字母的大写和小写具有不同的含义。

2.3.2 修改数据

在 Stata 软件中，可以通过一些简单的命令操作很方便地对原始数据进行修改，以满足后续计量分析的需要。

1. rename

这个命令用于给变量重命名，格式如下：

```
-use auto.dta,clear
-rename mpg mpg1      // 将变量 mpg 重命名为 mpg1
```

2. label

这个命令通常用于给数据库和变量添加标签，格式如下：

```
-use auto.dta,clear
-label data "1978 汽车调查数据"       // 给数据库添加标签"1978 汽车调查数据"
-label variable rep78 "修理"          // 给变量 rep78 添加标签"修理"
```

3. order

这个命令用于给变量排序，格式如下：

```
-use auto.dta,clear
-order _all, alphabetic           // 将所有变量按照字母表顺序排序
-order mpg, before(price)         // 将变量 mpg 移动到变量 price 前面
-order rep78 price mpg            // 将变量 rep78、price、mpg 按顺序移动到所有变量前
```

除了命令"order"外，命令"move"也可以用于给变量排序，格式如下：

```
-use auto.dta,clear
-move mpg price      // 将变量 mpg 移动到变量 price 前面
```

4. sort

这个命令的功能也是排序，不过和上面两个命令不同的是"sort"用于给数据排序，格式如下：

```
-use auto.dta,clear
-sort mpg        // 根据变量 mpg 的取值按从小到大的顺序排序
```

5. recode

这个命令用于更改变量的值，格式如下：

```
-use auto.dta,clear
-recode rep78 (.=1)       // 将变量 rep78 中为"."的值替换为 1
```

除此之外，使用命令"replace"也可以达到相同的效果，不过命令格式稍有不同，格式如下：

```
-use auto.dta,clear
-replace rep78=1 if rep78==. // 将变量 rep78 中为"."的值替换为 1
```

2.3.3 描述数据

在 Stata 软件中，可以通过一些命令查看数据的状态，下面介绍一些描述数据的常用命令。

1. list

这个命令用于列表显示变量中的数值，格式如下：

```
-use auto.dta,clear
-list price              // 列表显示变量 price 中的数值
```

如果只需要查看一部分数值，可以在命令后加限定条件，运行结果如图 2-8 所示，格式如下：

```
-use auto.dta,clear
-list price in 1/8     // 列表显示变量 price 中前 8 个数值
```

2. count

这个命令用于统计数据集中有效数值的个数，格式如下：

```
-use auto.dta,clear
-count
```

	price
1.	4,099
2.	4,749
3.	3,799
4.	4,816
5.	7,827
6.	5,788
7.	4,453
8.	5,189

图 2-8 list 命令运行结果示例

可以通过附加限定条件统计特定数值的个数，例如：

```
-use auto.dta,clear
-count if price<4000     // 统计变量 price 小于 4000 的个数
```

3. tabulate

这个命令用于列表描述变量的基本统计特征，运行结果如图 2-9 所示，格式如下：

```
-use auto.dta,clear
-tabulate rep78
```

Repair Record 1978	Freq.	Percent	Cum.
1	2	2.90	2.90
2	8	11.59	14.49
3	30	43.48	57.97
4	18	26.09	84.06
5	11	15.94	100.00
Total	69	100.00	

图 2-9　描述变量的基本统计特征

其中，第一列为变量 rep78 的取值，频数（Freq.）列为各个数值出现的次数，频率（Percent）列为各个数值出现的频率，累计（Cum.）列为本行及之前数值出现的频率。从以上运行结果可以看出，变量 rep78 共有 69 个值，取值为 2 的数据有 8 个，在所有数据中占比 11.59%，取值 1 或 2 的比率为 14.49%。

4. tabstat

命令"tabstat"和命令"tabulate"拼写相似，但作用不同，运行该命令后列表输出的是变量的概要统计指标，运行结果如图 2-10 所示，格式如下：

```
-use auto.dta,clear
-tabstat rep78
```

variable	mean
rep78	3.405797

图 2-10　列表输出变量的概要统计指标（1）

从运行结果可以看出，变量 rep78 的平均值是 3.41（小数点后保留两位有效数字，下同）。可以通过附加命令，来得到更为详细的输出结果，运行结果如图 2-11 所示，格式如下：

```
-use auto.dta,clear
-tabstat rep78, stat(mean sd p50 min max)
```

variable	mean	sd	p50	min	max
rep78	3.405797	.9899323	3	1	5

图 2-11　列表输出变量的概要统计指标（2）

从结果可以看出，变量 rep78 的平均值是 3.41，标准差是 0.99，中位数是 3，最小值是 1，最大值是 5。

此外，还可以根据其他变量的取值对变量 rep78 进行分组，分别求变量 rep78 的概要统计指标，运行结果如图 2-12 所示，格式如下：

```
-use auto.dta,clear
-tabstat rep78, by(foreign) stat(mean sd med min max)
```

foreign	mean	sd	p50	min	max
Domestic	3.020833	.837666	3	1	5
Foreign	4.285714	.7171372	4	3	5
Total	3.405797	.9899323	3	1	5

图 2-12 变量的分组概要统计指标

图 2-12 显示的是按照变量组 foreign 的数据求变量 rep78 的概要统计指标。若分组标准是国内和国外，变量 rep78 表示车辆修理次数，则从运行结果可以看到，国内车辆修理的平均次数是 3.02，国外车辆修理的平均次数是 4.29。在接下来介绍的命令中，我们可以看到变量 rep78 的完整标签。

5. summarize

这个命令用于列表输出变量的描述性统计结果，运行结果如图 2-13 所示，格式如下：

```
-use auto.dta,clear
-summarize rep78
```

Variable	Obs	Mean	Std. Dev.	Min	Max
rep78	69	3.405797	.9899323	1	5

图 2-13 变量的描述性统计结果

运行结果和图 2-11 相似，不同的是它多了一个有效值个数，少了一个中位数值，有效值的意思是不为空格或"."。如果想要得到更加详细的描述性统计结果，可以运行另一个操作命令，运行结果如图 2-14 所示，格式如下：

```
-use auto.dta,clear
-summarize rep78, detail
```

从图 2-14 所示的运行结果可以得到更多信息：最左边两列显示的是分位数，例如，变量 rep78 的第一个四分位数（25%）是 3；中间列显示的是变量 rep78 的四个最小值和四个最大值，结果显示变量 rep78 中最小的四个数据分别为 1、1、2、2，最大的四个数据分别为 5、5、5、5；变量 rep78 的方差（Variance）为 0.98，偏度（Skewness）为 −0.06，峰度（Kurtosis）为 2.68。

```
                        Repair Record 1978
     ─────────────────────────────────────────────────────────────
           Percentiles      Smallest
      1%        1              1
      5%        2              1
     10%        2              2         Obs                    69
     25%        3              2         Sum of Wgt.            69

     50%        3                        Mean              3.405797
                             Largest     Std. Dev.         .9899323
     75%        4              5
     90%        5              5         Variance          .9799659
     95%        5              5         Skewness         -.0570331
     99%        5              5         Kurtosis          2.678086
```

图 2-14　更加详细的描述性统计结果

6. describe

这个命令用于描述变量的整体特征，运行结果如图 2-15 所示，格式如下：

```
-use auto.dta,clear
-des rep78
```

```
                 storage    display    value
variable name    type       format     label      variable label
──────────────────────────────────────────────────────────────────
rep78            int        %8.0g                 Repair Record 1978
```

图 2-15　变量的整体特征

从运行结果可以看出：变量 rep78 的变量名（variable name）为 rep78；存储类型（storage type）为整数型（int）；显示格式（display format）为 8 位，精确到个位数；没有值标签（value label）；变量标签（variable label）为"美国 1978 年汽车维修记录（Repair Record 1978）"。

7. correlate

这个命令用于求变量间的相关系数矩阵，运行结果如图 2-16 所示，格式如下：

```
- import excel "C:\Users\Lenovo\Stata1-5.xls", firstrow    // 导入如图 1-5 所示的数据
-correlate X Y
```

```
              |      X        Y
       ───────┼─────────────────
            X |  1.0000
            Y |  0.9982   1.0000
```

图 2-16　相关系数矩阵

添加附加命令可以得到变量间的方差 - 协方差系数矩阵，运行结果如图 2-17 所示，格式如下：

```
-import excel "C:\Users\Lenovo\Stata1-5.xls", firstrow
-correlate X Y,c
```

	X	Y
X	3.5e+07	
Y	9.5e+07	2.6e+08

图 2-17　方差－协方差系数矩阵

2.4　绘制图形

假定的我国人均居民消费水平（变量 C）和人均 GDP（变量 GDP）数据见表 2-3，借助此数据，本节主要介绍在 Stata 软件中绘制直方图、散点图和曲线图的命令。

表 2-3　我国人均居民消费水平和人均 GDP 数据　　　　（单位：元/人）

年份 (year)	人均 GDP (GDP)	人均居民 消费水平（C）	年份 (year)	人均 GDP (GDP)	人均居民 消费水平（C）
1990	1 663.0	831.2	2004	12 487.0	5 137.6
1991	1 912.0	932.0	2005	14 368.0	5 770.6
1992	2 334.0	1 116.0	2006	16 738.0	6 416.3
1993	3 027.0	1 393.0	2007	20 505.0	7 572.2
1994	4 081.0	1 833.0	2008	24 121.0	8 707.0
1995	5 091.0	2 330.0	2009	26 222.0	9 514.4
1996	5 898.0	2 789.0	2010	30 876.0	10 918.5
1997	6 481.0	3 002.0	2011	36 403.0	13 133.6
1998	6 860.0	3 159.0	2012	40 007.0	14 698.9
1999	7 229.0	3 346.0	2013	43 852.0	16 190.2
2000	7 942.0	3 721.4	2014	47 203.0	17 778.0
2001	8 717.0	3 987.0	2015	50 251.0	19 397.3
2002	9 506.0	4 301.5	2016	53 980.0	21 227.9
2003	10 666.0	4 606.0	—	—	—

资料来源：CSMAR 数据库（http://www.gtarsc.com）。

1. histogram

这个命令用于绘制直方图，运行结果如图 2-18 所示，格式如下：

```
-clear
-import excel "C:\Users\Lenovo\Stata2-3.xls", firstrow
-hist GDP,frequency
```

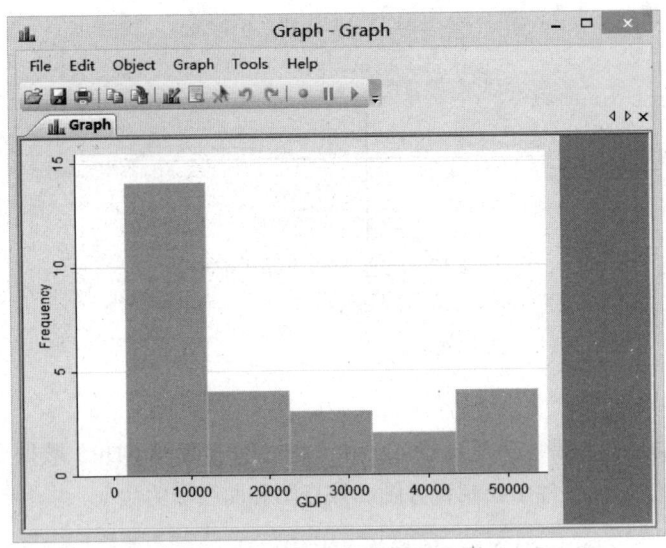

图 2-18　用 histogram 命令绘制的直方图

在图 2-18 中，横轴表示 GDP 的取值范围，纵轴表示频数，可以单击"File/start graph editor"对生成的图形进行更加个性化的修改。

2. scatter

这个命令用于绘制散点图，运行结果如图 2-19 所示，格式如下：

```
-clear
-import excel "C:\Users\Lenovo\Stata2-3.xls", firstrow
-graph twoway scatter C GDP
```

值得注意的是，在 Stata 软件中绘制散点图时，应当先输入因变量，再输入自变量，这和 EViews 软件中选择变量的顺序恰好相反。

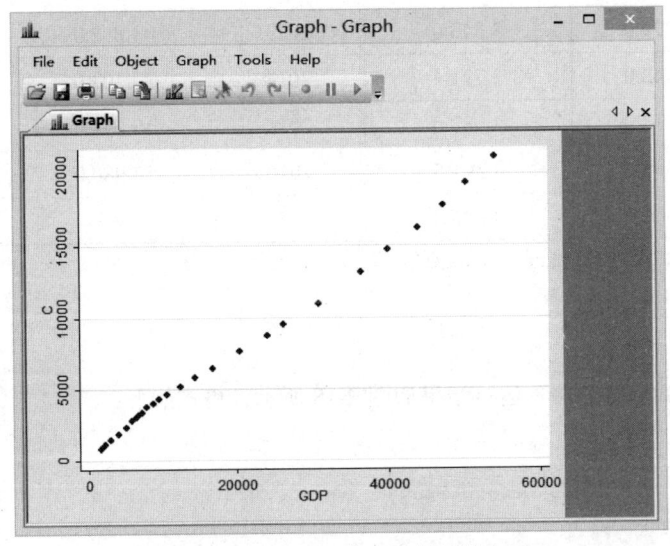

图 2-19　用 scatter 命令绘制的散点图

3. line

这个命令用于绘制曲线图，运行结果如图 2-20 所示，格式如下：

-clear
-import excel "C:\Users\Lenovo\Stata2-3.xls", firstrow
-graph twoway line C GDP

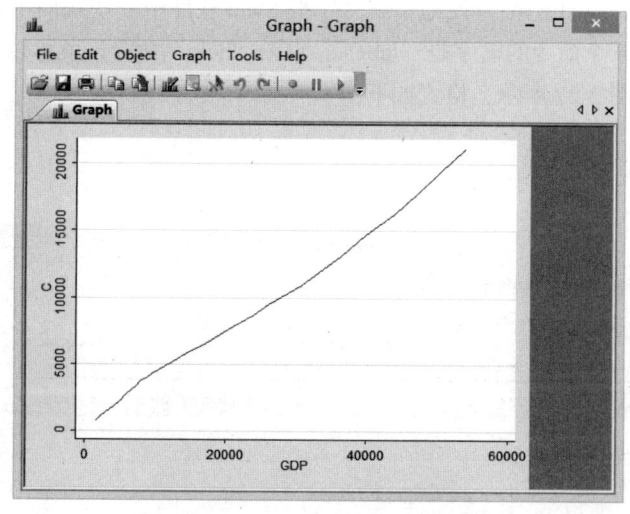

图 2-20　用 line 命令绘制的曲线图

4. connected

这个命令用于绘制带数据标记的曲线图，运行结果如图 2-21 所示，格式如下：

-clear
-import excel "C:\Users\Lenovo\Stata2-3.xls", firstrow
-graph twoway connected C GDP

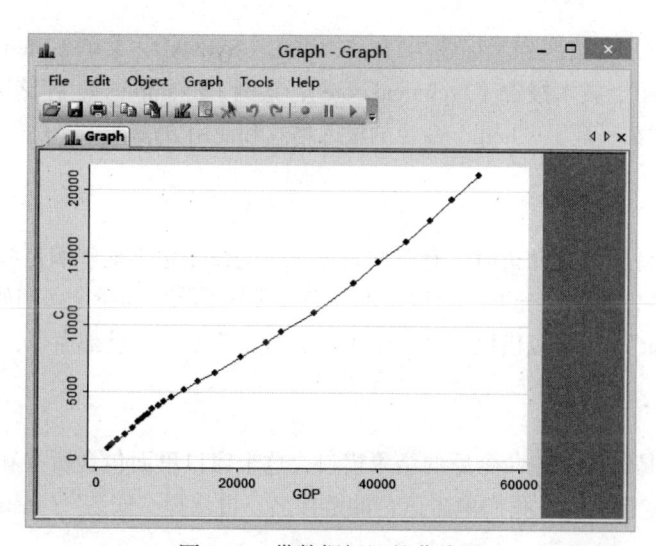

图 2-21　带数据标记的曲线图

2.5 其他命令

在 Stata 软件中，有一些非常有用的辅助命令，可以帮助我们更好地使用 Stata 软件进行计量分析。

1. help

使用这个命令可以让我们很方便地了解并掌握 Stata 软件中一些我们不熟悉的程序命令和操作。例如，我们知道某个命令的名字是"label"，借助"help"命令，就可以很容易地知道它的使用方法，弹出窗口如图 2-22 所示，格式如下：

```
-help label
```

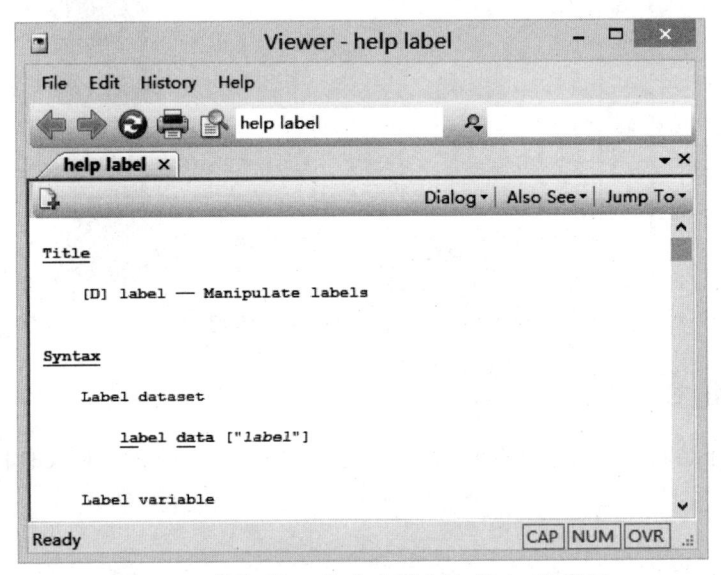

图 2-22 借助"help"命令弹出的"label"窗口

该窗口中从上到下会依次列示标题（Title）、语法（Syntax）、菜单（Menu）、描述（Description）、选项（Options）、技术报告（Technical note）、案例（Examples）、存储结果（Stored results）八个方面的内容，详细呈现了"help"命令的输入格式和使用方法。

2. findit

在利用 Stata 软件做计量分析时，有时候官方提供的命令包不能够满足我们的需求，这时就需要求助于外部命令，命令"findit"可以帮助我们寻找与安装外部命令。例如，如果我们需要使用外部命令"shellout"，就可以借助命令"findit"寻找并安装这个外部命令，格式如下：

```
-findit shellout
```

图 2-23 所示的是运行上述命令后的结果窗口，这个窗口里面包含所有和命令"shellout"相关的帮助文件名和链接列表，我们单击蓝色的链接名，再选择"安装"（install），即可安装外部命令"shellout"。

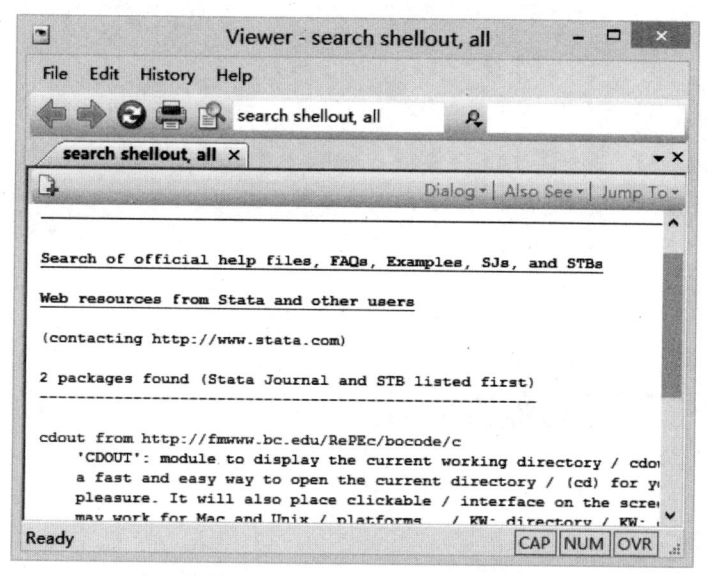

图 2-23　安装外部命令后的结果窗口

本章只是简单介绍 Stata 软件的常用命令，更加复杂的计量分析过程将在后续的章节中陆续提及。

思考与练习

1. 在 Stata 软件中打开 nlsw88 数据库，完成下列操作。
（1）将变量 married 移动到变量 age 的前面。
（2）将变量 occupation 改名为 occu。
（3）为变量 race 添加标签"人种"。
（4）以变量 grade 的升序排序。
（5）求变量 age 的平均值、最小值、最大值、方差、偏度和峰度。
（6）按变量 race 分组求变量 wage 的平均值、标准差。
（7）做变量 hours 的直方图。

2. 按照公式 $Y = \dfrac{X - \min(X)}{\max(X) - \min(X)}$，在 Stata 软件中进行数据处理，绘制变量 Y 的图形。

第3章

CHAPTER 3

最小二乘法及其应用

无论是宏观经济学中的消费与收入的关系，还是投资学中的资本资产定价模型（CAPM），它们的理论模型都以类似于$Y = \alpha + \beta X$的函数形式呈现。这种理论模型下的变量间的具体函数关系究竟如何表示，是计量经济学关心的主要问题。当我们能够拥有足够有效的样本，就可以运用最小二乘法，通过X和Y样本观测值估计出函数中的参数α与β的值，推断出关于变量X与Y的具体函数形式。

3.1 散点图

假设变量X、Y之间存在某种函数关系，换言之，$Y=f(X)$，那么就存在一组观察值$(X_1,Y_1),(X_2,Y_2),\cdots,(X_n,Y_n)$分布于函数$Y=f(X)$的图像上。在现实经济中，虽然存在一组经济变量的观察值$(X_1,Y_1),(X_2,Y_2),\cdots,(X_n,Y_n)$，但它们之间的依存关系却无从得知，难以给出函数关系的呈现形式。在这种情况下，用坐标的横轴和纵轴分别表示变量X和Y，每组观测值表示坐标系中的一个点，n组数据在坐标系中就有n个点，称为散点，在坐标系中由散点形成的图称为散点图（scatter diagram）。我们可以通过散点图来直观地观察经济变量X和Y之间的依存关系。散点图是数据点在直角坐标系中的分布图，它表示被解释变量（因变量或应变量）随解释变量（自变量）变化的大致趋势。散点图的画法比较简单，直接在直角坐标系中把所有观测值所对应的点描绘出来即可。

可见，描绘出的变量间的关系要么是确定性关系，也就是由一个解释变量可以确切计算出唯一的一个被解释变量，更一般地讲，变量之间可以用确切的数学表达式表述；要么是相关关系，尽管变量间存在关系，但却不能用一个数学表达式由一个变量确切地求出另一个变量，而是由一个变量对应一个变量，换言之，难以由一个变量的数值精确地求得其与另一个变量的关系，即便是存在密切的关系也是如此。例如，企业的某种产品的销售额 Y 与销售量 X 之间是确定性关系，因为销售价格 P 给定时，销售额完全由销售量确定。但是，若考察居民储蓄和居民收入二者之间的关系，它们之间未必存在完全确定的关系。也就是说，即便有些家庭的收入是相同的，而家庭储蓄却往往呈现出不同；反过来也是如此，即使有些家庭的储蓄相同，但这些家庭的收入水平也不一定相同。因此，反映出居民储蓄并不完全由居民收入水平决定，尽管两者之间有很紧密的关系，收入也不是影响储蓄的唯一因素，还有其他因素影响储蓄。

假设变量 X、Y 的观测值由表 3-1 给出，其中，X 代表人均 GDP，Y 代表人均居民消费水平，样本区间为 1990—2022 年，则可用 EViews 软件来生成散点图。假定已经按照第 1 章中介绍的方法建立了包括序列对象为 X 和 Y 的工作文件，在工作文件窗口下，依次选中序列对象 X 和 Y，单击 "Open/as Group"，然后，在如图 3-1 所示的组对象窗口下，选择 "View/Graph/Scatter/Simple Scatter"，就会得到如图 3-2 所示的散点图。

表 3-1 我国人均居民消费水平和人均 GDP　　　　　（单位：元/人）

年份	人均居民消费水平	人均 GDP	年份	人均居民消费水平	人均 GDP
1990	831.2	1 662.5	2007	7 453.7	20 494.4
1991	932.0	1 912.2	2008	8 504.5	24 100.2
1992	1 116.0	2 334.4	2009	9 248.5	26 179.5
1993	1 393.0	3 027.2	2010	10 575.2	30 807.9
1994	1 833.0	4 080.9	2011	12 668.1	36 277.1
1995	2 329.4	5 091.1	2012	14 073.7	39 771.4
1996	2 789.0	5 898.2	2013	15 586.2	43 496.6
1997	3 002.0	6 480.5	2014	17 220.3	46 911.7
1998	3 159.0	6 859.9	2015	18 857.2	49 922.3
1999	3 346.0	7 229.3	2016	20 800.6	53 783.0
2000	3 711.5	7 942.1	2017	22 968.5	59 592.3
2001	3 967.8	8 716.7	2018	25 244.8	65 533.7
2002	4 269.5	9 506.2	2019	27 504.1	70 077.7
2003	4 555.3	10 666.1	2020	27 438.6	71 828.2
2004	5 071.1	12 486.9	2021	31 013.0	81 370.0
2005	5 687.9	14 368.0	2022	31 717.8	85 698.1
2006	6 318.9	16 738.0	—	—	—

资料来源：中华人民共和国国家统计局官网（https://data.stats.gov.cn/index.htm）。

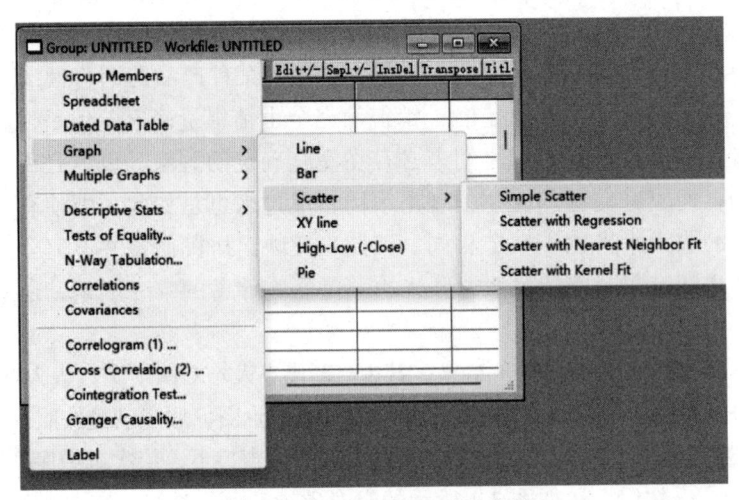

图 3-1　生成散点图的选择步骤

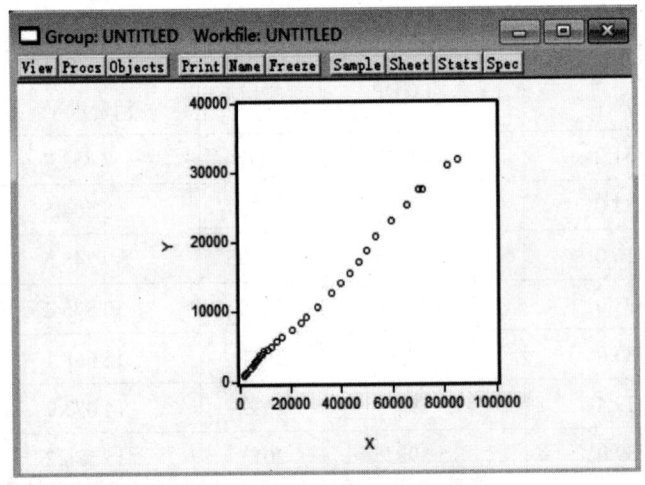

图 3-2　EViews 生成的散点图

3.2　函数的形式与参数的经济意义

在不考虑随机误差项的情况下，我们用 Y 表示人均居民消费水平，X 表示人均 GDP，如果

$$Y = \alpha + \beta X \qquad (3-1)$$

那么，参数 α，β 究竟有什么经济意义呢？

从宏观经济学的消费理论来看，总的消费 Y 由两部分组成：一部分是 α，另一部分是 βX。令 $\beta = 0$，则有 $Y = \alpha$，α 是在没有人均 GDP 的影响下所自发形成的消费，即自发性消费。即使 $\beta \neq 0$，我们也可以把 α 看作人均 GDP 为零时的消费。由此，我们可以认为，常数项代表模型在引入解释变量之前所固有的经济状态。

βX 是由作为收入看待的人均 GDP 的变化引发的引致消费，是变化的。若对解释变量 X 求导，便有：$\beta = dY/dX$，表示 X 每变化 1 单位时，Y 将变化 β 个单位，在宏观经济学中，我们称 β 为边际消费倾向（MPC）。因此，解释变量 X 所对应的系数 β 表示 1 单位解释变量的变动会引致多少单位被解释变量的变动。

从理论上讲，式（3-1）描述的是以线性表示的凯恩斯消费函数：消费是依赖收入的，收入越高，消费就越多，但是消费的增加速度不及收入的增加速度，即使没有收入，消费也一定存在。这就意味着 $\alpha > 0$，$0 < \beta \leq 1$。类似地，在资本资产定价模型（CAPM）中，把式（3-1）中的 β 称为"贝塔系数"。

有趣的是，有些经济变量之间的关系并不是按照式（3-1）的线性形式呈现的，而是以幂函数的形式表示的，例如

$$Y = \alpha X^{\beta} \tag{3-2}$$

那么，式（3-2）中的参数 α、β 又有什么经济意义呢？

令 $\beta = 0$，则有 $Y = \alpha$，即与式（3-1）常数项的性质是一样的，仍表示在引入解释变量之前所固有的经济状态。

如果再对式（3-2）两边取自然对数，则有

$$\ln Y = \ln \alpha + \beta \ln X \tag{3-3}$$

$\ln Y$ 对 $\ln X$ 求导得

$$\beta = \frac{d \ln Y}{d \ln X} \tag{3-4}$$

由于，$d \ln Y = dY/Y, d \ln X = dX/X$，于是

$$\beta = \frac{dY/Y}{dX/X} = \frac{X}{Y} \frac{dY}{dX} \tag{3-5}$$

显然，参数 β 表示解释变量 X 发生 1% 的变动（dX/X 表示 X 变动的百分比），被解释变量 Y 将发生 β%（dY/Y 表示 Y 变动的百分比）的变动，这就是通常所说的弹性系数。在这里，若把 X 看作收入，Y 看作消费，就可以把 β 看作收入的消费弹性，也就是说，收入每变化 1%，消费就会变化 β%。需要注意的是，在对式（3-2）取自然对数时，要保证 $\alpha > 0$。

3.3 最小二乘法

最小二乘法又称普通最小二乘法（ordinary least squares, OLS），其基本思想是：对于一组样本观测值 (X_i, Y_i)，要找到一条样本回归线，使其尽可能地拟合这组观测值。换句话说，就是使被解释变量的估计值与观测值在总体上最为接近。假定样本回归线为

$$\hat{Y}_i = \hat{\alpha} + \hat{\beta} X_i \tag{3-6}$$

用 e_i 来表示被解释变量的观察值与估计值的差，即有

$$e_i = Y_i - \hat{Y}_i = Y_i - \hat{\alpha} - \hat{\beta} X_i \tag{3-7}$$

e_i 称为残差项（residual），它代表了其他影响 Y_i 的随机因素的集合，可以看作随机误差项的估计值。随机误差项的概念将在第 4 章中提及。

根据我们的研究目的，要找出的样本线在相同值下的估计值和观测值越接近越好。因此，可以采用两种方法测度两者的接近程度，一种是对残差 e_i 取绝对值，另一种是对 e_i 平方，都是其值越小接近程度越好。

最小二乘法的基本思想也可表述如下：确定 $\hat{\alpha}$ 和 $\hat{\beta}$ 的值，使得残差 e_i 的平方和最小。为什么要采用平方和而不对 e_i 进行直接加总呢？因为，样本观测值所对应的点可能在样本回归线的上方，也可能在下方，所以 e_i 的值可正可负，简单加总很大程度地会将误差抵消掉，只有采用平方和的形式才可以把误差的信息全部包含进来。例如，点（X_i,Y_i）只有三个样本观测值（1,1）（2,2）（3,3），很明显 $\hat{Y}=X$ 且每个点的残差都为零，残差和自然为零。但是，如果只要保持点（2,2）不动，将直线旋转，斜率 k 为任意不为零的值，则旋转后的直线为 $\hat{Y}=k(X-2)+2$，这样的话，三个点的残差分别为 $(k-1)$、0、$-(k-1)$，残差和为零，而满足残差和为零的直线有无数条，难以判断究竟哪一条是最优的。事实上，$k=1$ 时是最优的，这说明对残差加总使其为零难以确定估计出的直线是不是最优的。

如图 3-3 所示，点（X_i,Y_i）距回归直线 $\hat{Y}=\hat{\alpha}+\hat{\beta}X$ 的垂直距离越接近，残差平方就越小。我们并不能追求一个点的残差平方尽可能小的效果，而是要从整体上看，因为特意让一个点的残差平方变小，就可能使其他点的残差平方变大。换句话说，残差平方和越小就表明所有的点与回归直线在整体上越接近。于是，我们的目标就是寻找在直线 $\hat{Y}=\hat{\alpha}+\hat{\beta}X$ 中能够使得残差平方和最小的 $\hat{\alpha}$ 和 $\hat{\beta}$。

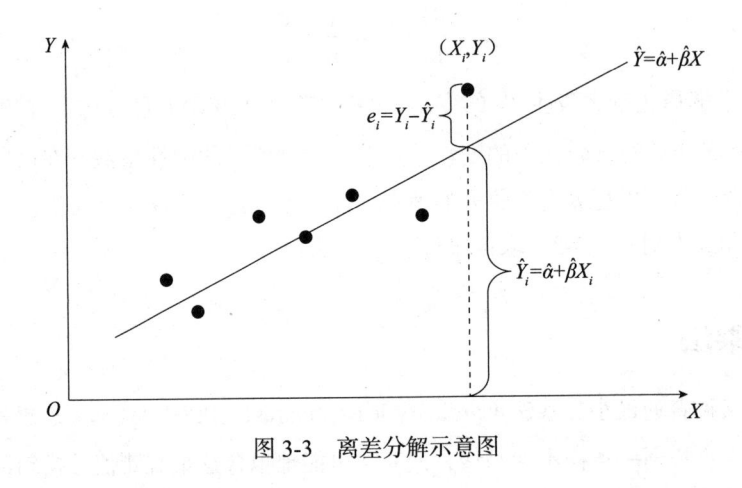

图 3-3 离差分解示意图

最小二乘法的数学形式为

$$\min_{(\hat{\alpha},\hat{\beta})}:\sum_{i=1}^{n}e_i^2=\sum_{i=1}^{n}\left(Y_i-\hat{Y}_i\right)^2=\sum_{i=1}^{n}\left(Y_i-\hat{\alpha}-\hat{\beta}X_i\right)^2 \qquad (3-8)$$

由微分学的知识可知，式（3-8）取极小值的首要条件是$\sum_{i=1}^{n}e_i^2$对$\hat{\alpha}$和$\hat{\beta}$的一阶偏导数为零，找到驻点，即有

$$\frac{\partial\left(\sum_{i=1}^{n}e_i^2\right)}{\partial\hat{\alpha}}=-2\sum_{i=1}^{n}\left(Y_i-\hat{\alpha}-\hat{\beta}X_i\right)=0$$

$$\frac{\partial\left(\sum_{i=1}^{n}e_i^2\right)}{\partial\hat{\beta}}=-2\sum_{i=1}^{n}\left(Y_i-\hat{\alpha}-\hat{\beta}X_i\right)X_i=0 \qquad (3\text{-}9)$$

事实上，由于$\dfrac{\partial^2\left(\sum_{i=1}^{n}e_i^2\right)}{\partial\hat{\alpha}^2}=2n>0$，$\dfrac{\partial^2\left(\sum_{i=1}^{n}e_i^2\right)}{\partial\hat{\beta}^2}=2\sum_{i=1}^{n}X_i^2>0$，所以，在一阶导数求得的驻点下，可以取到最小值。我们用"$\sum$"来代替式（3-9）中的"$\sum_{i=1}^{n}$"，于是有

$$\sum\left(Y_i-\hat{\alpha}-\hat{\beta}X_i\right)=0$$

$$\sum\left(Y_i-\hat{\alpha}-\hat{\beta}X_i\right)X_i=0 \qquad (3\text{-}10)$$

或

$$\sum Y_i=n\hat{\alpha}+\hat{\beta}\sum X_i$$

$$\sum Y_iX_i=\hat{\alpha}\sum X_i+\hat{\beta}\sum X_i^2 \qquad (3\text{-}11)$$

解式（3-10）得到$\hat{\alpha}$、$\hat{\beta}$的解为

$$\hat{\alpha}=\frac{\sum X_i^2\sum Y_i-\sum X_i\sum Y_iX_i}{n\sum X_i^2-\left(\sum X_i\right)^2}$$

$$\hat{\beta}=\frac{n\sum Y_iX_i-\sum Y_i\sum X_i}{n\sum X_i^2-\left(\sum X_i\right)^2} \qquad (3\text{-}12)$$

我们把式（3-10）或式（3-11）称为正规方程组（normal equations）。

注意，在这里，读者也许要问如果$\dfrac{\partial^2\left(\sum_{i=1}^{n}e_i^2\right)}{\partial\hat{\alpha}^2}=2n>0$，$\dfrac{\partial^2\left(\sum_{i=1}^{n}e_i^2\right)}{\partial\hat{\beta}^2}=2\sum_{i=1}^{n}X_i^2>0$不成立呢？答案是：为了能够实现所关注的回归话题，并且是有意义的，就不会存在这种不成立的问题。实际上，样本数为零是毫无意义的，问题的详细解释留给读者思考与练习。

令$x_i=X_i-\bar{X}$，$y_i=Y_i-\bar{Y}$，其中，$\bar{X}$和$\bar{Y}$分别为样本观测值的均值，换言之，$\bar{X}=\sum X_i/n$，$\bar{Y}=\sum Y_i/n$。于是便有

$$\sum x_i^2 = \sum (X_i - \bar{X})^2 = \sum X_i^2 - \frac{1}{n}\left(\sum X_i\right)^2 \qquad (3\text{-}13)$$

$$\sum x_i y_i = \sum (X_i - \bar{X})(Y_i - \bar{Y}) = \sum X_i Y_i - \frac{1}{n}\sum X_i \sum Y_i \qquad (3\text{-}14)$$

这样一来，对式（3-12）给出的参数估计值的第二个式子等式右边的分子、分母都除以 n，就可得到 $\hat{\beta}$，式（3-11）的第一个式子等式左右两边都除以 n，就可得到 $\hat{\alpha}$，于是有

$$\hat{\beta} = \frac{\sum x_i y_i}{\sum x_i^2}$$
$$\hat{\alpha} = \bar{Y} - \hat{\beta}\bar{X} \qquad (3\text{-}15)$$

很显然，最小二乘回归线 $\hat{Y} = \hat{\alpha} + \hat{\beta}X$ 通过样本均值点 $(\bar{X}, \bar{Y})$，这是因为

$$\hat{Y} = \hat{\alpha} + \hat{\beta}X$$
$$= (\bar{Y} - \hat{\beta}\bar{X}) + \hat{\beta}X$$
$$= \bar{Y} + \hat{\beta}(X - \bar{X})$$

因此，当 $X = \bar{X}$ 时，$Y = \bar{Y}$。

对于表 3-1 给出的人均消费水平（Y）和人均 GDP（X），根据式（3-15），通过计算就可得到 $\hat{\beta}$ 和 $\hat{\alpha}$ 的值。实际上，我们首先计算得出如下结果。

$$\sum X_t = 930\,844.30 \qquad \sum Y_t = 355\,187.40$$
$$\sum X_t^2 = 4.81\text{E}+10 \qquad \sum Y_t^2 = 6.87\text{E}+9$$
$$\sum X_t Y_t = 1.82\text{E}+10$$

于是，有

$$\bar{X} = \frac{1}{n}\sum X_t = \frac{930\,844.30}{33} = 28\,207.403\,0$$
$$\bar{Y} = \frac{1}{n}\sum Y_t = \frac{355\,187.40}{33} = 10\,763.254\,5$$
$$\sum x_t^2 = \sum X_t^2 - n\bar{X}^2 = 4.81\text{E}+10 - 33 \times 28\,207.403\,0^2 = 2.186\text{E}+10$$
$$\sum y_t^2 = \sum Y_t^2 - n\bar{Y}^2 = 6.87\text{E}+9 - 33 \times 10\,763.254\,5^2 = 3.05\text{E}+9$$
$$\sum x_t y_t = \sum X_t Y_t - n\bar{X}\bar{Y} = 1.82\text{E}+10 - 33 \times 28\,207.403\,0 \times 10\,763.254\,5 = 8.15\text{E}+9$$

所以，得到

$$\hat{\beta} = \frac{\sum x_t y_t}{\sum x_t^2} = \frac{8.15\text{E}+9}{2.186\text{E}+10} = 0.372\,8$$
$$\hat{\alpha} = \bar{Y} - \hat{\beta}\bar{X} = 10\,763.254\,5 - 0.372\,8 \times 28\,207.403\,0 = 247.534\,7$$

最终得到回归方程为

$$\hat{Y}_t = 247.534\,7 + 0.372\,8X_t$$

以上只是最小二乘法计算参数的理论方法，在实际运用的过程中，很少人会依照上述方法进行，EViews 可以很容易地实现最小二乘法并给出估计结果。对于式（3-6），假设 X 代表人均 GDP，Y 代表人均居民消费水平，在类似于图 1-9 所示的工作文件窗口下依次选中 Y、X，"Open/as Equation"，就会出现如图 3-4 所示的界面。

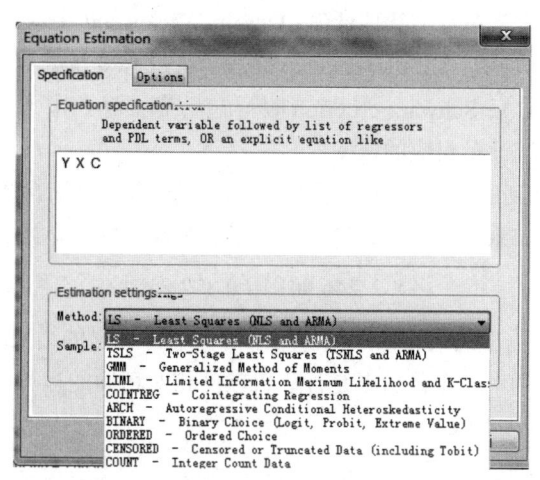

图 3-4　最小二乘法的 EViews 实现

或者，也可以在主菜单下选择"Quick/Estimate Equation"或"Object/new object/Equation"，就会进入类似于图 3-4 所示的窗口，在方程表达式对话框中输入"Y X C"，注意输入时，最左边的变量必须是被解释变量 Y，解释变量和常变量在后面（这两者不分先后），"Y X C"之间要用空格分开。EViews 中常用 C 来表示常数项，若不需要截距项，可省略，直接键入"Y X"。

图 3-4 中显示的就是键入"Y X C"后的情形。图中"Method"栏列示的是估计方法，单击下拉菜单会出现图中的情形，其中包括：LS（最小二乘法），TSLS（二阶段最小二乘法），ARCH（自回归条件异方差），GMM（广义矩法），BINARY（二元选择模型），ORDERED（有序选择模型），CENSORED（删截模型），COUNT（计数模型）等等。以上估计方法，除了最小二乘法外还有一些会在后面的章节中涉及。

选中 LS（实际上系统默认的就是它），单击"OK"就可以实现最小二乘估计，估计结果如图 3-5 所示。另外，在命令窗口中，键入"LS Y X C"也可实现图 3-5 所示的结果。

图 3-5　EViews 输出的最小二乘估计结果

在图 3-5 中，Coefficient 对应的列是参数估计值，即式（3-6）中的 $\hat{\alpha}$ 和 $\hat{\beta}$ 的值；Std. Error 对应的列是参数的标准误差（用于衡量回归系数的可靠性，该值越小表示估计值越可靠）；t-Statistic 对应的列是 t 统计量；Prob. 对应的列是参数估计值为零的概率；R-squared 表示判定系数；Adjusted R-squared 表示调整后的判定系数；S.E.of regression 表示回归标准误差；Sum squared resid 表示残差平方和；Log likelihood 表示对数似然估计值；Durbin-Watson stat 表示 $D.W.$ 统计量；Mean dependent var 表示被解释变量的均值；S.D. dependent var 表示被解释变量的标准差；Akaike info criterion 表示赤池信息量准则（AIC）；Schwarz criterion 表示施瓦茨准则（SC）；F-statistic 表示 F 统计量；Prob（F-statistic）表示 F 统计量对应的概率。

读者不需要对上面提到的诸多统计量感到困惑，它们将会逐渐出现在后面的章节中。在这里，读者只需要知道最小二乘法的估计结果就可以了。其相应的表达式为

$$\hat{Y}_t = 246.901\ 1 + 0.372\ 8 X_t$$

在图 3-5 中，EViews 输出的最小二乘估计结果与先前计算出的结果略有差异是正常的，先前的计算受到了有效位数的约束，不像后者是计算机软件相对精确的运算。

3.4 案例分析

一般来讲，某种商品的销售量的多少与推销力度的高低有关联，往往推销力度越强，销售量越大。表 3-2 给出了 10 位销售代理商的推销电话次数和复印机的销售数量数据。试通过散点图观察两者之间的关系，推测两者之间的函数关系，并采用最小二乘法估计出参数值。

表 3-2　10 位销售代理商的推销电话次数和复印机的销售数量数据

代理商	推销电话次数（次）	复印机的销售数量（台）
Tom Keller	20	30
Jeff Hall	40	60
Brian Virost	20	40
Creg Fish	30	60
Susan Welch	10	30
Carlos Ramirez	10	40
Rich Niles	20	40
Mike Kiel	20	50
Mark Reynolds	20	30
Soni Jones	30	70
合计	220	450

资料来源：道格拉斯 A. 林德，威廉 G. 马歇尔，塞缪尔 A. 沃森. 商务与经济统计方法——全球数据集 [M]. 冯燕奇，叶光，聂巧平，译. 北京：机械工业出版社，2009.

1. 绘制散点图

我们用 X 代表推销电话次数，用 Y 代表复印机的销售数量，将数据录入 EViews 的序列对象

之后，依次选中 X 和 Y，点右键"Open/as Group/view/Graph/Scatter/Simple Scatter"，便生成了散点图，如图 3-6 所示。

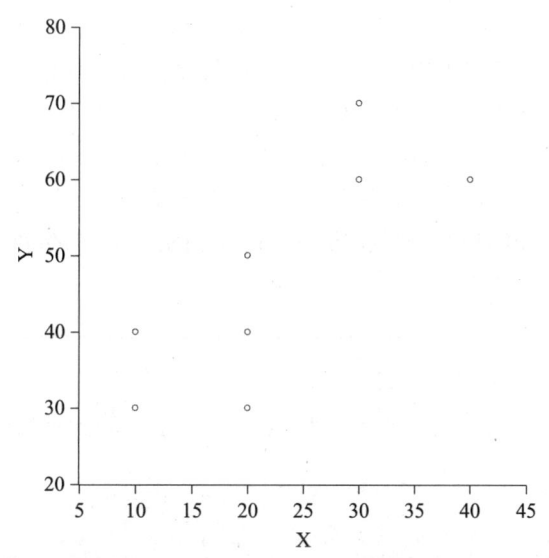

图 3-6 推销电话次数和复印机的销售数量的散点图（EViews）

从图 3-6 所示的散点图可以看出，推销电话次数和复印机的销售数量之间大致呈现线性函数关系，由此，我们采用线性函数来表示它们的关系，建立的总体回归方程为

$$Y_i = \beta_0 + \beta_1 X_i$$

2. 采用最小二乘法估计

（1）方法 1：采用 EViews 软件。下面采用 EViews 软件中的最小二乘法估计功能来估计参数 β_0 和 β_1 的值。依次选中 Y 和 X，点右键"Open/as Equation"，单击"OK"便得到最小二乘法的估计结果，见表 3-3。

表 3-3 最小二乘法的估计结果

Dependent Variable: X1
Method: Least Squares
Date: 06/06/24   Time: 23:35
Sample(adjusted): 1990 1999
Included observations: 10 after adjusting endpoints

Variable	Coefficient	Std. Error	t-Statistic	Prob.
Y1	1.184211	0.359141	3.297345	0.0109
C	18.94737	8.498819	2.229412	0.0563

R-squared	0.576102	Mean dependent var		45.00000
Adjusted R-squared	0.523115	S.D. dependent var		14.33721
S.E. of regression	9.900824	Akaike info criterion		7.599969
Sum squared resid	784.2105	Schwarz criterion		7.660487
Log likelihood	-35.99985	F-statistic		10.87248
Durbin-Watson stat	2.158866	Prob(F-statistic)		0.010902

根据表 3-3 对应的参数估计结果，得到相应的表达式为

$$\hat{Y}_i = 18.95 + 1.18 X_i$$

需要注意的是，从表 3-3 中我们可以看出推销电话次数和复印机的销售数量之间存在正相关关系，但是这能说明推销电话打的次数越多复印机销售量就越多吗？答案是否定的。因为我们不能仅仅根据相关系数来判断变量间的因果关系。

（2）方法 2：采用 Stata 软件。在 Stata 软件中，绘制散点图的过程也能轻松实现，在此仅进行简单的介绍，更多更具体的运用将会在之后的章节中体现。

同样，对于本例，推销电话次数和复印机的销售数量的散点图的绘制可通过命令"-scatter Y X"来实现，得到的散点图如图 3-7 所示。

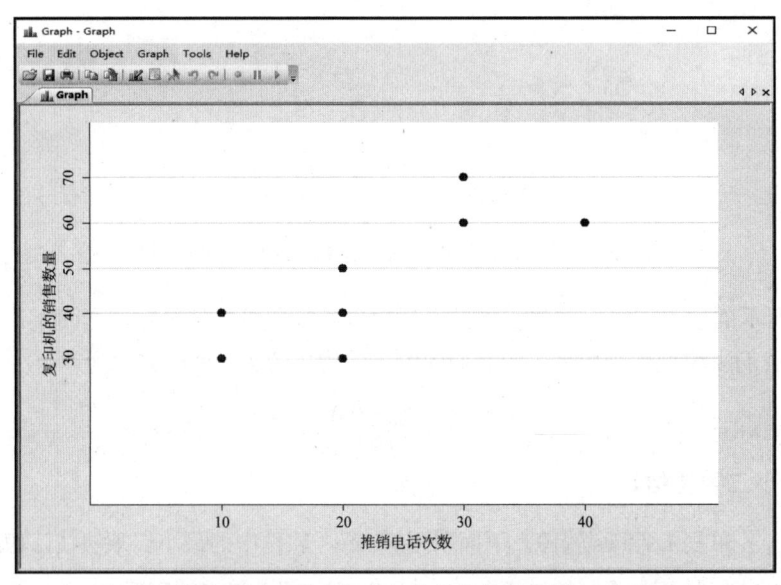

图 3-7 推销电话次数和复印机的销售数量的散点图（Stata）

采用最小二乘法的回归方程是通过命令"-reg Y X"来实现的，得到回归结果如图 3-8 所示。

```
. reg Y X

      Source |       SS       df       MS              Number of obs =      10
-------------+------------------------------           F(  1,     8) =   10.87
       Model |  1065.78947     1  1065.78947           Prob > F      =  0.0109
    Residual |   784.210526    8   98.0263158          R-squared     =  0.5761
-------------+------------------------------           Adj R-squared =  0.5231
       Total |         1850    9   205.555556          Root MSE      =  9.9008

           Y |      Coef.   Std. Err.      t    P>|t|     [95% Conf. Interval]
           X |   1.184211   .3591406     3.30   0.011     .3560307    2.01239
       _cons |  18.94737   8.498819      2.23   0.056    -.6509423    38.54568
```

图 3-8 最小二乘法的估计结果

估计结果报告出的回归方程为

$$\hat{Y}_i = 18.95 + 1.18 X_i$$

思考与练习

1. 解释下列名词：散点图；残差项；正规方程组。
2. 试阐述 OLS 的基本思想。
3. 从经济学角度和现实角度思考，为什么要将 e_i 包含在模型中？
4. 解释为何有 $\dfrac{\partial^2 \left(\sum_{i=1}^{n} e_i^2\right)}{\partial \hat{\alpha}^2} = 2n > 0$，$\dfrac{\partial^2 \left(\sum_{i=1}^{n} e_i^2\right)}{\partial \hat{\beta}^2} = 2\sum_{i=1}^{n} X_i^2 > 0$。
5. 表 3-4 列出了某国 1990—2022 年的财政收入 Y 和国内生产总值 GDP 的假设统计数据。

表 3-4 某国 1990—2022 年的财政收入与国内生产总值

年份	Y（亿美元）	GDP（亿美元）	年份	Y（亿美元）	GDP（亿美元）
1990	2 937.10	18 909.60	2007	51 321.78	274 179.70
1991	3 149.48	22 070.90	2008	61 330.35	324 317.80
1992	3 483.37	27 295.60	2009	68 518.30	354 521.60
1993	4 348.95	35 819.70	2010	83 101.51	419 253.30
1994	5 218.10	48 862.20	2011	103 874.43	495 707.60
1995	6 242.20	61 649.40	2012	117 253.52	547 510.60
1996	7 407.99	72 210.60	2013	129 209.64	603 660.40
1997	8 651.14	80 225.00	2014	140 370.03	655 782.90
1998	9 875.95	85 863.90	2015	152 269.23	702 511.50
1999	11 444.08	91 378.90	2016	159 604.97	761 193.00
2000	13 395.23	101 308.60	2017	172 592.77	847 382.90
2001	16 386.04	112 157.30	2018	183 359.84	936 010.10
2002	18 903.64	123 311.90	2019	190 390.08	1 005 872.40
2003	21 715.25	139 377.30	2020	182 913.88	1 034 867.60
2004	26 396.47	164 228.00	2021	202 554.64	1 173 823.00
2005	31 649.29	189 907.50	2022	203 703.48	1 234 029.40
2006	38 760.20	222 578.40	—	—	—

请利用本章所学内容和 EViews 软件，完成如下要求。

（1）画出 GDP 与财政收入 Y 的散点图。
（2）根据散点图，请说明这两个变量之间存在什么关系。
（3）利用最小二乘法估计出财政收入与 GDP 之间的数量关系。
（4）对估计出的参数的经济意义进行解释。

6. 假定表 3-5 所示的是 X 和 Y 的样本数据。

表 3-5 X 和 Y 的样本数据

X	1	2	3	4	5	6	7
Y	20	30	18	21	10	25	16

假定方程 $Y_i = \beta_0 + \beta_1 X_i + e_i$ 的参数值 $\hat{\beta}_0$ 和 $\hat{\beta}_1$ 有两种情形：第一种是 $\hat{\beta}_0 = 0$ 和 $\hat{\beta}_1 = 1$；第二种情形是 $\hat{\beta}_0 = -1$ 和 $\hat{\beta}_1 = -5$。试计算 $\sum_{i=1}^{7} e_i^2 = \sum_{i=1}^{7} \left(Y_i - \hat{\beta}_0 - \hat{\beta}_1 X_i \right)^2$ 的值。

7. 为研究中国的商品零售价格和国内生产总值之间的相互依存关系，根据表 3-6 所示内容分析 1990—2022 年的中国商品零售价格指数（RPI）与国内生产总值指数（GDP Index）的有关数据。试利用最小二乘法估计这两者之间的关系，并说明分析结果的经济意义。

表 3-6 商品零售价格指数和国内生产总值指数数据

年份	RPI（1978=100）	GDP Index（1978=100）	年份	RPI（1978=100）	GDP Index（1978=100）
1990	207.7	281.9	2007	376.7	1 562.0
1991	213.7	308.1	2008	398.9	1 712.8
1992	225.2	351.9	2009	394.1	1 873.8
1993	254.9	400.7	2010	406.3	2 073.1
1994	310.2	453.0	2011	426.2	2 270.8
1995	356.1	502.6	2012	434.7	2 449.2
1996	377.8	552.5	2013	440.8	2 639.2
1997	380.8	603.5	2014	445.2	2 831.8
1998	370.9	650.8	2015	445.6	3 027.2
1999	359.8	700.7	2016	448.7	3 243.5
2000	354.4	760.2	2017	453.6	3 468.8
2001	351.6	823.6	2018	462.2	3 703.0
2002	347.0	898.8	2019	471.4	3 923.3
2003	346.7	989.0	2020	478.0	4 011.2
2004	356.4	1 089.0	2021	485.6	4 350.0
2005	359.3	1 213.1	2022	498.7	4 480.1
2006	362.9	1 367.4	—	—	—

资料来源：中华人民共和国国家统计局（https://data.stats.gov.cn/index.htm）和 CSMAR 数据库。

第 4 章
CHAPTER 4

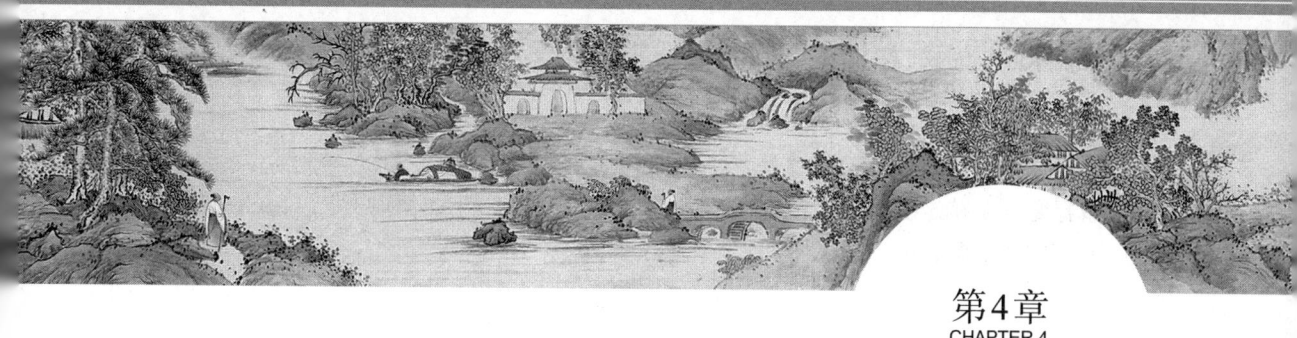

一元线性回归

相关分析用来考察变量间是否相关以及相关程度。回归分析是在变量间相关关系的基础上，根据样本观测值来考察被解释变量的期望值与解释变量的关系。最简单的回归分析是一元回归分析，它是多元回归分析的基础。回归分析的主要内容有：理论模型的设定，描述被解释变量的期望值与解释变量的关系；运用适当的估计方法，利用样本观测值估计模型中的参数，得到回归方程；检验模型以及模型中的参数的显著性，推断参数的置信区间、模型的区间预测的置信区间；通过估计出的模型分析和解决现实经济问题。采用回归分析可以分析现实经济社会活动的各种问题，不仅仅单纯集中于分析和解决经济问题。

4.1 传统假设下的一元线性回归模型

4.1.1 回归分析的基本概念

回归分析是研究一个变量关于另一个变量的依赖关系的理论和方法，其用意是通过后者的已知或设定值，去估计或者预测前者的（总体）均值。其中，前一个变量称为被解释变量（explained variable）或者因变量（dependent variable），后一个变量称为解释变量（explanatory variable）或者自变量（independent variable）。有的教科书把被解释变量称为左变量（left variable），把解释变量称为右变量（right variable）。有一点需要明确的是，回归分析只是检验解释变量与被解释变量之间的相关关系，并不能说明解释变量就是原因而被解释变量就是结果。变量之间的因果关系判断必须建立在一定的经济理论的基础之上。

4.1.2 总体回归函数和样本回归函数

1. 总体回归函数

在解释变量 X_i 确定的情况下，被解释变量 Y_i 的期望轨迹称为总体回归线（population regression line），其相应的函数形式

$$E(Y|X_i) = f(X_i) \tag{4-1}$$

称为总体回归函数（population regression function，PRF），或称条件期望函数（conditional expectation function，CEF）。

总体回归函数描述了被解释变量的均值随解释变量变化的规律，以反映变量之间关系的总体趋势。至于总体回归函数应该采用什么形式，需要考察总体所固有的特征。然而，在实际研究过程中很难将整个总体值用于分析，因此，这是一个重要的实践经验问题。在确定总体回归函数的时候，可以从理论上对变量之间的关系做出假设，拟定初步的近似形式，然后建立函数关系。例如，前面我们把人均居民消费水平与人均 GDP 看作线性关系，则式（4-1）可写为

$$E(Y|X_i) = \beta_0 + \beta_1 X_i \tag{4-2}$$

式中，β_0 和 β_1 是待估参数，称为回归系数（regression coefficients）。式（4-2）本身则称为线性总体回归函数，描述的是 X 和 Y 在总体平均水平上的关系，β_0 和 β_1 也被称为总体回归线的参数（parameters）。在计量经济学应用中，β_0 具有明确的经济含义，例如，它可以表示消费函数中的平均的自发性消费，β_1 表示一个单位的 X 的变化引起的 Y 的变化。值得注意的是，经典线性回归中涉及的线性指的是 Y 的条件期望是参数 β 的线性函数，而不是关于解释变量的线性函数。例如，在实际研究当中，可能遇到的函数形如

$$E(Y|X_i) = \beta_0 + \beta_1 X_i^2 \tag{4-3}$$

或与此类似的函数形式。很容易看出，它不是解释变量的线性函数，因为解释变量的指数为 2。但它却是参数 β 的线性函数，因为其指数为 1，该函数同样属于经典线性回归的范畴。事实上，我们可以采用换元的思想，将解释变量换成一次方，如用 Z 替代 X^2。

2. 随机误差项

总体回归函数描述了被解释变量的均值随解释变量变动的规律，在绝大多数情况下，被解释变量总是受多种因素影响的，而这些因素不一定全部被包括在模型中。因此，解释变量与被解释变量之间不是一一对应的函数关系，而是一种相关关系，在变量间的关系图上，能够反映出个体的实际观测值集聚在总体回归线的上下。例如，某老师很关注学生在校期间的消费支出的实际状况，跟踪调查了几位来自不同区域的学生。他们的收入有来自家庭的，有通过勤工俭学获得的，也有来自好心人资助的，还有通过助学贷款的，在校期间每个学生的收入基本保持不变，但他们的消费支出全然不同，有高于收入的，也有低于收入的，还有收支相抵的，很明显，这些学生的实际支出与他们的平均支出存在差异，受到了诸多随机因素的影响。因此，从这个例子可以看出，通过式（4-2）右边计算出的值与被解释变量的期望值 $E(Y|X_i)$ 往往存在一定偏离，称为离差

（deviation），又称为随机干扰项（stochastic disturbance）或随机误差项（stochastic error），它是一个不可观测的随机变量，代表未被纳入模型中作为解释变量但又对被解释变量产生影响的所有因素的总和。加入随机误差项后，式（4-2）可以改写为

$$Y_i = \beta_0 + \beta_1 X_i + \mu_i \tag{4-4}$$

正是因为随机误差项是随机变量，导致了被解释变量的随机特性。式（4-4）称为总体回归函数的随机设定形式，它表明了被解释变量不仅受到解释变量 X 的影响，还受到解释变量之外的诸多因素的影响，随机误差项 μ_i 便是这些因素的综合代表。当式（4-4）包含了随机误差项后，就成为计量经济学模型，因此，式（4-4）也称为总体回归模型（population regression model）。这种只包含一个解释变量的线性总体回归模型称为一元线性总体回归模型，也称为简单线性回归模型（simple linear regression model）。

随机误差项的内容非常丰富，在计量经济学模型的建立中起着至关重要的作用，它主要代表以下信息。

（1）代表未知的影响因素。尽管回归模型是建立在一定理论基础上的，然而理论往往是不完全的。也许还存在至今为止尚未认知的因素。例如，某个理论说明了 X 是影响 Y 的因素，但并没有说明 X 是影响 Y 的全部因素，基于这个理论建立的计量经济学模型就只能反映 X 对 Y 的影响，而其他因素对 Y 的影响却是未知的。因此，有必要采用随机误差项来代表未知的影响因素。

（2）代表缺失的数据。有时在建立计量经济学模型时，我们明知一些因素会影响被解释变量，但由于数据的限制，不得不在模型中剔除这些因素。例如，在分析居民消费的时候，明知消费习惯是影响居民消费的一个重要因素，但这方面的数据基本上无法获取，因而我们不得不省略这个因素，将其归入随机误差项。

（3）代表众多次要变量。在影响被解释变量的诸多因素中有一些变量是非常次要的，即使几个变量综合起来其影响效应也是非常小的。于是，为了模型的简练，并从收集数据成本方面考虑，往往会忽略掉影响作用很小的变量，将其归入随机误差项。

（4）代表数据的测量误差。在进行计量分析时采用的观测数据，往往是不完全准确的，常常存在或大或小的测量误差，这些误差也被归入了随机误差项。

（5）代表模型设定误差。由于经济现象的复杂性，模型的真实函数形式往往难以准确把握，在一元回归中尚可通过散点图来观察被解释变量和解释变量的关系，从而推测采用哪种函数形式，然而在多元回归模型中就不易得出一个多维的散点图来直接观察函数的形式。因而在确定函数形式时很容易出现偏差。随机误差项包含了这种模型设定的偏差。

（6）变量的内在随机性。即使所有的影响因素都纳入模型当中，所有的观测数据都不存在测量误差，但是由于某些变量存在内在的随机性，我们无论如何也解释不了，而这种随机性又会对被解释变量产生随机性影响，因而这种随机性只能被归入随机误差项中。

3. 样本回归函数

细心的读者会发现，前面的讨论都是基于特定的解释变量 X 和对应的被解释变量 Y 的总体，即讨论总体被解释变量随特定解释变量的平均变化规律。然而在现实当中，总体的信息往往是无法全部获取的，也就是说总体回归函数实际上是未知的，特别是总体中的个体是无限时。即使是总体中包含的个体是有限的，但数量也往往很多，致使总体回归函数难以准确确定，呈现未知状

态。因此，在计量分析中，常常是通过抽样获取总体的一个样本，再通过样本的信息来估计总体回归函数。

在总体中随机抽取一个样本，对该样本做散点图，并用一条直线尽可能地拟合该散点图。由于样本取自总体，因此，可以采用这条线来近似代表总体回归线。把这条线称为样本回归线（sample regression lines），其函数形式为

$$\hat{Y}_i = \hat{\beta}_0 + \hat{\beta}_1 X_i \tag{4-5}$$

称为样本回归函数（sample regression function，SRF）。式（4-5）可以被认为是式（4-4）的近似替代，这样$\hat{Y}$就是Y_i的估计量，$\hat{\beta}_0$是β_0的估计量，$\hat{\beta}_1$是β_1的估计量。将式（4-5）式转化为随机形式，函数形式如下

$$Y_i = \hat{\beta}_0 + \hat{\beta}_1 X_i + e_i \tag{4-6}$$

其中，e_i称为残差项（residual），可以被看作随机误差项μ_i的估计值。在加入了残差项后，式（4-6）就成为计量经济学模型，称为样本回归模型（sample regression model）。

回归分析事实上就是在构造一个样本回归函数，使其尽量接近总体回归函数，图4-1描述了总体回归线和样本回归线之间的关系。可以认为总体回归线只有一条，而样本回归线不止一条，随机抽取的样本不同，样本回归线也许不同。本书后续部分涉及的回归分析都是指针对样本回归模型的分析。

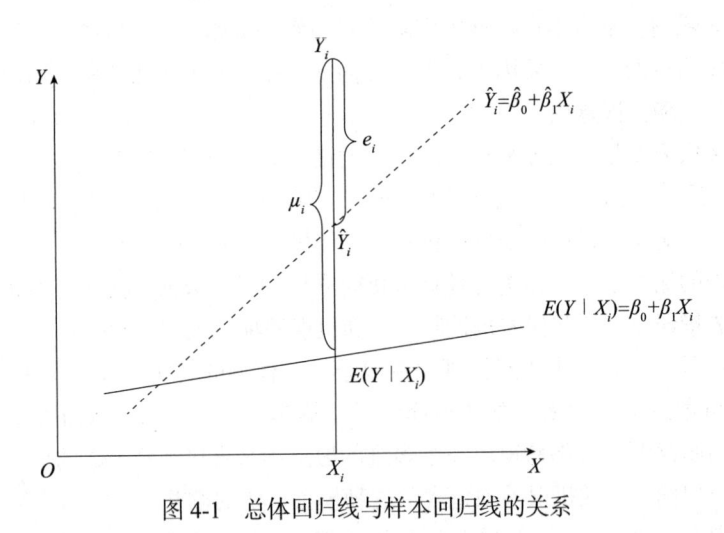

图 4-1 总体回归线与样本回归线的关系

4.2 一元线性回归模型的基本假设

回归分析的主要目的就是通过样本回归函数尽量准确地估计总体回归函数，常用的方法就是第3章介绍的普通最小二乘法。为了使普通最小二乘法估计出的结果具有良好的性质，通常要对模型提出若干假设，只有在满足这些假设的前提下，普通最小二乘法才是适用的估计方法；否则，最小二乘法将不再适用，必须发展其他的估计方法。因此，严格地说，以下假设主要是针对普通最小二乘法的，而不是针对模型本身的。

假设1：解释变量 X_i 是确定性变量，不是随机变量，而且在重复抽样中取固定值。
假设2：随机误差项具有零均值、同方差的特性，即

$$E(\mu_i) = 0, \ \text{Var}(\mu_i) = \sigma^2 \quad i = 1, 2, \cdots, n$$

也就是说，对于每个样本点，随机误差项的期望值都为零，方差都相同。换言之，随机误差项都是围绕零波动的，不存在波动的集聚性变化，具有不变方差（离散程度）的统计分布特征。

实际上，随机误差项是影响被解释变量 Y 的除因素 X 之外的各种因素的总和，尽管具有随机性，有正有负，但无论它如何变化，平均而言对 Y 的影响为零。

假设3：随机误差项相互独立，即

$$\text{Cov}(\mu_i, \mu_j) = 0, \ i \neq j, \quad i, j = 1, 2, \cdots, n$$

也就是说，任意两个样本点上的随机误差项是不相关的。

假设4：随机误差项与解释变量 X_i 之间不相关，即

$$\text{Cov}(X_i, \mu_i) = 0, \quad i = 1, 2, \cdots, n$$

假设5：随机误差项服从零均值、同方差的正态分布，即

$$\mu_i \sim N(0, \sigma^2)$$

以上假设称为线性回归模型的经典假设或高斯假设，满足以上假设的线性回归模型称为经典线性回归模型（classic linear regression model，CLRM）。实际上，对于随机误差项，它是服从独立同分布的。只有满足了上述条件，普通最小二乘法的估计结果才是可靠的。

对于不满足经典假设中同方差和序列不相关的情形，将分别在第7章和第8章讲解，第9章是针对多元回归分析中违背了解释变量间不相关的假设时如何处理共线性问题所做的讲解。至于随机误差项的期望值不为零时，可以采用平移的方法将模型转换为满足随机误差项的期望值为零时的总体回归模型。例如，随机误差项的期望值为5时，可以把式（4-4）写为 $(Y_i - 5) = \beta_0 + \beta_1 X_i + (\mu_i - 5)$ 或 $Y_i = (\beta_0 + 5) + \beta_1 X_i + (\mu_i - 5)$，并做适当变换就可以了，可以保证新的随机误差项 $\mu_i^* = \mu_i - 5$ 的期望值为零，满足经典假设。

4.3 最小二乘估计量的特征

如前所述，所谓的估计方法，就是用一组样本数据求得总体真实回归参数估计值的数学方法。第3章讲述的普通最小二乘法就是其中的一种估计方法，在某些特定条件下，可以认为普通最小二乘法是最佳的估计方法，一是在理论上看，残差度量的是回归方程的估计值与实际观测值的拟合程度，残差平方和最小化是评价拟合效果好坏的合理目标，它能够满足残差的和等于零，以反映实际观测值的分布特征，有的在回归线的下方，有的在上方，极端情况是所有的观测值和实际值相等。

依据普通最小二乘法，只能在总体中选择一组样本进行估计，得到一对参数估计值 $\hat{\beta}_0$ 和 $\hat{\beta}_1$，这是从一组特定样本而得出的。如果随机再选择一组样本进行估计，或许不能保证得出同样的估计值 $\hat{\beta}_0$ 和 $\hat{\beta}_1$，若继续按照这种方法做，就会得到更多的估计值 $\hat{\beta}_0$ 和估计值 $\hat{\beta}_1$。可见，采用普通最小二乘法，用每组样本都能够得到真实总体参数 β_0 和 β_1 的一个对应值 $\hat{\beta}_0$ 和 $\hat{\beta}_1$，这些估计值随样本

的不同或许不同。因此，所有样本得到的估计值$\hat{\beta}_0$和$\hat{\beta}_1$的分布都有各自的均值和方差，已不是一个确定的值，而是一个估计量，是从总体中随机选择的样本数据的函数。由于是随机抽样，因此，估计量是随机变量，而估计值是基于特定样本数据推断得到的估计量的取值。实际上，所谓"好"的估计方法是指$\hat{\beta}_0$和$\hat{\beta}_1$的期望值与真实总体参数β_0和β_1一致。

在满足经典假设的前提下，普通最小二乘法的估计结果具有非常优良的性质，即线性性、无偏性和最小方差性（有效性），是最佳线性无偏估计量（best linear unbiased estimator，BLUE），这就是著名的高斯–马尔可夫定理（Gauss-Markov theorem）。

1. 线性性

线性性是指$\hat{\beta}_0$和$\hat{\beta}_1$是随机变量Y的线性函数，当然也是随机误差项μ的函数，这也表明$\hat{\beta}_0$和$\hat{\beta}_1$是随机变量。在这里，仅讨论$\hat{\beta}_1$，$\hat{\beta}_0$作为思考练习。

基于式（3-15）的结论，估计量$\hat{\beta}_1$为

$$\hat{\beta}_1 = \frac{\sum x_i y_i}{\sum x_i^2} = \sum \frac{x_i}{\sum x_i^2} y_i = \sum k_i y_i \tag{4-7}$$

很显然，因为Y_i是随机变量，$y_i = Y_i - \bar{Y}$就是随机变量，自然，$\hat{\beta}_1$也就是随机变量的线性组合，说明$\hat{\beta}_1$是被解释变量的线性函数。

2. 无偏性

无偏性是指参数估计值$\hat{\beta}_0$和$\hat{\beta}_1$的期望与其真实值β_0和β_1是一致的，即$E(\hat{\beta}_0) = \beta_0$，$E(\hat{\beta}_1) = \beta_1$。

因为$\sum k_i = \sum \frac{x_i}{\sum x_i^2} = \frac{\sum x_i}{\sum x_i^2} = 0$（分子部分的离差和为零），根据式（4-7），有

$$\begin{aligned}\hat{\beta}_1 &= \sum k_i y_i = \sum k_i (Y_i - \bar{Y}) = \sum k_i Y_i - \bar{Y} \sum k_i \\ &= \sum k_i (\beta_0 + \beta_1 X_i + \mu_i) = \beta_0 \sum k_i + \beta_1 \sum k_i X_i + \sum k_i \mu_i\end{aligned} \tag{4-8}$$

又因为$\sum k_i X_i = \sum k_i (x_i + \bar{X}) = \sum k_i x_i + \bar{X} \sum k_i = \frac{\sum x_i^2}{\sum x_i^2} = 1$，于是，式（4-8）可写为

$$\hat{\beta}_1 = \beta_1 + \sum k_i \mu_i \tag{4-9}$$

对$\hat{\beta}_1$取期望值，由假设2可得

$$E(\hat{\beta}_1) = \beta_1 \tag{4-10}$$

3. 最小方差性（有效性）

最小方差性（有效性）是指最小二乘估计量的方差小于其他任何一个无偏估计量的方差，是最小的方差。采用反证法，假定存在用其他方法得到的任一不同于$\hat{\beta}_1$的无偏估计量$\hat{\beta}_1^*$，只要$\hat{\beta}_1^*$的

方差大于$\hat{\beta}_1$的方差，就能说明最小二乘估计量$\hat{\beta}_1$的方差是最小的。类似于式（4-9），假定$\hat{\beta}_1^*$是β_1另外一个线性无偏估计量，有

$$\hat{\beta}_1^* = \beta_1 + \sum c_i \mu_i \qquad (4-11)$$

首先要满足线性性和无偏性，于是，有式（4-12）

$$\begin{cases} \sum c_i = 0 \\ \sum c_i X_i = 1 \end{cases} \qquad (4-12)$$

所以，$\hat{\beta}_1^*$的方差为

$$\begin{aligned}
\mathrm{Var}(\hat{\beta}_1^*) &= \mathrm{Var}(\beta_1 + \sum c_i \mu_i) = \mathrm{Var}(\sum c_i \mu_i) \\
&= \sigma^2 \sum c_i^2 = \sigma^2 \sum (k_i + (c_i - k_i))^2 \\
&= \sigma^2 \sum (k_i^2 + (c_i - k_i)^2 + 2k_i(c_i - k_i)) \\
&= \sigma^2 \sum (k_i^2 + (c_i - k_i)^2) + 2\sigma^2 \sum k_i(c_i - k_i)
\end{aligned} \qquad (4-13)$$

又因为

$$\begin{aligned}
\sum k_i(c_i - k_i) &= \sum k_i c_i - \sum k_i^2 \\
&= \sum c_i \frac{x_i}{\sum x_i^2} - \sum \left(\frac{x_i}{\sum x_i^2}\right)^2 \\
&= \frac{\sum c_i(X_i - \bar{X})}{\sum x_i^2} - \frac{1}{\sum x_i^2} \\
&= \frac{\sum c_i X_i - \bar{X}\sum c_i}{\sum x_i^2} - \frac{1}{\sum x_i^2} \\
&= \frac{1}{\sum x_i^2} - \frac{1}{\sum x_i^2} \\
&= 0
\end{aligned}$$

所以，显然有

$$\begin{aligned}
\mathrm{Var}(\hat{\beta}_1^*) &= \sigma^2 \sum k_i^2 + \sigma^2 \sum (c_i - k_i)^2 \\
&= \mathrm{Var}(\hat{\beta}_1) + \sigma^2 \sum (c_i - k_i)^2 \\
&\geq \mathrm{Var}(\hat{\beta}_1)
\end{aligned} \qquad (4-14)$$

表明最小二乘估计量$\hat{\beta}_1$的方差是最小的。

无偏性保证了估计量围绕着真实值变化，最小方差性（有效性）让估计量更接近于真实值。

4.4 判定系数

普通最小二乘法的思想是找出一条拟合曲线，使残差平方和达到最小，也就是说，在经典假设下，对于所有的样本观测值，普通最小二乘法都能得出最佳线性无偏估计量。尽管图4-2中

的直线都是样本观测值的最小二乘估计结果,但是显然图 4-2b 中的样本回归线更能反映变量间的变化规律,而图 4-2a 中的样本回归线则不然。事实上,即使将毫无规律的点散布于坐标系中,普通最小二乘法也能找出一条样本回归线来,而这样的样本回归线是毫无意义的。因此,需要对样本回归线反映变量间变化规律的程度,即拟合优度(goodness of fit)进行检验。直观上看,在给定的解释变量 X 对应的被解释变量的观测值距回归线上的估计值越近,表明直线对观测数据的拟合程度就越好,反之,拟合程度就越不好。回归直线与样本观测值的接近程度被称为回归直线对数据的拟合优度。

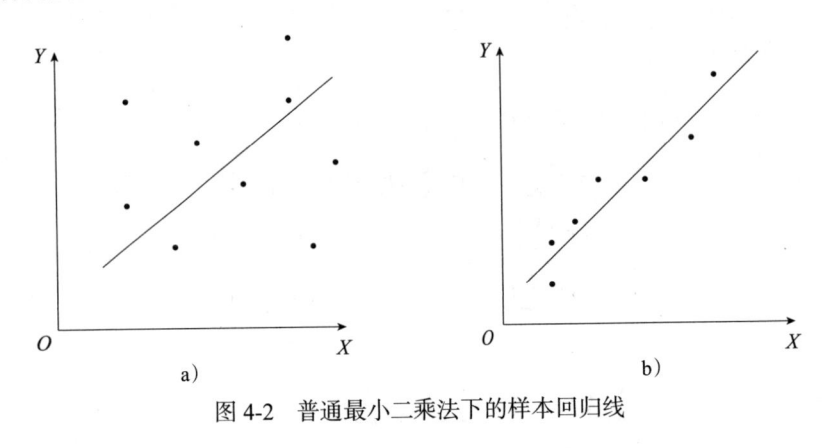

图 4-2 普通最小二乘法下的样本回归线

假设样本回归直线 $\hat{Y}_i = \hat{\beta}_0 + \hat{\beta}_1 X_i$ 是由一组样本观测值 $(X_i, Y_i)(i=1,2,\cdots,n)$ 得出的,则根据样本回归线通过样本均值的性质,Y 的第 i 个样本观测值 Y_i 与样本均值 $\bar{Y}$ 的离差 $y_i = Y_i - \bar{Y}$ 可以做如下分解。

$$y_i = Y_i - \bar{Y} = (Y_i - \hat{Y}_i) + (\hat{Y}_i - \bar{Y}) = e_i + \hat{y}_i \tag{4-15}$$

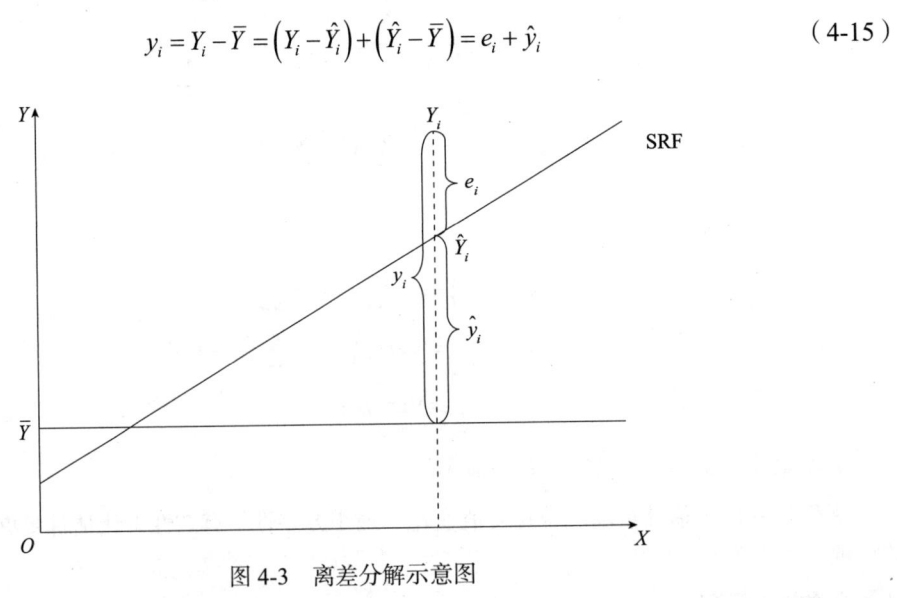

图 4-3 离差分解示意图

图 4-3 显示了这种分解过程,其中,$\hat{y}_i = (\hat{Y}_i - \bar{Y})$ 是回归拟合值与观测值 Y_i 的平均值之差,我们可以把这部分看作回归线能够解释总离差 $y_i = Y_i - \bar{Y}$ 的部分;$e_i = Y_i - \hat{Y}_i$ 是实际观测值与回归拟合值

之差，该部分不能被回归线解释。当Y_i落在样本回归线上时，Y的第i个观测值与样本均值的离差全部来自回归拟合值与样本观测值Y_i的平均值之差，即在此点处完全拟合。

由于第i个样本观测值Y_i与样本均值$\bar{Y}$的离差平方为$y_i^2 = \hat{y}_i^2 + 2\hat{y}_i e_i + e_i^2$，所以，对所有的样本点，所有点的样本观测值与样本均值的离差平方和为

$$\sum y_i^2 = \sum \hat{y}_i^2 + \sum e_i^2 + 2\sum \hat{y}_i e_i \quad (4\text{-}16)$$

因为，根据式（3-10），有$\sum e_i = 0, \sum e_i X_i = 0$；样本回归线中的$\hat{\beta}_0$和$\hat{\beta}_1$实际上就是式（3-10）中的$\hat{\alpha}$和$\hat{\beta}$，因此

$$\begin{aligned}\sum \hat{y}_i e_i &= \sum \left(\hat{Y}_i - \bar{Y}\right) e_i \\ &= \sum \left(\hat{\beta}_0 + \hat{\beta}_1 X_i - \bar{Y}\right) e_i \\ &= \hat{\beta}_0 \sum e_i + \hat{\beta}_1 \sum e_i X_i - \bar{Y} \sum e_i \\ &= 0\end{aligned}$$

所以

$$\sum y_i^2 = \sum \hat{y}_i^2 + \sum e_i^2 \quad (4\text{-}17)$$

习惯上，令$\sum y_i^2 =$ TSS，称为总离差平方和（total sum of squares），用于反映样本观测值总体离差的大小；令$\sum \hat{y}_i^2 =$ ESS，称为回归平方和（explained sum of squares），用于反映能被解释变量所解释的那部分离差的大小；令$\sum e_i^2 =$ RSS，称为残差平方和（residual sum of squares），用于反映不能被解释变量解释的那部分离差的大小。于是，式（4-17）就反映了这样一个事实：样本观测值Y_i与其均值的总离差平方和可以分解为两部分，一部分来自围绕样本回归线的离散程度，反映了能够解释被解释变量变化的因素，另一部分来自随机势力，是难以解释被解释变量变化的因素。由此，我们就可以用来自样本回归线的那部分离差平方和与总离差平方和的比值来衡量样本回归线对样本观测值的拟合程度，也就是拟合优度，用符号R^2表示，即

$$R^2 = \frac{\text{ESS}}{\text{TSS}} = 1 - \frac{\text{RSS}}{\text{TSS}} \quad (4\text{-}18)$$

式中，R^2被称为判定系数（coefficient of determination），有些书上也称为可决系数、判断系数。

显然，回归平方和占总离差平方和的比重越大，回归直线与样本点拟合得就越好。从另外一个角度看，因为当样本观测值给定时，总离差平方和保持不变，相对于总离差平方和，残差平方和越小，估计出的回归线拟合样本数据的程度就越高。当$R^2 = 1$时，$\sum e_i^2 = 0$，表明模型与观测值完全拟合，即$Y = \hat{Y}$；当$R^2 = 0$时，因为$\sum \hat{y}_i^2 = 0$，所以，对于Y的所有观测值，都取样本观测值的均值，表现为$\hat{Y} = \bar{Y}$，显示回归线是一条水平直线，表明无论解释变量X发生了什么样的变化，都不会对被解释变量Y产生影响，然而在实际运用当中，这些情况罕有发生。毋庸置疑的是，R^2越接近于1，说明模型的拟合优度越高。事实上，回归平方和$\sum \hat{y}_i^2$越大，R^2越趋近于1。由于$\sum \hat{y}_i^2$中含有解释变量X的信息，所以，它的变化是由解释变量X引起的。因此，R^2越大意味着

解释变量 X 对被解释变量 Y 的解释能力越强。

由于

$$\text{ESS} = \sum \hat{y}_i^2 = \sum \left(\hat{\beta}x_i\right)^2 = \hat{\beta}^2 \sum x_i^2$$

式中，$x_i = X_i - \bar{X}$，$\hat{y}_i = \hat{Y}_i - \bar{Y}$，

因此，有

$$\begin{aligned}\hat{y}_i &= \hat{Y}_i - \bar{Y} \\ &= \hat{\beta}_0 + \hat{\beta}_1 X_i - \hat{\beta}_0 - \hat{\beta}_1 \bar{X} \\ &= \hat{\beta}_1 \left(X_i - \bar{X}\right) \\ &= \hat{\beta}_1 x_i\end{aligned}$$

于是

$$R^2 = \frac{\hat{\beta}^2 \sum x_i^2}{\sum y_i^2} = \frac{\left(\sum x_i y_i\right)^2}{\sum x_i^2 \sum y_i^2} = r^2 \tag{4-19}$$

利用式（4-19），就能很方便地计算出判定系数，式中，r 代表 X 与 Y 的相关系数。值得注意的是，式（4-19）只是对一元回归分析而言的。例如，若回归方程为，$\hat{Y} = 100 - 0.9X$ 并且判定系数 $R^2 = 0.81$，则相关系数 $r_{xy} = -0.9$。

事实上，判定系数一般都用不着研究者自己去计算，因为 EViews 直接就给出了判定系数的值，图 3-5 中的 R-squared 对应的数值就是判定系数的输出结果。其值为 0.996 714，非常接近于 1，说明模型的拟合优度非常高。用 Stata 软件也能够实现。

4.5　最小二乘回归的若干重要结论

在满足经典假设下，就可以采用最小二乘法得出回归模型估计量（OLS 估计量）。然而，OLS 估计量是随机变量，其值会随着样本的不同而变化。因此，就有必要了解这些估计量的抽样差异性，即它们是如何随着样本的变化而变化的。这种差异性一般是采用方差和标准差来衡量的。式（4-20）~式（4-23）给出了 OLS 估计量 $\hat{\beta}_0$ 和 $\hat{\beta}_1$ 的方差和标准差。

$$\text{Var}\left(\hat{\beta}_0\right) = \frac{\sum X_i^2}{n \sum x_i^2} \sigma^2 \tag{4-20}$$

$$\text{Se}\left(\hat{\beta}_0\right) = \sqrt{\text{Var}\left(\hat{\beta}_0\right)} \tag{4-21}$$

$$\text{Var}\left(\hat{\beta}_1\right) = \frac{\sigma^2}{\sum x_i^2} \tag{4-22}$$

$$\text{Se}\left(\hat{\beta}_1\right) = \sqrt{\text{Var}\left(\hat{\beta}_1\right)} \tag{4-23}$$

式中，Var 表示方差，Se 表示标准差，σ^2 表示随机误差项 μ 的方差，n 表示样本观测值的个数。根据经典假设，随机误差项的方差是一个常数。

对于式（4-22）的计算，可根据式（4-9），通过计算方差就可得出。实际上

$$\mathrm{Var}(\hat{\beta}_1) = \mathrm{Var}(\beta_1 + \sum k_i \mu_i) = \mathrm{Var}(\sum k_i \mu_i) = \sigma^2 \sum k_i^2 = \frac{\sigma^2}{\sum x_i^2}$$

从式（4-20）和式（4-22）可知，要计算参数估计值的方差，必须要知道随机误差项的方差 σ^2。然而，随机误差项的方差 σ^2 实际上是未知的，因为随机误差项 μ_i 是不可观测的，因此，只能从 μ_i 的估计值，即残差 e_i 来估计随机误差项的总体方差 σ^2。可以证明 σ^2 的最小二乘无偏估计量为[○]

$$\hat{\sigma}^2 = \frac{\sum e_i^2}{n-2} \tag{4-24}$$

式中，n 为观测值的个数。

通过式（4-24）也可判断回归直线的拟合程度，这个值越小，意味着给定样本下的残差平方和 $\sum e_i^2$ 越小，回归直线的拟合程度就越好，回归直线对样本观测值的代表性就越强。

式（4-21）和式（4-23）的值都可以由 EViews 直接输出，如图 3-5 所示，Std. Error 的值便是相应参数的标准差，将 Std. Error 的值平方就可以得出式（4-20）和式（4-22）的结果。图 3-5 中的 S.E. of regression 的值就是 $\hat{\sigma}^2$ 的正平方根，只要求这个值的平方便是式（4-24）的结果。

4.6　参数显著性检验——t 检验

事实上，判定系数 R^2，只是对模型的线性关系是否成立给出了一个模糊的推测，而没有在统计上给出严格的结论，因此，有必要对变量进行显著性检验（也称为参数估计值的显著性检验）。对于式（4-4），我们会关注这样一个问题：在统计意义下，解释变量 X 真的对被解释变量 Y 有影响吗？

显著性检验的思想是：若解释变量 X 是显著地影响被解释变量 Y，那么，其对应的参数估计值 β_1 应该显著不为零。根据数理统计学知识，用于进行显著性检验的方法主要有三种：t 检验、F 检验和 z 检验。其中，针对单个参数进行检验并且运用最广泛的是 t 检验。

4.6.1　t 检验

为了检验参数估计值是否显著不为零，采取如下步骤进行检验。

第 1 步：提出原假设 H_0 和备择假设 H_1。通常，研究者都将不期望出现的情况或者不愿看到的情况作为原假设，其对立的情况作为备择假设。在此，若为双侧 t 检验，则原假设和备择假设分别为

$$H_0: \beta_i = 0$$
$$H_1: \beta_i \neq 0$$

若为单侧检验，则根据问题需要，提出原假设 H_0 和备择假设 H_1。以零为中心的原假设为

○ 古扎拉蒂. 计量经济学基础：第 4 版 [M]. 费剑平，孙春霞，等译. 北京：中国人民大学出版社，2005.

$H_0: \beta_i = 0$，而备择假设为$H_1: \beta_i < 0$。

第2步：构造t统计量。

$$t = \frac{\hat{\beta}_i - \beta_i}{Se(\hat{\beta}_i)} = \frac{\hat{\beta}_i}{Se(\hat{\beta}_i)} \sim t(n-2) \quad i = 0, 1 \tag{4-25}$$

第3步：确定显著性水平α下的临界值。给定一个显著性水平α，比如5%（常见的显著性水平有1%、5%、10%），来表示原假设H_0成立的概率，查t分布表，会得到一个临界值$t_{\alpha/2}(n-2)$。

第4步：比较t统计量与临界值$t_{\alpha/2}(n-2)$，得出结论如图4-4所示。若$|t| \geq t_{\alpha/2}(n-2)$（注意：此处的$t$值是在$\beta_1 = 0$的情况下计算出来的），则说明在$1-\alpha$的置信度下拒绝原假设$H_0$，说明变量$X$（人们习惯上把常数项看作一个始终取值为1的常变量）通过了显著性检验，是显著的；若没有发生$|t| \geq t_{\alpha/2}(n-2)$的情况，则说明在$1-\alpha$的置信度下不能拒绝原假设$H_0$，说明变量$X$没有通过显著性检验，是不显著的。从显著性水平来决策的话，决策的判断原则为：若$|t| \geq t_{\alpha/2}(n-2)$，则在显著性水平$\alpha$下拒绝原假设$H_0$，接受备择假设$H_1$（$H_0$拒绝域），说明解释变量$X$对被解释变量$Y$的影响在统计意义下是显著的，否则不能拒绝原假设$H_0$（$H_0$接受域）。

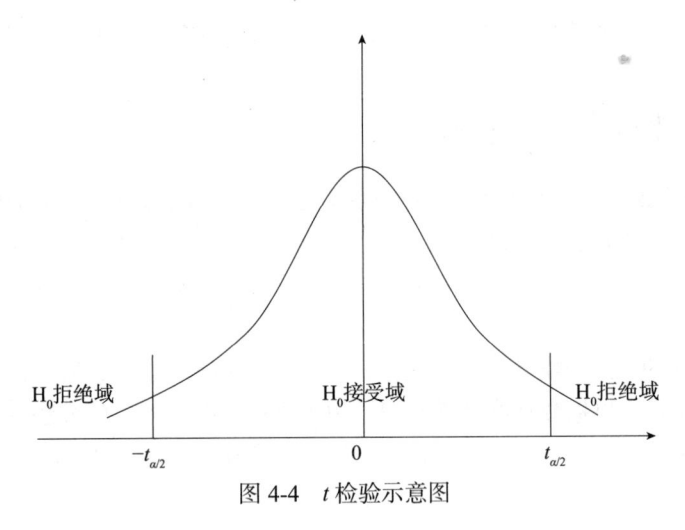

图4-4 t检验示意图

分别令$i=0$，$i=1$就可对一元回归模型的每个估计参数值进行显著性检验。

检验参数估计值是否显著为零，也可采取P值法决策。如果P值大于给定的显著性水平，则不能拒绝参数真值为零的原假设，否则拒绝原假设，接受备择假设，表明对应的解释变量在给定显著性水平下对被解释变量具有显著的影响。

t统计量的值也可由EViews直接输出，图3-5中的t-Statistic所对应的值便是t统计量的值。在实际应用过程中，没有必要先去查t分布表所对应的临界值，再与t统计量的绝对值作比较来做出是否拒绝原假设的论断，而可以直接依据图3-5中的Prob.对应的值来判断。图3-5中的Prob.值表示t检验的原假设H_0成立的概率，也就是说对应参数真值为零的概率。通过这一统计量就可方便地判断是拒绝还是接受参数真值为零的假设，一般来说，当Prob.值低于0.1(0.05,0.01)时就说明对应参数在10%（5%,1%）的显著性水平下显著不为零。如果在1%的显著性水平下，参数显著不为零的话，则在 5% 或 10% 的显著性水平下参数一定显著不为零。图 3-5 中的解释变量 X 的参数的 Prob. 值几乎为零，小于 0.01，说明参数显著不为零。

4.6.2 参数的置信区间

通过了显著性检验后，我们还可能会关心参数估计值的可信程度，即参数估计值与其真值究竟有多接近。一方面根据式（4-25）可以得到 t 统计量，另一方面在给定显著性水平 α 下，通过 t 分布表可以得到服从自由度为 $n-2$ 的临界值 $t_{\alpha/2}(n-2)$。从图 4-4 可以看出，t 值落在区间 $(-t_{\alpha/2}(n-2), t_{\alpha/2}(n-2))$ 的概率为 $(1-\alpha)$，由此即有

$$P\left(-t_{\alpha/2}(n-2) < t < t_{\alpha/2}(n-2)\right) = 1-\alpha \qquad (4\text{-}26)$$

把式（4-25）中的 t 统计量代入式（4-26），则有

$$P\left(-t_{\alpha/2}(n-2) < \frac{\hat{\beta}_i - \beta_i}{\text{Se}(\hat{\beta}_i)} < t_{\alpha/2}(n-2)\right) = 1-\alpha \qquad (4\text{-}27)$$

式（4-27）可以进一步地改写为

$$P\left(\hat{\beta}_i - t_{\alpha/2}(n-2) \times \text{Se}(\hat{\beta}_i) < \beta_i < \hat{\beta}_i + t_{\alpha/2}(n-2) \times \text{Se}(\hat{\beta}_i)\right) = 1-\alpha \qquad (4\text{-}28)$$

式（4-28）中的区间 $\left(\hat{\beta}_i - t_{\alpha/2}(n-2) \times \text{Se}(\hat{\beta}_i), \hat{\beta}_i + t_{\alpha/2}(n-2) \times \text{Se}(\hat{\beta}_i)\right)$ 称为参数 β_i 的置信区间（confidence interval），它衡量了在显著性水平 α 下的参数估计值与其真值的接近程度。

显然，置信区间越小，参数估计值越接近其真值。那么如何才能缩小置信区间呢？采取的方式有以下 2 种。

（1）增大样本容量 n。从式（4-28）可以看出，一方面当样本容量 n 增大时，在给定显著性水平下，临界值必然会减小，在参数的标准差不变的条件下，置信区间就会缩小；另一方面，当样本容量 n 增大时，一般来讲，随机误差项的方差会减小，使得参数估计量的方差变小，即参数估计量的标准差减小，这样通过参数估计量与临界值共同变化的作用，就会使置信区间缩小，从而提升预测的准确性。

（2）提高模型的拟合优度。模型拟合优度越高，意味着残差平方和越小，综合式（4-21）、式（4-23）和式（4-24）的结果可以得到，参数估计量的方差就会越小，意味着标准差也越小，置信区间也就越小。

结合前面 EViews 的运算结果，就能很容易地计算出参数的置信区间。

4.7 预测

计量经济学除了测度和验证之外，还有一个作用就是预测。所谓预测，就是指在参数估计和显著性检验后，运用解释变量的某一特定值，根据回归方程所描述的变化规律推测被解释变量的值。对被解释变量的预测主要有点预测和区间预测两种。

1. 点预测

点预测就是给定解释变量 X 的某一特定值 X_0，直接利用回归方程来估计被解释变量 Y_0 的值。假设回归方程为

$$\hat{Y}_i = \hat{\beta}_0 + \hat{\beta}_1 X_i \tag{4-29}$$

当解释变量 X 取值为 X_0 时，$\hat{Y}_0 = \hat{\beta}_0 + \hat{\beta}_1 X_0$ 就是对 Y_0 的预测值，这是对 Y_0 的单个值进行的预测。

实际上，点预测估计出的 $\hat{Y}_0$ 仅仅是被解释变量的预测值的估计值，而非其预测值。这是因为：一是参数估计值本身就是随机变量，是不确定的；二是受随机误差项的影响。因此，点估计得到的只是预测值的一个估计值，预测值的真值处于在某一置信度下以该预测值为中心的一个区间中。

2. 区间预测

区间预测就是在一定的显著性水平下找出预测值真值所在区间。

记 e_0 是预测值 $\hat{Y}_0$ 与其真值 Y_0 之差，即预测误差。可以证明（证明过程略）

$$e_0 \sim N\left(0, \sigma^2 \left(1 + \frac{1}{n} + \frac{(X_0 - \bar{X})^2}{\sum x_i^2}\right)\right) \tag{4-30}$$

在式（4-30）中，用 $\hat{\sigma}^2$ 代替未知的 σ^2，即可对 e_0 构造 t 统计量

$$t = \frac{\hat{Y}_0 - Y_0}{\text{Se}(e_0)} \sim t(n-2) \tag{4-31}$$

式中

$$\text{Se}(e_0) = \hat{\sigma} \sqrt{1 + \frac{1}{n} + \frac{(X_0 - \bar{X})^2}{\sum x_i^2}} \tag{4-32}$$

在给定显著性水平 α 的情况下，可得临界值 $t_{\alpha/2}(n-2)$，则有

$$P\left(-t_{\alpha/2}(n-2) < \frac{\hat{Y}_0 - Y_0}{\text{Se}(e_0)} < t_{\alpha/2}(n-2)\right) = 1 - \alpha \tag{4-33}$$

进一步的有

$$P\left(\hat{Y}_0 - t_{\alpha/2}(n-2) \times \text{Se}(e_0) < Y_0 < \hat{Y}_0 + t_{\alpha/2}(n-2) \times \text{Se}(e_0)\right) = 1 - \alpha \tag{4-34}$$

因此，在 $(1-\alpha)$ 的置信水平下，Y_0 的预测区间，即置信区间为

$$\left(\hat{Y}_0 - t_{\alpha/2}(n-2) \times \text{Se}(e_0),\ \hat{Y}_0 + t_{\alpha/2}(n-2) \times \text{Se}(e_0)\right) \tag{4-35}$$

点预测很容易实现，直接把解释变量的值代入回归方程计算即可。区间预测的 t 统计量临界值可通过查表得到，最重要的是计算 $\text{Se}(e_0)$ 的值。$\text{Se}(e_0)$ 的值可通过生成序列的方法，逐步计算出 $\hat{\sigma}$、$\bar{X}$、$\sum x_i^2$ 的值就可以计算出 $\text{Se}(e_0)$ 的值。

从式（4-35）可以发现预测区间具有一些特征。用于预测的解释变量的特定值X_0偏离$\bar{X}$越大，$Se(e_0)$就越大，置信区间就越宽。因此，在预测时，解释变量的取值不宜过于偏离样本均值$\bar{X}$，否则预测精度将会大打折扣，准确度降低。另外，样本量越大、拟合优度越高，置信区间就越小。因此，要尽量在增加样本量上下功夫，也要在提高拟合优度上动脑筋，以缩小置信区间，提高预测精度。

4.8 案例分析

案例 4-1

我国 1995 年提出了科教兴国战略，并于 2006 年颁布了《国家中长期科学和技术发展规划纲要（2006—2020）》，从财政上加大了对科技的投入力度，使研究与开发投入强度稳定提高，高质量的论文和具有国际水平的专利在数量上不断增加，然而这些科技成果有没有进入生产领域，促进经济增长呢？本案例正是基于这样的思考，对科技投入对经济增长的影响进行计量分析。表 4-1 所示的是我国 1995—2022 年实际 GDP 及实际研究和开发支出（R&D）的数据（实际 GDP 以 1982 年为基期计算得出），由于科技投入的资金没有价格指数，因此，本案例中，采用 GDP 平减指数进行转化。

表 4-1 1995—2022 年我国实际 GDP 与实际 R&D

年份	实际 GDP（亿元）	实际 R&D（亿元）	年份	实际 GDP（亿元）	实际 R&D（亿元）
1995	18 489.15	348.70	2009	68 931.48	5 802.11
1996	20 324.82	404.50	2010	76 263.13	7 062.58
1997	22 200.95	481.50	2011	83 546.96	8 687.00
1998	23 940.98	551.10	2012	90 113.44	10 298.41
1999	25 776.65	678.90	2013	97 114.00	11 846.60
2000	27 965.48	895.70	2014	104 324.25	13 015.63
2001	30 297.77	1 042.50	2015	111 670.62	14 169.88
2002	33 064.16	1 287.64	2016	119 318.63	15 676.75
2003	36 382.34	1 539.63	2017	127 606.75	17 606.13
2004	40 061.04	1 966.33	2018	136 222.26	19 677.93
2005	44 626.31	2 449.97	2019	144 543.48	22 143.60
2006	50 302.54	3 003.10	2020	147 714.52	24 393.11
2007	57 461.29	3 710.24	2021	159 526.83	27 958.30
2008	63 008.77	4 616.00	2022	164 809.44	30 782.88

资料来源：万得信息网等。

1. 做散点图并建立模型

我们以实际 GDP，即变量 RGDP 表示经济发展状况，以实际研究和开发支出，即变量 RD 表示科技投入 R&D，将数据录入 EViews 后，在工作文件窗口下，依次选中两个变量 RD 和

RGDP，作为一组数据，进入组窗口，然后单击"View/Graph/Scatter/Simlpe Scatter"，然后对图形进行相关处理，得到如图 4-5 所示的散点图。

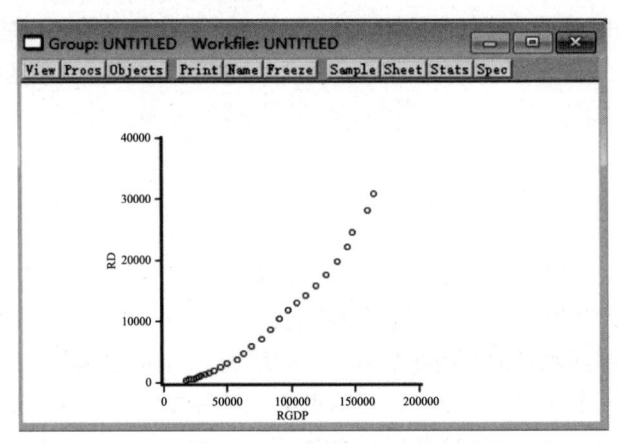

图 4-5　科技投入与经济发展状况关系的散点图

从图 4-5 显示的散点图来看，RGDP 和 RD 之间呈现线性关系的形态，基于此，本例将被解释变量 Y 命名为 RGDP，解释变量 X 命名为 RD，建立式（4-36）所示的一元回归模型。

$$RGDP_i = \beta_0 + \beta_1 RD_i + \mu_i \qquad (4\text{-}36)$$

接着在主窗口下单击"Quick/Estimate equation"，在出现的对话框中的方程式中键入"RGDP C RD"，得到表 4-2 所示的回归结果。

表 4-2　回归结果

Dependent Variable: RGDP
Method: Least Squares
Sample: 1995 2022
Included observations: 28

Variable	Coefficient	Std. Error	t-Statistic	Prob.
C	30464.07	2472.123	12.32304	0.0000
RD	5.048119	0.192991	26.15723	0.0000

R-squared	0.963391	Mean dependent var		75914.57
Adjusted R-squared	0.961983	S.D. dependent var		47722.12
S.E. of regression	9304.887	Akaike info criterion		21.18322
Sum squared resid	2.25E+09	Schwarz criterion		21.27837
Log likelihood	-294.5650	F-statistic		684.2005
Durbin-Watson stat	0.117492	Prob(F-statistic)		0.000000

写出回归结果为

$$RGDP = 30\,464.07 + 5.048RD$$
$$(12.323)\quad (26.157) \qquad (4\text{-}37)$$
$$R^2 = 0.963 \quad F = 684.201 \quad D.W. = 0.117$$

式中，括号内数字表示对应参数的 t 统计量的值（正负号与参数估计值一致），R^2 表示判定系数，同时得出了 F 统计量和 $D.W.$ 统计量。F 统计量和 $D.W.$ 统计量将在后面的相应章节进行讲述。β_1 的参数估计值为 5.048，表明实际研究和开发支出对实际 GDP 的提高起到了积极的效果，实际研究和开发支出每增加 1 亿元就会使实际 GDP 增加约 5.05 亿元。

2. 模型检验

从表 4-2 所示的回归结果可以看出，$R^2 = 0.963$，说明模型的拟合优度很高。从截距项和斜率的参数估计值的 t 统计量所对应的 Prob. 值都趋近于零来看，参数估计值为零的概率接近于零。也就是说，Prob. 值小于 0.01，在 1% 的显著性水平下，参数估计值是显著不为零的，表明实际研发支出对实际 GDP 的影响在统计意义下是显著的。

3. 预测

预测包含点预测和区间预测，为了实现点预测和区间预测，假设 2023 年的实际研究和开发支出 RD_{2023} 为 33 278 亿元。对于点预测，由式（4-37）可知，2023 年实际 GDP 的点预测值 $FRGDP_{2023}$ 为

$$FRGDP_{2023} = 30\ 464.07 + 5.048 \times 33\ 278 = 198\ 451.414 \text{亿元}$$

对于区间预测，根据式（4-35），有

$$FRGDP_{2023} - t_{\alpha/2}(n-2) \times Se(e_0) < RGDP_{2023} < FRGDP_{2023} + t_{\alpha/2}(n-2) \times Se(e_0) \quad (4\text{-}38)$$

因此，只需知道 $t_{\alpha/2}(n-2)$ 和 $Se(e_0)$ 就可以得出区间预测区间。

为了得到式（4-32）所示的 $Se(e_0)$，即

$$Se(e_0) = \hat{\sigma}\sqrt{1 + \frac{1}{n} + \frac{(RD_{2023} - \bar{RD})^2}{\sum(RD - \bar{RD})^2}}$$

在 EViews 软件的工作文件窗口下，单击"Quick/Generate series"，利用软件给出的函数，键入 "meanrd=@mean(rd)" 单击"OK"后就可得到 $\bar{RD}$ 为 9 003.454；同样方法，单击"Quick/Generate series"，键入 "sumrd2=@sum((rd-@mean(rd))^2)" 单击"OK"后就可得到实际 R&D 的样本离差平方和 $\sum(RD - \bar{RD})^2$ 为 2 324 590 790.64。$\hat{\sigma}$ 在表 4-2 的回归结果中已经给出，为 9 304.887。于是，有

$$Se(e_0) = \hat{\sigma}\sqrt{1 + \frac{1}{n} + \frac{(RD_{2023} - \bar{RD})^2}{\sum(RD - \bar{RD})^2}}$$

$$= 9\ 304.887\sqrt{1 + \frac{1}{28} + \frac{(33\ 278 - 9\ 003.454)^2}{2\ 324\ 590\ 790.64}} = 11\ 995.87$$

另外，在 95% 置信水平下（显著性水平 $\alpha = 0.05$），自由度为 $n - 2 = 28 - 2 = 26$ 的临界值 $t_{\alpha/2}(n-2) = t_{0.025}(26) = 2.056$。因此，式（4-38）所示的预测区间为

$$198\,451.414 - 11\,995.87 \times 2.056 < \text{RGDP}_{2023} < 198\,451.414 + 11\,995.87 \times 2.056$$

即 2023 年实际 GDP 的预测区间为（173 787.91，223 114.92）。

案例 4-2

政府支出是指一国（或地区）为了完成其公共职能，对购买的所需商品和劳务进行的各种财政资金的支付活动，是政府必须向社会付出的成本。从理论上讲，经济增长给政府支出提供了资金来源，即 GDP。现实问题在于，GDP 越高的地区，其财政支出也越高吗？为了验证这一想法，表 4-3 给出了 2022 年我国部分省级行政区 GDP 与政府支出的截面数据。我们运用一元线性回归模型来进行分析。

表 4-3　2022 年我国部分省级行政区 GDP 与政府支出的截面数据

省级行政区	GDP（亿元）	政府支出（亿元）	省级行政区	GDP（亿元）	政府支出（亿元）
北京	41 610.9	7 469.2	湖北	53 734.9	8 623.9
天津	16 311.3	2 729.8	湖南	48 670.4	8 991.6
河北	42 370.4	9 305.6	广东	129 118.6	18 533.1
山西	25 642.6	5 876.5	广西	26 300.9	5 893.3
内蒙古	23 158.6	5 887.7	海南	6 818.2	2 097.4
辽宁	28 975.1	6 261.4	重庆	29 129.0	4 892.8
吉林	13 070.2	4 044.0	四川	56 749.8	11 914.7
黑龙江	15 901.0	5 452.0	贵州	20 164.6	5 851.4
上海	44 652.8	9 393.2	云南	28 954.2	6 699.8
江苏	122 875.6	14 901.4	西藏	2 132.6	2 593.0
浙江	77 715.4	12 017.8	陕西	32 772.7	6 761.0
安徽	45 045.0	8 379.8	甘肃	11 201.6	4 257.2
福建	53 109.9	5 691.2	青海	3 610.1	1 975.1
江西	32 074.7	7 289.1	宁夏	5 069.6	1 587.9
山东	87 435.1	12 128.6	新疆	17 741.3	6 835.4
河南	61 345.1	10 646.8	—	—	—

资料来源：中华人民共和国国家统计局，《中国统计年鉴 2023》，中国统计出版社，2023。

1. 做散点图并建立模型

我们以 GDP 表示地区国内生产总值，以 GE 表示政府支出，将数据录入 EViews 后，在工作文件窗口下，依次选中两个变量 GDP 和 GE，进入主窗口，然后单击"View/Graph/Scatter/Simlpe Scatter"，就出现如图 4-6 所示的散点图。

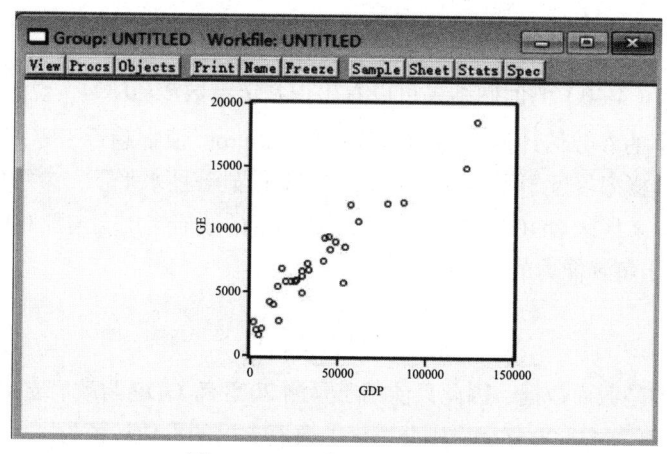

图 4-6　GDP 与 GE 的散点图

从图 4-6 显示的散点图来看，GDP 和 GE 之间是线性关系，基于此，本例建立式（4-39）所示的一元线性回归模型。

$$\text{GE}_i = \beta_0 + \beta_1 \text{GDP}_i + \mu_i \tag{4-39}$$

接着在主窗口下单击"Quick/Estimate equation"，在出现的对话框中的方程式中键入"GE C GDP"，得到表 4-4 所示的回归结果报告。

表 4-4　回归结果报告

Dependent Variable:GE

Method: Least Squares

Sample(adjusted): 1 31

Included observations: 31 after adjusting endpoints

Variable	Coefficient	Std. Error	t-Statistic	Prob.
C	2728.027	369.9023	7.374993	0.0000
GDP	0.116674	0.007461	15.63873	0.0000
R-squared	0.893994	Mean dependent var		7257.474
Adjusted R-squared	0.890339	S.D. dependent var		3868.609
S.E. of regression	1281.095	Akaike info criterion		17.21116
Sum squared resid	47594941	Schwarz criterion		17.30367
Log likelihood	-264.7730	F-statistic		244.5698
Durbin-Watson stat	2.387429	Prob(F-statistic)		0.000000

根据表 4-4，报告出的回归结果为

$$\text{GE}_i = 2\,728.027 + 0.117\text{GDP}_i$$
$$\quad\quad\quad (7.375)\quad\ (15.639)$$

$$R^2 = 0.894 \quad F = 244.570 \quad D.W. = 2.387$$

（4-40）

括号内数字表示对应参数的 t 统计量的值，判定系数 R^2、F 和 $D.W.$ 的含义与案例 4-1 相同。

2. 模型检验

综合表 4-4 和式（4-40）的回归结果可以看出，判定系数 $R^2=0.894$，说明模型的拟合优度较高。从截距项和斜率的参数估计值的 t 统计量所对应的 Prob. 值都趋近于零并小于 0.01 来看，表明参数估计值为零的概率接近于零。也就是说，在 1% 的显著性水平下，参数估计值显著不为零。表明在统计意义下，某地区 GDP 每增加 1 亿元，该地区的政府支出会增加 0.117 亿元，也显示出地区 GDP 对政府支出解释能力的贡献约 89%。

3. 预测

由于本案例用的是截面数据，因此只能用于预测 2023 年 GDP 与政府支出的关系，假设北京市 2023 年的生产总值为 43 800 亿元，则北京市的政府支出的点估计值为

$$\text{GE} = 2\ 728.027 + 0.117 \times 43\ 800 = 7\ 852.627（亿元）$$

为了进行区间预测，根据式（4-35），除了知道点预测值外，还需要知道给定显著性水平下的临界值和预测误差的标准差。在 95% 的显著性水平下（$\alpha = 0.05$），查自由度为 29 的 t 分布表的临界值可知 $t_{\alpha/2} = 2.045$。为了得到式（4-32）所示的标准差 $\text{Se}(e_0)$，在 EViews 软件的主窗口下，单击 "Quick/Generate series"，在对话框中键入 "SE=@SE*(1+1/@OBS(X)+((43800-@MEAN(X))^2)/@SUM((X-@MEAN(X))^2))^0.5"，就可得到标准差 $\text{Se}(e_0)$ 为 1 302.124，于是，得到预测区间为

$$7\ 852.627 - 2.045 \times 1\ 302.124 \leq \text{GE} \leq 7\ 852.627 + 2.045 \times 1\ 302.124$$

由此，就可以得出 2023 年 GE 的预测区间为（5 189.783，10 515.471）。

案例 4-3

一般公共预算支出是指国家以整个社会管理者身份取得的收入和用于维持公共需要、保障国家安全、维护社会稳定和秩序、发展社会公共事业的预算支出。经济增长为预算支出提供了资金来源。那么，一个国家的一般公共预算支出是否会随着 GDP 的增长而增加呢？表 4-5 所示的是我国 1990—2015 年 GDP 与一般公共预算支出的数据。在这里我们运用一元线性回归模型，作为对比，此处通过 Stata 软件再次对 GDP 增长对一般公共预算支出增加的影响进行计量分析。

表 4-5　我国 1990—2015 年 GDP 与一般公共预算支出的数据

年份	GDP（亿元）	一般公共预算支出（亿元）	年份	GDP（亿元）	一般公共预算支出（亿元）
1990	18 872.90	3 083.59	1996	71 813.60	7 937.55
1991	22 005.60	3 386.62	1997	79 715.00	9 233.56
1992	27 194.50	3 742.20	1998	85 195.50	10 798.18
1993	35 673.20	4 642.30	1999	90 564.40	13 187.67
1994	48 637.50	5 792.62	2000	100 280.10	15 886.50
1995	61 339.90	6 823.72	2001	110 863.10	18 902.58

（续）

年份	GDP（亿元）	一般公共预算支出（亿元）	年份	GDP（亿元）	一般公共预算支出（亿元）
2002	121 717.40	22 053.15	2009	349 081.40	76 299.93
2003	137 422.00	24 649.95	2010	413 030.30	89 874.16
2004	161 840.20	28 486.89	2011	489 300.60	109 247.79
2005	187 318.90	33 930.28	2012	540 367.40	125 952.97
2006	219 438.50	40 422.73	2013	595 244.40	140 212.10
2007	270 232.30	49 781.35	2014	643 974.00	151 785.56
2008	319 515.50	62 592.66	2015	689 052.10	175 877.77

资料来源：万得信息网等。

1. 做散点图并建立模型

将数据录入 Stata 后，将 GDP 和一般公共预算支出的变量名称分别赋为 X 和 Y，以便于之后命令键入的操作。首先做出 GDP 与一般公共预算支出的散点图，如图 4-7 所示。命令如下：

-scatter Y X

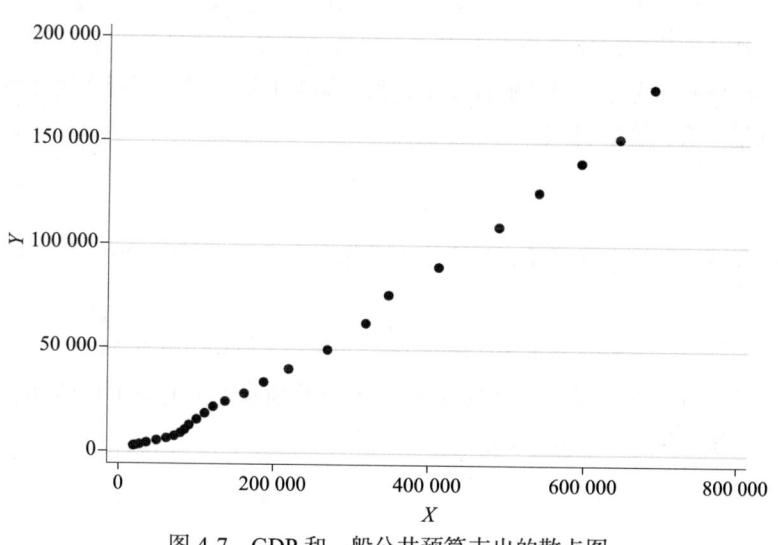

图 4-7 GDP 和一般公共预算支出的散点图

从图 4-7 显示的散点图来看，GDP（X）和一般公共预算支出（Y）之间是线性关系，基于此，本例建立一元回归模型为

$$Y_i = \beta_0 + \beta_1 X_i + \mu_i \tag{4-41}$$

接着对 X 和 Y 做一元线性回归，得到如图 4-8 所示的回归结果。命令如下：

-reg Y X

```
. reg Y X

      Source |       SS       df       MS              Number of obs =      26
-------------+------------------------------           F(  1,    24) = 2889.58
       Model | 6.8410e+10       1   6.8410e+10         Prob > F      =  0.0000
    Residual |  568195405      24   23674808.5         R-squared     =  0.9918
-------------+------------------------------           Adj R-squared =  0.9914
       Total | 6.8978e+10      25    2.7591e+09        Root MSE      =  4865.7

------------------------------------------------------------------------------
           Y |      Coef.   Std. Err.      t    P>|t|     [95% Conf. Interval]
-------------+----------------------------------------------------------------
           X |   .2482497   .0046182    53.75   0.000     .2387182    .2577811
       _cons |  -8751.123   1415.974    -6.18   0.000    -11673.55   -5828.696
------------------------------------------------------------------------------
```

图 4-8　回归结果

根据图 4-8 的回归结果，可以把样本回归方程写为

$$Y_i = -8\ 751.123 + 0.248 X_i \quad (4\text{-}42)$$
$$\quad (-6.18)\quad\ \ (53.75)$$

$$R^2 = 0.991\ 8 \quad F = 2\ 889.58$$

式（4-42）中，括号内数字表示对应参数的 t 统计量的值，R^2 和 F 的含义与之前案例相同。

2. 模型检验

从图 4-8 和式（4-42）的回归结果可以看出，$R^2 = 0.991\ 8$，近乎等于 1，说明模型的拟合优度很高，变量 Y 的变化几乎完全由变量 X 解释。从截距项和斜率的参数估计值的 Prob. 值都趋近于零来看，参数估计值为零的概率接近于零。也就是说，在 1% 的显著性水平下，参数估计值是显著不为零的，拒绝解释变量 X 对被解释变量 Y 没有影响的原假设，表明在统计意义下，解释变量 X 对被解释变量 Y 有显著影响。

3. 预测

假设 2016 年的年度 GDP 为 744 127 亿元。则由式（4-42）可知，2016 年一般公共预算支出的点预测值为

$$Y_{2016} = -8\ 751.12 + 0.248 \times 744\ 127 = 175\ 792.376\ （亿元）$$

对于区间预测，在 Stata 软件下，容易得到一般公共预算支出的样本均值和方差。一般公共预算支出的描述性统计特征如图 4-9 所示。命令如下：

```
. summarize Y
```

```
. summarize Y

    Variable |       Obs        Mean    Std. Dev.       Min        Max
-------------+--------------------------------------------------------
           Y |        26    47484.01    52527.48    3083.59    175877.8
```

图 4-9　一般公共预算支出的描述性统计特征

由区间预测的式（4-35）可知，被解释变量 Y 的预测区间为

$$\left(\hat{Y}_0 - t_{\alpha/2} \times \text{Se}(e_0) < Y_0 < \hat{Y}_0 + t_{\alpha/2} \times \text{Se}(e_0)\right)$$

在95%的置信水平下（显著性水平$\alpha = 0.05$），查自由度为24的t分布表的临界值可知$t_{\alpha/2}=2.064$，又根据式（4-32）有

$$\text{Se}(e_0) = \hat{\sigma}\sqrt{1 + \frac{1}{n} + \frac{(X_0 - \bar{X})^2}{\sum x_i^2}}$$

结合上面的预测误差的标准差的计算式和式（4-24）可知

$$\text{Se}(e_0) = \sqrt{\frac{568\,195\,405}{26-2}} \times \sqrt{1 + \frac{1}{26} + \frac{(744\,127 - 226\,526.6)^2}{(26-1) \times 210\,718.1}} = 5\,504.48$$

把计算结果代入预测区间可知，2016年以亿元为单位的一般公共预算支出的预测区间为（164 431.13，187 153.63）。

思考与练习

1. 请解释下列名词：总体回归函数；样本回归函数；随机误差项；拟合优度；残差平方和；t检验。

2. 随机误差项μ_i和残差项e_i是同一概念吗？为什么？

3. 线性回归模型是否意味着变量是线性的，为什么？

4. 是否可以认为总体回归函数给出了对应于每一个解释变量的被解释变量的值。

5. 为什么要进行解释变量的显著性检验？

6. 经典线性回归模型有哪些基本假设？

7. 证明式（4-6）中的$\hat{\beta}_0$是最佳线性无偏估计量，并计算它的方差。

8. 判断下列模型是否为线性回归模型。

（1）$Y_i = \beta_0 + \beta_1 \frac{1}{X_i} + \mu_i$

（2）$Y_i = \beta_0 + \beta_1 \ln X_i + \mu_i$

（3）$\ln Y_i = \beta_0 + \beta_1 X_i + \mu_i$

（4）$\ln Y_i = \beta_0 + \beta_1 \ln X_i + \mu_i$

（5）$\ln Y_i = \beta_0 + \beta_1 \beta_2 \ln X_i + \mu_i$

（6）$\ln Y_i = \beta_0 + \beta_1^2 \ln X_i + \mu_i$

9. 最小二乘回归有哪些性质？

10. 假设样本回归函数为：$\hat{Y}_i = \hat{\beta}_0 + \hat{\beta}_1 X_i + e_i$，试证明如下性质。

（1）估计值的均值等于真值的均值：$\bar{\hat{Y}} = \bar{Y}$。

（2）残差和为零：$\sum e_i = 0$。

（3）残差项与解释变量X不相关：$\sum e_i x_i = 0$。

11. 对于计量经济学模型$Y_i = \beta_0 + \beta_1 X_i + \mu_i$，其最小二乘估计参数$\beta_1$的特性会因为以下情况受到何种影响？

（1）观测值数目增加一倍。

（2）X_i各观测值呈等差数列形式排列。

（3）X_i各观测值相等。

（4）$E(\mu_i^2) = 0$。

12. 表4-6给出的是2021年我国部分省级行政区城镇就业人数与地区GDP的数据，请根据本章学习的知识完成下列要求。

（1）绘制地区GDP与城镇就业人数的散点图。

(2) 建立地区 GDP 与城镇就业人数的一元回归模型。
(3) 对回归结果进行拟合优度检验，t 检验。
(4) 解释斜率参数的经济意义。

表 4-6 2021 年我国部分省级行政区城镇就业人数与地区 GDP 的数据

省级行政区	城镇就业人数（万人）	地区 GDP（亿元）	省级行政区	城镇就业人数（万人）	地区 GDP（亿元）
北京	1 013	40 269.6	湖北	1 919	50 012.9
天津	534	15 695.0	湖南	1 897	46 063.1
河北	2 133	40 391.3	广东	5 473	124 369.7
山西	1 014	22 590.2	广西	1 359	24 740.9
内蒙古	790	20 514.2	海南	324	6 475.2
辽宁	1 483	27 584.1	重庆	1 108	27 894.0
吉林	718	13 235.5	四川	2 522	53 850.8
黑龙江	892	14 879.2	贵州	995	19 586.4
上海	1 195	43 214.9	云南	1 309	27 146.8
江苏	3 515	116 364.2	西藏	76	2 080.2
浙江	2 804	73 515.8	陕西	1 253	29 801.0
安徽	1 816	42 959.2	甘肃	626	10 243.3
福建	1 503	48 810.4	青海	173	3 346.6
江西	1 317	29 619.7	宁夏	225	4 522.3
山东	3 386	83 095.9	新疆	774	15 983.6
河南	2 627	58 887.4	—	—	—

资料来源：中华人民共和国国家统计局，《中国统计年鉴2022》，中国统计出版社，2022。

13. 表 4-7 给出了 1990—2022 年某国进出口总额与 GDP 的假设数据，请根据本章学习的知识回答下列问题：
(1) 做进出口总额对 GDP 的回归分析，并解释参数的经济意义。
(2) 做拟合优度检验，并回答回归直线不能解释的部分有多大范围。
(3) 做参数显著性检验并求出参数的置信区间。
(4) 已知 2022 年的进出口总额为 63 096 亿美元，请给出 2022 年 GDP 的点预测值与区间预测值。

表 4-7 1990—2022 年某国进出口总额与 GDP 的假设数据

年份	GDP（亿美元）	进出口总额（亿美元）	年份	GDP（亿美元）	进出口总额（亿美元）
1990	18 909.60	1 154.4	1994	48 862.20	2 366.2
1991	22 070.90	1 356.3	1995	61 649.40	2 808.6
1992	27 295.60	1 655.3	1996	72 210.60	2 898.8
1993	35 819.70	1 957.0	1997	80 225.00	3 251.6

（续）

年份	GDP（亿美元）	进出口总额（亿美元）	年份	GDP（亿美元）	进出口总额（亿美元）
1998	85 863.90	3 239.5	2011	495 707.60	36 418.6
1999	91 378.90	3 606.3	2012	547 510.60	38 671.2
2000	101 308.60	4 743.0	2013	603 660.40	41 589.9
2001	112 157.30	5 096.5	2014	655 782.90	43 015.3
2002	123 311.90	6 207.7	2015	702 511.50	39 530.3
2003	139 377.30	8 509.9	2016	761 193.00	36 855.6
2004	164 228.00	11 545.5	2017	847 382.90	41 071.4
2005	189 907.50	14 219.1	2018	936 010.10	46 224.4
2006	222 578.40	17 604.4	2019	1 005 872.40	45 778.9
2007	274 179.70	21 761.8	2020	1 034 867.60	46 559.1
2008	324 317.80	25 632.6	2021	1 173 823.00	60 501.7
2009	354 521.60	22 075.4	2022	1 234 029.40	63 096.0
2010	419 253.30	29 740.0	—	—	—

第 5 章
CHAPTER 5

多元回归分析（一）

尽管第 4 章中介绍的双变量模型（一元回归模型）比较简单，在分析诸如凯恩斯消费函数边际消费倾向（MPC）、资本资产定价模型（CAPM）的"贝塔系数"时很便利，但该模型在实践中往往具有很大的局限性，因为很少有经济现象可以只用一个解释变量就可以解释清楚。在现实经济中，某种经济现象一般会受到许多经济变量的影响。例如，在第 3 章和第 4 章中，我们提到人均 GDP 是影响人均居民消费水平的因素，但影响居民消费水平的因素不是由收入唯一确定的，影响居民消费水平的因素还有商品价格及其互补品、替代品的价格等。因此，为了能够更好地解释经济现象，有必要将双变量回归模型进行扩展，将更多的解释变量纳入模型中，构建包含多个解释变量的回归模型，即多元回归模型。本章先从介绍最简单的三变量模型出发（一个被解释变量和两个解释变量），然后推广到有 k 个解释变量的一般情形。

5.1 多变量线性回归模型

假定被解释变量为 Y，将双变量的总体回归模型进行推广，便可写出三变量的总体回归模型

$$Y_i = \beta_0 + \beta_1 X_{1i} + \beta_2 X_{2i} + \mu_i \quad i=1,2,\cdots,n \tag{5-1}$$

式中，Y_i 是被解释变量，X_{1i} 和 X_{2i} 是解释变量，μ_i 是随机误差项，β_0 是截距项，它代表 X_{1i} 和 X_{2i} 都等于零时的 Y 的平均值（期望值）。系数 β_1 和 β_2 被称为偏回归系数，每个系数反映的是其他解释变量保持不变的情况下，对应解释变量每变化一个单位引起的被解释变量的变化量。例如，β_2 表示的是解释变量 X_1 保持不变时，解释变量 X_2 对被解释变量 Y 的影响大小，也可以看作剔除了解释变量 X_1 对被解释变量 Y 的影响外，解释变量 X_2 对被解释变量 Y 的影响程度。

我们还可对式（5-1）做更一般的推广，假设影响被解释变量的因素有 k 个，分别记为：$X_1, X_2, \cdots, X_k$；被解释变量 Y 与这些解释变量 $X_j(j=1,\cdots,k)$ 之间存在线性关系，则有

$$Y_i = \beta_0 + \beta_1 X_{1i} + \cdots + \beta_k X_{ki} + \mu_i \quad i = 1, 2, \cdots, n \tag{5-2}$$

式中，μ_i 表示随机误差项，β_0 是截距项，$\beta_j(j=1,2,\cdots,k)$ 表示偏回归系数，表示在保持其他变量不变时对应解释变量对被解释变量的影响程度。

5.2 多元线性回归模型的若干假设

与一元线性回归模型类似，采用普通最小二乘法对多元线性回归模型进行的参数估计也需建立在一系列假设之上。除了在第 4 章中介绍的 5 点假设之外，多元回归模型还增加了一项解释变量之间不存在线性关系的假设，即

$$\mathrm{Cov}(X_i, X_j) = 0 \quad i \neq j, \quad i, j = 1, 2, \cdots, k$$

5.3 多元线性回归模型的参数估计

5.3.1 三变量线性回归模型的参数估计

与一元回归分析相同，我们仍用普通最小二乘法来估计多元回归模型的参数。对于三变量线性回归模型，我们先根据式（5-1）写出对应的样本回归模型

$$Y_i = \hat{\beta}_0 + \hat{\beta}_1 X_{1i} + \hat{\beta}_2 X_{2i} + e_i \quad i = 1, 2, \cdots, n \tag{5-3}$$

式中，e_i 表示残差，普通最小二乘法的思想就是要寻找 $\hat{\beta}_0$、$\hat{\beta}_1$ 和 $\hat{\beta}_2$，使残差平方和 $\sum e_i^2$ 达到最小，即

$$\min_{(\hat{\beta}_0, \hat{\beta}_1, \hat{\beta}_2)} \sum e_i^2 = \sum \left(Y_i - \hat{\beta}_0 - \hat{\beta}_1 X_{1i} - \hat{\beta}_2 X_{2i} \right)^2 \tag{5-4}$$

对待估参数 $\hat{\beta}_0$、$\hat{\beta}_1$、$\hat{\beta}_2$ 求导，并令导数值为零，便得到式（5-5）显示的联立方程组

$$\begin{aligned}
\sum Y_i &= n\hat{\beta}_0 + \hat{\beta}_1 \sum X_{1i} + \hat{\beta}_2 \sum X_{2i} \\
\sum Y_i X_{1i} &= \hat{\beta}_0 \sum X_{1i} + \hat{\beta}_1 \sum X_{1i}^2 + \hat{\beta}_2 \sum X_{1i} X_{2i} \\
\sum Y_i X_{2i} &= \hat{\beta}_0 \sum X_{2i} + \hat{\beta}_1 \sum X_{1i} X_{2i} + \hat{\beta}_2 \sum X_{2i}^2
\end{aligned} \tag{5-5}$$

由式（5-5）解得

$$\begin{aligned}
\hat{\beta}_0 &= \bar{Y} - \hat{\beta}_1 \bar{X}_1 - \hat{\beta}_2 \bar{X}_2 \\
\hat{\beta}_1 &= \frac{\left(\sum y_i x_{1i}\right)\left(\sum x_{2i}^2\right) - \left(\sum y_i x_{2i}\right)\left(\sum x_{1i} x_{2i}\right)}{\left(\sum x_{1i}^2\right)\left(\sum x_{2i}^2\right) - \left(\sum x_{1i} x_{2i}\right)^2}
\end{aligned} \tag{5-6}$$

$$\hat{\beta}_2 = \frac{\left(\sum y_i x_{2i}\right)\left(\sum x_{1i}^2\right) - \left(\sum y_i x_{1i}\right)\left(\sum x_{1i} x_{2i}\right)}{\left(\sum x_{1i}^2\right)\left(\sum x_{2i}^2\right) - \left(\sum x_{1i} x_{2i}\right)^2}$$

式中，小写字母表示样本观测值与样本均值之差，即离差，例如，$y_i = Y_i - \bar{Y}$。因为 $\dfrac{\partial^2 \left(\sum_i^n e_i^2\right)}{\partial \hat{\beta}_0^2} = 2n > 0, \dfrac{\partial^2 \left(\sum_i^n e_i^2\right)}{\partial \hat{\beta}_j^2} = 2\sum_i^n X_{ji}^2 > 0 (j=1,2)$，所以可以取到最小值。

在得到截距及偏回归系数的 OLS 估计量后，就可以推导出这些估计量的方差以及标准差。这些方差或标准差表示了估计量由于样本的改变而发生的变化。同双变量情形一样，我们计算标准差的主要目的是建立置信区间和检验统计假设。式（5-7）、式（5-9）和式（5-11）分别是参数统计量 $\hat{\beta}_0$、$\hat{\beta}_1$、$\hat{\beta}_2$ 的方差，而式（5-8）、式（5-10）和式（5-12）则分别是 $\hat{\beta}_0$、$\hat{\beta}_1$、$\hat{\beta}_2$ 的标准差。

$$\mathrm{Var}(\hat{\beta}_0) = \left(\frac{1}{n} + \frac{\bar{X}_1^2 \sum x_{2i}^2 + \bar{X}_2^2 \sum x_{1i}^2 - 2\bar{X}_1 \bar{X}_2 x_{1i} x_{2i}}{\sum x_{1i}^2 \sum x_{2i}^2 - \left(\sum x_{1i} x_{2i}\right)^2}\right)\sigma^2 \tag{5-7}$$

$$\mathrm{Se}(\hat{\beta}_0) = \sqrt{\mathrm{Var}(\hat{\beta}_0)} \tag{5-8}$$

$$\mathrm{Var}(\hat{\beta}_1) = \frac{\sum x_{2i}^2}{\sum x_{1i}^2 \sum x_{2i}^2 - \left(\sum x_{1i} x_{2i}\right)^2}\sigma^2 \tag{5-9}$$

$$\mathrm{Se}(\hat{\beta}_1) = \sqrt{\mathrm{Var}(\hat{\beta}_1)} \tag{5-10}$$

$$\mathrm{Var}(\hat{\beta}_2) = \frac{\sum x_{1i}^2}{\left(\sum x_{1i}^2\right)\left(\sum x_{2i}^2\right) - \left(\sum x_{1i} x_{2i}\right)^2}\sigma^2 \tag{5-11}$$

$$\mathrm{Se}(\hat{\beta}_2) = \sqrt{\mathrm{Var}(\hat{\beta}_2)} \tag{5-12}$$

在式（5-7）～式（5-12）中，σ^2 表示总体误差项 μ_i 方差，是未知的，其 OLS 无偏估计量为

$$\hat{\sigma}^2 = \frac{\sum e_i^2}{n-3} \tag{5-13}$$

实际上，式（5-13）是一元回归模型的直接扩展，只不过自由度变为了 $n-3$。这是因为在估计 RSS 即 $\sum e_i^2$ 时，必须先求出 $\hat{\beta}_0$、$\hat{\beta}_1$、$\hat{\beta}_2$，也就是说，它们消耗了自由度。

值得注意的是，$\hat{\sigma}^2$ 的正的平方根为 σ^2 的估计值的标准差，又称回归标准差。为了计算 $\sum e_i^2$，首先要估计出 $\hat{Y}_i$，然后根据式（5-14）

$$\sum e_i^2 = \sum y_i^2 - \hat{\beta}_1 \sum y_i x_{1i} - \hat{\beta}_2 \sum y_i x_{2i} \tag{5-14}$$

就可以很容易求出 $\sum e_i^2$。

与一元回归分析类似，EViews 可以直接输出式（5-8）、式（5-10）、式（5-12）的结果，对

这三个公式取平方就可得式（5-7）、式（5-9）、式（5-11）的结果。$\hat{\sigma}^2$ 的值也可通过求 S. E. of regression 的值的平方得到。

5.3.2 推广到 k 个解释变量时的情况

以上只是具有两个解释变量时的情形，对于有 k 个解释变量的情况，与两个解释变量的分析类似，根据最小二乘法原理，只需使得式（5-16）所对应的样本回归函数的残差平方和最小即可。即

$$\min_{(\hat{\beta}_0, \hat{\beta}_1, \cdots, \hat{\beta}_k)} \sum e_i^2 = \sum \left(Y_i - \left(\hat{\beta}_0 + \hat{\beta}_1 X_{1i} + \cdots + \hat{\beta}_k X_{ki}\right)\right)^2 \quad (5\text{-}15)$$

根据极值原理，残差平方和达到最小的必要条件是

$$\frac{\partial \left(\sum e_i^2\right)}{\partial \hat{\beta}_i} = 0 \quad i = 1, 2, \cdots, k \quad (5\text{-}16)$$

与一元回归分析类似，同样原理，因为

$\dfrac{\partial^2 \left(\sum\limits_i^n e_i^2\right)}{\partial \hat{\beta}_0^2} = 2n > 0, \dfrac{\partial^2 \left(\sum\limits_i^n e_i^2\right)}{\partial \hat{\beta}_j^2} = 2\sum\limits_i^n X_{ji}^2 > 0 (j = 1, 2, \cdots, k)$，对应的二阶导数都大于零，所以，可以取到最小值。于是，利用高等代数的知识，就可解出式（5-17），从而得到待估参数 $\hat{\beta}_i (i = 0, 1, \cdots, k)$ 的值。

$$\begin{array}{l}
\sum \left(Y_i - \left(\hat{\beta}_0 + \hat{\beta}_1 X_{1i} + \cdots + \hat{\beta}_k X_{ki}\right)\right) = 0 \\
\sum \left(Y_i - \left(\hat{\beta}_0 + \hat{\beta}_1 X_{1i} + \cdots + \hat{\beta}_k X_{ki}\right)\right) X_{1i} = 0 \\
\quad \vdots \\
\sum \left(Y_i - \left(\hat{\beta}_0 + \hat{\beta}_1 X_{1i} + \cdots + \hat{\beta}_k X_{ki}\right)\right) X_{ki} = 0
\end{array} \quad (5\text{-}17)$$

有一点必须明确的是，要使式（5-17）得出唯一解，样本容量必须不少于解释变量的个数，即 $n \geq k+1$。

依此类推，在 3 个解释变量情形下，自由度为 $n-4$；当解释变量个数为 4 时，自由度为 $n-5$。当解释变量个数为 k 时，自由度为 $n-(k+1)$。因此，在有 k 个解释变量的情况下，σ^2 的 OLS 无偏估计量为

$$\hat{\sigma}^2 = \frac{\sum e_i^2}{n-(k+1)} \quad (5\text{-}18)$$

与第 4 章的一元回归模型的参数估计类似，多元回归模型也无须研究者亲自动手来计算参数估计值。事实上，特别是在多元回归模型中，涉及的运算量非常大，仅仅采用人工计算往往无法完成。不过，EViews 能够非常便捷地输出多元回归模型的参数估计值。例如，根据第 4 章的原理，我们可以构建式（4-4）所示的人均消费水平（Y）与人均 GDP（X）的一元线性回归模型。然而，根据以往的研究可知，居民消费水平具有一定的惯性，即居民当年的消费支出在一定程度上受到上一年已经实现了的消费支出的影响。因此，我们可以将居民前一年的人均消费作为另外

一个解释变量引入原式（4-4）中，构建二元回归模型

$$Y_i = \beta_0 + \beta_1 X_i + \beta_2 Y_{i-1} + \mu_i \tag{5-19}$$

采用 EViews 估计的实现过程如下：在 EViews 主菜单下，单击"Quick/Estimate Equation"，键入"Y C X Y(-1)"，单击"OK"就得到如图 5-1 所示的式（5-19）的 EViews 输出结果。

```
Equation: UNTITLED   Workfile: UNTITLED
View Procs Objects | Print Name Freeze | Estimate Forecast Stats Resids

Dependent Variable: Y
Method: Least Squares
Date: 06/07/24   Time: 16:41
Sample(adjusted): 1991 2022
Included observations: 32 after adjusting endpoints

Variable        Coefficient   Std. Error   t-Statistic   Prob.
C               259.7900      107.6197     2.413964      0.0223
X               0.206787      0.029225     7.075643      0.0000
Y(-1)           0.475780      0.083390     5.705469      0.0000

R-squared            0.998398    Mean dependent var    11073.63
Adjusted R-squared   0.998288    S.D. dependent var     9749.857
S.E. of regression   403.4192    Akaike info criterion  14.92689
Sum squared resid    4719664.    Schwarz criterion      15.06430
Log likelihood       -235.8302   F-statistic            9038.970
Durbin-Watson stat   1.947302    Prob(F-statistic)      0.000000
```

图 5-1　式（5-19）的 EViews 输出结果

于是，式（5-19）的最终估计结果为

$$Y_i = 259.790 + 0.207 X_i + 0.476 Y_{i-1}$$

5.3.3　多元回归的若干重要结论

在一元回归模型中，我们看到在经典假设下，OLS 估计量是最佳线性无偏估计量。这个性质对于多元回归同样成立。在多元回归中，利用 OLS 估计出的每一个偏回归系数都是最佳线性无偏的。在所有线性无偏估计当中，OLS 估计量具有最小方差性，所以，OLS 估计量比其他线性无偏估计量更"逼近"真实的参数值。这说明，多元回归 OLS 估计量仍然满足高斯–马尔可夫定理。与一元回归分析一样，多元回归模型的 OLS 估计量有着如下性质。

（1）回归线经过样本均值点，这个性质可以推广到一般情形，即

$$\bar{Y} = \beta_0 + \beta_1 \bar{X}_{1i} + \beta_2 \bar{X}_{2i} + \cdots + \beta_k \bar{X}_{ki}$$

（2）Y_i 的估计值的均值等于真实的 Y_i 的均值，即 $E(Y_i) = E(\hat{Y}_i) = \bar{Y}$。

（3）$\sum e_i = \bar{e} = 0$。

（4）残差 e 与解释变量 X_j 都不相关，即

$$\sum (e_i - \bar{e})(X_{ji} - \bar{X}_j) = 0, j = 1, 2, \cdots, k$$

（5）残差 e 与 $\hat{Y}_i$ 不相关，即 $\sum (e_i - \bar{e})(\hat{Y}_i - \bar{Y}) = 0$。

以上性质的证明留给有兴趣的读者自己进行，其中的（3）和（4）通过式（5-17）就可得到。

5.4 多元回归模型的拟合优度

与一元回归分析类似，在多元回归模型中，我们同样关心解释变量 X 对被解释变量 Y 解释的程度，仍然采用判定系数 R^2 进行度量。多元回归模型可以改写为

$$\hat{Y}_i = \hat{\beta}_0 + \hat{\beta}_1 X_{1i} + \hat{\beta}_2 X_{2i} + \cdots + \hat{\beta}_k X_{ki} + e_i = \hat{Y}_i + e_i \tag{5-20}$$

式中，$\hat{Y}_i$ 是通过拟合的回归线估计出的 Y_i 值，它是真实的 $E(Y_i | X_{1i}, X_{2i}, \cdots, X_{ki})$ 的一个估计量。若把式（5-20）转换成离差形式后，则式（5-20）又可以改写为

$$y_i = \hat{\beta}_1 x_{1i} + \hat{\beta}_2 x_{2i} + \cdots + \hat{\beta}_k x_{ki} + e_i = \hat{y}_i + e_i \tag{5-21}$$

将式（5-21）的左右两端平方并求和，得

$$\sum y_i^2 = \sum \hat{y}_i^2 + \sum e_i^2 + 2\sum \hat{y}_i e_i \tag{5-22}$$

由于 $\sum \hat{y}_i e_i = 0$，则式（5-22）变为

$$\sum y_i^2 = \sum \hat{y}_i^2 + \sum e_i^2 \tag{5-23}$$

用 TSS 代表总离差平方和 $\sum y_i^2$，ESS 代表回归离差平方和 $\sum \hat{y}_i^2$，RSS 代表残差 $\sum e_i^2$，则有

$$R^2 = \frac{\text{ESS}}{\text{TSS}} = 1 - \frac{\text{RSS}}{\text{TSS}} = 1 - \frac{\sum e_i^2}{\sum y_i^2} \tag{5-24}$$

与一元回归分析一样，把 R^2 称为判定系数，它反映了所有解释变量对被解释变量的综合影响程度。一般来讲，如果在式（5-2）中加进新的解释变量，则所有解释变量对被解释变量的解释程度往往会提高，也就是说，判定系数 R^2 会增大。

因为对于式（5-24）

$$\sum e_i^2 = \sum \left(Y_i - \hat{\beta}_0 - \hat{\beta}_1 X_{1i} - \hat{\beta}_2 X_{2i} - \cdots - \hat{\beta}_k X_{ki} \right)^2 \tag{5-25}$$

在样本量给定时，随着解释变量个数的增加，残差平方和 $\sum e_i^2$ 很有可能会减小，判定系数 R^2 就可能会提高，这就很容易给人一种拟合优度提高了的错觉，即若要提高模型的解释程度，只需在回归模型中增加解释变量个数即可。但在实际应用过程中，增加解释变量引起的拟合优度的增大与解释程度无关，不仅如此，这种行为还降低了模型中的自由度，使模型的估计结果显得相对不可靠，这点可以从式（5-18）可以看出，如果随着解释变量数目 k 的增加，每能使残差平方和 $\sum e_i^2$ 降低，甚至完全没有下降，那么，$\hat{\sigma}^2$ 的值就会增大，于是，参数的估计量的方差就会变大，模型的稳定性就会变差，这是因为 $\hat{\sigma}^2$ 直接影响参数的估计量的方差。因此，在同一个被解释变量由不同个数的解释变量进行回归估计时，模型的拟合优度不能仅凭判定系数 R^2 的值来辨别。

为了避免增加解释变量带来的误导，有必要在解释能力的提高和估计结果可靠性变差之间进行权衡。在这种情况下，可以采用另外一种判定系数，被称为校正的判定系数（adjusted coefficient of determination），记为 $\bar{R}^2$，即

$$\bar{R}^2 = 1 - \frac{\text{RSS}/(n-k-1)}{\text{TSS}/(n-1)} \tag{5-26}$$

也称$\bar{R}^2$为调整后的判定系数。从式（5-26）可以看出，若新引入的解释变量没有解释能力，那么它对残差平方和$\sum e_i^2$的减小就没有多大贡献，反而增加了待估参数的个数，从而因$\bar{R}^2$减小而使得解释能力下降了。因此，引入校正的判定系数$\bar{R}^2$克服了未校正的判定系数R^2随解释变量个数增加而增大的弊病，是对模型中额外增加对被解释变量几乎没有影响的解释变量的一种惩罚，增强了评价拟合优度的准确性。校正的判定系数与未校正的判定系数之间存在如下关系

$$\bar{R}^2 = 1 - \frac{n-1}{n-k-1}(1-R^2) \tag{5-27}$$

通过式（5-27）可实现两者的转换，也可以改写为$\bar{R}^2 = R^2 - \frac{k}{n-k-1}(1-R^2)$。容易看出，校正的判定系数$\bar{R}^2$有两个重要特征：一是$\bar{R}^2 \leq R^2$，如$R^2=1$时，$\bar{R}^2=1$，但当$R^2<1$时，就有$\bar{R}^2<R^2$；二是可能为负，当$R^2<\frac{k}{n-k-1}$就会呈现$\bar{R}^2<0$。

在实际运用过程中，对校正的判定系数$\bar{R}^2$值的大小并没有一个绝对的标准，有时候$\bar{R}^2$值不大也未必说明模型不够好，例如，在模型中使用的被解释变量是Y和Y的对数，前者是用绝对量，后者是用相对量，得到的校正的判定系数$\bar{R}^2$的值有大有小，但并不能说$\bar{R}^2$值小模型就不好，也许该模型比$\bar{R}^2$值大的模型要好。事实上，研究者更应该关心的是解释变量与被解释变量之间逻辑上的因果关系及统计上的显著性。

与一元回归类似，多元回归中也不需要研究者根据公式来计算判定系数R^2和校正的判定系数$\bar{R}^2$。如图 5-1 所示，R-squared 和 Adjusted R-squared 对应了R^2和$\bar{R}^2$的值，这两个值均为 0.998，接近于 1，说明多元回归模型式（5-20）的拟合优度很好，被解释变量的变化几乎是各种因素综合而导致的，几乎不受不确定因素的影响，甚至可以说被解释变量几乎完全不受随机因素的影响。

通常情况下，在判断新引入解释变量是否有解释能力的时候，还可以利用 AIC 和 SC，其对应的统计量分别为

$$\text{AIC} = \ln\frac{\sum e_i^2}{n} + \frac{2(k+1)}{n}$$

$$\text{SC} = \ln\frac{\sum e_i^2}{n} + \frac{k}{n}\ln n$$

与校正后的判定系数类似，如果新引入的解释变量对残差平方和$\sum e_i^2$的减小没有多大贡献，反而增加了解释变量的个数，这就很可能导致 AIC 或者 SC 的值增加。因此，只有当新引入的解释变量使 AIC 或者 SC 的值下降了，才能接受新的解释变量。可以明显看出，当样本容量n很大时，比如n大于 1 000 时，伴随着解释变量数目k的增加，SC 上升速度要快于 AIC。因此，SC 要求模型中的解释变量数要少于 AIC 的，模型要简练些。

从校正的判定系数$\bar{R}^2$、AIC 和 SC 可以看出，并不是说模型中的能够用于影响被解释变量的解释变量越多越好，有时会适得其反。也就是说，在模型中引入新的解释变量有双刃剑的效果，一方面，可以提高模型的解释能力，但另一方面自由度减少，使模型的参数估计量的方差变大，

模型的稳定性变弱。因此，需要在提高解释能力与减少自由度之间做出权衡，如果自由度的减少所带来的损失比解释能力提高所带来的利益大的话，引入解释变量就是多余的，特别是要注意不相干变量的引入。

5.5 多元线性回归模型的参数检验

5.5.1 参数显著性检验——t检验

虽然多元回归模型的判定系数 R^2 度量了回归直线的拟合优度，但是 R^2 本身却不能告诉我们估计的偏回归系数是否在统计上是显著的，即使显著不为零，也并不意味着每个解释变量 $X_1, X_2, \cdots, X_k$，对被解释变量 Y 的影响都是很重要的。如果某个解释变量对被解释变量 Y 的影响不重要，就可以从回归模型中把它剔除掉，重新建立更为简单的回归方程，以利于对经济问题的分析和对被解释变量 Y 进行更准确的预测。为此，对于式（5-2），如同一元回归模型的单个参数检验一样，需要对每个解释变量 $X_j\,(j=0,1,\cdots,k)$ 对被解释变量 Y 的影响进行考察，可以把 X_0 当作常变量。如果某个解释变量 $X_j\,(j=0,1,\cdots,k)$ 对被解释变量 Y 的作用不显著，那就意味着在多元回归模型中，该变量的系数 β_j 为零的概率较大。因此，必须对 β_j 是否为零进行显著性检验。

与一元线性回归模型的参数显著性检验类似，通过构造 t 统计量来检验参数的显著性。同样，用 $\hat{\sigma}^2$ 代替真实的但不可观察的 σ^2，则多元回归模型的 OLS 估计量 $\hat{\beta}_j\,(j=0,1,\cdots,k)$ 服从自由度为 $(n-(k+1))$ 的 t 分布。即

$$t = \frac{\hat{\beta}_j - \beta_j}{\mathrm{Se}(\hat{\beta}_j)} \sim t(n-(k+1)) \qquad (5\text{-}28)$$

注意，此时的自由度为 $(n-(k+1))$，因为在计算残差平方和 $\sum e_i^2$，继而计算 $\hat{\sigma}^2$ 时，首先需要估计 $\hat{\beta}_0, \hat{\beta}_1, \cdots, \hat{\beta}_k$，即失去了 $k+1$ 个自由度。

根据变量显著性检验的思路，针对参数 $\beta_j\,(j=0,1,\cdots,k)$ 构造的原假设 H_0 和备择假设 H_1 分别为

$$\mathrm{H}_0\!:\beta_j = 0 \qquad \mathrm{H}_1\!:\beta_j \neq 0 \qquad (5\text{-}29)$$

计算统计量 $t = \dfrac{\hat{\beta}_j}{\mathrm{Se}(\hat{\beta}_j)}$，其中，$\mathrm{Se}(\hat{\beta}_j)$ 是 $\hat{\beta}_j$ 的标准差。

在给定显著性水平 α 下，在 t 分布表中，查自由度为 $(n-(k+1))$ 的临界值 $t_{\alpha/2}(n-(k+1))$。若 t 统计量的绝对值 $|t| > t_{\alpha/2}(n-(k+1))$，则拒绝原假设 H_0，接受备择假设 H_1，认为在显著性水平 α 下 β_j 显著不为零；若 $|t| \leq t_{\alpha/2}(n-(k+1))$，则不能拒绝原假设 H_0，认为 β_j 显著为零。对于单侧检验，类似于一元回归分析讲述的方法。

EViews 在给出回归结果的同时也给出了其他 t 统计量的值，不仅如此，它还给出了 t 检验的原假设 H_0 成立的概率，即 Prob. 值。通过这个值就可以直接判断参数的显著性水平。从图 5-1 可知，三个参数估计值对应的 Prob. 值都小于 0.05，据此，我们可以认为三个参数估计值为零的概率小于 0.05，表明在 5% 的显著性水平下，参数估计值显著不为零。

5.5.2 参数的置信区间

与一元回归模型类似，在通过了参数的显著性检验后，我们同样会关心参数估计值的可信程度，即参数估计值与其真值究竟有多接近，或者说真实的参数会处于什么范围。这就需要对参数估计值的置信区间加以估计。由式（5-28）很容易推出，在 $1-\alpha$ 的置信水平下，β_j 的置信区间为

$$\left(\hat{\beta}_j - t_{\alpha/2}\left(n-(k+1)\right) \times \text{Se}\left(\hat{\beta}_j\right), \hat{\beta}_j + t_{\alpha/2}\left(n-(k+1)\right) \times \text{Se}\left(\hat{\beta}_j\right)\right) \quad (5\text{-}30)$$

5.5.3 方程显著性检验——F检验

t 检验是假设个别的偏回归系数为零时，分别进行显著性检验的情况。为了对模型总体的显著性进行检验，需要对各个偏回归系数做出同时为零的原假设。其原假设 H_0 和备择假设 H_1 分别为

$$\begin{aligned} &H_0: \beta_1 = \beta_2 = \cdots = \beta_k = 0 \\ &H_1: \beta_j\ (j=1,\cdots,k)\ \text{中不全为零} \end{aligned} \quad (5\text{-}31)$$

这种假设被称为联合假设。

通过对这种联合假设进行检验，就可以检验出被解释变量与解释变量之间是否在总体上存在显著的线性关系。如果不能拒绝原假设 H_0，则所有的参数都显著为零，表示被解释变量与所有的解释变量之间不存在线性关系；反之，拒绝原假设 H_0，接受备择假设 H_1，由此可以肯定模型中至少有一个解释变量对被解释变量的影响是显著的。因此，对联合假设的检验，即是对模型的总体显著性的检验。其检验方法称为方程显著性的 F 检验。

F 检验就是要检验式（5-2）中除截距项外的所有参数是否全为零，换言之，从备择假设的角度看，是不是所有参数中至少存在一个不为零。F 检验的思想来源于总体离差平方和的分解式 TSS = ESS + RSS。由于当样本量给定时，总离差平方和固定不变，而回归离差平方和 ESS $= \sum \hat{y}_i^2$ 是解释变量的联合体对被解释变量的线性作用的结果，回归离差平方和越大，必然是残差平方和 RSS 越小。因此，可以用回归离差平方和 ESS 与残差平方和 RSS 的比值来衡量解释变量的联合体对被解释变量的解释程度，如果回归离差平方和 ESS 相对于残差平方和 RSS 的比值越高，那么解释变量的联合体对被解释变量的解释程度也就越强，当这个比值超过某个数值（临界值）时，我们就认为模型存在总体线性关系。反之，模型不具有总体线性关系。

方程显著性的 F 检验的基本步骤是：

第 1 步：提出原假设 H_0 和备择假设 H_1，分别为

$$H_0: \beta_1 = \beta_2 = \cdots = \beta_k = 0$$
$$H_1: \beta_j (j=1,\cdots,k) \text{中不全为零}$$

第 2 步：构造 F 统计量

$$F = \frac{\sum \hat{y}_i^2 / k}{\sum e_i^2 / (n-(k+1))} = \frac{\text{ESS}/k}{\text{RSS}/(n-(k+1))} \sim F(k, n-(k+1)) \qquad (5\text{-}32)$$

第 3 步：查给定显著性水平下，分子的自由度为 k，分母的自由度为 $n-(k+1)$ 所对应的临界值 $F_\alpha(k, n-(k+1))$。

第 4 步：比较 F 统计量和 $F_\alpha(k, n-(k+1))$ 的大小并得出结论。若 $F > F_\alpha$，则拒绝 H_0，接受备择假设 H_1，认为回归方程在总体上显著成立；若 $F < F_\alpha$，则不能拒绝原假设 H_0，认为回归方程在总体上不是显著的。

5.5.4 R^2 和 F 统计量的关系

根据式（5-32）可知 $F = \dfrac{\text{ESS}/k}{\text{RSS}/(n-(k+1))}$，结合式（5-24）运算得

$$F = \frac{R^2 / k}{(1-R^2)/(n-(k+1))} \qquad (5\text{-}33)$$

式（5-33）表明了 F 与 R^2 之间的映射关系，两者同方向变化，R^2 值越大，F 值也越大。考虑极端情况，当 $R^2=0$ 时，$F=0$；当 R^2 取其极限值 1 时，F 值无穷大。有了这个关系式后，我们便可以运用 R^2 值来计算 F 统计量的值。

EViews 在输出参数估计值的结果时，也输出了 F 统计量的值。如图 5-1 所示，F 统计量的值为 9038.970，与 t 检验类似，在 F 检验时也没有必要设定临界水平去查表。因为统计量 Prob.（F-statistic）给出了 F 检验的原假设 H_0 成立的概率，据此就可以直接判断出模型的整体显著性。从图 5-1 可知，Prob.（F-statistic）非常接近于零，说明原假设 H_0 成立的可能性几乎为零，也就是说，模型整体不显著的概率几乎为零，表明模型在总体上是显著的。

5.6 多元线性回归模型的预测

计量经济学模型的一个重要运用是进行经济预测，一元回归模型是如此，多元回归模型更是如此。与一元回归模型类似，对多元回归模型的预测也分为点预测和区间预测两种。

多元回归模型的点预测是在估计出参数 $\hat{\beta}_0, \hat{\beta}_1, \cdots, \hat{\beta}_k$ 后，在已知解释变量观测值 $X_{10}, X_{20}, \cdots, X_{k0}$ 的情况下，计算被解释变量的值 $\hat{Y}_0$。值得注意的是，此处的 $\hat{Y}_0$ 只是被解释变量的预测值的估计值，而非预测值，是一个随机变量。原因在于参数估计值的非确定性和随机误差项的影响这两方面的因素。因此，为了进行科学的预测，就有必要计算出预测值的置信区间，即包含点预测值 $\hat{Y}_0$ 的置信区间，这就是区间预测。

与一元回归模型类似，记 e_0 是预测值 $\hat{Y}_0$ 与其真值 Y_0 之差，即预测误差。可对 e_0 构造 t 统计量，即

$$t = \frac{\hat{Y}_0 - Y_0}{\text{Se}(e_0)} \sim t(n-(k+1)) \tag{5-34}$$

在给定显著性水平 α 的情况下，可得临界值 $t_{\alpha/2}(n-(k+1))$，则有

$$P\left(-t_{\alpha/2}(n-(k+1)) < \frac{\hat{Y}_0 - Y_0}{\text{Se}(e_0)} < t_{\alpha/2}(n-(k+1))\right) = 1-\alpha \tag{5-35}$$

整理得

$$P\left(\hat{Y}_0 - t_{\alpha/2}(n-(k+1)) \times \text{Se}(e_0) < Y_0 < \hat{Y}_0 + t_{\alpha/2}(n-(k+1)) \times \text{Se}(e_0)\right) = 1-\alpha \tag{5-36}$$

因此，在 $1-\alpha$ 的置信水平下，Y_0 的预测区间，即置信区间为

$$\left(\hat{Y}_0 - t_{\alpha/2}(n-(k+1)) \times \text{Se}(e_0), \hat{Y}_0 + t_{\alpha/2}(n-(k+1)) \times \text{Se}(e_0)\right) \tag{5-37}$$

式中，$\text{Se}(e_0)$ 的计算涉及较多的高等代数知识，超出本书的范围，在此就不详述，有兴趣的读者可参考相关书籍[一]。

5.7 案例分析

案例 5-1

生产函数是描述生产过程中投入的生产要素的某种组合与其最大的可能产出之间的数学依存关系的表达式，即

$$Y = f(A, K, L, \cdots) \tag{5-38}$$

式中，Y 表示产出量，A、K、L 等分别表示技术、资本、劳动力等要素的投入量。生产要素的组合对产出的作用和影响，主要是由技术水平决定的，即在一定情况下，技术水平越高，一定量的要素投入能获得的产出量越高。因此，可以认为生产函数反映的是生产过程中投入要素与产出量之间的技术关系。生产函数具有多种多样的形式，其中，最著名的是 1928 年美国数学家柯布和经济学家道格拉斯提出的柯布－道格拉斯生产函数模型，即

$$Y = AK^{\alpha}L^{\beta} \tag{5-39}$$

根据产出弹性的定义可知

$$E_K = \frac{\partial Y}{\partial K} \cdot \frac{K}{Y} = \alpha \quad E_L = \frac{\partial Y}{\partial L} \cdot \frac{L}{Y} = \beta \tag{5-40}$$

即 α 和 β 分别为资本和劳动力的产出弹性，根据产出弹性的经济意义有

$$0 \leqslant \alpha \leqslant 1, \quad 0 \leqslant \beta \leqslant 1$$

我们用实际 GDP 代表产出量，固定资本存量代表资本，就业人数代表劳动力，来研究柯布－道格拉斯生产函数，相关数据见表 5-1（实际 GDP 以 1978 年为基期计算得出）。

[一] 李子奈，潘文卿. 计量经济学 [M]. 北京：高等教育出版社，2005.

表 5-1 我国实际 GDP、固定资本存量和就业人数（1987—2006 年）

年份	实际 GDP（亿元）	固定资本存量（亿元）	就业人数（万人）
1987	8 533.62	13 736.20	52 783.00
1988	9 498.78	15 263.10	54 334.00
1989	9 893.68	16 254.60	55 329.00
1990	10 296.08	17 233.60	64 749.00
1991	11 233.83	18 519.40	65 491.00
1992	12 813.89	20 315.30	66 152.00
1993	14 565.26	22 775.90	66 808.00
1994	16 474.40	25 778.60	67 455.00
1995	18 012.09	29 205.50	68 065.00
1996	19 847.94	32 925.00	68 950.00
1997	21 758.76	36 676.00	69 820.00
1998	23 349.84	40 763.80	70 637.00
1999	25 204.90	44 996.90	71 394.00
2000	27 361.04	49 593.70	72 085.00
2001	29 565.04	54 856.90	73 025.00
2002	32 387.35	60 981.90	73 740.00
2003	35 832.44	68 761.50	74 432.00
2004	39 563.19	77 873.50	75 200.00
2005	43 977.94	89 617.10	75 825.00
2006	49 145.54	103 049.70	76 400.00

资料来源：实际 GDP 和就业人数的数据来源于中华人民共和国统计局，《中国统计年鉴2007》，中国统计出版社，2007。固定资本存量的数据来自：雷辉．我国资本存量测算及投资效率的研究，经济学家，2009（6）。

1. 建立模型

在式（5-39）的基础上，引入随机误差项便形成了计量经济学模型

$$Y_i = A K_i^{\alpha} L_i^{\beta} e^{\mu_i} \tag{5-41}$$

式中，e 为自然对数的底。为了能进行估计，必须将上述模型转换为线性模型，因此，对式（5-41）两边取对数有

$$\ln Y_i = \ln A + \alpha \ln K_i + \beta \ln L_i + \mu_i \tag{5-42}$$

这样一来，模型就可以估计了。

将数据录入 EViews，在 EViews 主菜单下，单击"Quick/Estimate Equation"，然后在弹出的对话框的方程式一栏中，键入"log(Y) c log(K) log(L)"，每项之间用空格分离，单击"OK"后便得到表 5-2 所示的估计结果。

表 5-2　式（5-42）的估计结果

Dependent Variable: LOG(Y)				
Method: Least Squares				
Sample: 1987 2006				
Included observations: 20				
Variable	Coefficient	Std. Error	t-Statistic	Prob.
C	-3.008205	1.359114	-2.213358	0.0408
LOG(K)	0.806276	0.024565	32.82188	0.0000
LOG(L)	0.402699	0.142082	2.834267	0.0114
R-squared	0.997005	Mean dependent var		9.903467
Adjusted R-squared	0.996653	S.D. dependent var		0.547656
S.E. of regression	0.031686	Akaike info criterion		-3.928423
Sum squared resid	0.017068	Schwarz criterion		-3.779063
Log likelihood	42.28423	F-statistic		2829.504
Durbin-Watson stat	0.652073	Prob(F-statistic)		0.000000

根据表 5-2 所示的结果便可写出回归分析方程

$$\ln Y_i = -3.008 + 0.806\ln K_i + 0.403\ln L_i$$

$$(-2.21)\quad (32.82)\quad (2.83)$$

$$R^2 = 0.997\,0 \quad \bar{R}^2 = 0.996\,6 \quad F = 2\,829.5 \quad D.W. = 0.652$$

式中，括号内数字表示相应参数的 t 统计量的值，R^2 表示判定系数，$\bar{R}^2$ 表示校正的判定系数，F 表示 F 统计量的值，$D.W.$ 统计量将在第 8 章中讲述。根据估计结果，并利用式（5-41）可得到 $A = e^{-3.01}$，在主窗口下，选择"Quick/Generate series"，然后输入"a=exp(-3.01)"就可得到 $A=0.049$。于是，式（5-42）的估计方程为

$$Y_i = 0.049 K_i^{0.806} L_i^{0.403}$$

2. 模型检验

从回归结果看，$R^2 = 0.997\,0$，$\bar{R}^2 = 0.996\,653$，接近于 1，表明模型的拟合优度很高。常数项、$\ln K$、$\ln L$ 对应的 Prob. 值分别为 0.040 8、0.000 0、0.011 4，都小于 0.05，表明参数估计值都在 5% 的显著性水平下显著不为零。从 Prob. (F-statistic) 几乎为零可知，模型的整体显著性很高。如前所述，$0 \leq \alpha \leq 1, 0 \leq \beta \leq 1$，估计出对应的 $\ln K$，$\ln L$ 的系数分别为 0.806 和 0.403，符合经济意义。其中 0.806 表示在其他条件不变的情况下，资本投入量每提高 1%，产出量就提高 0.806%；同理，0.403 表示在其他条件不变的情况下，劳动力投入量每提高 1%，产出量就提高 0.403%。

3. 预测

这里只讲解点预测，对区间预测有兴趣的读者可参考相关书籍。已知 2007 年固定资本资本存量为 117 908.20 亿元，就业人数为 76 990.00 万人。由于涉及对数运算，直接代入计算比较复杂，这里讲解采用 EViews 来进行点预测。

在工作文件下，单击 Procs 键（View 旁边）/Structure/Resize Current Page，在随后弹出的对话框中将原来的工作文件范围由"1987 2006"改为"1987 2007"，然后点开变量 K 和 L，分别在 2007 处填上对应值。接着回到估计出表 5-2 结果的界面，单击 Forecast，就会出现如图 5-2 所示的对话框。

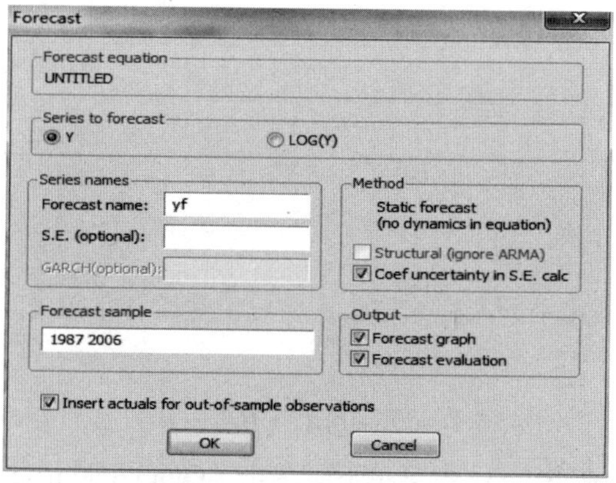

图 5-2 点预测的对话框

图 5-2 中的 yf 是用来保存预测值的变量，将预测范围从"1987 2006"改为"1987 2007"，单击"OK"，yf 自动生成于工作文件中。返回工作文件，打开 yf 便可得到 2007 年的点预测值 56 283.41。

案例 5-2

研究发现家庭书刊消费水平受家庭人均收入及户主受教育年数的影响。现对某地区的家庭进行抽样调查，得到的样本数据见表 5-3，其中 Y 表示家庭书刊消费水平（元/年），X 表示家庭人均收入（元/月），T 表示户主受教育年数。

表 5-3 某地区家庭书刊消费水平及影响因素的调查数据

家庭书刊消费水平 Y（元/年）	家庭人均收入 X（元/月）	户主受教育年数 T
450.0	1 027.2	8
507.7	1 045.2	9
613.9	1 225.8	12
563.4	1 312.2	9
501.5	1 316.4	7
781.5	1 442.4	15
541.8	1 641.0	9
611.1	1 768.8	10
1 222.1	1 981.2	18
793.2	1 998.6	14
660.8	2 196.0	10
792.7	2 105.4	12
580.8	2 147.4	8

（续）

家庭书刊消费水平 Y（元/年）	家庭人均收入 X（元/月）	户主受教育年数 T
612.7	2 154.0	10
890.8	2 231.4	14
1 121.0	2 611.8	18
1 094.2	3 143.4	16
1 253.0	3 624.6	20

1. 建立模型

以下估计家庭书刊消费水平同家庭人均收入、户主受教育年数之间的二元线性回归模型。设回归模型为

$$Y_i = \beta_0 + \beta_1 X_i + \beta_2 T_i + \mu_i \tag{5-43}$$

将数据录入 EViews，在 EViews 主菜单下，单击"Quick/Estimate Equation"，然后在弹出的对话框的方程式一栏中，键入"Y C X T"，每项之间用空格分离，单击"OK"后便得到表 5-4 所示的估计结果。

表 5-4 式（5-43）的估计结果

Dependent Variable: Y
Method: Least Squares
Sample: 1 18
Included observations: 18

Variable	Coefficient	Std. Error	t-Statistic	Prob.
C	-50.01638	49.46026	-1.011244	0.3279
X	0.086450	0.029363	2.944186	0.0101
T	52.37031	5.202167	10.06702	0.0000

R-squared	0.951235	Mean dependent var	755.1222
Adjusted R-squared	0.944732	S.D. dependent var	258.7206
S.E. of regression	60.82273	Akaike info criterion	11.20482
Sum squared resid	55491.07	Schwarz criterion	11.35321
Log likelihood	-97.84334	Hannan-Quinn criter.	11.22528
F-statistic	146.2974	Durbin-Watson stat	2.605783
Prob(F-statistic)	0.000000		

对应的回归方程为

$$\hat{Y} = -50.016 + 0.086X + 52.37T$$
$$(-1.011\ 2)(2.944\ 2)(10.067\ 0)$$
$$R^2 = 0.951\ 2, \quad \bar{R}^2 = 0.944\ 7, \quad F = 146.297\ 4$$

式中，括号内数字表示相应参数的 t 统计量的值，R^2 是判定系数，$\bar{R}^2$ 是校正的判定系数，F 表示 F 统计量的值。

2. 模型检验

从回归结果看，判定系数 $R^2 = 0.9512$，说明模型的整体拟合优度很好，变量 X 和 T 对应系数的 Prob. 值分别为 0.0101、0.000，都小于 0.05，表明在 5% 的显著性水平下，X 和 T 的系数显著不为零。并且各系数的符号与预期一致，都为正，当家庭人均月收入增加 1 元，会使家庭的年书刊消费水平增加约 0.09 元，户主受教育年数每多 1 年，会使家庭的年书刊消费水平提高约 52.37 元。这就意味着家庭的收入越多、户主受教育年限越长，平均而言，用于书刊消费的支出也越多，相应家庭成员更喜欢阅读。

案例 5-3

为了确定又一新的大众餐饮连锁店的最佳位置，某研究者经过调查，在诸如成本和价格及其他条件相同的情况下，可以用销售额作为确定地理位置属性的变量，因为毕竟是做生意。如果可以找到影响销售额的因素和对应的函数关系，那么就可以用方程去决定餐饮店的选址。有很多因素可以影响餐饮店的总销售额，其中三个最重要的分别是：附近居住的人口密度、当地居民的一般收入水平以及在周围类似餐饮店的数量。表 5-5 给出了已有的 33 家餐饮店的选址数据。其中，N 表示 2km 范围内类似餐饮店的数量，P 表示 3km 内居住人口数目，I 表示附近居民平均收入水平，Y 表示餐饮店的总销售额。通常而言，周边的人口数量越多和居民收入越高的话，销售额也会增加，不可能会对销售额产生不利影响，预期的符号都为正。对于销售额是否受到周边餐饮店的影响，要从两个方面思考：如果是替代效应，就会对销售额产生不利影响，预期符号为负；如果是集聚效应，就会形成互补，增加销售额，预期符号为正。

表 5-5 33 家餐饮店的选址数据

观测序号	Y（美元）	N（家）	P（人）	I（美元）
1	107 919	3	65 044	13 240
2	118 866	5	101 376	22 554
3	98 579	7	124 989	16 916
4	122 015	2	55 249	20 967
5	152 827	3	73 775	19 576
6	91 259	5	48 484	15 039
7	123 550	8	138 809	21 857
8	160 931	2	50 244	26 435
9	98 496	6	104 300	24 024
10	108 052	2	37 852	14 987
11	144 788	3	66 921	30 902
12	164 571	4	166 332	31 573
13	105 564	3	61 951	19 001
14	102 568	5	100 441	20 058
15	103 342	2	39 462	16 194
16	127 030	5	139 900	21 384
17	166 755	6	171 740	18 800

(续)

观测序号	Y（美元）	N（家）	P（人）	I（美元）
18	125 343	6	149 894	15 289
19	121 886	3	57 386	16 702
20	134 594	6	185 105	19 093
21	152 937	3	114 520	26 502
22	109 622	3	52 933	18 760
23	149 884	5	203 500	33 242
24	98 388	4	39 334	14 988
25	140 791	3	95 120	18 505
26	101 260	3	49 200	16 839
27	139 517	4	113 566	28 915
28	115 236	9	194 125	19 033
29	136 749	7	233 844	19 200
30	105 067	7	83 416	22 833
31	136 872	6	183 953	14 409
32	117 146	3	60 457	20 307
33	163 538	2	65 065	20 111

资料来源：施图德蒙德．应用计量经济学：第6版［M］．杜江，李恒，译．北京：机械工业出版社，2011。

1. 建立模型

由于影响销售额的因素有人口数量（P）、周围竞争对手数量（N）和周围人口收入水平（I）。于是，建立式（5-44）所示的多元回归方程

$$Y_i = \beta_0 + \beta N_i + \beta_2 P_i + \beta_3 I_i + \mu_i \tag{5-44}$$

将数据录入 EViews，在 EViews 主菜单下，单击"Quick/Estimate_Equation"，然后在弹出的对话框的方程式一栏中，键入"Y N P I C"，每项之间用空格分离，单击"OK"后便得到表5-6所示的估计结果。

表 5-6 式（5-44）的估计结果

Dependent Variable: Y
Method: Least Squares
Sample: 1 33
Included observations: 33

Variable	Coefficient	Std. Error	t-Statistic	Prob.
N	-9074.674	2052.674	-4.420904	0.0001
P	0.354668	0.072681	4.879810	0.0000
I	1.287923	0.543294	2.370584	0.0246
C	102192.4	12799.83	7.983891	0.0000

（续）

R-squared	0.618154	Mean dependent var	125634.6
Adjusted R-squared	0.578653	S.D. dependent var	22404.09
S.E. of regression	14542.78	Akaike info criterion	22.12079
Sum squared resid	6.13E+09	Schwarz criterion	22.30218
Log likelihood	-360.9930	Hannan-Quinn criter.	22.18182
F-statistic	15.64894	Durbin-Watson stat	1.758193
Prob(F-statistic)	0.000003		

在 Stata 中对式（5-44）做多元回归，得到估计结果如图 5-3 所示。命令如下

-reg Y N I P

```
. reg Y N I P

      Source |       SS       df       MS              Number of obs =      33
-------------+------------------------------           F(  3,    29) =   15.65
       Model |  9.9289e+09     3  3.3096e+09           Prob > F      =  0.0000
    Residual |  6.1333e+09    29   211492485           R-squared     =  0.6182
-------------+------------------------------           Adj R-squared =  0.5787
       Total |  1.6062e+10    32   501943246           Root MSE      =   14543

------------------------------------------------------------------------------
           Y |      Coef.   Std. Err.      t    P>|t|     [95% Conf. Interval]
-------------+----------------------------------------------------------------
           N |  -9074.674   2052.674    -4.42   0.000    -13272.86   -4876.485
           I |   1.287923   .5432938     2.37   0.025     .1767628    2.399084
           P |   .3546684   .0726808     4.88   0.000     .2060195    .5033172
       _cons |   102192.4   12799.83     7.98   0.000     76013.84     128371
------------------------------------------------------------------------------
```

图 5-3 式（5-44）估计结果

综合表 5-6 和图 5-3 的估计结果信息，得出回归方程为

$$Y = 102\,192.4 - 9\,074.674N + 0.355P + 1.288I$$
$$(-4.420) \quad (4.880) \quad (2.370)$$
$$R^2 = 0.618 \quad \bar{R}^2 = 0.579 \quad F = 15.650$$

式中，括号内数字表示相应参数的 t 统计量的值，R^2 是判定系数，$\bar{R}^2$ 是校正的判定系数，F 表示 F 统计量的值。

2. 模型检验

从回归结果看，判定系数 $R^2 = 0.618$，说明解释变量 N、P 和 I 对被解释变量 Y 的综合解释能力占到了 61.8%。解释变量 N、P 对应的 Prob. 值分别为 0.000、0.000，几乎为零，都小于显著性水平 1%，表明 N 和 P 的系数在 1% 的显著性水平下显著不为零，解释变量 I 的 Prob. 值为 0.025，小于显著性水平 5%，表明在 5% 的显著性水平下显著。在 5% 的显著性水平下，解释变量 N、P 和 I 对被解释变量 Y 的影响都是显著的，并且 P 和 I 的估计参数符号与预期一致，当地人口数增加 1 人就会使销售额增加约 0.355 美元，周边人口的人均收入水平每高 1 美元就会使销售额增加 1.288 美元。而当周围竞争对手增加一家，会使餐饮店销售额下降约 9 075 美元，表明存在替代效应。从决策的角度看，餐饮店应设在人口稠密和收入高的区域，尽量避开类似餐饮店比较多的地方。至于哪个因素对餐饮店的位置设置更重要，将在第 6 章的参数标准化部分讨论。

思考与练习

1. 请解释下列概念：多元回归模型；偏回归系数；校正的判定系数；F 检验。

2. 多元线性回归模型与一元线性回归模型有哪些异同？

3. 假设模型 A：$Y_t = \alpha_0 + \alpha_1 X_{1t} + \alpha_2 X_{2t} + \mu_{1t}$

   模型 B：$(Y_t - X_{1t}) = \beta_0 + \beta_1 X_{1t} + \beta_2 X_{2t} + \mu_{2t}$

   请问：（1）α_0 和 β_0 的 OLS 估计量是不是一样的，为什么？

   （2）α_2 和 β_2 的 OLS 估计量是不是一样的，为什么？

   （3）α_1 和 β_1 之间有什么关系？

   （4）两个模型的判定系数 R^2 具有可比性吗？

4. 记消费函数：$Y_i = \alpha_0 + \alpha_1 X_i + \mu_{1i}$

   储蓄函数：$Z_i = \beta_0 + \beta_1 X_i + \mu_{2i}$

   其中，Y=消费，Z=储蓄，X=收入，并且 $X=Y+Z$，即收入等于消费加储蓄。

   请问：（1）α_1 和 β_1 是不是相等的？

   （2）两个模型的回归离差平方和 RSS 是不是相等的？

   （3）两个模型的判定系数 R^2 是可比的吗？为什么？

5. 当我们说估计出的回归系数在统计上是显著的，是否意味着其显著不为 1？

6. 多元回归模型通过了 F 检验是否意味着模型中的所有变量均是显著的？为什么？

7. 多元回归模型的解释变量与自由度之间是什么关系？

8. 在多元回归模型中，为什么要引入校正的判定系数 $\bar{R}^2$？

9. 考虑三个变量的多元回归模型 $Y_i = \beta_0 + \beta_1 X_{1i} + \beta_2 X_{2i} + \mu_i$，$X_1$ 和 X_2 的参数之和为 θ_1，即 $\theta_1 = \beta_1 + \beta_2$。

   证明：$\hat{\theta}_1 = \hat{\beta}_1 + \hat{\beta}_2$ 是 θ_1 的无偏估计量。

10. 表 5-7 给出了三个变量的回归结果的相关信息。

表 5-7 三个变量的回归结果的相关信息

方差来源	平方和	自由度
残差平方和 ESS	4 532.2	—
回归离差平方和 RSS	—	—
总离差平方和 TSS	4 983.6	18

请问：（1）样本容量是多少？

（2）回归离差平方和 RSS 是多少？

（3）计算判定系数 R^2 和校正的判定系数 $\bar{R}^2$。

11. 考虑下面两个模型

$$Y_i = \beta_1 + \beta_2 X_{2i} + \beta_3 X_{3i} + \mu_i$$

$$(Y_i - X_{2i}) = \alpha_1 + \alpha_2 X_{2i} + \alpha_3 X_{3i} + \mu_i$$

（1）证明：$\hat{\alpha}_2 = \hat{\beta}_2 - 1$，$\hat{\alpha}_1 = \hat{\beta}_1$，$\hat{\alpha}_3 = \hat{\beta}_3$。

（2）证明：残差的最小二乘估计量相同，即 $\hat{\mu}_i = \hat{\mu}'_i$。

（3）在何种情况下，后一个模型的判定系数 R_2^2 会小于前一个模型的判定系数 R_1^2。

12. 表 5-8 给出了 2021 年我国部分地区的粮食产量、灌溉面积和化肥施用量的数据。

（1）建立粮食产量的计量经济模型。

（2）利用表 5-8 所示数据估计参数的值并解释各参数的经济意义。

（3）检验灌溉面积和化肥施用量对粮食产量是否有显著影响。

表 5-8　2021 年我国部分地区的粮食产量与相关因素数据

地区	粮食产量（万 t）	灌溉面积（千 hm^2）	化肥施用量（万 t）
北京	37.8	109.4	6.3
天津	249.9	299.1	15.7
河北	3 825.1	4 470.0	276.9
山西	1 421.2	1 517.4	105.6
内蒙古	3 840.3	3 199.1	241.9
辽宁	2 538.7	1 632.5	135.0
吉林	4 039.2	1 905.4	223.0
黑龙江	7 867.7	6 171.6	239.0
上海	94.0	165.0	6.6
江苏	3 746.1	4 224.7	275.6
浙江	620.9	1 415.7	68.3
安徽	4 087.6	4 608.8	284.7
福建	506.4	1 110.4	96.6
江西	2 192.3	2 038.5	108.6
山东	5 500.7	5 293.6	371.0
河南	6 544.2	5 463.1	624.7
湖北	2 764.3	3 086.0	262.6
湖南	3 074.4	3 192.9	219.1
广东	1 279.9	1 776.5	212.9
广西	1 386.5	1 731.0	251.9
海南	146.0	292.2	40.8
重庆	1 092.8	698.3	89.1
四川	3 582.1	2 992.2	207.2
贵州	1 094.9	1 165.5	76.0
云南	1 930.3	1 978.1	187.3
西藏	106.2	282.8	4.3
陕西	1 270.4	1 336.8	200.7
甘肃	1 231.5	1 338.6	77.1
青海	109.1	219.2	4.9
宁夏	368.4	552.5	37.5
新疆	1 735.8	4 893.4	240.7

资料来源：中华人民共和国国家统计局，《中国统计年鉴 2022》，中国统计出版社，2022。

13. 从理论上讲，影响客运总量的因素有人口数、经济发展程度、交通发达程度等。以下用人均GDP表示经济发展水平，用全国人口数表示人口因素，用铁路营业里程、公路营业里程、内河道营业里程和民航航线里程来表示交通发达程度。相关数据见表5-9。

表 5-9 客运总量以及相关影响因素数据

年份	客运总量（万人）	人均GDP（元）	全国人口数（万人）	铁路营业里程（万km）	公路营业里程（万km）	内河道营业里程（万km）	民航航线里程（万km）
1990	772 682	1 663	114 333	5.79	102.83	10.92	50.68
1991	806 048	1 912	115 823	5.78	104.11	10.97	55.91
1992	860 855	2 334	117 171	5.81	105.67	10.97	83.66
1993	996 634	3 027	118 517	5.86	108.35	11.02	96.08
1994	1 092 882	4 081	119 850	5.90	111.78	11.02	104.56
1995	1 172 596	5 091	121 121	6.24	115.70	11.06	112.90
1996	1 245 357	5 898	122 389	6.49	118.58	11.08	116.65
1997	1 326 094	6 481	123 626	6.60	122.64	10.98	142.50
1998	1 378 717	6 860	124 761	6.64	127.85	11.03	150.58
1999	1 394 413	7 229	125 786	6.74	135.17	11.65	152.22
2000	1 478 573	7 942	126 743	6.87	167.98	11.93	150.29
2001	1 534 122	8 717	127 627	7.01	169.80	12.15	155.36
2002	1 608 150	9 506	128 453	7.19	176.52	12.16	163.77
2003	1 587 497	10 666	129 227	7.30	180.98	12.40	174.95
2004	1 767 453	12 487	129 988	7.44	187.07	12.33	204.94
2005	1 847 018	14 368	130 756	7.54	334.52	12.33	199.85
2006	2 024 158	16 738	131 448	7.71	345.70	12.34	211.35
2007	2 227 761	20 494	132 129	7.80	358.37	12.35	234.30
2008	2 867 892	24 100	132 802	7.97	373.02	12.28	246.18
2009	2 976 898	26 180	133 450	8.55	386.08	12.37	234.51
2010	3 269 508	30 808	134 091	9.12	400.82	12.42	276.51
2011	3 526 319	36 277	134 916	9.32	410.64	12.46	349.06
2012	3 804 035	39 771	135 922	9.76	423.75	12.50	328.01
2013	2 122 992	43 497	136 726	10.31	435.62	12.59	410.60
2014	2 032 218	46 912	137 646	11.18	446.39	12.63	463.72
2015	1 943 271	49 922	138 326	12.10	457.73	12.70	531.72
2016	1 900 194	53 783	139 232	12.40	469.63	12.71	634.81

（续）

年份	客运总量（万人）	人均GDP（元）	全国人口数（万人）	铁路营业里程（万 km）	公路营业里程（万 km）	内河道营业里程（万 km）	民航航线里程（万 km）
2017	1 848 620	59 592	140 011	12.70	477.35	12.70	748.30
2018	1 793 820	65 534	140 541	13.17	484.65	12.71	837.98
2019	1 760 436	70 078	141 008	13.99	501.25	12.73	948.22
2020	966 540	71 828	141 212	14.63	519.81	12.77	942.63

资料来源：中华人民共和国国家统计局，《中国统计年鉴2022》，中国统计出版社，2022。

（1）建立多元回归模型。
（2）估计模型参数并解释参数的经济意义。
（3）检验参数的显著性和模型的整体显著性。
（4）已知2021年我国的人均GDP为80 976元，全国人口数为141 260万人，铁路里程数为15.07万 km，公路里程数为528.07万 km，水路里程数为12.76万 km，民航航线里程数为689.78万 km，请给出2021年客运总量的点预测值。

第6章
CHAPTER 6

多元回归分析（二）

6.1 带有虚拟变量的回归模型

6.1.1 虚拟变量

在现实经济中，我们常常会看到或听到很多人为了获得更好的收入而"走南闯北"，也就是说，"走南闯北"会对个人乃至家庭收入产生影响。事实上，在进行一些经济分析的时候，常常会发现有些因素对被解释变量有重要影响，然而这些因素却无法度量，例如性别、战争、自然灾害、政策的变化、经济环境的突变等都会对经济产生影响，而这些定性的量不能用连续的数值度量。为了在模型中反映出这些因素的影响，提高模型估计的精度，就需要根据这些因素的属性对其进行量化。通常用"1"来表示某种状态，用"0"来表示与其对立的状态，这种只取"0"或"1"的人工变量，通常称为虚拟变量或哑变量（dummy variable）。例如，我们想表示一些人上大学，另外一些人没上大学的事实，就可以设立一个取值为0或1的虚拟变量，对上大学的人，这个变量取值为1，对没上大学的人，这个变量取值为0。

例如，在研究男女收入是否有差异时，可以建立模型

$$Y_i = \beta_0 + \beta_1 X_i + \beta_2 D_i + \mu_i \tag{6-1}$$

式中，Y 表示工资收入，X 表示工作量，D 表示性别，当性别为男性时，$D=1$，当性别为女性时，$D=0$。像式（6-1）这样，既含有一般解释变量，又含有虚拟变量的模型称为虚拟变量模型。

6.1.2 虚拟变量的引入方式

1. 仅影响截距的情况（只改变截距的形式）

在式（6-1）中，虚拟变量是以加法的方式引入模型当中的，所以女职工的工资为公式

$$Y_i = \beta_0 + \beta_1 X_i + \mu_i \qquad (6\text{-}2)$$

男职工的工资为公式

$$Y_i = \beta_0 + \beta_1 X_i + \beta_2 + \mu_i = (\beta_0 + \beta_2) + \beta_1 X_i + \mu_i \qquad (6\text{-}3)$$

如果从图 6-1 给出的几何意义上看式（6-1）（假定 $\beta_2 > 0$），男职工和女职工的工资函数具有相同的斜率、不同的截距。也就是说，两者的工资变化规律是相同的，但两者的收入水平的起点不同，只是男职工比女职工高出了 β_2。因此，在统计意义下，要检测工资收入水平是否有性别差异，只需检验 β_2 是否显著为零即可。若 β_2 显著为零，说明性别并不影响男女职工的工资水平；若 β_2 显著不为零，说明性别对工资水平有影响，男女职工的工资水平存在差异，男性的工资水平在女性工资水平 β_1 的基础上，变化了 β_2。

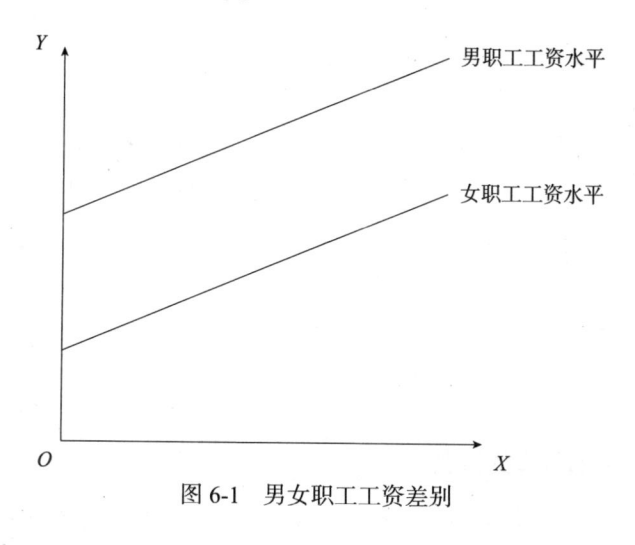

图 6-1 男女职工工资差别

2. 仅影响斜率的情况

有些时候，经济环境的变化对模型的影响不表现在截距项上，而表现在斜率上。例如，我们想考察金融危机对我国职工工资的边际水平是否有影响，换句话说，为了考察金融危机前与金融危机后，每多工作一单位时间，工资的收入增加额是否有显著差异，我们可以引入划分金融危机前和金融危机后的虚拟变量 D，定义为

$$D = \begin{cases} 0, & \text{金融危机前} \\ 1, & \text{金融危机后} \end{cases}$$

则工资模型可建立为

$$Y_i = \beta_0 + \beta_1 X_i + \beta_2 D_i X_i + \mu_i \qquad (6\text{-}4)$$

式中，Y 表示工资收入，X 表示工作量，D 为虚拟变量。

于是在金融危机前工资收入模型为

$$Y_i = \beta_0 + \beta_1 X_i + \mu_i \tag{6-5}$$

而在金融危机后工资收入模型为

$$Y_i = \beta_0 + (\beta_1 + \beta_2) X_i + \mu_i \tag{6-6}$$

如图 6-2 所示，从几何意义上看（假定 $\beta_2 < 0$），金融危机前后，职工工资水平具有相同的截距、不同的斜率。说明金融危机前后职工工资的起点是相同的，但相同工作量下的变化规律不同，金融危机后，职工每多工作一单位时间，工资的增加额相对于金融危机前的 β_1 减小了 $|\beta_2|$。因此，在统计意义下，要检验金融危机对职工的边际工资收入有没有影响，只需检验 β_2 是否为零即可。若 β_2 显著为零，说明金融危机对边际工资收入没有影响；若 β_2 显著不为零，说明金融危机对边际工资收入有影响。

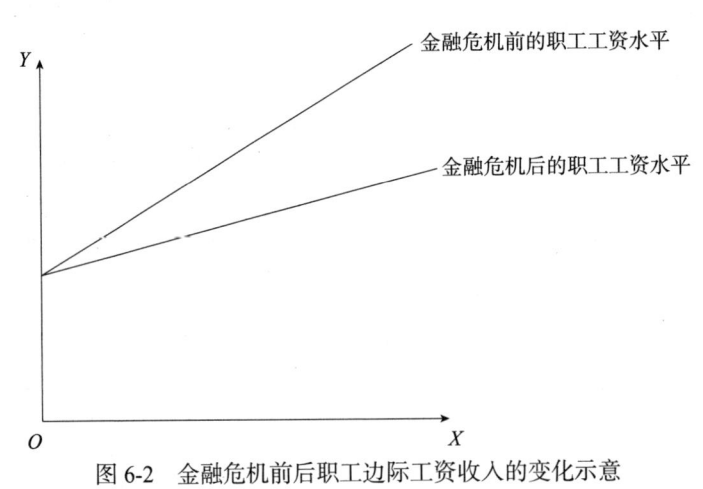

图 6-2 金融危机前后职工边际工资收入的变化示意

3. 既影响截距又影响斜率的情况

金融危机对工资的影响不仅表现在工资的边际水平上，很可能同时表现在工资的起点上，为了同时将这两种情况反映出来，可将工资收入模型构造为

$$Y_i = \beta_0 + \beta_1 X_i + \beta_2 D_i X_i + \beta_3 D_i + \mu_i \tag{6-7}$$

式中，金融危机前的截距项和斜率分别为 β_0、β_1，金融危机后的截距项和斜率分别为 $\beta_0 + \beta_3$、$\beta_1 + \beta_2$。

如同前面一样，此时只需检验 β_2 和 β_3 的显著性即可。图 6-3 展示了工资起点和工资边际水平的变化情况（假设 $\beta_2 < 0, \beta_3 < 0$）。

综合虚拟变量的加法引入方式和乘法引入方式，不外乎有三种结构形式：截距项有差异；斜率有差异；截距项和斜率都有差异。

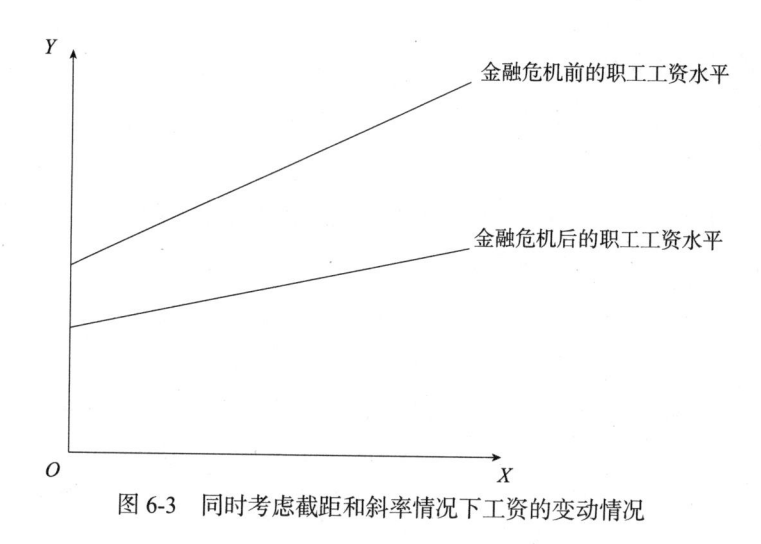

图 6-3　同时考虑截距和斜率情况下工资的变动情况

6.1.3　虚拟变量的引入原则

虚拟变量的引入显得很容易，但在引入的过程中必须非常谨慎。其引入原则为：每一定性变量所需的虚拟变量个数要比定性变量的类别数目少 1，假如定性变量的类别数目为 m，那么只需引入 (m−1) 个虚拟变量。

例如，我们想考察我国东部、中部和西部职工工资水平的差异时，除了已知的工资水平 Y 和工作时间 X 外，只需引入两个虚拟变量即可

$$D_{1i} = \begin{cases} 1, & 东部 \\ 0, & 其他 \end{cases}$$

$$D_{2i} = \begin{cases} 1, & 中部 \\ 0, & 其他 \end{cases}$$

则工资收入模型为

$$Y_i = \beta_0 + \beta_1 X_i + \alpha_1 D_{1i} + \alpha_2 D_{2i} + \mu_i \tag{6-8}$$

对式（6-8），若再引入第三个虚拟变量

$$D_{3i} = \begin{cases} 1, & 西部 \\ 0, & 其他 \end{cases}$$

式（6-8）变为

$$Y_i = \beta_0 + \beta_1 X_i + \alpha_1 D_{1i} + \alpha_2 D_{2i} + \alpha_3 D_{3i} + \mu_i \tag{6-9}$$

此时会出现什么情况呢？此时，$D_{1i} + D_{2i} + D_{3i} = 1$ 恒成立，因为东部、中部、西部必然有一个取值为 1，另外两个取值为 0。这样解释变量之间就不独立了，违背了多元回归的基本假设，这种情况称为完全共线性。在完全共线性的情况下，参数估计值无法求出，有关内容将在第 9 章中详细讲述。

6.1.4 模型的结构稳定性

当经济环境发生突变，如政策和体制发生变化时，涉及时间序列数据的回归模型有可能发生结构变化，如图 6-4 所示。例如，1997 年爆发了东南亚金融危机，若想考察 1997 年前后我国职工的边际工资收入水平是否发生变化，可以用引入虚拟变量的方法来描述相关经济结构情况，然后通过虚拟变量的显著性检验来验证这种突变是否存在。

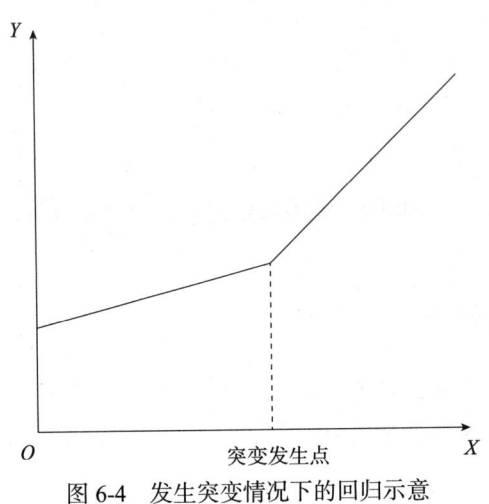

图 6-4 发生突变情况下的回归示意

除了引入虚拟变量外还可以采用 Chow 检验来验证这种突变是否存在。

1. Chow 检验

为了分析某一经济问题，可建立以下 k 元线性回归模型

$$Y_i = b_0 + b_1 X_{1i} + \cdots + b_k X_{ki} + \mu_i \tag{6-10}$$

假设有两个不同时期的关于 X 和 Y 的两个样本，一个样本有 n_1 个观测值，另一个样本有 n_2 个观测值。利用这两个样本分别对式（6-10）进行估计，可得回归方程为

$$\hat{Y}_{1i} = \hat{\alpha}_0 + \hat{\alpha}_1 X_{1i} + \cdots + \hat{\alpha}_k X_{ki} \tag{6-11}$$

$$\hat{Y}_{2i} = \hat{\beta}_0 + \hat{\beta}_1 X_{1i} + \cdots + \hat{\beta}_k X_{ki} \tag{6-12}$$

问题是式（6-11）与式（6-12）是否显著不同，从理论上讲，如果两个方程对应的系数相同，则两个方程就是相同的。如果显著不同，则说明模型所反映的经济结构由于受有关因素的影响而发生了变化；反之，如果这两个回归方程的差别并不显著，说明模型所反映的经济结构在时间上是稳定的。因此，这里的关键就是检验上面两个式子是否显著不同，即检验经济结构是否稳定，使用的检验方法是邹至庄提出的 Chow 检验。其检验步骤如下。

第 1 步：利用总样本对式（6-10）回归，获取残差平方和。首先，合并两个样本，构成观测值个数为 n_1+n_2 的样本，对含有 k 个解释变量的式（6-10）进行回归，得到回归方程为

$$\hat{Y}_i = \hat{b}_0 + \hat{b}_1 X_{1i} + \cdots + \hat{b}_k X_{ki} \tag{6-13}$$

然后，求出残差平方和 $\sum e_i^2$。

第 2 步：利用给定的两个小样本，分别对式（6-10）进行回归，然后得到式（6-11）和式（6-12）。求得残差平方和分别为$\sum e_{1i}^2$、$\sum e_{2i}^2$，其对应自由度分别为$(n_1-(k+1))$和$(n_2-(k+1))$。

第 3 步：利用以上得出的各项残差平方和，构造 F 统计量

$$F=\frac{\left[\sum e_i^2-\left(\sum e_{1i}^2+\sum e_{2i}^2\right)\right]/(k+1)}{\left(\sum e_{1i}^2+\sum e_{2i}^2\right)/(n_1+n_2-2k-2)} \sim F\left(k+1, n_1+n_2-2(k+1)\right) \tag{6-14}$$

通过 F 统计量来检验模型所反映的经济结构是否已发生突变。

第 4 步：提出假设。原假设 H_0 为结构没有发生变化，备择假设 H_1 为结构发生了变化。也就是说，原假设 H_0 和备择假设 H_1 分别为

$$H_0: \alpha_j = \beta_j \quad j=1,2,\cdots,k$$
$$H_1: \alpha_j \neq \beta_j \text{中至少有一个成立} \quad j=1,2,\cdots,k$$

第 5 步：查临界值。给定显著性水平 α，查分子自由度为 $k+1$，分母自由度为 $n_1+n_2-2(k+1)$ 的 F 分布表，获得临界值 F_α。

第 6 步：比较 F 统计量和临界值 F_α。若 $F>F_\alpha$，则拒绝原假设 H_0，接受备择假设 H_1，认为式（6-11）和式（6-12）之间有显著差异，即两个样本反映的两个经济关系显著不同，即经济结构发生了变化，反之，我们认为经济结构关系比较稳定。

2. 虚拟变量和Chow检验的比较

从上面的分析可以看出，在验证模型是否发生突变方面，Chow 检验和引入虚拟变量可谓是殊途同归。但在有些情况下，即便有结构突变，Chow 检验也无法验证突变是否能够发生，而引入虚拟变量却可以。

假设式（6-10）有两个不同时期的关于 X 和 Y 的两个样本，一个样本有 n_1 个观测值，另一个样本有 n_2 个观测值，其中$n_2<(k+1)$。根据第 5 章的知识可知，当样本容量为 n_2 时，式（6-10）将不能被估计，Chow 检验也无法进行下去。然而，采用引入虚拟变量的方式则不存在此类问题。还有就是 Chow 检验将样本分为了两部分，减少了样本观测值的数目，使参数估计值的质量下降，此时通过 Chow 检验验证的结构变化的可靠性也会下降。

事实上，在介绍带有虚拟变量的模型中，我们看到，当引入的虚拟变量对应的参数显著不为零时，就意味着结构发生了变化。所以，在检验经济结构是否突变方面，引入虚拟变量的方式优于 Chow 检验。

6.2 参数的标准化

6.2.1 参数标准化的问题

在多元回归分析中，我们通过单个参数的显著性检验只知道解释变量对被解释变量是否有显著影响，但因为没有统一的标准，系数之间不具有可比性，所以，并不知道影响被解释变量最大

的、次要的、最不重要的解释变量分别是哪个。因此，我们就不能直接运用参数估计值的绝对量大小顺序来决定众多解释变量中哪一个解释变量对被解释变量的影响程度最大。换句话说，我们除了关注被解释变量对解释变量的反映是否显著外，还要关心反映程度的大小，依次排序，进而寻找哪一个解释变量 X_i 是被解释变量的重要影响因素，哪一个是次要影响因素，哪一个是最不重要的影响因素。关于这一点，从事管理的决策者都十分重视，因为他们在管理上并不对大小因素都关注，而是关注影响因素的重要程度。

对于多元线性回归模型

$$Y_i = \beta_0 + \beta_1 X_{1i} + \beta_2 X_{2i} + \cdots + \beta_k X_{ki} + \mu_i \tag{6-15}$$

我们不能直接采用 β_i 的大小来反映 X_i 对 Y_i 的影响程度大小。这是因为：一是 X_i 的单位属性不同，二是 β_i 会随着 X_i 的计量单位的不同而不同（即使单位属性相同）。考虑含有两个变量模型

$$Y_i = \beta_0 + \beta_1 X_{1i} + \beta_2 X_{2i} + \mu_i \tag{6-16}$$

式中，Y_i 表示运输时间，X_{1i} 表示距离，X_{2i} 表示货物重量，此时 X_{1i} 的单位是长度，X_{2i} 的单位为重量，两者根本不可比；且 X_{1i} 的单位由米变成千米时，X_{2i} 的单位由千克变成吨时，β_1 和 β_2 的估计值将会发生变化。例如，X_{1i} 的单位由米变成千米时，β_1 的估计值就是原估计值乘以千分之一。因此，用 β_1 和 β_2 的值无法直接反映 X_{1i} 和 X_{2i} 对 Y_i 的影响程度大小。

6.2.2 线性模型的参数标准化

为了使参数估计值能够准确反映解释变量对被解释变量的影响程度大小，需要按照式（6-17）的规则重新定义解释变量和被解释变量。

$$\begin{cases} Y_i^* = \dfrac{Y_i - \bar{Y}}{\mathrm{Se}_Y} \\ X_{ji}^* = \dfrac{X_{ji} - \bar{X}}{\mathrm{Se}_{X_j}} \end{cases} \quad i=1, 2, \cdots, n; \quad j=1, 2, \cdots, k \tag{6-17}$$

式中的 Se_Y 和 Se_{X_j} 分别为

$$\mathrm{Se}_Y = \sqrt{\frac{1}{n-1}\sum_{i=1}^{n}(Y_i - \bar{Y})^2}, \ \mathrm{Se}_{X_j} = \sqrt{\frac{1}{n-1}\sum_{i=1}^{n}(X_{ji} - \bar{X})^2}, j=1,2,\cdots,k \tag{6-18}$$

于是将式（6-17）代入式（6-15），就改写为

$$Y_i^* = \beta_1^* X_{1i}^* + \beta_2^* X_{2i}^* + \cdots + \beta_k^* X_{ki}^* + \mu_i^* \tag{6-19}$$

式中，Y_i^* 和 X_{ji}^* 被称为标准化变量（standardized variables），β_i^* 被称为标准化系数（standardized coefficient）。标准化变量的一个显著特点是均值总是为 0，标准差总是为 1（感兴趣的读者可以自己证明）。无论量纲不同也罢（如长度和重量），单位不同也罢（如同为重量，有的取 kg，有的取 g），标准化后的变量都统一为同一基准、无量纲、无单位，表示所有变量在一单位标准差下偏离均值的程度。由于多元回归的样本回归函数要过样本均值点（$\bar{Y}^*, \bar{X}_1^*, \bar{X}_2^*, \cdots, \bar{X}_K^*$），因此，有

$$\text{截距项} = \bar{Y}^* - \beta_1^* \bar{X}_1^* - \beta_2^* \bar{X}_2^* - \cdots - \beta_k^* \bar{X}_k^* = 0 \quad (6\text{-}20)$$

这就是式（6-19）没有截距项的原因，这也是在具体实现时特别注意的一点，在做回归分析时不能含有常数项。

在使用 EViews 估计标准化系数时，只需将原来键入的"Y C X"，改写为"(Y-@mean(Y))/(@var(Y)^0.5) (X-@mean(X))/(@var(X)^0.5)"（切记此处没有截距项）即可。

事实上，标准化之前的系数 β_j 与标准化之后的系数 β_j^* 之间具有如下关系式

$$\beta_j^* = \beta_j \frac{\mathrm{Se}_{X_j}}{\mathrm{Se}_Y} \quad j = 1, 2, \cdots, k \quad (6\text{-}21)$$

式中，Se_{X_j} 为第 j 个解释变量 X_j 的样本标准差，Se_Y 为被解释变量 Y 的样本标准差。通过这个式子就可以实现两者系数的转换。

6.3 非标准线性模型的标准化

非标准线性模型指的是变量之间是非线性的，但被解释变量与参数之间是线性的，可以用变量直接代换法将非标准线性模型转化为标准线性模型。

1. 多项式模型

对于形如

$$Y_i = \beta_0 + \beta_1 X_i + \beta_2 X_i^2 + \cdots + \beta_k X_i^k + \mu_i \quad (6\text{-}22)$$

的多项式模型，令 $Z_{1i} = X_i, Z_{2i} = X_i^2, \cdots, Z_{ki} = X_i^k$，则式（6-22）可转化为标准线性模型

$$Y_i = \beta_0 + \beta_1 Z_{1i} + \beta_2 Z_{2i} + \cdots + \beta_k Z_{ki} + \mu_i \quad (6\text{-}23)$$

2. 半对数模型和双对数模型

习惯上，我们把形如

$$\ln Y_i = \beta_0 + \beta_1 X_i + \mu_i \quad (6\text{-}24)$$

$$Y_i = \beta_0 + \beta_1 \ln X_i + \mu_i \quad (6\text{-}25)$$

这两种形式模型称为半对数模型，而把形如

$$\ln Y_i = \beta_0 + \beta_1 \ln X_i + \mu_i \quad (6\text{-}26)$$

的模型称为双对数模型。对以上模型只需令 $Y_i^* = \ln Y_i$，$X_i^* = \ln X_i$，这样就可将原模型转化为标准线性模型。值得说明的是，式（6-24）的半对数模型可以用来描述奢侈品消费随收入变化的规律，表示收入每增加 1 个单位，奢侈品消费增加 β_1%；式（6-25）的半对数模型可以用来描述必需品消费随收入变化的规律，表示收入每增加 1%，必需品消费增加 β_1 个单位；式（6-26）中的 β_1 表示弹性系数。

3. 双曲线函数模型

对于形如

$$Y_i = \beta_0 + \beta_1 \frac{1}{X_i} + \mu_i \tag{6-27}$$

的模型称为双曲线模型，此时令 $X_i^* = \frac{1}{X_i}, Y_i^* = Y_i$，即可将原模型转化为标准线性模型。

有些非线性模型通过适当的变换就可以化为标准线性模型。例如，对式（6-28）的柯布－道格拉斯生产函数的计量经济模型

$$Q_i = AL_i^\alpha K_i^\beta e^{\mu_i} \tag{6-28}$$

两边取对数，得到

$$\ln Q_i = \ln A + \alpha \ln L_i + \beta \ln K_i + \mu_i \tag{6-29}$$

然后，令 $Y_i = \ln Q_i, X_{1i} = \ln L_i, X_{2i} = \ln K_i, \alpha = \ln A$，即可将原模型转化为标准线性模型。对于不可线性化的模型可借助泰勒级数展开式进行逐次的线性近似估计[⊖]。

对于非标准线性模型和非线性模型的标准化问题，只需将其转换成标准线性模型，然后按照前述方法进行标准化处理即可。

6.4 案例分析

案例 6-1

从宏观经济学理论来看，一国的进口取决于该国的经济发展水平，通常经济发展水平越高，进口也就越多。为了考察我国不同阶段的经济发展促进进出口和进一步开放的积极作用，特别是考察边际进出口倾向的差异，换言之，考察在不同时期，产出每变化一个单位进出口会变化多少个单位是不是存在差异，也就是考察是否有结构突变。因此，为了便于解释，我们将表 6-1 所示数据分为两个时期，即 1978—2000 年和 2001—2022 年，建立带虚拟变量的总体回归模型

$$\text{IMEX}_t = \beta_0 + \beta_1 \text{GDP}_t + \text{DV}_t + \text{DV}_t \text{GDP}_t + \mu_t$$

式中，IMEX 代表进出口，采用进出口总额；GDP 是国民经济发展水平，用国内生产总值 GDP 表示；DV 是虚拟变量，1978—2000 年期间取值为 0，2001—2022 年期间取值为 1。如果估计结果表明虚拟变量的系数显著，那么说明这两个时期确实发生了结构突变。

表 6-1 1978—2022 年我国 GDP 与进出口总额数据

时间	GDP（亿元）	进出口总额（亿美元）	时间	GDP（亿元）	进出口总额（亿美元）
1978	3 678.70	206.38	1983	6 020.92	436.20
1979	4 100.45	293.30	1984	7 278.50	535.50
1980	4 587.58	381.36	1985	9 098.95	696.02
1981	4 935.83	440.30	1986	10 376.15	738.50
1982	5 373.35	416.10	1987	12 174.59	826.50

⊖ 邓翔，杜江，张蕊. 计量经济学 [M]. 成都：四川大学出版社，2002.

(续)

时间	GDP（亿元）	进出口总额（亿美元）	时间	GDP（亿元）	进出口总额（亿美元）
1988	15 180.39	1 027.90	2006	219 438.47	17 604.38
1989	17 179.74	1 116.80	2007	270 092.32	21 761.75
1990	18 872.87	1 154.36	2008	319 244.61	25 632.55
1991	22 005.63	1 356.34	2009	348 517.74	22 075.35
1992	27 194.53	1 655.25	2010	412 119.26	29 740.01
1993	35 673.23	1 957.03	2011	487 940.18	36 418.64
1994	48 637.45	2 366.21	2012	538 579.95	38 671.19
1995	61 339.89	2 808.64	2013	592 963.23	41 589.93
1996	71 813.63	2 898.81	2014	643 563.10	43 015.27
1997	79 715.04	3 251.62	2015	688 858.22	39 530.33
1998	85 195.51	3 239.49	2016	746 395.06	36 855.57
1999	90 564.38	3 606.30	2017	832 035.95	41 071.38
2000	100 280.14	4 742.97	2018	919 281.13	46 224.15
2001	110 863.12	5 096.51	2019	986 515.20	45 778.91
2002	121 717.42	6 207.66	2020	1 013 567.00	46 559.13
2003	137 422.03	8 509.88	2021	1 143 669.72	60 501.70
2004	161 840.16	11 545.54	2022	1 210 207.24	62 701.10
2005	187 318.90	14 219.06	—	—	—

资料来源：中华人民共和国国家统计局，《中国统计年鉴2023》，中国统计出版社，2023。

1. GDP和进出口总额的折线图

将表6-1所示的以变量名IMEX和GDP命名的数据录入EViews之后，依次选中GDP和IMEX，单击右键"Open/as Group/view/Graph/Line&symbol"，便生成了如图6-5所示的折线图。

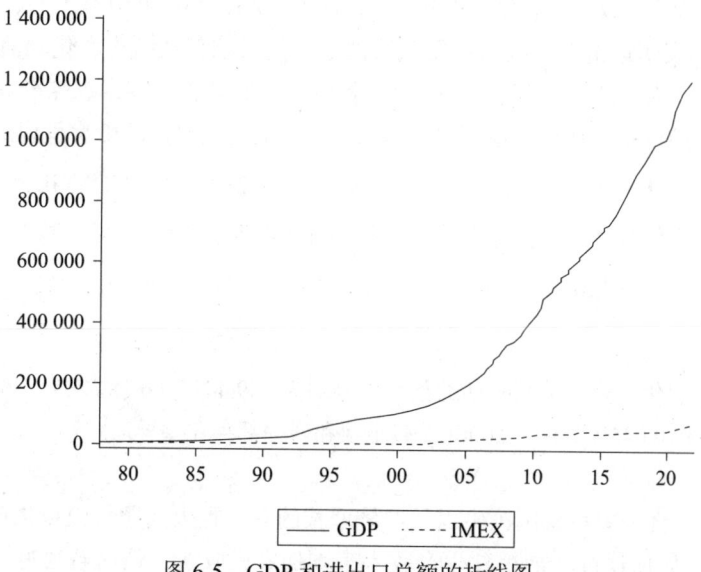

图6-5　GDP和进出口总额的折线图

2.模型估计

为了估计模型,还需要对虚拟变量赋值,在 EViews 中,建立虚拟变量 DV 的方法为:单击"Quick/Generate Series",键入"DV=0",把样本区间改成"1978 2000",单击"OK",然后,再次单击"Quick/Generate Series",键入"DV=1",然后把样本区间改成"2001 2022",单击"OK",此时虚拟变量的数据便生成了。在工作文件下,双击"DV"便可看到虚拟变量的赋值结果。

接着,在工作文件下,单击"Quick/Estimate Equation",键入"IMEX C GDP DV DV*GDP",单击"OK"就得到表 6-2 所示的估计结果。

表 6-2 带虚拟变量的模型估计结果

Dependent Variable: IMEX
Method: Least Squares
Sample: 1978 2022
Included observations: 45

Variable	Coefficient	Std. Error	t-Statistic	Prob.
C	309.4451	1027.070	0.301289	0.7647
GDP	0.039168	0.022704	1.725160	0.0920
DV	6477.822	1726.287	3.752460	0.0005
DV*GDP	0.006480	0.022805	0.284162	0.7777
R-squared	0.969939	Mean dependent var		16388.04
Adjusted R-squared	0.967740	S.D. dependent var		19243.75
S.E. of regression	3456.402	Akaike info criterion		19.21853
Sum squared resid	4.90E+08	Schwarz criterion		19.37912
Log likelihood	-428.4170	F-statistic		440.9676
Durbin-Watson stat	0.546611	Prob(F-statistic)		0.000000

从表 6-2 可以看出,DV 变量对应的 Prob. 值为 0.000 5,小于 0.01,因此,在 1% 的显著性水平下显著不为零,表明进出口方程的截距项在两个不同时期存在结构变化。而 DV*GDP 系数的 Prob. 值为 0.777 7,大于 0.1,表明在 10% 的显著性水平下显著为零,意味着斜率不存在结构变化。于是,得到的结论是:在两个不同时期国内生产总值对进出口的影响呈现出显著的差异。

$$IMEX_t = 309.445 + 0.039 GDP_t + 6\ 477.822 DV_t + 0.006 DV_t GDP_t$$

若不考虑系数在统计意义下的显著性,根据表 6-2 报告出模型的估计方程为

$$IMEX_t = 309.445 + 0.039 GDP_t \quad 1978—2000\ 年$$

$$IMEX_t = 6\ 787.267 + 0.045 GDP_t \quad 2001—2022\ 年$$

显然,存在结构性变化,因为不同时期的截距项分别为 309.445 和 6 287.267(309.445+6 477.822)、斜率分别为 0.039 和 0.045(0.039+0.006),截距项和斜率都存在差异。

案例 6-2

"三农"问题一直是关系我国民生以及经济增长的一个重大问题。粮食生产收入是农民收入的一项重要来源。如何通过增加粮食生产收入来增加农民收入,从而解决好"三农"问题,是

个值得研究的课题。为了寻找增加粮食生产收入的途径，有必要先弄清楚影响粮食生产收入的因素，还要探究哪些因素是重要的影响因素。接下来以稻谷的亩（1 亩 =666.67m²）均实际净收益（RNP）为被解释变量，粮食价格指数（GPI）、亩均实际物质与服务费（RMSC）、亩产量（OPM）为解释变量来研究影响粮食生产收入的因素。表 6-3 给出了相关数据。

表 6-3　稻谷生产的每亩相关成本收益指标

年份	亩均实际净收益（%）	粮食价格指数（%）	亩均实际物质与服务费（元）	亩产量（kg）
1984	54.87	100.00	46.43	384.00
1985	50.99	104.01	46.75	376.90
1986	56.76	106.18	48.59	386.24
1987	51.22	113.30	51.60	377.15
1988	56.19	124.32	57.04	373.10
1989	59.63	118.34	56.43	391.11
1990	51.00	94.05	59.64	414.10
1991	30.22	97.95	60.35	399.80
1992	31.76	102.76	58.23	403.80
1993	63.40	137.90	57.40	410.10
1994	113.47	176.02	71.55	412.10
1995	93.06	115.36	69.13	408.20
1996	67.04	98.19	68.93	415.80
1997	43.45	86.11	68.73	423.10
1998	34.70	96.39	67.86	421.90
1999	11.84	84.56	69.66	420.60
2000	5.79	91.44	66.05	415.10
2001	15.81	103.75	66.40	427.20
2002	8.28	95.74	68.80	420.40
2003	26.42	116.86	68.09	408.80
2004	80.90	132.90	67.16	450.90
2005	54.59	97.29	66.45	431.00
2006	58.64	103.84	68.92	436.30
2007	64.61	105.68	69.19	450.20

资料来源：彭克强. 中国粮食生产收益及其影响因素的协整分析——以 1984—2007 年稻谷、小麦、玉米为例[J]. 中国农村经济，2009（6）：13-26.

假设变量之间是线性关系，构建回归模型如下：

$$\text{RNP}_i = \beta_0 + \beta_1 \text{GPI}_i + \beta_2 \text{RMSC}_i + \beta_3 \text{OPM}_i + \mu_i$$

从各变量的量纲来看，RNP 的量纲为元，GPI 无量纲，RMSC 的量纲为元，OPM 的量纲为千克。由于，各变量的量纲不同，因此，不能直接利用参数估计值的大小来判断各个解释变量对被解释变量的影响，需要对模型进行标准化处理。对每个变量进行标准化处理，分别命名为 RNPS、GPIS、RMSCS、OPMS，建立新的回归模型为

$$RNPS_i = \beta_1 GPIS_i + \beta_2 RMSCS_i + \beta_3 OPMS_i + \mu_i$$

在 EViews 软件中，可以利用函数对变量的数据进行标准化处理。单击"Quick/Estimate Equation"，键入"(RNP-@mean(RNP))/(@var(RNP)^0.5) (GPI-@mean(GPI))/(@var(GPI)^0.5) (RMSC-@mean(RMSC)/(@var(RMSC)^0.5) (OPM-@mean(OPM))/(@var(OPM)^0.5)"，单击"OK"即可得到表 6-4 所示的标准化后的估计结果。

表 6-4 标准化系数的估计结果

Dependent Variable: (RNP-@MEAN(RNP"1984 2007"))/(@VAR(RNP"1984 2007")^0.5)
Method: Least Squares
Sample: 1984 2007
Included observations: 24

Variable	Coefficient	Std. Error	t-Statistic	Prob.
(GPI-@MEAN(GPI"1984 2007"))/(@VAR(GPI"1984 2007")^0.5)	0.731362	0.153882	4.752734	0.0001
(RMSC-@MEAN(RMSC"1984 2007"))/(@VAR(RMSC"1984 2007")^0.5)	-0.208748	0.250629	-0.832895	0.4143
(OPM-@MEAN(OPM"1984 2007"))/(@VAR(OPM"1984 2007")^0.5)	0.226846	0.251427	0.902236	0.3772
R-squared	0.518314	Mean dependent var		5.55E-17
Adjusted R-squared	0.472440	S.D. dependent var		1.021508
S.E. of regression	0.741955	Akaike info criterion		2.357413
Sum squared resid	11.56045	Schwarz criterion		2.504670
Log likelihood	-25.28896	Hannan-Quinn criter.		2.396481
Durbin-Watson stat	0.598704			

从表 6-4 可以看出，RMSC 和 OPM 对应的 Prob. 值分别为 0.414 3 和 0.377 2，都大于 0.1，说明 RMSC 和 OPM 对 RNP 在 10% 的显著性水平下没有显著影响。GPI 对应的 Prob. 值为 0.000 1<0.01，说明 GPI 在 1% 的显著性水平下对 RNP 有显著影响。由于经过了标准化处理，此时标准化后 GPI 的系数表示当 GPI 在标准差下偏离均值的程度每变动 1%，将会使稻谷的 RNP 在标准差下偏离均值的程度变动 0.731%。因此，在影响粮食生产收入的因素中，最重要的是粮食价格。为了保证增加粮食生产收入的稳定性，不但要保持粮食价格不能跌落，还要通过提高价格来实现。

案例 6-3

离婚、失业的人更喜欢饮酒吗？受教育年限又对饮酒量有什么影响呢？运用 Donald Kenkel 和 Joseph Terza（2001）的数据建立虚拟变量模型可以进行验证，具体数据见表 6-5，其中 DRINKS$_i$ 表示第 i 个人过去两周的饮酒量；EDUG$_i$ 表示第 i 个人受教育的年限；DIVSEP$_i$ 表示虚拟变量，第 i 个人离婚（或者分居）则为 1，否则为 0；UNEMP$_i$ 表示虚拟变量，第 i 个人失业则为 1，否则为 0。

表 6-5 离婚、失业模型的数据

OBS	DRINKS	EDUG	DIVSEP	UNEMP
1	24	13	0	1
2	10	14	0	0
3	0	14	0	0
4	24	7	0	0
5	0	12	0	0
6	1.5	13	0	0
7	45	15	0	0
8	0	12	0	0
9	0	16	0	0
10	0	10	0	0
11	2	16	0	0
12	13.5	9	0	0
13	8	12	0	0
14	0	14	1	0
15	25	13	0	0
16	11.3	12	1	0
17	0	17	0	0
18	0	16	0	0
19	7	14	0	0
20	40	16	0	0
21	28	14	0	0
22	1	15	0	0
23	0	10	0	0
24	0	10	0	0
25	56	16	0	0
26	0	16	1	0
27	24	12	1	0
28	5	13	0	0
29	28	7	0	0
30	14	12	0	0
31	3	18	0	0
32	0	7	0	0
33	0	18	0	0
34	0	11	0	0

（续）

OBS	DRINKS	EDUG	DIVSEP	UNEMP
35	3	12	0	0
36	10	16	0	0
37	42	17	0	0
38	1	12	0	0
39	14	15	1	0
40	9	18	0	0
41	0	18	0	0
42	15	14	0	0
43	12	18	0	0
44	6	14	1	0
45	6	17	0	0
46	0	12	0	0
47	0	12	0	0
48	0	8	0	0
49	2	9	1	0
50	0	12	0	0
51	10	12	0	0
52	58.5	6	0	0
53	14	14	0	0
54	0	18	0	0
55	0	12	0	0
56	5	13	0	0
57	0	7	0	0
58	14	12	0	0
59	36	13	0	0
60	0	8	0	0
61	2	8	1	0
62	70	16	0	1
63	12	12	0	0
64	3	12	0	0
65	30	9	1	0
66	10	15	0	0
67	12	16	0	0

（续）

OBS	DRINKS	EDUG	DIVSEP	UNEMP
68	84	12	0	0
69	71.5	12	0	0
70	49	18	0	0
71	4	13	0	0
72	3	8	0	0
73	1	12	0	0
74	33.8	13	0	0
75	21	14	0	0
76	12	12	0	0
77	14	18	1	0
78	0	17	0	0
79	0	7	0	0
80	1	12	0	0
81	0	12	0	0
82	70	15	1	0
83	4	16	1	0
84	4	14	0	0
85	21	14	1	0
86	2	16	0	0
87	30	10	0	0
88	10	13	0	0
89	16	9	1	0
90	36	13	0	0
91	0	11	0	0
92	0	12	0	0
93	108	12	1	0
94	0	12	0	0
95	0	12	0	0
96	11	13	1	0
97	28.5	0	0	0
98	56	13	0	0
99	3	12	0	0
100	2	12	0	0

资料来源：施图德蒙德.应用计量经济学：第6版［M］.杜江，李恒，译.北京：机械工业出版社，2011.

1. 建立模型

教育、离婚和失业情况均会对饮酒量产生影响。据此，可以建立如下模型

$$\text{DRINKS}_i = \alpha + \beta_0 \text{EDUG}_i + \beta_1 \text{DIVSEP}_i + \beta_2 \text{UNEMP}_i + \mu_i$$

2. 模型估计

根据该模型，在 Stata 中进行带有虚拟变量的模型分析。命令如下：

```
xi:reg DRINKS EDUG i.UNEMP i.DIVSEP
```

得到估计结果如图 6-6 如示。

```
. xi:reg DRINKS EDUG i.UNEMP i.DIVSEP
i.UNEMP           _IUNEMP_0-1        (naturally coded; _IUNEMP_0 omitted)
i.DIVSEP          _IDIVSEP_0-1       (naturally coded; _IDIVSEP_0 omitted)

      Source |       SS       df       MS              Number of obs =     100
-------------+------------------------------           F(  3,    96) =    2.36
       Model |  3042.72062     3  1014.24021           Prob > F      =  0.0762
    Residual |  41234.6717    96   429.527831           R-squared     =  0.0687
-------------+------------------------------           Adj R-squared =  0.0396
       Total |  44277.3924    99   447.246388           Root MSE      =  20.725

      DRINKS |      Coef.   Std. Err.      t    P>|t|     [95% Conf. Interval]
        EDUG |  -.0481394   .6496046    -0.07   0.941    -1.337594    1.241316
   _IUNEMP_1 |   34.45893   14.87627     2.32   0.023     4.929765    63.98809
  _IDIVSEP_1 |   8.211951   5.664882     1.45   0.150    -3.03275     19.45665
       _cons |   13.23909   8.589043     1.54   0.127    -3.810023    30.28821
```

图 6-6 带有虚拟变量的估计结果

根据图 6-6，可以写出教育、离婚、失业情况对饮酒量影响的模型为

$$\text{DRINKS}_i = 13.239 - 0.048\text{EDUG}_i + 8.211\text{DIVSEP}_i + 34.459\text{UNEMP}_i$$
$$\quad\quad (1.54) \quad\quad (-0.074) \quad\quad (1.45) \quad\quad\quad (2.32)$$

从模型可以看出，EDUG 的系数为负数，表明受教育程度越高的人饮酒量越少；DIVSEP 和 UNEMP 的系数为正数，说明离婚和失业人口的饮酒量较高。另外，值得注意的是模型中 EDUG 和 DIVSEP 系数不是很显著，判定系数 R^2 也较低。

案例 6-4

第 5 章案例 5-3 中，我们分析了大众餐饮店的最佳位置选择问题，当时根据 t 统计量我们可以得出附近居住的人口密度、当地居民的一般收入水平以及周围类似餐饮店的数量是影响餐饮店位置选择的重要因素，但是哪个因素更为重要呢？我们需要把参数标准化后再进行比较。

用 N 表示 2km 范围内类似餐饮店的数量，用 P 表示 3km 内居住人口数，用 I 表示附近居民平均收入水平，用 Y 表示餐饮店的总销售额。建立如下模型：

$$Y_i = \alpha + \beta_0 N_i + \beta_1 P_i + \beta_2 I_i + \mu_i$$

从各变量的量纲来看，N 的量纲为个，P 的量纲为人，I 的量纲为美元，Y 的量纲为美元。由于各变量的量纲不同，因此不能直接利用参数估计值的大小来判断各解释变量对被解释变量的影响程度，需要对模型进行标准化处理，得到标准化系数的估计结果如图 6-7 所示。命令如下：

```
-reg Y N I Pbeta
```

```
. reg Y N I P,beta

      Source |       SS       df       MS              Number of obs =      33
-------------+------------------------------           F(  3,    29) =   15.65
       Model | 9.9289e+09      3    3.3096e+09         Prob > F      =  0.0000
    Residual | 6.1333e+09     29     211492485         R-squared     =  0.6182
-------------+------------------------------           Adj R-squared =  0.5787
       Total | 1.6062e+10     32     501943246         Root MSE      =   14543

------------------------------------------------------------------------------
           Y |      Coef.   Std. Err.      t    P>|t|                    Beta
-------------+----------------------------------------------------------------
           N |  -9074.674   2052.674    -4.42   0.000               -.7774037
           I |   1.287923   .5432938     2.37   0.025                .2955857
           P |   .3546684   .0726808     4.88   0.000                .8846808
       _cons |   102192.4   12799.83     7.98   0.000
------------------------------------------------------------------------------
```

图 6-7 标准化系数的估计结果

从图 6-7 可以看出，标准化后回归的系数在 Beta 一列，N 和 P 对应的 "$P>|t|$" 的值都小于 0.01，说明 2km 范围内类似餐饮店的数量 N 和 3km 内居住人口数 P 在 1% 的显著性水平下对餐饮店位置选择有影响，I 对应的 "$P>|t|$" 的值为 0.025，表明在 5% 的显著性水平下，周边人口的收入水平 I 对餐饮店位置选择有影响。由于经过了标准化处理，N、P 和 I 在 1 个标准差下偏离均值的程度每变动 1%，将分别使 Y 在 1 个标准差下偏离均值的程度变动 -9 074.674%、0.355% 和 1.288%，因此，周边人口数量 P 对餐饮店位置选择的影响程度最大，其次是类似店的数量 N，最后是周边人口的收入 I。我们可以认为，餐饮店应该首先选择在人口稠密、竞争较小的地方，再考虑附近居民的收入水平，或许收入高的会选择更高档次的消费。

◆ 思考与练习

1. 解释下列名词：虚拟变量；标准化系数；Chow 检验。
2. 虚拟变量的引入有哪几种情况，它在模型中分别有什么作用？
3. 虚拟变量的引入原则是什么？假如采用季度数据资料建立模型，为了验证季节之间的差异性，应该引入多少个虚拟变量？
4. 在验证结构性变化方面，Chow 检验和引入虚拟变量有何异同？
5. 为了研究工龄与工资水平的差异，某调查小组在某个社区随机抽取了 85 名居民进行调查（其中：男性 39 人，女性 46 人），并得到如下两种回归模型：

$$\hat{W}_i = 1\,030.4 + 315.7T_i \quad (1)$$
$$\quad\quad\quad (3.58)\quad (4.32)$$

$$\hat{W}_i = 896.8 + 274.3T_i + 432.9D_i \quad (2)$$
$$\quad\quad\quad (2.89)\quad (3.34)\quad (4.76)$$

式中，W 表示工资水平，T 表示工作年限，即工龄，虚拟变量

$$D = \begin{cases} 1, & 男 \\ 0, & 女 \end{cases}$$

请问：
(1) 哪个模型更科学一些？为什么？
(2) 如果第 (2) 个模型确实优于第 (1) 个模型，而你错误选择了第 (1) 个模型，那么你忽略了哪些信息？
(3) D 的系数通过了显著性检验，说明了什么？
6. 在何种情况下，需要对模型中的变量进行标准化？
7. 为什么带有截距项的模型在标准化后没有截距项？
8. 设标准化之前的系数为 β_i 与标准化之后的系数为 β_i^*，试证明：

$$\beta_i^* = \beta_i \frac{\text{Se}_{X_i}}{\text{Se}_Y}$$

9. 在研究家庭书刊消费支出时有如下模型：

$$\text{EXP}_i = \beta_0 + \beta_1 \text{Income}_i + \beta_2 \text{Time}_i + \mu_i$$

式中，EXP 表示书刊消费支出，Income 表示家庭月平均收入，Time 表示户主受教育年限。请问：

（1）能不能直接运用 β_1 和 β_2 的值来判断，究竟哪个变量对于家庭年书刊消费支出的影响更大？

（2）如不能直接利用 β_1 和 β_2 的值来判断，那应该如何判断两个解释变量对被解释变量的影响程度大小呢？

10. 现代上市公司的一个显著特点就是所有权与控制权是分离的，上市公司的实际控制人往往掌握着超出其所有权比例的控制权。因此，研究上市公司所有权与控制权的分离程度与公司绩效之间的关系就很有必要。表 6-6 提供了 35 家上市公司的相关数据，其中分离程度指的是实际控制人的控制权比例除以所有权比例，每股收益代表公司绩效。虚拟变量指实际控制人是否担任董事长或总经理，若实际控制人担任董事长或总经理则取 1，否则取 0。

表 6-6　35 家上市公司的相关数据

证券代码	实际控制人是否担任董事长或总经理	分离程度	每股收益	证券代码	实际控制人是否担任董事长或总经理	分离程度	每股收益
000009	0	1.17	0.35	000541	0	1.66	0.92
000017	0	2.27	0.13	000545	1	2.47	0.12
000035	0	4.84	0.79	000546	1	1.94	0.11
000038	0	5.09	0.18	000547	1	3.04	0.17
000040	0	3.00	0.15	000558	1	1.33	1.01
000046	1	1.30	0.87	000559	1	1.25	0.38
000062	0	6.26	0.21	000560	1	3.16	0.72
000150	0	1.23	0.36	000567	0	1.53	0.16
000159	0	1.82	0.29	000572	1	1.58	1.06
000506	0	1.28	0.28	000584	0	2.50	0.93
000510	0	1.75	0.13	000587	0	8.64	0.10
000511	0	2.95	0.23	000592	0	1.15	1.29
000513	1	2.30	1.71	000602	0	1.57	0.53
000516	0	9.57	0.60	000609	0	2.99	0.95
000527	1	1.16	1.33	000613	0	20.36	0.38
000533	0	2.25	0.22	000615	0	1.79	0.15
000534	1	1.93	0.55	000616	1	1.19	0.73
000540	1	1.34	0.31				

资料来源：国泰安（CSMAR）数据库。

要求：
（1）构建含有虚拟变量的公司绩效模型。
（2）估计模型，并进行参数显著性检验。
（3）若虚拟变量的参数是显著的，能得出什么结论？若不显著又能得出什么结论？

11. 从理论上分析，能源消耗量与GDP和人口数量有关。表6-7给出了相应数据。

表6-7 我国1990—2021年能源消耗量、GDP以及人口数量的数据

年份	能源消耗量（万t标准煤）	GDP（亿元）	人口数（万人）	年份	能源消耗量（万t标准煤）	GDP（亿元）	人口数（万人）
1990	98 703	18 872.9	114 333	2006	286 467	219 438.5	131 448
1991	103 783	22 005.6	115 823	2007	311 442	270 092.3	132 129
1992	109 170	27 194.5	117 171	2008	320 611	319 244.6	132 802
1993	115 993	35 673.2	118 517	2009	336 126	348 517.7	133 450
1994	122 737	48 637.5	119 850	2010	360 648	412 119.3	134 091
1995	131 176	61 339.9	121 121	2011	387 043	487 940.2	134 916
1996	135 192	71 813.6	122 389	2012	402 138	538 580.0	135 922
1997	135 909	79 715.0	123 626	2013	416 913	592 963.2	136 726
1998	136 184	85 195.5	124 761	2014	428 334	643 563.1	137 646
1999	140 569	90 564.4	125 786	2015	434 113	688 858.2	138 326
2000	146 964	100 280.1	126 743	2016	441 492	746 395.1	139 232
2001	155 547	110 863.1	127 627	2017	455 827	832 035.9	140 011
2002	169 577	121 717.4	128 453	2018	471 925	919 281.1	140 541
2003	197 083	137 422.0	129 227	2019	487 488	986 515.2	141 008
2004	230 281	161 840.2	129 988	2020	498 314	1 013 567.0	141 212
2005	261 369	187 318.9	130 756	2021	524 000	1 143 669.7	141 260

资料来源：中华人民共和国国家统计局，《中国统计年鉴2022》，中国统计出版社，2022。

要求：
（1）构建多元回归模型并估计相应参数。
（2）解释参数的经济意义。
（3）比较人口数量和GDP哪个变量对能源消耗量的影响更大。

第2篇 PART 2

放宽假设的计量经济学模型

第7章　异方差性
第8章　序列相关性
第9章　多重共线性

第7章

异方差性

在以截面数据研究家庭人均年收入与年人均食品支出之间关系的时候，假定两者为线性关系，有如下公式：

$$Y_i = \beta_0 + \beta_1 X_i + \mu_i \tag{7-1}$$

式中，Y_i 表示人均食品支出，X_i 表示人均年收入。在其他条件不变的情况下，收入越高的家庭，对食品支出的选择范围也就越大，表现出随意性较强，稳定性变差，个体之间的差异也越来越大。也就是说，随着收入水平 X_i 的提高，随机误差项的方差也会发生变动，这便违背了线性回归模型中随机误差项的波动是稳定的这一经典假设，OLS 失效，必须用其他方法对模型进行估计。

7.1 什么是异方差性

7.1.1 异方差的概念

经典线性回归模型的基本假设之一是对于有 k 个因素 $X_1, X_2, \cdots, X_k$ 影响被解释变量 Y 的模型

$$Y_i = \beta_0 + \beta_1 X_{1i} + \cdots + \beta_k X_{ki} + \mu_i \quad i=1,2,\cdots,n \tag{7-2}$$

随机误差项 μ_i 具有同方差性，即随机误差项具有相同的分散程度，这一假设用符号表示为 $E(\mu_i^2) = \sigma^2$。若经典线性回归模型的这一基本假设不能成立，即至少有一个 i，使得 $\mathrm{Var}(\mu_i) = \sigma_i^2 \neq \sigma^2$ 时，换句话说，对于不同的样本点，方差不再是一个固定的常数，而有些是互不相同的，则称模型存在异方差性（heteroskedasticity）。

7.1.2 异方差的类型

异方差一般可归结为三种类型：

（1）单调递增型，即σ_i^2随X的增大而增大。例如，以截面资料研究居民家庭的储蓄行为，建立储蓄函数

$$Y_i = \beta_0 + \beta_1 X_i + \mu_i \tag{7-3}$$

式中，Y_i为第i个家庭的储蓄额，X_i为第i个家庭的可支配收入。通常而言，在其他条件不变的情况下，可支配收入的增加往往可以使人们对其储蓄行为有更多的选择，在这种情形下，意味着随机误差项μ_i的方差往往随X_i的增大而增大，呈现单调递增型变化。

（2）单调递减型，即σ_i^2随X的增大而减小。例如，按照边错边改的学习模型，人们在学习过程中，对技能的掌握会越来越好，其行为误差随时间推移而缩小。在这种情况下，预期的随机误差项μ_i的方差会减小。

（3）复杂型，即σ_i^2与X的变化呈复杂形式。例如，以截面数据为样本建立居民消费函数如下：

$$C_i = \beta_0 + \beta_1 X_i + \mu_i \tag{7-4}$$

式中，C_i为第i个家庭的消费额，X_i为第i个家庭的可支配收入。若将居民按照收入的极差（最大值与最小值之差）等距离分成n组，取每组平均数为样本观测值。则在一般情况下，居民收入服从正态分布，即中等收入组人数多，两端收入组人数少。因此，根据统计学原理，我们知道人数多的组的平均数的误差小，人数少的组的平均数的误差大。在这种情况下，随机误差项μ_i的方差随解释变量的观测值的增大而呈U形变化，这是一种复杂型的变化。

7.2 异方差产生的原因和后果

7.2.1 异方差产生的原因

异方差现象怎么会出现以及会导致什么样的后果，这是需要探究的问题。随机误差项μ中包括了测量误差和模型中被省略的一些因素对因变量的影响。异方差产生的原因主要来自以下三个方面。

（1）模型中缺少某些解释变量，从而使得随机误差项产生某种系统模式，而不是一个常数。对于回归模型

$$Y_i = \beta_0 + \beta_1 X_{1i} + \mu_i \tag{7-5}$$

假设式中缺少了解释变量X_{2i}、X_{3i}，则这两个必然包含在随机误差项μ_i里，自然地也就包含了X_{2i}、X_{3i}对Y的影响，同时，在经济行为联系中，X_{2i}、X_{3i}又与X_{1i}具有某种联系，这时随机误差项μ_i就往往随着X_{1i}的变化而变化，特别是这种联系是系统性的联系时。

（2）个体间的行为差异。同方差假设的是所有个体间的随机行为具有同质性，但是，现实中

的个体间的行为是存在差异的。假定式（7-1）是一个居民消费模型，Y_i代表居民消费，X_i当作居民收入。在居民这个群体中，有高收入者，也有低收入者，但他们在预期消费的过程中存在差异，低收入者的消费计划缜密，消费比较谨慎，很有规律，波动性比较小，而高收入者的消费却显得比较随意，波动性比较大，这表明个体间的随机行为呈现异质性，不是相同的。随机误差项μ_i的方差往往随着收入的增加而增大，属于单调递增型异方差。

（3）测量误差。样本数据测量误差也是导致异方差产生的原因之一。随着数据采集技术的改进，随机误差项的方差可能减小。另外，异常值的出现也可能导致异方差。

经验表明，若以截面数据为样本，在不同样本点上解释变量以外的其他因素差异较大，因而往往存在异方差。

7.2.2 异方差产生的后果

计量回归模型一旦出现异方差性，如果仍然采用OLS估计模型参数，则会产生下列不良后果。

1. 参数估计量不再有效

OLS估计量仍然是线性无偏的，但不具有有效性（最小方差），也就是说，参数估计量不再是BLUE估计。观察式（4-12）和式（4-14）可知，当出现异方差时，因随机误差项的方差$\mathrm{Var}(\mu_i)=\sigma_i^2\neq\sigma^2$，不是常数，导致参数估计量的方差将不再是常数，因而也不再是最小的。例如，对于估计量$\hat{\beta}_1$而言，其方差为

$$\mathrm{Var}\left(\hat{\beta}_1\right)=\frac{\sum x_i^2\sigma_i^2}{\left(\sum x_i^2\right)^2}$$

因此，参数估计量不再有效。

2. t检验和F检验失效

在同方差假定下，用于参数显著性检验的t统计量是服从t分布的。如果违背了同方差假定，因为估计量的或大或小的标准差将导致无法计算出唯一的确定性的t统计量，t统计量的值要么偏小要么偏大，其分布不再服从t分布，t检验也就失去意义。在这种情况下，建立在t统计量和F统计量之上的参数置信区间和显著性检验是不可靠的，一般会低估存在的异方差，高估t统计量和F统计量，从而夸大参数的显著性和模型的显著性。

3. 模型的预测失效

模型的区间预测的置信区间与预测误差的标准差直接相关，预测误差的标准差又取决于随机误差项的标准差。因此，区间预测的置信区间包含了随机误差项的标准差的信息。由于随机误差项μ_i的异方差性，使得预测误差的方差或标准差要么大要么小，在这种情况下，将导致预测区间变大或者变小，预测功能失效。

7.3 异方差性的诊断

7.3.1 图示法

异方差性下，随机误差项的方差随着解释变量的变化而变化。因此，如果对异方差性的存在与否没有任何先验或经验信息，可先在无异方差性的假定下做回归分析，然后对残差的平方做一事后检查，根据 $X-e^2$ 的散点图，看这些残差的平方是否呈现任何系统性的样式，如图 7-1 所示。

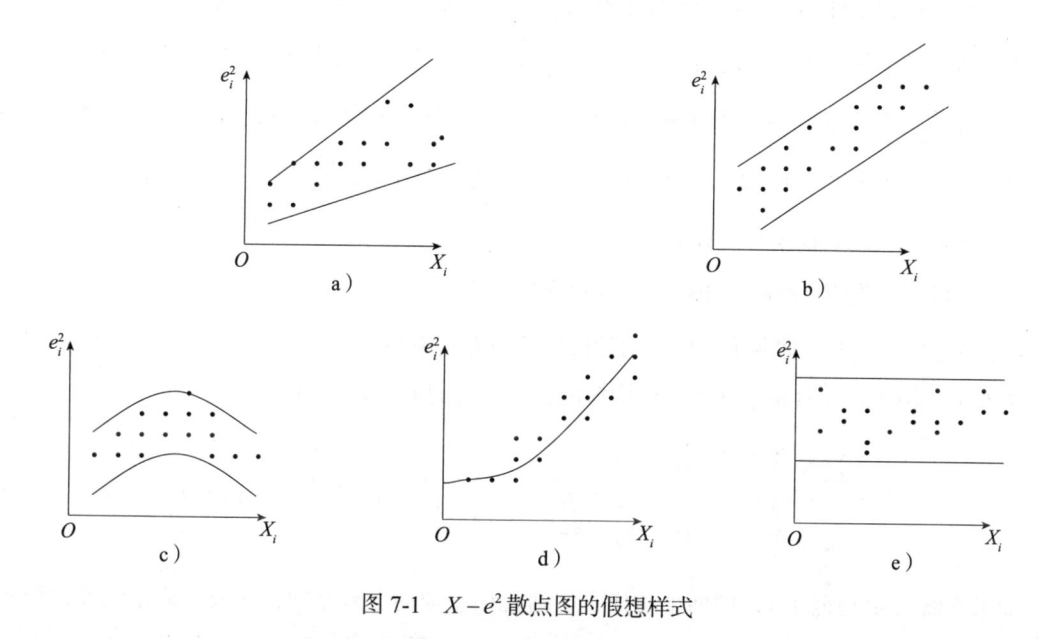

图 7-1 $X-e^2$ 散点图的假想样式

如图 7-1e 中没有发现任何系统性样式，表明数据中也许不存在异方差性，图 7-1a～图 7-1d 都呈现了一定的样式。其中，图 7-1a 呈现出 e_i^2 随 X_i 的变大有加速增长的趋势；图 7-1b 显示 e_i^2 和 X_i 之间存在线性关系；而图 7-1c 和图 7-1d 则表现为 e_i^2 与 X_i 之间存在二次关系。有一点需要说明的是，图示法是一种非正式的方法，比较直观，但并不严谨，因为它不能严格地告诉我们数据中是否存在异方差性。

7.3.2 Goldfeld-Quandt检验法

Goldfeld-Quandt 检验法由 S.M.Goldfeld 和 R.E.Quandt 在 1965 年提出。该检验法适用的情况是：样本容量要大，换言之，样本观测值的数目一般不低于参数个数的两倍；除了同方差假定之外，古典线性回归模型的其他假定是被满足的；异方差的类型是单调型，要么是单调递增的，要么是单调递减的。

该检验法的思路是：对于不同个体，在同方差下方差之比等于1，但是，在递增型异方差下的方差之比大于1，而递减型异方差的方差之比小于1。因此，为了检验是否存在异方差，可以将样本分为两个部分，再对这两个部分的子样本分别进行回归，然后考察两个子样本残差平方和之比是否接近于 1，从统计检验上来说就是构造一个 F 统计量来判断异方差的存在与否。

Goldfeld-Quandt 检验法的具体步骤是：

第 1 步：排序解释变量的观测值。将 n 对观察值 (X_i, Y_i) 按解释变量 X_i 的大小顺序由小到大以递增的形式排列，也可以由大到小以递减的方式排列。对于含有 k 个解释变量的排列，按变量的先后依次排序。

第 2 步：剔除中间一部分样本后划分为两个子样本。将其中间的 c（一般情况下是样本观察值的四分之一）个观察值除去，将余下的 $n-c$ 个观察值划分为样本容量相等的前后两个子样本。

第 3 步：回归子样本。用两个子样本都为 $(n-c)/2$ 的观察值，将两个子样本分别进行回归。

第 4 步：获取两个子样本的残差平方和。分别计算两个子样本回归方程的残差平方和 $\sum e_{1i}^2$ 和 $\sum e_{2i}^2$，其中 $\sum e_{1i}^2$ 代表 X 值较小的子样本的残差平方和，$\sum e_{2i}^2$ 代表 X 值较大的子样本的残差平方和。这两个残差平方和各有 $((n-c)/2-(k+1))$ 个自由度，其中，k 是模型中解释变量的个数。

第 5 步：提出原假设 H_0 和备择假设 H_1。

H_0：μ_i 是同方差的，即两个子样本的随机误差项方差相等。

H_1：μ_i 是异方差的，即两个子样本的随机误差项方差不相等。

第 6 步：构造 F 统计量。如果是递增型的，则构造的 F 统计量为

$$F = \frac{\sum e_{2i}^2 \Big/ \left(\dfrac{n-c}{2}-(k+1)\right)}{\sum e_{1i}^2 \Big/ \left(\dfrac{n-c}{2}-(k+1)\right)} = \frac{\sum e_{2i}^2}{\sum e_{1i}^2} \sim F\left(\dfrac{n-c}{2}-(k+1), \dfrac{n-c}{2}-(k+1)\right) \quad (7\text{-}6)$$

如果 F 统计量趋近于 1，则两个子样本的随机误差项的方差相同，一般不能拒绝原假设 H_0；如果 F 统计量大于 1，则两个方差不同，有可能拒绝原假设 H_0。

第 7 步：查临界值 F_α。给定显著性水平 α，查 F 统计量分布表，可得对应于自由度 $((n-c)/2-(k+1), (n-c)/2-(k+1))$ 的临界值 F_α。

第 8 步：进行 F 检验，得出结论。若 $F > F_\alpha$，则拒绝原假设 H_0，即存在异方差性；若 $F \leqslant F_\alpha$，则不能拒绝原假设 H_0，即不存在异方差性。显而易见，F 统计量的值越大，就越可能存在异方差性，异方差性时也越强。

对于单调递减的情况，只需将式（7-6）的分子与分母互换即可。需要注意的是，这种方法无法识别复杂型的异方差性。例如，对于类似于二次型的抛物线形态的异方差，如果采用这种方法，就会得出不存在异方差的错误结论，这也是为什么要强调异方差是单调型的原因。

另外，之所以要求是大样本，因为把一个全样本剔除了 c 个后又分为了两个子样本，而两个子样本的样本数最多是全样本的一半，在这种情况下，存在用子样本无法实现回归的可能，即使可以进行回归，回归结果的效果也可能不会太好。

7.3.3 Park检验法

Park 检验法（Park test）的思路是：把图示法进行量化，给出 e_i^2 关于 X_i 的具体函数形式，然后检验这种结构是否在统计意义下显著。从而判定模型是否存在异方差及给出异方差的函数形式。

Park 检验法的具体步骤是：

第 1 步：建立被解释变量 Y 对所有解释变量 X 的回归方程，然后计算残差 e_i。

第 2 步：建立辅助模型 $e_i^2 = \sigma^2 x_i^\beta e^{\mu_i}$，或改写成对数形式

$$\ln(e_i^2) = \ln\sigma^2 + \beta\ln x_i + \mu_i \tag{7-7}$$

式中，$\ln\sigma^2$ 与 β 是未知参数，需要估计。这就是 Park 检验法常用的函数形式。

第 3 步：可将式（7-7）改写为 $\ln(e_i^2) = \alpha + \beta\ln x_i + \mu_i$，然后对这个模型应用 OLS 估计，估计出参数 α 和 β 的值。

第 4 步：对参数 β 进行 t 检验。如果 β 在统计意义下显著为零，则说明 e_i^2 实际上与 X_i 无关，即不存在异方差性。反之，如果 β 在统计意义下显著不为零，则表明存在异方差性。

7.3.4 Glesjer检验法

Glesjer 检验法的思路是：Glesjer 检验法通过建立 e_i 与 X_i 的关系，对新模型进行估计。与 Park 检验法相比较，在 Park 检验法中 e_i^2 与 X_i 之间的关系是给定的，而 Glesjer 检验法则是同时拟合若干种函数，将其中显著成立的函数关系作为异方差结构的函数形式。

Glesjer 检验法的具体步骤是：

第 1 步：直接估计可能存在异方差的式（7-2），然后计算残差 e_i。

第 2 步：将 e_i^2 作为被解释变量，将式（7-2）中易引起异方差的某一解释变量 X_i 作为解释变量，建立回归方程

$$|e_i| = f(X_{ji}) + v_i \tag{7-8}$$

常用的回归方程的函数形式为

$$|e_i| = \alpha + \beta X_{ji} + v_i \qquad |e_i| = \alpha + \beta \frac{1}{\sqrt{X_{ji}}} + v_i$$

$$|e_i| = \alpha + \beta \sqrt{X_{ji}} + v_i \qquad |e_i| = \sqrt{\alpha + \beta X_{ji}} + v_i$$

$$|e_i| = \alpha + \beta \frac{1}{X_{ji}} + v_i \qquad |e_i| = \sqrt{\alpha + \beta X_{ji}^2} + v_i$$

第 3 步：选择第 2 步给出的不同的函数形式，并对方程逐一进行估计，然后进行参数的显著性检验和模型的显著性检验，如果在统计意义下，存在某一种函数形式是显著成立的，则说明原模型存在异方差性。

需要强调的是，第 2 步给出的函数形式只是常见的一些函数形式，不能排除还有其他的函数形式。

7.3.5 White检验法

前面提到的 Goldfeld-Quandt 检验法要求按照被认为是引起异方差性的解释变量的大小顺序，将观测值重新排序；而 Park 检验法和 Glesjer 检验法则有一定的局限性，只能试验几种常见的 e_i^2 与 X_i 或 e_i 与 X_i 的回归形式，特别是 Park 检验法所采用的函数形式很单一。而英国统计学家约翰·怀特（John White）所提出的检验法，即 White 检验法则不同于这几种检验法，并不要求排序也不依赖于几种常见的回归形式，而且对 e_i^2 的影响是多因素综合引起的，影响关系可能是线性的，也可能是非线性的，也更易于付诸实施。本小节以二元回归模型为例讲解 White 检验法的基本思想和步骤，假定回归模型为

$$Y_i = \beta_0 + \beta_1 X_{1i} + \beta_2 X_{2i} + \mu_i \tag{7-9}$$

White 检验法的具体步骤是：

第1步：用最小二乘法估计式（7-9），得到残差平方 e_i^2。

第2步：建立辅助回归方程

$$e_i^2 = \alpha_0 + \alpha_1 X_{1i} + \alpha_2 X_{2i} + \alpha_3 X_{1i}^2 + \alpha_4 X_{2i}^2 + \alpha_5 X_{1i} X_{2i} + \mu_i \tag{7-10}$$

辅助回归是为了检验 e_i 与解释变量可能组合的显著性，因此，辅助回归方程中还可引入解释变量的更高次方。而在某些情况下，尤其在多元回归模型中，由于辅助回归方程中可能有太多解释变量，从而使自由度减少。在这种情况下，有时可不包含交叉项。

第3步：计算统计量 nR^2，其中 n 为辅助回归方程的有效样本容量，R^2 为辅助回归的判定系数。可以证明，在同方差假设下，如果类似于式（7-10）的辅助回归方程中包含的解释变量为 k 个，则 nR^2 渐近服从自由度等于辅助回归方程中不包括截距项的解释变量个数 k 的 χ^2 分布，即

$$nR^2 \sim \chi^2(k)$$

在这里的解释中，$k=5$。

第4步：针对类似于式（7-9）中的随机误差项 μ_i，提出原假设 H_0 和备择假设 H_1。

H_0：μ_i 是同方差的。

H_1：μ_i 是异方差的。

当 $k=5$ 时，原假设 H_0 和备择假设 H_1 分别为

H_0：μ_i 是同方差的，$\alpha_1 = \alpha_2 = \alpha_3 = \alpha_4 = \alpha_5 = 0$。

H_1：μ_i 是异方差的，$\alpha_j (j=1,2,\cdots,5)$ 中至少有一个不为零。

第5步：进行是否存在异方差的检验。如果得到的统计量 nR^2 超过给定显著性水平 α 下的 χ^2 分布的临界值 $\chi_\alpha^2(k)$，则拒绝原假设 H_0，接受备择假设 H_1，认为原模型中存在异方差性。如果 nR^2 没有超过给定显著性水平下的 χ^2 分布的临界值，则不能拒绝原假设 H_0，认为原模型中不存在异方差性。也就是说，当 $k=5$ 时，如果 $nR^2 \geqslant \chi_\alpha^2(5)$，则拒绝原假设 H_0，接受备择假设 H_1，认为原线性回

归模型式（7-9）中存在异方差性，否则不能拒绝原假设 H_0。

对于 White 检验法，如果多元回归模型变量个数增加的话，在辅助回归就会增加更多的要估计的参数，甚至会伴随着原模型解释变量个数的增加，辅助回归方程中的参数个数表现为指数型增长，导致自由度的严重损失。因此，在这种情形下，就要求样本量要大。

White 检验法可通过 EViews 直接实现。在估计出方程结果后，在方程窗口下，单击"View/Residual Diagnostics"，会出现如图 7-2 所示的界面。

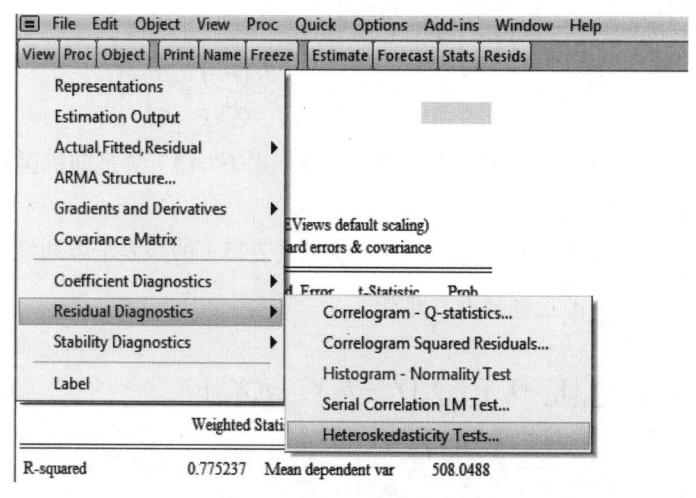

图 7-2 White 检验示意图

图 7-2 中，单击"Heteroskedasticity Tests"后，在"Test type"中选择"White"，就可以应用 White 检验法，其输出结果将在 7.5 节的案例分析中详细讲解。

7.4 如何消除异方差

7.4.1 加权最小二乘法

加权最小二乘（WLS）法的基本思想是：对原模型进行加权，经过变换使其成为一个不存在异方差性的新模型，然后对新模型采用普通最小二乘法进行估计，最后从变换过程中的对应关系求得原模型的参数估计值。在这种基本思想的逻辑下，加权的基本思路是：对随机误差项 μ_i 的较小的 σ_i^2 赋予较大的权重，对较大的 σ_i^2 赋予较小的权重，其权重为 $1/\sigma_i$。加权最小二乘法适用于随机误差项的方差 σ_i^2 已知的情况，对于未知的情形，只要能够找出方差 σ_i^2 呈现出的某种函数关系，就可以用这种函数关系替代，由未知变为已知。

以一元回归分析为例，加权最小二乘法的具体步骤是：假定回归模型

$$Y_i = \beta_0 + \beta_1 X_i + \mu_i \qquad (7-11)$$

的异方差 $\mathrm{Var}(\mu_i) = E(\mu_i^2) = \sigma_i^2$ 已知，将式（7-11）两边同除以 σ_i，则有

$$\frac{Y_i}{\sigma_i} = \beta_0 \left(\frac{1}{\sigma_i}\right) + \beta_1 \left(\frac{X_i}{\sigma_i}\right) + \left(\frac{\mu_i}{\sigma_i}\right) \tag{7-12}$$

令 $Y_i^* = \dfrac{Y_i}{\sigma_i}$, $X_1^* = \dfrac{1}{\sigma_i}$, $X_2^* = \dfrac{X_i}{\sigma_i}$, $\mu_i^* = \dfrac{\mu_i}{\sigma_i}$, 则式（7-12）可以写为

$$Y_i^* = \beta_0 X_1^* + \beta_1 X_2^* + \mu_i^* \tag{7-13}$$

这时，经过变换后的式（7-13）的随机误差项 μ_i^* 的方差为

$$\operatorname{Var}(\mu_i^*) = E(\mu_i^*)^2 = E\left(\frac{\mu_i}{\sigma_i}\right)^2 = \frac{E(\mu_i^2)}{\sigma_i^2} = \frac{\sigma_i^2}{\sigma_i^2} = 1 \tag{7-14}$$

因此，因为变换后的随机误差项是同方差，恒等于1，式（7-14）满足随机误差项是同方差的经典假设，所以，可以用OLS进行回归。

实际上，根据最小二乘法的基本思想，应该使式（7-13）的残差平方和最小，换言之，要让式（7-15）的残差平方和 $\sum e_i^{*2}$ 达到最小，即有

$$\begin{aligned}
\sum e_i^{*2} &= \sum (Y_i^* - \hat{Y}_i^*)^2 = \sum (Y_i^* - \hat{\beta}_0 X_{1i}^* - \hat{\beta}_1 X_{2i}^*)^2 \\
&= \sum \left(\frac{Y_i}{\sigma_i} - \hat{\beta}_0 \frac{1}{\sigma_i} - \hat{\beta}_1 \frac{X_i}{\sigma_i}\right)^2 = \sum \frac{1}{\sigma_i^2}(Y_i - \hat{\beta}_0 - \hat{\beta}_1 X_i)^2 \\
&= \sum \frac{e_i^2}{\sigma_i^2} = \sum w_i e_i^2 = \sum w_i (Y_i - \hat{Y}_i)^2 = \sum w_i (Y_i - \hat{\beta}_0 - \hat{\beta}_1 X_i)^2
\end{aligned} \tag{7-15}$$

之所以把这种方法称为加权最小二乘（weighted least square，WLS）法，是因为在式（7-13）中的新的随机误差项 μ_i^* 都在原有的随机误差项 μ_i 的基础上赋予了权重 $1/\sigma_i$，起到了"扩张"或"压缩"的效果。也可以从式（7-13）中看出，加权最小二乘法是在普通最小二乘法下的残差平方 e_i^2 的基础上赋予了权重 w_i，要使得加权的残差平方和 $\sum w_i e_i^2$ 达到最小，这样估计出的参数 $\hat{\beta}_0$ 和 $\hat{\beta}_1$ 被称为加权最小二乘估计。

由于随机误差项的方差 σ_i^2 通常是未知的，因此，在实际运用中，常常采用残差的绝对值的倒数 $1/|e_i|$ 作为权重进行加权最小二乘估计（WLS估计）。

7.4.2 模型变换法

模型变换法是对存在异方差的总体回归模型做适当的代数变换，使之成为满足同方差假定的模型，然后运用OLS估计参数。模型变换法的关键是事先对异方差 $\sigma_i^2 = \sigma^2 f(X_i)$ 的形式有一个合理的假设。提出合理假设的方法主要分为两种：一是通过对具体经济问题的经验分析；二是通过Glesjer检验结果所提供的信息加以确定，即拟合 $|e_i| = \alpha + \beta f(X_i)$ 等函数形式，做出合理假设，从而进行相应的变换。

1. 假设 σ_i^2 与 X_i 成比例

如果 σ_i^2 与 X_i 成比例，即 $\text{Var}(\mu_i) = E(\mu_i^2) = \sigma_i^2 = \sigma^2 X_i$，其中，$\sigma$ 为常数，则可根据加权最小二乘法的思想，对式（7-11）变换，得

$$\frac{Y_i}{\sqrt{X_i}} = \beta_0 \frac{1}{\sqrt{X_i}} + \beta_1 \frac{X_i}{\sqrt{X_i}} + \frac{\mu_i}{\sqrt{X_i}} \tag{7-16}$$

变换后的随机误差项为 $\frac{\mu_i}{\sqrt{X_i}}$，此时

$$\text{Var}(\mu_i^*) = \text{Var}\left(\frac{\mu_i}{\sqrt{X_i}}\right) = \frac{\text{Var}(\mu_i)}{X_i} = \frac{1}{X_i}\sigma^2 X_i = \sigma^2 \tag{7-17}$$

由此得到，变换后的式（7-16）的随机误差项已经是同方差，可以用 OLS 进行估计了。

2. 假设 σ_i^2 与 X_i^2 成比例

如果 σ_i^2 与 X_i^2 成比例，$\text{Var}(\mu_i) = E(\mu_i^2) = \sigma_i^2 = \sigma^2 X_i^2$，其中，$\sigma^2$ 为常数，则可对式（7-11）变换，得

$$\frac{Y_i}{X_i} = \beta_0 \left(\frac{1}{X_i}\right) + \beta_1 \left(\frac{X_i}{X_i}\right) + \frac{\mu_i}{X_i} \tag{7-18}$$

令 $Y_i^* = \frac{Y_i}{X_i}, X_i^* = \frac{1}{X_i}, \mu_i^* = \frac{\mu_i}{X_i}$，则有

$$\text{Var}(\mu_i^*) = \frac{\text{Var}(\mu_i)}{X_i^2} = \frac{X_i^2 \sigma^2}{X_i^2} = \sigma^2 \tag{7-19}$$

于是，变换后的式（7-19）的随机误差项是同方差，可以用 OLS 对它进行估计。

请注意，无论 σ_i^2 与 X_i 之间是何种函数形式，也就是说，$\sigma_i^2 = \sigma^2 f(X_i)$，都可以对式（7-11）进行变换，使变换后的模型中的随机误差项的方差为常数，满足同方差的经典假设，然后用 OLS 对变换后的模型进行估计，间接得到原式（7-11）的参数估计值。

实际上，模型变换法与（WLS）是等价的。

7.4.3 对数变换法

对数变换法的基本思想是：对数变换可以使解释变量的尺度缩小，从而缩小变量差异的倍数。而且，对数变换后，用 OLS 得到的残差 e_i^2 表示一种相对误差，而相对误差一般比绝对误差有较小的数值差异。

对数变换法的具体步骤是：将原模型

$$Y_i = \beta_0 + \beta_1 X_i + \mu_i \tag{7-20}$$

中的变量 X 与 Y 都取对数，采用双对数模型，则有

$$\ln Y_i = \beta_0' + \beta_1'\ln X_i + \mu_i' \tag{7-21}$$

要注意的是，变换后的模型中，参数的意义发生了变化，这里的 β_1' 表示的是 X_i 对 Y_i 的弹性，也可以把其中的一个变量取对数，采用左（右）半对数模型。需要注意的是，这种方法也只是缩小了数值差异，并不能完全消除异方差。如有必要，还是需要采用 WLS 进行估计。

事实上，由于随机误差项的方差 σ_i^2 通常是未知的。在实际运用中，特别是在涉及截面数据的模型中，存在异方差的可能性很高，于是研究者很少去检验模型是否具有异方差性，而是直接采用 WLS 进行估计。如果模型存在异方差性，则采用加权最小二乘法可以消除异方差性的影响；如果模型不存在异方差性，那么 WLS 与 OLS 的估计结果是相同的。

7.5 案例分析

案例 7-1

现在来看一个完整的异方差性实例。这个例子是研究美国各州汽油消耗量的截面模型，可能的解释变量包括：与各州规模大小相关的变量（比如公路里程数、机动车注册数和人口数量），与各州规模大小无关的变量（比如汽油价格和最高限速）。数据见表 7-1，其中，PCON 表示第 i 个州的汽油消耗量（单位：100 万 Btu。Btu 为英国热量单位，1Btu=1 055.06J；PRICE 表示第 i 个州的汽油价格（单位：美分/USgal，1USgal=3.785 41dm^3）；REG 表示第 i 个州的机动车注册数（单位：千辆）。

表 7-1 汽油消耗量数据表

州	PCON	PRICE	REG
亚拉巴马	580	2.11	4 545
阿拉斯加	284	2.13	673
亚利桑那	537	2.23	3 972
阿肯色	377	2.1	1 940
加利福尼亚	3 837	2.47	32 487
科罗拉多	463	2.19	1 808
康涅狄格	463	2.17	3 059
特拉华	148	2.07	737
佛罗里达	1 940	2.21	15 691
佐治亚	1 058	2.09	8 063
夏威夷	270	2.47	948
爱达荷	139	2.14	1 374
伊利诺斯	1 313	2.22	9 458
印第安纳	901	2.19	4 955
衣阿华	393	2.13	3 398
堪萨斯	434	2.17	2 368

(续)

州	PCON	PRICE	REG
肯塔基	664	2.14	3 428
路易斯安那	1 610	2.1	3 819
缅因	262	2.16	1 075
马里兰	561	2.15	4 322
马萨诸塞	734	2.08	5 420
密歇根	1 010	2.24	8 247
明尼苏达	694	2.11	4 647
密西西比	484	2.11	1 978
密苏里	737	2.09	4 589
蒙大拿	161	2.17	1 009
内布拉斯加	231	2.21	1 703
内华达	242	2.38	1 349
新罕布什尔	198	2.08	1 174
新泽西	1 233	1.99	6 262
新墨西哥	250	2.19	1 548
纽约	1 776	2.23	11 863
北卡罗来纳	947	2.14	6 148
北达科他	121	2.19	695
俄亥俄	1 340	2.19	10 634
俄克拉荷马	545	2.08	3 725
俄勒冈	370	2.28	2 897
宾夕法尼亚	1 466	2.14	9 864
罗德岛	102	2.12	812
南卡罗来纳	517	2.06	3 339
南达科他	113	2.2	854
田纳西	782	2.11	4 980
得克萨斯	5 628	2.07	17 470
犹他	276	2.12	2 210
佛蒙特	86	2.13	508
弗吉尼亚	965	2.1	6 591
华盛顿	793	2.28	5 598
西弗吉尼亚	255	2.2	1 352
威斯康星	597	2.26	4 725
怀俄明	162	2.08	646

资料来源：2008 Statistical Abstract（U.S. Department of Commerce）。

1. 建立模型

根据美国各州汽油消耗量的决定因素分析，建立如下回归模型

$$\text{PCON}_i = \beta_0 + \beta_1 \text{REG}_i + \beta_2 \text{PRICE}_i + \mu_i \tag{7-22}$$

按照第2章讲述的数据录入方法，将数据录入 EViews，在工作文件窗口中按先后顺序，选中 PCON、REG、PRICE，单击右键选择"Open/as Equation"，单击"OK"；或在主菜单下，选择"Quick/Estimate equation"，输入"PCON REG PRICE c"，单击"OK"，便得到表 7-2 所示的回归结果。

表 7-2　汽油消耗量的回归结果

Dependent Variable: PCON
Method: Least Squares
Sample: 1 50
Included observations: 50

Variable	Coefficient	Std. Error	t-Statistic	Prob.
PRICE	-1885.111	750.9133	-2.510425	0.0156
REG	0.158060	0.012748	12.39874	0.0000
C	4101.288	1609.684	2.547884	0.0142
R-squared	0.767937	Mean dependent var		780.9800
Adjusted R-squared	0.758062	S.D. dependent var		952.8063
S.E. of regression	468.6588	Akaike info criterion		15.19575
Sum squared resid	10323130	Schwarz criterion		15.31047
Log likelihood	-376.8938	Hannan-Quinn criter.		15.23944
F-statistic	77.76557	Durbin-Watson stat		2.154649
Prob(F-statistic)	0.000000			

2. 异方差性的检验

（1）图示法。单击"Quick/Generate Series"，输入"e2=resid^2"（这里的 e2 表示残差的平方），如此便生成了残差平方的序列。在工作文件窗口下，选中 e2 和 REG，单击右键选择"Open/as Group"，弹出新的窗口，在新窗口中单击"View/Graph"，在"Specific"中选择"Scatter"，单击"OK"，即可得到 e2 和 REG 的散点图，如图 7-3 所示。按照同样的方法可以做出 e2 和 PRICE 的散点图。

从图 7-3 可以看出，散点图的点主要分布在左下角，大致可以看出，残差平方 e_i^2 随 REG 增大似乎呈现变大的趋势。用同样的方法，可以发现随着 PRICE 的增大，e_i^2 也增大。因此，我们可以认为模型很可能存在异方差性。但这只是一种直观的判断，模型是否真的存在异方差性，还需用其他方法进一步检验。

（2）Goldfeld-Quandt 检验。首先，对解释变量进行排序。在工作文件下，单击"Proc（View 旁边那个键）/Sort Current Page"，将出现如图 7-4 所示的对话框。

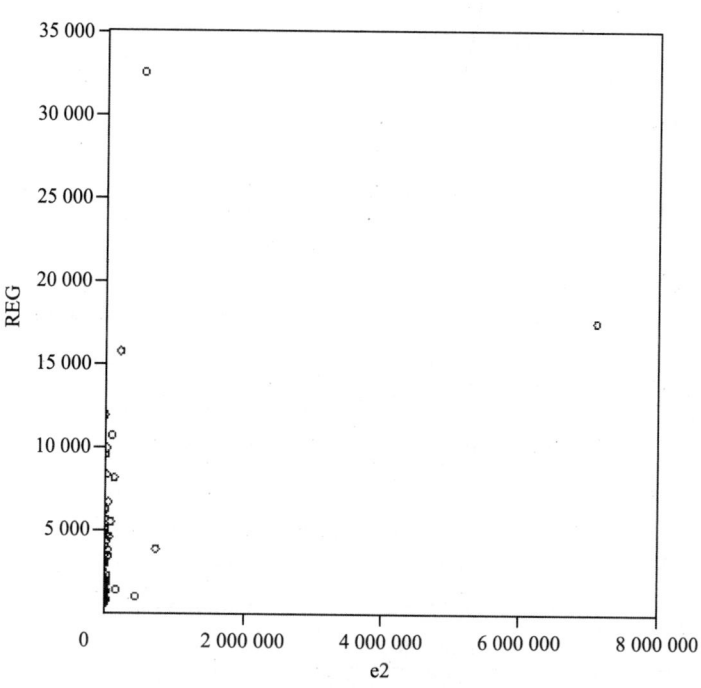

图 7-3　e2 和 REG 的散点图

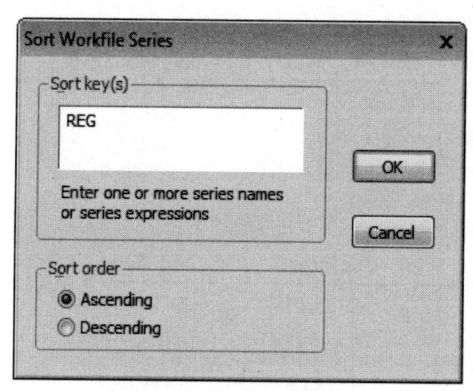

图 7-4　排序对话框

图 7-4 中，"Ascending" 表示升序排列，"Descending" 表示降序排列。在空白处键入需要排序的变量名就可以实现排序。如果有多个变量，可按照主次先后顺序，在空白处键入这些对应变量名，变量名之间用空格分隔。本例中，需要对解释变量进行排序，因此，在空白处键入"REG"，并按升序排列，单击"OK"后就实现了对应解释变量的排序。

其次，构造子样本区间，建立子回归模型。在本例中样本容量为 50，删去中间的 1/4 的观察值，大约 12 个，余下部分分为两个子样本区间：1～19 和 32～50。其样本容量都是 19，即 $n_1 = n_2 = 19$。在输出表 7-2 结果的界面下，单击"Estimate"，将 Sample 里面的"1 50"改为"1 19"，单击"OK"就得到表 7-3 所示的结果，并且通过界面下的"Name"选项把该方程命名为 EQ1。

表 7-3　第一个子样本的回归结果

Dependent Variable: PCON
Method: Least Squares
Sample: 1 19
Included observations: 19

Variable	Coefficient	Std. Error	t-Statistic	Prob.
PRICE	56.30997	181.6115	0.310057	0.7605
REG	0.189560	0.039123	4.845172	0.0002
C	-114.9334	395.4648	-0.290629	0.7751
R-squared	0.598100	Mean dependent var		228.8421
Adjusted R-squared	0.547863	S.D. dependent var		114.3101
S.E. of regression	76.86345	Akaike info criterion		11.66588
Sum squared resid	94527.83	Schwarz criterion		11.81500
Log likelihood	-107.8258	Hannan-Quinn criter.		11.69111
F-statistic	11.90546	Durbin-Watson stat		1.888487
Prob(F-statistic)	0.000681			

再次单击"Estimate",将 Sample 里面的"1 19"改为"32 50",单击"OK"就得到表 7-4 所示的结果,并命名为 EQ2。

表 7-4　第二个子样本的回归结果

Dependent Variable: PCON
Method: Least Squares
Sample: 32 50
Included observations: 19

Variable	Coefficient	Std. Error	t-Statistic	Prob.
PRICE	-5335.128	1847.857	-2.887198	0.0107
REG	0.197233	0.029020	6.796528	0.0000
C	11187.63	3851.682	2.904608	0.0103
R-squared	0.752607	Mean dependent var		1460.579
Adjusted R-squared	0.721682	S.D. dependent var		1245.232
S.E. of regression	656.9324	Akaike info criterion		15.95698
Sum squared resid	6904964.	Schwarz criterion		16.10610
Log likelihood	-148.5913	Hannan-Quinn criter.		15.98222
F-statistic	24.33715	Durbin-Watson stat		2.583117
Prob(F-statistic)	0.000014			

最后,计算 F 统计量,做出是否存在异方差的结论。从表 7-3 和表 7-4 中的 sum squared resid 便可获得两个子样本的残差平方和的值。从表 7-3 可知,$\sum e_{1i}^2 = 94\,527.83$;从表 7-4 可知,$\sum e_{2i}^2 = 6\,904\,964$。因此,Goldfeld-Quandt 检验的 F 统计量为

$$F = \frac{\sum e_{2i}^2}{\sum e_{1i}^2} = \frac{6\ 904\ 964}{94\ 527.83} = 73.05$$

在5%的显著性水平下，查分子和分母自由度均为16的F分布表，可得临界值$F_{0.05}(16,16) \approx 2.33$。由于$F = 73.05 > F_{0.05}(16,16) = 2.33$，所以，拒绝不存在异方差性的原假设，认为存在异方差性。

上面的F统计量也可通过以下方式获取，单击"Quick/Generate Series"，键入"F=EQ1.@SSR/EQ2.@SSR"。不过，需要注意的是，无论采用哪种方式，都应该把数值大的放在分子。

（3）White检验。在输出表7-2结果的界面下，单击"View/Residual Diagnostics/Heteroskedasticity Test"，弹出对话框如图7-5所示。在"Test type"中选择"White"，单击"OK"，输出结果见表7-5。

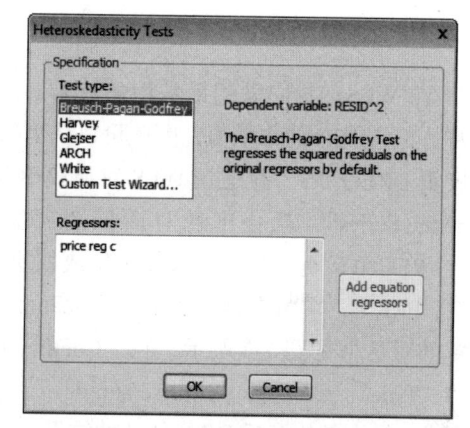

图7-5 White检验选择对话框

表7-5 White检验的输出结果

Heteroskedasticity Test: White			
F-statistic	49.74821	Prob. F(5,44)	0.0000
Obs*R-squared	42.48483	Prob. Chi-Square(5)	0.0000
Scaled explained SS	437.8632	Prob. Chi-Square(5)	0.0000

Test Equation:
Dependent Variable: RESID^2
Method: Least Squares
Sample: 1 50
Included observations: 50

Variable	Coefficient	Std. Error	t-Statistic	Prob.
C	-58389558	24620450	-2.371588	0.0222
PRICE^2	-9870261.	4963549.	-1.988549	0.0530
PRICE*REG	-1854.205	135.8284	-13.65109	0.0000
PRICE	48538753	22133447	2.193005	0.0336
REG^2	0.023796	0.002185	10.88920	0.0000
REG	3782.880	269.6569	14.02849	0.0000

R-squared	0.849697	Mean dependent var	206462.6
Adjusted R-squared	0.832617	S.D. dependent var	1007321.
S.E. of regression	412120.3	Akaike info criterion	28.80818
Sum squared resid	7.47E+12	Schwarz criterion	29.03763
Log likelihood	-714.2046	Hannan-Quinn criter.	28.89556
F-statistic	49.74821	Durbin-Watson stat	1.665713
Prob(F-statistic)	0.000000		

从表 7-5 可知，判定系数 $R^2=0.849\ 697$，χ^2 统计量 $nR^2 = 50 \times 0.849\ 697 \approx 42.485$（实际上，就是 Obs*R-squared 给出的值）。由表 7-5 得，辅助回归方程中不包括截距项的解释变量个数 k 为 5。查表可得，在 5% 的显著性水平下，$\chi^2_{0.05}(5) = 11.071 < nR^2 \approx 42.485$。因此，在 5% 的显著性水平下，拒绝不存在异方差性的原假设，接受存在异方差性的备择假设，认为随机误差项不是同方差的。

3. 异方差性的修正

（1）WLS。我们采用最常用的权重，由 Goldfeld-Quandt 检验可以得到，引起异方差的主要原因是变量 REG 的水平值，因此可以认为随机误差项的方差与 REG 成比例，由此根据式（7-15）取权重 1/REG^0.5，并运用 WLS 对原模型进行估计。在输出表 7-2 结果的界面下单击"Quick/Generate Series"，就会出现对话框图 7-6。在"Enter equation"中键入"W=1/SQR(REG)"（或"W=1/REG^0.5"）。单击"OK"即生成权重序列 W。在工作文件窗口中按先后顺序选中 PCON、REG、PRICE，单击右键"Open/as Equation"，然后在弹出的对话框中单击右侧的"Options"，弹出新的对话框如图 7-7 所示，在"Coefficient covariance matrix"栏中选"White"，在"Weights"中的"Type"一项选择"Inverse std. dev."，在"Weight series"中输入"W"，单击"确定"，即可得到进行异方差修正后 WLS 估计的结果（见表 7-6）。

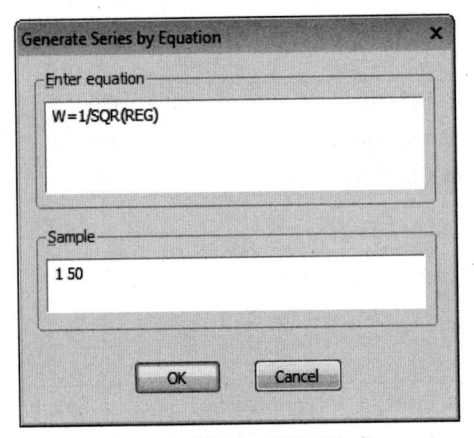

图 7-6 设置权重序列公式　　　　图 7-7 WLS 对话框

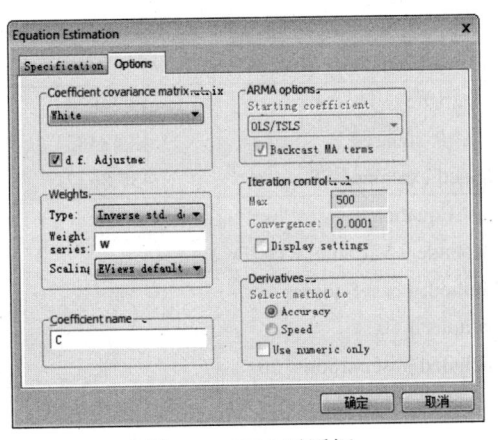

表 7-6 WLS 的估计结果

Dependent Variable: PCON
Method: Least Squares
Sample: 1 50
Included observations: 50
Weighting series: W
Weight type: Inverse standard deviation (EViews default scaling)
White heteroskedasticity-consistent standard errors & covariance

Variable	Coefficient	Std. Error	t-Statistic	Prob.
PRICE	-171.7587	259.5788	-0.661682	0.5114
REG	0.153445	0.021184	7.243518	0.0000
C	413.4347	551.9389	0.749059	0.4576

	Weighted Statistics		
R-squared	0.775237	Mean dependent var	508.0488
Adjusted R-squared	0.765672	S.D. dependent var	312.8270
S.E. of regression	223.4773	Akaike info criterion	13.71462
Sum squared resid	2347279.	Schwarz criterion	13.82934
Log likelihood	-339.8655	Hannan-Quinn criter.	13.75831
F-statistic	81.05448	Durbin-Watson stat	2.154761
Prob(F-statistic)	0.000000	Weighted mean dep.	344.2163
Wald F-statistic	27.55680	Prob(Wald F-statistic)	0.000000
	Unweighted Statistics		
R-squared	0.741620	Mean dependent var	780.9800
Adjusted R-squared	0.730625	S.D. dependent var	952.8063
S.E. of regression	494.5195	Sum squared resid	11493829
Durbin-Watson stat	2.099138		

最终得到式（7-21）的 WLS 的估计方程为

$$PCON = 413.43 - 171.76 PRICE + 0.15 REG$$

在这里需要强调的是，以上只是用 EViews 软件如何检验和消除异方差的实现方法。在实际的应用中，针对具体问题需要具体分析。

（2）对数变换法。在输出表 6-2 结果的界面下，单击"Estimate"，将"PCON REG PRICE c"改为"log(PCON) log(REG) log(PRICE) c"，单击"OK"，便得到表 7-7 所示的估计结果。

表 7-7　对数变换后的估计结果

Dependent Variable: LOG(PCON)
Method: Least Squares
Sample: 1 50
Included observations: 50

Variable	Coefficient	Std. Error	t-Statistic	Prob.
LOG(PRICE)	-0.893531	1.030378	-0.867187	0.3902
LOG(REG)	0.901782	0.044352	20.33226	0.0000
C	-0.323200	0.841429	-0.384109	0.7026
R-squared	0.898148	Mean dependent var		6.215882
Adjusted R-squared	0.893814	S.D. dependent var		0.926873
S.E. of regression	0.302033	Akaike info criterion		0.501566
Sum squared resid	4.287535	Schwarz criterion		0.616287
Log likelihood	-9.539152	Hannan-Quinn criter.		0.545253
F-statistic	207.2263	Durbin-Watson stat		2.134417
Prob(F-statistic)	0.000000			

估计得到的方程为

$$\log(PCON) = -0.323 + 0.902\log(REG) - 0.894\log(PRICE)$$

经过对数变换的模型也有可能仍然存在异方差性，因此，需要对表 7-7 的结果进行 White 检验，输出结果见表 7-8。因为判定系数 $R^2 = 0.127\,66$，得到 χ^2 统计量 $nR^2 = 50 \times 0.127\,66 \approx 6.383$，所以，由 $nR^2 = 6.383 < \chi^2_{0.05}(5) = 11.071$ 就可以得到在 5% 的显著性水平下，不能拒绝不存在异方差性的原假设，表明本例采用对数模型不存在异方差性。也可以通过 χ^2 统计量的 Prob. 值来判断出不存在异方差性，因为 Prob. 值约为 0.271，大于给定的显著性水平 10%。可见，对变量取对数确实可以消除异方差性是可能的，这就是一些学术论文当中对变量取对数的原因。值得一提的是 log(REG) 与 log(PRICE) 前面的系数表示的是弹性而非边际。

表 7-8 对数变换后的 White 检验结果

Heteroskedasticity Test: White			
F-statistic	1.287814	Prob. F(5,44)	0.2864
Obs*R-squared	6.383020	Prob. Chi-Square(5)	0.2707
Scaled explained SS	11.50693	Prob. Chi-Square(5)	0.0422

Test Equation:
Dependent Variable: RESID^2
Method: Least Squares
Sample: 1 50
Included observations: 50

Variable	Coefficient	Std. Error	t-Statistic	Prob.
C	-0.606481	6.501524	-0.093283	0.9261
LOG(PRICE)^2	3.238372	9.209421	0.351637	0.7268
LOG(PRICE)*LOG(REG)	-1.043275	0.535330	-1.948843	0.0577
LOG(PRICE)	2.682733	15.97172	0.167968	0.8674
LOG(REG)^2	0.051440	0.028898	1.780055	0.0820
LOG(REG)	-0.025955	0.429174	-0.060476	0.9521
R-squared	0.127660	Mean dependent var		0.085751
Adjusted R-squared	0.028531	S.D. dependent var		0.174976
S.E. of regression	0.172462	Akaike info criterion		-0.565115
Sum squared resid	1.308695	Schwarz criterion		-0.335673
Log likelihood	20.12788	Hannan-Quinn criter.		-0.477742
F-statistic	1.287814	Durbin-Watson stat		2.136906
Prob(F-statistic)	0.286385			

案例 7-2

在第 5 章，我们估计的餐厅选址的多元线性回归模型如下：

$$Y = 102\,192.4 - 9\,074.674N + 0.355P + 1.288I$$
$$(-4.421) \quad (4.880) \quad (2.371)$$
$$R^2 = 0.618 \quad \bar{R}^2 = 0.579 \quad F = 15.649$$

但是，我们仅仅知道这个给出的估计结果，并不清楚随机误差项是否存在异方差。也就是说，并没有对残差是否存在异方差进行检验，因而模型很可能不够准确。为此，我们这里需要进一步检验该模型是否存在异方差。为了检验是否存在异方差，这里采用 White 检验。

在输出表 5-6 结果的界面下，单击"View/Residual Diagnostics/Heteroskedasticity Test"，弹出新对话框，在"Test type"中选择"White"。输出结果见表 7-9。

表 7-9　White 异方差检验

Heteroskedasticity Test: White			
F-statistic	0.354554	Prob. F(9,23)	0.9452
Obs*R-squared	4.020563	Prob. Chi-Square(9)	0.9101
Scaled explained SS	3.509073	Prob. Chi-Square(9)	0.9407

Test Equation:
Dependent Variable: RESID^2
Method: Least Squares
Sample: 1 33
Included observations: 33

Variable	Coefficient	Std. Error	t-Statistic	Prob.
C	-6.19E+08	1.55E+09	-0.398577	0.6939
P^2	-0.001989	0.042365	-0.046941	0.9630
P*N	36.85282	2315.801	0.015914	0.9874
P*I	0.072190	0.375959	0.192015	0.8494
P	539.8041	11447.16	0.047156	0.9628
N^2	6739620.	38619515	0.174513	0.8630
N*I	1837.680	13938.23	0.131845	0.8963
N	-1.66E+08	3.58E+08	-0.462486	0.6481
I^2	-2.656811	2.624182	-1.012434	0.3219
I	106868.5	126276.1	0.846308	0.4061
R-squared	0.121835	Mean dependent var		1.86E+08
Adjusted R-squared	-0.221794	S.D. dependent var		2.84E+08
S.E. of regression	3.14E+08	Akaike info criterion		42.21049
Sum squared resid	2.26E+18	Schwarz criterion		42.66398
Log likelihood	-686.4731	Hannan-Quinn criter.		42.36308
F-statistic	0.354554	Durbin-Watson stat		2.002392
Prob(F-statistic)	0.945186			

从表 7-9 可知，χ^2 统计量 $nR^2 = 33 \times 0.121\,835 \approx 4.021$，对应的 Prob. 值为 0.910 1，Prob. 值大于给定的显著性水平 10%，说明在 10% 的显著性水平下，该模型不存在异方差，因而不需要调整。

案例 7-3

研究 2016 年我国部分地区的粮食总产量与灌溉面积和化肥施用量的关系，数据见表 7-10。通常来讲，粮食的总产量必然与种植规模呈现正相关，化肥的施用将促进粮食作物的生长，提高单位面积产量，很自然地提高了总产量。需要注意的是，在这里的假设是化肥的施用量是适合农作物生长的。

表 7-10　2016 年我国部分地区的粮食总产量及相关数据

地区	粮食总产量（万 t）	灌溉面积（千 hm^2）	化肥施用量（万 t）
北京	53.7	128.5	9.7
天津	196.4	306.6	21.4
河北	3 460.2	4 457.6	331.8
山西	1 318.5	1 487.3	117.1
内蒙古	2 780.3	3 131.5	234.6
辽宁	2 100.6	1 573	148.1
吉林	3 717.2	1 832.2	233.6
黑龙江	6 058.5	5 932.7	252.8
上海	99.2	189.8	9.2
江苏	3 466	4 054.1	312.5
浙江	752.2	1 446.3	84.5
安徽	3 417.4	4 437.5	327
福建	650.9	1 055.4	123.8
江西	2 138.1	2 036.8	142
山东	4 700.7	5 161.2	456.5
河南	5 946.6	5 242.9	715
湖北	2 554.1	2 905.6	328
湖南	2 953.2	3 132.4	246.4
广东	1 360.2	1 771.7	261
广西	1 521.3	1 646.1	262.1
海南	177.9	290	50.6
重庆	1 166	690.6	96.2
四川	3 483.5	2 813.6	249
贵州	1 192.4	1 088.1	103.7
云南	1 902.9	1 809.4	235.6
西藏	101.9	251.5	5.9
陕西	1 228.3	1 251.4	233.1
甘肃	1 140.6	1 317.5	93.4
青海	103.5	202.4	8.8
宁夏	370.6	515.2	40.7
新疆	1 512.3	4 982	250.2

资料来源：中华人民共和国国家统计局，《中国统计年鉴 2017》，中国统计出版社，2017。

1. 建立模型

我们用 Y 代表粮食总产量,X_1 代表灌溉面积,X_2 代表化肥施用量,构建如下模型

$$Y_i = \beta_0 + \beta_1 X_{1i} + \beta_2 X_{2i} + \mu_i \tag{7-23}$$

将表 7-10 的数据录入 EViews,变量名分别为 Y、X1、X2,然后,在工作文件窗口下按先后顺序,选中"Y、X1、X2",选中并单击"Open/as Equation",便得到表 7-11 所示的结果。

表 7-11　粮食总产量的回归结果

Dependent Variable: Y
Method: Least Squares
Sample: 1 31
Included observations: 31

Variable	Coefficient	Std. Error	t-Statistic	Prob.
X1	0.570737	0.133584	4.272492	0.0002
X2	3.876185	1.516832	2.555448	0.0163
C	3.521635	215.9682	0.016306	0.9871

R-squared	0.826254	Mean dependent var	1987.910
Adjusted R-squared	0.813844	S.D. dependent var	1672.001
S.E. of regression	721.3984	Akaike info criterion	16.09203
Sum squared resid	14571638	Schwarz criterion	16.23080
Log likelihood	-246.4264	Hannan-Quinn criter.	16.13726
F-statistic	66.57757	Durbin-Watson stat	0.953506
Prob(F-statistic)	0.000000		

2. 异方差性的检验

(1) Goldfeld-Quandt 检验。首先,对预期有可能导致异方差的解释变量进行排序,假定为 $X1$。在工作文件下单击"Proc/Sort Current Page",弹出新的对话框,选择"Ascending",在空白处键入"X1",单击"OK"后,便实现了对应解释变量的排序。

其次,构造子样本区间,建立子回归模型。在本例中样本容量为 31,删去中间的 1/4 的观察值,大约 7 个,余下部分分为两个子样本区间:1~12 和 20~31,其子样本容量都是 12,即 $n_1 = n_2 = 12$。在输出表 7-10 结果的界面下,单击"Estimate",将方程窗口的"Sample"里面的"1 31"改为"1 12",单击"OK"就得到表 7-12 所示的结果。

表 7-12　第一个子样本的回归结果

Dependent Variable: Y
Method: Least Squares
Sample: 1 12
Included observations: 12

Variable	Coefficient	Std. Error	t-Statistic	Prob.
X1	0.827060	0.288463	2.867122	0.0186
X2	1.403605	1.926405	0.728613	0.4848
C	-55.27973	112.6239	-0.490835	0.6353

(续)

R-squared	0.839028	Mean dependent var	540.1167
Adjusted R-squared	0.803256	S.D. dependent var	500.4914
S.E. of regression	221.9968	Akaike info criterion	13.85552
Sum squared resid	443543.4	Schwarz criterion	13.97675
Log likelihood	-80.13313	Hannan-Quinn criter.	13.81064
F-statistic	23.45518	Durbin-Watson stat	3.247601
Prob(F-statistic)	0.000269		

再次，单击"Estimate"，将"Sample"里面的"1 12"改为"20 31"，单击"OK"就得到表 7-13 所示的结果。

表 7-13　第二个子样本的回归结果

Dependent Variable: Y
Method: Least Squares
Sample: 20 31
Included observations: 12

Variable	Coefficient	Std. Error	t-Statistic	Prob.
X1	0.515357	0.305284	1.688124	0.1257
X2	3.880380	2.522076	1.538565	0.1583
C	221.8508	1095.874	0.202442	0.8441
R-squared	0.551395	Mean dependent var		3539.242
Adjusted R-squared	0.451705	S.D. dependent var		1397.472
S.E. of regression	1034.786	Akaike info criterion		16.93409
Sum squared resid	9637038.	Schwarz criterion		17.05532
Log likelihood	-98.60457	Hannan-Quinn criter.		16.88921
F-statistic	5.531089	Durbin-Watson stat		1.414753
Prob(F-statistic)	0.027126			

最后，计算 F 统计量并判断是否存在异方差。从表 7-12 和表 7-13 中的"Sum squared resid"便可获得两个子样本的残差平方和的值，分别为 $\sum e_{1i}^2 = 443\,543.4$、$\sum e_{2i}^2 = 9\,637\,038$。因此，Goldfeld-Quandt 检验的 F 统计量为

$$F = \frac{\sum e_{2i}^2}{\sum e_{1i}^2} = \frac{9\,637\,038}{443\,543.4} = 21.73$$

在 5% 的显著性水平下，分子和分母自由度均为 9 的 F 分布的临界值为 $F_{0.05}(9,9) = 3.18$。因为 $F = 21.73 > F_{0.05}(9,9) = 3.18$，所以，拒绝不存在异方差的原假设，接受存在异方差的备择假设，认为模型存在异方差性。

（2）White 检验。在表 7-11 所示的输出结果的界面下，单击"View/Residual Diagnostics/Heteroskedasticity Test"，弹出新的对话框。在新对话框，"Test type"中选择"White"，单击"OK"，输出结果见表 7-14。

表 7-14 White 检验的输出结果

Heteroskedasticity Test: White			
F-statistic	5.081728	Prob. F(5,25)	0.0024
Obs*R-squared	15.62565	Prob. Chi-Square(5)	0.0080
Scaled explained SS	37.61343	Prob. Chi-Square(5)	0.0000

Test Equation:
Dependent Variable: RESID^2
Method: Least Squares
Sample: 1 31
Included observations: 31

Variable	Coefficient	Std. Error	t-Statistic	Prob.
C	-173849.3	388313.8	-0.447703	0.6582
X1^2	0.311686	0.120329	2.590273	0.0158
X1*X2	-7.554573	2.588427	-2.918597	0.0073
X1	389.4703	767.6704	0.507341	0.6164
X2^2	33.88664	16.25645	2.084504	0.0475
X2	812.3200	6133.774	0.132434	0.8957
R-squared	0.504053	Mean dependent var	470052.8
Adjusted R-squared	0.404864	S.D. dependent var	1160748.
S.E. of regression	895459.8	Akaike info criterion	30.42005
Sum squared resid	2.00E+13	Schwarz criterion	30.69759
Log likelihood	-465.5107	Hannan-Quinn criter.	30.51052
F-statistic	5.081728	Durbin-Watson stat	1.866942
Prob(F-statistic)	0.002381		

由表 7-14 得，卡方（χ^2）统计量 Obs*R-squared（nR^2）的值约为 15.626（$nR^2 = 31 \times 0.504053 \approx 15.626$），对应的 Prob. 值为 0.008，小于给定的显著性水平 1%，因此，在 1% 的显著性水平下，拒绝不存在异方差的原假设，接受存在异方差的备择假设，认为模型存在异方差性。

3. 异方差性的修正

采用加权最小二乘法对模型进行异方差修正。根据式（7-15）取权重 1/X1^0.5，并运用加权最小二乘法对原模型进行估计。在 EViews 主菜单窗口下，单击"Quick/Generate Series"，就会出现新对话框，在"Enter equation"中键入"w=1/SQR(X1)"（或"w=1/X1^0.5"）。单击"OK"即生成权重序列 w。接着，在工作文件窗口中预先后顺序选中 Y、X1、X2，单击"Open/as Equation"，然后在弹出的对话框中单击"Options"，弹出新的对话框如图 7-7 所示，在"Coefficient covariance matrix"栏中选"White"，在"Weights"中的"Type"一项选择"Inverse std. dev."，在"Weighting series"中输入"W"，单击"确定"，即可得到表 7-15 所示的进行异方差修正后加权最小二乘法的估计结果。

表 7-15　进行异方差修正后加权最小二乘法的估计结果

Dependent Variable: Y
Method: Least Squares
Sample: 1 31
Included observations: 31
Weighting series: W
Weight type: Inverse standard deviation (EViews default scaling)
White heteroskedasticity-consistent standard errors & covariance

Variable	Coefficient	Std. Error	t-Statistic	Prob.
X1	0.602895	0.214692	2.808180	0.0090
X2	3.815308	2.014618	1.893812	0.0686
C	-54.37623	32.38167	-1.679229	0.1042

Weighted Statistics

R-squared	0.886453	Mean dependent var	1234.387
Adjusted R-squared	0.878343	S.D. dependent var	730.7643
S.E. of regression	430.7977	Akaike info criterion	15.06092
Sum squared resid	5196427.	Schwarz criterion	15.19969
Log likelihood	-230.4443	Hannan-Quinn criter.	15.10616
F-statistic	109.2972	Durbin-Watson stat	0.988455
Prob(F-statistic)	0.000000	Weighted mean dep.	635.7214
Wald F-statistic	129.1808	Prob(Wald F-statistic)	0.000000

Unweighted Statistics

R-squared	0.825411	Mean dependent var	1987.910
Adjusted R-squared	0.812941	S.D. dependent var	1672.001
S.E. of regression	723.1465	Sum squared resid	14642342
Durbin-Watson stat	0.950166		

4. 对修正后的模型进行 White 检验

操作步骤如上述 White 检验，此处不再赘述。模型修正后的 White 检验输出结果见表 7-16。

表 7-16　模型修正后的 White 检验输出结果

Heteroskedasticity Test: White			
F-statistic	0.811893	Prob. F(5,25)	0.5524
Obs*R-squared	4.330546	Prob. Chi-Square(5)	0.5029
Scaled explained SS	8.098165	Prob. Chi-Square(5)	0.1509

Test Equation:
Dependent Variable: WGT_RESID^2
Method: Least Squares
Sample: 1 31
Included observations: 31
White heteroskedasticity-consistent standard errors & covariance
Collinear test regressors dropped from specification

(续)

Variable	Coefficient	Std. Error	t-Statistic	Prob.
C	50261.67	137349.0	0.365941	0.7175
X1^2*WGT^2	0.258762	0.179620	1.440609	0.1621
X1*X2*WGT^2	-4.895984	3.343476	-1.464339	0.1556
X2^2*WGT^2	19.85158	15.51054	1.279877	0.2123
X2*WGT^2	1668.322	1280.579	1.302788	0.2045
WGT^2	-32940.71	25402.20	-1.296766	0.2066
R-squared	0.139695	Mean dependent var		167626.7
Adjusted R-squared	-0.032366	S.D. dependent var		364841.3
S.E. of regression	370698.5	Akaike info criterion		28.65615
Sum squared resid	3.44E+12	Schwarz criterion		28.93370
Log likelihood	-438.1703	Hannan-Quinn criter.		28.74662
F-statistic	0.811893	Durbin-Watson stat		1.905581
Prob(F-statistic)	0.552355			

通过表 7-16 可以看出，χ^2 统计量 nR^2 约为 4.331，对应的 Prob. 值为 0.502 9。由于 Prob. 值大于给定的显著性水平 10%，因此，在 10% 的显著性水平下，不能拒绝不存在异方差的原假设，说明原模型的异方差性已得到修正。最终得到式（7-23）的加权最小二乘法的估计方程为

$$Y = -54.376 + 0.603X_1 + 3.815X_2$$

案例 7-4

将案例 7-1 采用 Stata 软件进行统计分析，判别模型是否存在异方差，并进行处理。

1. 异方差性的检验

（1）图示法。先在无异方差的假定下做回归分析，然后生成残差平方的序列，命令如下

```
- reg PON PRICE REG
- predict e,residuals  // 获取回归后的残差序列
-generate e2 = e^2  // 对残差数据进行平方变换
```

接下来，绘制残差平方分别与解释变量 PRICE 和 REG 的散点图，如图 7-8 和图 7-9 所示，观察是否存在异方差，命令如下

```
- scatter e2 PRICE
-scatter e2 REG
```

从图 7-8 和图 7-9 可以看出，散点图的点主要分布在左下角，残差平方随 PRICE 和 REG 增大有变大的趋势。因此，通过图示法判断模型很可能存在异方差。

（2）White 检验。通过 White 检验判断模型是否存在异方差，结果如图 7-10 所示，命令如下

```
-estat imtest,white
```

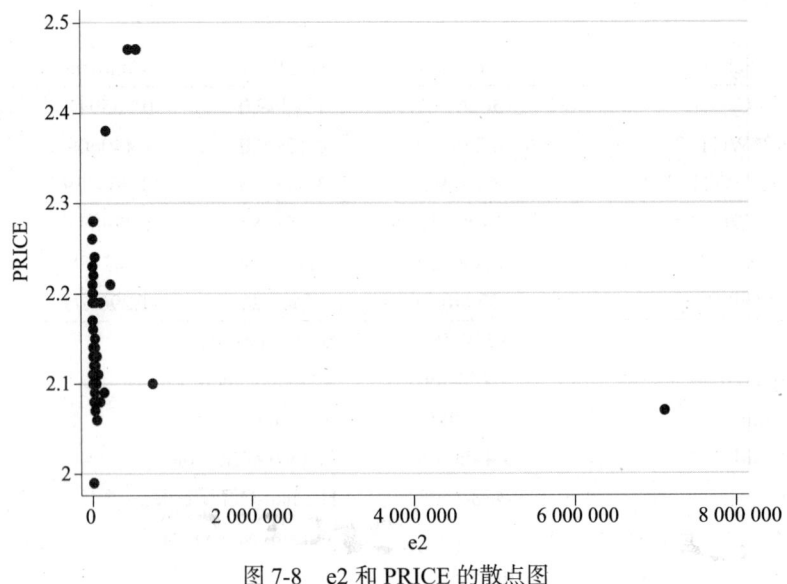

图 7-8　e2 和 PRICE 的散点图

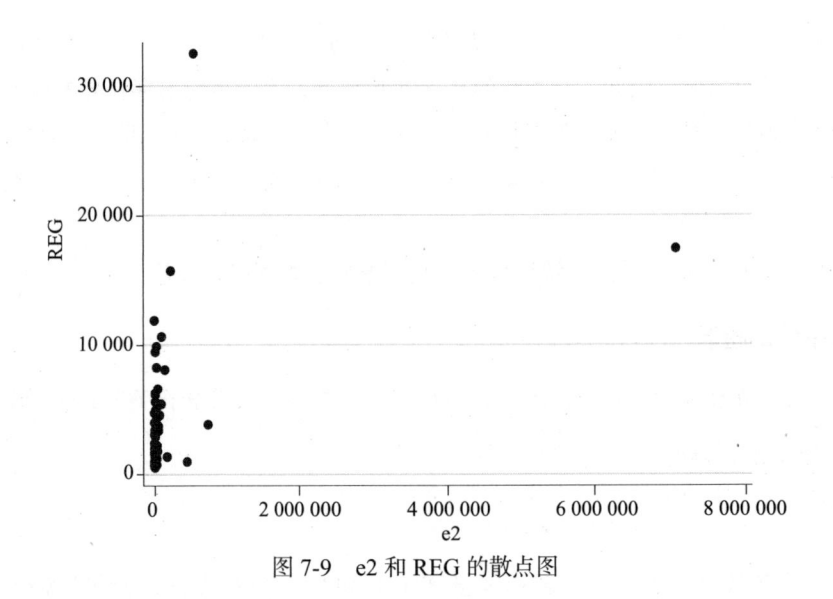

图 7-9　e2 和 REG 的散点图

White 检验的原假设为同方差，由于 p 值几乎为 0.000 0，小于显著性水平 1%，非常显著地拒绝原假设，接受存在异方差的备择假设，认为在 1% 的显著性水平下存在异方差，与图示法结果一致。

2. 异方差性的修正

（1）加权最小二乘法。首先，对残差平方数据进行对数变换，产生新的变量 lne2，命令如下：

```
.generate lne2 = log(e2)
```

```
. estat imtest,white

White's test for Ho: homoskedasticity
        against Ha: unrestricted heteroskedasticity

        chi2(5)      =       42.48
        Prob > chi2  =      0.0000

Cameron & Trivedi's decomposition of IM-test
```

Source	chi2	df	p
Heteroskedasticity	42.48	5	0.0000
Skewness	10.81	2	0.0045
Kurtosis	1.17	1	0.2786
Total	54.47	8	0.0000

图 7-10　White 检验结果

以残差平方对数为因变量，以 PRICE 为解释变量，进行不包含常数项的回归分析，结果如图 7-11 所示，命令如下

-regress lne2 PRICE,nocon

```
. regress lne2 PRICE,nocon
```

Source	SS	df	MS			
Model	4486.69088	1	4486.69088	Number of obs =	50
Residual	307.978287	49	6.28527117	F(1, 49) =	713.84
				Prob > F =	0.0000
				R-squared =	0.9358
				Adj R-squared =	0.9345
Total	4794.66917	50	95.8933834	Root MSE =	2.507

lne2	Coef.	Std. Err.	t	P>|t|	[95% Conf. Interval]
PRICE	4.370613	.1635842	26.72	0.000	4.041878　4.699348

图 7-11　未包含常数项的回归分析结果

图 7-11 的结果显示，R^2=0.935 8，即解释变量 PRICE 可以解释 lne2 近 94% 的变动，残差平方的变动与 PRICE 高度相关。然后预测上一步回归的因变量的拟合值，记为 yhat，命令如下：

-predict yhat

对因变量的拟合值 yhat 进行指数变换，去掉对数产生新变量 hhat，命令如下

-generate hhat=exp(yhat)

以 hhat 的倒数为权重变量进行加权最小二乘回归分析，结果如图 7-12 所示，命令如下：

-reg PON PRICE REG[aw=1/hhat]

```
. reg PON PRICE REG[aw=1/hhat]
(sum of wgt is   4.1556e-03)
```

Source	SS	df	MS
Model	35443191.9	2	17721596
Residual	11310726	47	240653.746
Total	46753918	49	954161.591

Number of obs =   50
F(2,   47) = 73.64
Prob > F   = 0.0000
R-squared   = 0.7581
Adj R-squared = 0.7478
Root MSE   = 490.56

PON	Coef.	Std. Err.	t	P>|t|	[95% Conf. Interval]
PRICE	-2424.257	967.0729	-2.51	0.016	-4369.757 -478.7573
REG	.1970968	.0163105	12.08	0.000	.1642843 .2299092
_cons	5083.045	2060.068	2.47	0.017	938.7234 9227.367

图 7-12 加权最小二乘回归分析的结果

以上为采用加权最小二乘法消除异方差的 Stata 操作步骤。

（2）对数变换法。采用对数变换法消除异方差时，首先要将各变量取对数，分别生成 lnPON，lnPRICE 和 lnREG，命令如下：

```
-generate lnPON=log(PON)
-generate lnPRICE=log(PRICE)
-generate lnREG=log(REG)
```

接下来，用各变量的对数形式进行回归分析，结果如图 7-13 所示，命令如下

```
- regress lnPON lnPRICE lnREG

. regress lnPON lnPRICE lnREG
```

Source	SS	df	MS
Model	37.8080808	2	18.9040404
Residual	4.28753723	47	.091224196
Total	42.0956181	49	.859094246

Number of obs =   50
F(2,   47) = 207.23
Prob > F   = 0.0000
R-squared   = 0.8981
Adj R-squared = 0.8938
Root MSE   = .30203

lnPON	Coef.	Std. Err.	t	P>|t|	[95% Conf. Interval]
lnPRICE	-.8935314	1.030378	-0.87	0.390	-2.966385 1.179322
lnREG	.9017817	.0443523	20.33	0.000	.8125565 .991007
_cons	-.3231994	.8414292	-0.38	0.703	-2.015937 1.369538

图 7-13 对数变换后的回归分析结果

通过 White 检验来判断进行对数变换后的模型是否存在异方差性，结果如图 7-14 所示，命令如下：

```
-estat imtest,white
```

```
.  estat imtest,white

White's test for Ho: homoskedasticity
         against Ha: unrestricted heteroskedasticity

         chi2(5)      =       6.38
         Prob > chi2  =     0.2707

Cameron & Trivedi's decomposition of IM-test
```

Source	chi2	df	p
Heteroskedasticity	6.38	5	0.2707
Skewness	6.21	2	0.0449
Kurtosis	4.09	1	0.0431
Total	16.68	8	0.0336

图 7-14 对数变换后的 White 检验结果

图 7-14 显示的检验中，White 检验的 χ^2 统计量为 6.38，对应的 "p" 值为 0.270 7，大于给定的显著性水平 10%，因此，在 10% 的显著性水平下，不能拒绝不存在异方差的原假设，由此得到对数变换后的模型不存在异方差。

思考与练习

1. 解释下列名词：异方差性；Goldfeld-Quandt 检验；White 检验；WLS。
2. 当存在异方差性时，t 检验和 F 检验是不是有效的，为什么？
3. 异方差性产生的原因有哪些？试举例说明。
4. 异方差性主要针对哪种数据类型？
5. 为什么对变量进行对数变化可消除异方差性？
6. Goldfeld-Quandt 检验的思想是什么？请简述该检验的过程。
7. 利用图示法能准确给出模型是否存在异方差的结论吗？为什么？
8. White 检验的思想是什么？相对于其他的检验方法，该检验的优点在哪里？请阐述 White 检验的过程。
9. 假定消费模型

$$Y_i = \alpha_0 + \alpha_1 X_{1i} + \alpha_2 X_{2i} + \mu_i$$

模型中，Y 为消费支出，X_1 代表个人收入，X_2 代表消费者的流动资产，已知

$$E(\mu_i) = 0$$

$$\text{Var}(\mu_i) = \sigma^2 X_{1i}^2 \text{（其中} \sigma^2 \text{为常数）}$$

（1）请对模型做适当变换以消除异方差，写出证明过程。

（2）如果随机误差项的方差表现为 $\text{Var}(\mu_i) = \sigma_i^2$，那要对模型做何种变换才能消除异方差，写出证明过程。

10. 已知模型

$$Y_i = \beta_0 + \beta_1 X_{1i} + \beta_2 X_{2i} + \mu_i$$

式中，Y_i 为某公司在第 i 个地区的销售额；X_{1i} 为该地区的总收入；X_{2i} 为该公司在该地区投

入的广告费用（$i=0,1,2,\cdots,50$）。

（1）由于不同地区人口规模 P_i 可能影响着该公司在该地区的销售，因此有理由怀疑随机误差项 μ_i 具有异方差性。假设 σ_i 依赖于总体 P_i 的容量，请逐步描述应该如何对此进行检验。需说明：①原假设和备择假设；②要进行的回归；③要计算的检验统计值及它的分布（包括自由度）；④接受或拒绝零假设的标准。

（2）假设 $\sigma_i = \sigma P_i$，逐步描述如何求得最佳线性无偏估计并给出理论依据。

11. 利用统计年鉴中我国部分地区 2021 年人均 GDP（Y）与人均消费水平（X）的截面数据来研究不同地区的消费情况。样本数据列于表 7-17 中。假设线性模型为 $Y_i = \beta_0 + \beta_1 X_1 + \mu_i$。原始数据是否存在异方差？如果存在异方差，应如何处理？

表 7-17　我国部分地区 2021 年人均 GDP 与人均消费水平的数据

地区	人均消费水平（元）	人均 GDP（元）	地区	人均消费水平（元）	人均 GDP（元）
北京	43 640.4	183 980	湖北	23 846.1	86 416
天津	33 188.4	113 732	湖南	22 798.2	69 440
河北	19 953.6	54 172	广东	31 589.3	98 285
山西	17 191.2	64 821	广西	18 087.9	49 206
内蒙古	22 658.3	85 422	海南	22 241.9	63 707
辽宁	23 830.8	65 026	重庆	24 597.8	86 879
吉林	19 604.6	55 450	四川	21 518.0	64 326
黑龙江	20 635.9	47 266	贵州	17 957.3	50 808
上海	48 879.3	173 630	云南	18 851.0	57 686
江苏	31 451.4	137 039	西藏	15 342.5	56 831
浙江	36 668.1	113 032	陕西	19 346.5	75 360
安徽	21 910.9	70 321	甘肃	17 456.2	41 046
福建	28 440.1	116 939	青海	19 020.1	56 398
江西	20 289.9	65 560	宁夏	20 023.8	62 549
山东	22 820.9	81 727	新疆	18 960.6	61 725
河南	18 391.3	59 410	—		

资料来源：中华人民共和国国家统计局，《中国统计年鉴 2022》，中国统计出版社，2022。

12. 表 7-18 给出了 2021 年我国部分地区工业企业的资产总计（Y）、流动资产周转次数（X_1）和产品销售率（X_2）的数据。要求：

（1）试根据资料用 OLS 建立一个回归模型。

（2）选用适当的方法检验模型中是否存在异方差。

（3）如果存在异方差，采用适当的方法加以修正。

表 7-18 2021 年我国部分地区工业企业的相关数据

地区	Y（亿元）	X_1（次）	X_2（%）	地区	Y（亿元）	X_1（次）	X_2（%）
北京	61 056.0	1.15	97.7	湖北	49 517.4	2.16	96.5
天津	23 497.3	1.94	99.6	湖南	34 562.9	2.64	98.1
河北	58 769.1	1.82	97.1	广东	175 746.0	1.65	97.1
山西	57 084.4	1.25	97.9	广西	23 622.1	1.93	96.4
内蒙古	38 824.5	1.72	99.9	海南	4 421.6	1.48	99.4
辽宁	45 261.1	1.56	98.7	重庆	25 637.8	2.04	98.9
吉林	19 119.6	1.71	97.1	四川	61 644.1	1.91	97.6
黑龙江	18 650.2	1.36	96.4	贵州	17 864.3	1.36	96.0
上海	53 642.4	1.43	99.4	云南	25 253.2	1.82	96.2
江苏	153 768.0	1.65	98.2	西藏	2 253.3	0.83	98.5
浙江	112 543.4	1.57	98.3	陕西	44 142.9	1.57	95.0
安徽	50 052.3	1.70	97.9	甘肃	14 052.6	1.91	99.1
福建	47 211.3	2.72	96.5	青海	6 655.3	1.45	98.2
江西	31 923.4	2.76	99.1	宁夏	12 133.9	1.60	98.3
山东	111 501.6	1.74	97.5	新疆	28 224.6	1.58	99.1
河南	58 080.0	2.05	98.0	—	—	—	—

资料来源：中华人民共和国国家统计局，《中国统计年鉴 2022》，中国统计出版社，2022。

第8章
CHAPTER 8

序列相关性

在农产品的供给中，时常会出现一种所谓的蛛网现象（cobweb phenomenon）。供给对价格的反应要滞后一期，因为供给要经过一定的时间才可能实现（农作物生产期）。假设供给函数的总体回归模型具有如下形式

$$Q_t = \beta_0 + \beta_1 P_{t-1} + \mu_t \tag{8-1}$$

式中，Q_t 表示第 t 期的供给量，P_{t-1} 表示第 $t-1$ 期的价格。假设 t 期生产了过多的农产品造成 t 期末的价格P_t低于P_{t-1}，而农民对价格下降反应过度，决定在 $t+1$ 期生产较少的该种农产品，比如某种蔬菜。然而在 $t+1$ 期的产量又过少，导致供不应求，不足以维持 t 期末的价格，造成 $t+1$ 期末的价格上涨。t 期的过多生产与 $t+1$ 期的过少生产都体现在随机误差项中，由于 t 期的过多生产造成了 $t+1$ 期的过少生产，并且，这种现象从长期看会交替出现，若出现这种情况，则随机误差项不再是相互独立的，这便违背了OLS的经典假设，不能用OLS进行直接估计，必须发展新的估计方法。

8.1 什么是序列相关性

线性回归模型的经典假设之一是模型的随机误差项相互独立。当模型的随机误差项不满足该假设时，称为存在序列相关性（serial correlation）。

对于模型

$$Y_i = \beta_0 + \beta_1 X_{1i} + \beta_2 X_{2i} + \cdots + \beta_k X_{ki} + \mu_i, \quad i=1,2,\cdots,n \tag{8-2}$$

如果其他假设仍然满足，随机误差项序列不相互独立，即

$$\text{Cov}(\mu_i, \mu_j) = E(\mu_i \mu_j) \neq 0 \, (i \neq j)$$

如果仅存在

$$E(\mu_i \mu_{i+1}) \neq 0, \quad i = 1, 2, \cdots, n-1$$

则称模型存在 1 阶序列相关或自相关（autocorrelation），这是最常见的序列相关性问题。自相关通常可以表示成下面的形式

$$\mu_i = \rho \mu_{i-1} + \varepsilon_i, \quad -1 \leq \rho \leq 1, \quad \rho \neq 0 \tag{8-3}$$

式中，ρ 代表自协方差系数（coefficient of autocovariance），也叫 1 阶相关系数（first order coefficient of autocorrelation），ε_i 为满足下式的经典 OLS 假定的随机误差项，即

$$E(\varepsilon_i) = 0, \quad \mathrm{Var}(\varepsilon_i) = \sigma^2, \quad \mathrm{Cov}(\varepsilon_i, \varepsilon_{i-s}) = 0 \quad (s \neq 0)$$

在计量经济分析中，自相关现象是经常存在的，因为在构建计量经济学模型的时候会使一些因素进入随机误差项，而这些因素往往是呈现时间趋势的，从而使随机误差项在时间上具有某种关联性。因此，序列相关性主要出现在以时间序列数据为样本的计量经济学模型中，本章以 t 来代替不同样本点的下标。

8.2 序列相关性产生的原因和后果

8.2.1 序列相关性产生的原因

造成序列相关的原因有三类：一是经济现象所固有的惯性，二是数据处理的影响，三是模型设定偏误。

1. 经济现象所固有的惯性

大多数时间序列数据都具有一种显著的特征——具有惯性。诸如 GDP、就业、货币供给等时间序列都呈现周期性波动。当经济复苏时，经济序列由谷底向上移动，在上移的过程中，序列在某一时点的值会大于其前期值。因此，连续的观察值之间很可能是相互依赖的。又如金融危机对经济的冲击往往要持续若干个时期，并将在若干个时期内影响其他经济变量，使得这些变量在时间上具有某种关联性。

2. 数据处理的影响

我们在进行实证分析的时候，采用的公开数据大多不是原始数据，它们是通过已知数据采用内插或修匀得到的数据，这样新生成的数据和原始数据之间就可能存在内在的联系，产生序列相关性。

3. 模型设定偏误

模型设定偏误包含了两种情况：一种是漏掉了重要的解释变量，另一种是错误地选择了回归模型的形式。在前一种情况下，如果漏掉的解释变量是自相关的，那么必然会在随机误差项中反映出来。在后一种情况下，回归模型采用的数学模型与所研究问题的真实关系不一致，也会使得随机误差项表现出相关性。

例如，在研究一个村镇的居民消费时，当期的消费除了依赖于当期的收入外，还受到以往的消费支出的影响，特别是最临近的时期，这是因为消费支出常常表现出一定的惯性。假定当期消费仅仅受到上一期消费的影响，则设定的计量经济模型为

$$Y_t = \beta_0 + \beta_1 X_t + \beta_2 Y_{t-1} + \mu_t \tag{8-4}$$

式中，Y_t代表居民消费，X_t代表居民收入。如果忽略了消费支出的滞后效应，在式（8-4）中没有包含上期消费，那么，上期消费必然包含在随机误差项中，形成一种系统性的影响。

又如，在研究产量与边际成本之间的关系时，真实的边际成本回归模型应该是

$$Y_t = \beta_0 + \beta_1 X_{1t} + \beta_2 X_{1t}^2 + \mu_t \tag{8-5}$$

式中，Y_t表示边际成本，X_{1t}表示产出量。然而，在实际建立模型的过程中，如果遗漏变量，错误地将模型设定为

$$Y_t = \beta_0 + \beta_1 X_{1t} + \mu_t^* \tag{8-6}$$

那么，随机误差项就为$\mu_t^* = \beta_2 X_{1t}^2 + \mu_t$，此时的随机误差项包含了产出的平方对它的系统性影响，如果解释变量在时间上呈现序列自相关，换句话说就是出现了自回归，就将导致μ_t^*产生序列相关性。

在采用截面数据的计量经济模型中，也会有随机误差项存在序列相关的可能。例如，在研究一个村镇的居民消费时，采用的计量经济模型为

$$Y_t = \beta_0 + \beta_1 X_t + \mu_t \tag{8-7}$$

式中，Y_t代表居民消费，X_t代表居民收入。尽管各个不同家庭都按照预期消费$\beta_0 + \beta_1 X_t$消费，但实际消费会受到左邻右舍的影响，存在一定的模仿效应或攀比效应，导致不同个体的随机行为不再独立，特别是邻近的居民个体，产生了序列相关性的问题。

8.2.2 序列相关性产生的后果

当计量经济学模型出现序列相关性时，如果仍然采用OLS估计模型中的参数，那么将会产生一系列不良后果。

1. 参数估计量不再有效

在存在序列相关性的情况下，虽然参数估计值仍然是无偏的、一致的，但不再具有最小方差性，参数估计值非有效。例如，存在1阶序列自相关时，对于一元回归模型采用OLS时，估计量$\hat{\beta}_1$的方差为

$$\text{Var}(\hat{\beta}_1) = \frac{\sigma^2}{\sum x_i^2} + \frac{2\sigma^2}{\sum x_i^2} \sum_{t=1}^{n-1} \sum_{j=1}^{n-i} \rho^i x_t x_{t+j} \tag{8-8}$$

显然，$\rho = 0$时，式（8-8）的方差就是经典假设下的最小方差。

2. 变量的显著性检验失去意义

变量显著性检验中的t统计量是在参数方差正确估计的基础上得到的，而只有当随机误差项

具有同方差性和相互独立性时，才能估计出式（8-2）的正确的参数方差$\mathrm{Var}(\hat{\beta}_j)(j=0,1,\cdots,k)$，否则会出现$\mathrm{Var}(\hat{\beta}_j)$偏大或者偏小，那么，$t$统计量的绝对值就变小或变大，$t$检验以及其他检验都将失去意义。假如在一元回归模型中存在1阶序列自相关，并且式（8-8）的方差小于经典假设下的方差，在这种情况下，就会得到偏离零的较大的t统计量，夸大了$\hat{\beta}_1$的显著性，失去了统计的严谨性。

3. 模型预测失效

模型的区间预测是在参数估计量的方差正确估计的基础上得出的。当方差估计有偏差的情况下，模型的区间预测是不准确的，参数的估计区间和预测的置信区间要么大、要么小，预测精度降低，也是没有意义的。

8.3 序列相关性的诊断

序列相关性的实质在于随机误差项μ_t序列存在前后的相关性。然而，实际的μ_t是无法从观察中得知的，由于残差e_t可以被视为是μ_t的估计值，因此，我们仍然可以依据OLS中得到的e_t来诊断序列相关性是否存在。

8.3.1 图示法

图示法的思路是通过观察e_t的变化规律来判断随机误差项是否存在前后相关性。根据给定的样本数据，运用OLS对式（8-2）进行回归后，求出残差$e_t,t=1,2,\cdots,n$。然后可采取以下两种方式描图。

1. 绘制e_t,e_{t-1}的散点图

如图8-1所示，做出$(e_1,e_2),(e_2,e_3),\cdots,(e_{n-1},e_n)$的散点图。如图8-1a所示，当大多数点落在第Ⅰ、第Ⅲ象限时，e_t,e_{t-1}就是正相关，表明随机误差项存在正的序列相关性。

如图8-1b所示，当大多数点落在第Ⅱ、第Ⅳ象限时，e_t,e_{t-1}就是负相关，表明随机误差项存在负的序列相关性。

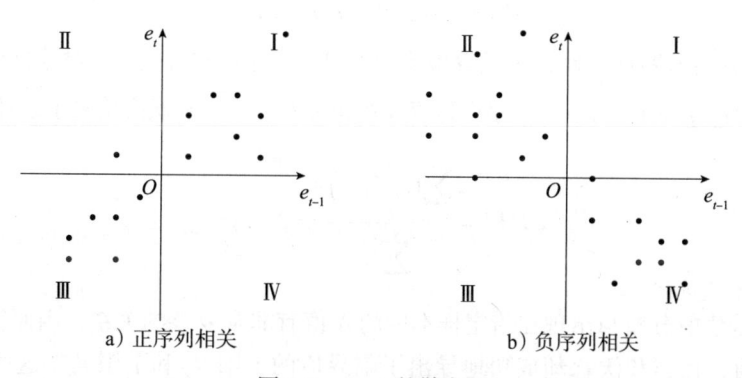

a）正序列相关 b）负序列相关

图8-1 e_t,e_{t-1}的散点图

2. 按照时间顺序绘制残差e_t的图形

做出$e_t(t=1,2,\cdots,n)$随时间t变化的图形。倘若e_t随时间的变化表现出有规律的变化形式，如锯齿形或者波浪形，则e_t就存在序列相关性。如若e_t并不随时间发生规律性的变化，那么随机项μ_t则是非序列相关的。

如图 8-2a 所示，e_t随着t的变化而交替地变大变小，则说明e_t之间存在负的序列相关性。

如图 8-2b 所示，e_t并不随t的变化而频繁地交替变化，在一段时期呈现e_{t-1}与e_t同时变大的趋势，而在另一段时期呈现同时变小的趋势，呈现周期性变化的形态，表明e_t之间存在正的序列相关性。

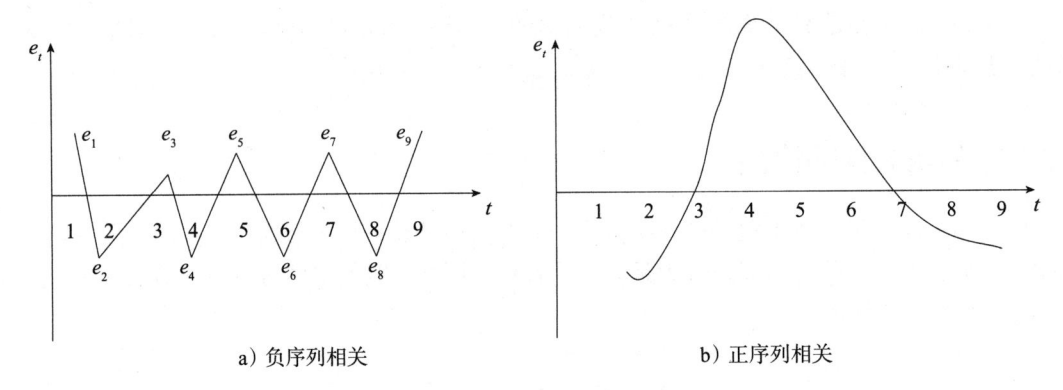

a) 负序列相关　　　　b) 正序列相关

图 8-2　e_t随时间t变化的图形

8.3.2　杜宾-沃森检验

杜宾－沃森检验是杜宾（J.Durbin）和沃森（G.S.Watson）在1951年提出的检验序列相关性的方法，也是较为常用的检验序列相关性的方法。该方法的前提条件如下。

（1）变量X是非随机变量，也就是说，在重复取样中是固定的。

（2）随机误差项μ_t存在1阶序列相关性，即$\mu_t = \rho\mu_{t-1} + \varepsilon_t$，$-1 \leqslant \rho \leqslant 1$，$\rho$为自相关系数。

（3）在回归方程中，不能把被解释变量的滞后值作为解释变量。换言之，该检验不适用于形如式（8-9）包含被解释变量的滞后期的模型

$$Y_t = \beta_0 + \beta_1 X_t + \beta_2 Y_{t-1} + \mu_t \tag{8-9}$$

（4）模型中含有截距项。杜宾－沃森检验的思想就是通过构造统计量检验自相关系数ρ是否为零。原假设为$H_0: \rho = 0$。为了检验序列是否存在相关性，杜宾和沃森构造了统计量

$$D.W. = \frac{\sum_{t=2}^{n}(e_t - e_{t-1})^2}{\sum_{t=1}^{n}e_t^2} = 2 - 2\rho \tag{8-10}$$

$D.W.$统计量值的分布与出现在给定样本中的X值有非常复杂的关系，因而很难导出它的准确的分布。然而，杜宾和沃森却成功地导出了临界值的上限d_U和下限d_L。这些临界值只与观

测值的个数 n 和解释变量的个数 k 有关，而与解释变量的取值无关。因此，只需按照式（8-10）计算出 $D.W.$ 统计量的值，再根据观测值的个数 n，查自由度为 k（k 为含常数项的解释变量的个数）的 $D.W.$ 分布表，得出临界值 d_U 和 d_L，再结合图 8-3 就可以判断出模型是否存在 1 阶自相关。

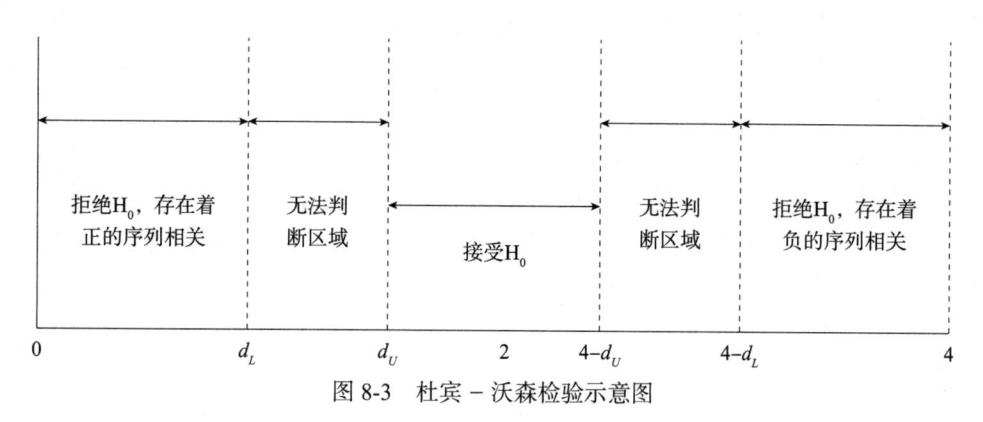

图 8-3　杜宾-沃森检验示意图

如图 8-3 所示，可通过如下规则判断是否存在序列自相关。

若 $0 < D.W. < d_L$，则拒绝 H_0，认为随机误差项存在正的 1 阶序列相关性。

若 $d_L \leqslant D.W. \leqslant d_U$，则无法判断。

若 $d_U < D.W. < 4 - d_U$，则接受 H_0，认为随机误差项不存在 1 阶序列相关性。

若 $4 - d_U \leqslant D.W. \leqslant 4 - d_L$，则无法判断。

若 $4 - d_L < D.W. < 4$，则拒绝 H_0，认为随机误差项存在负的 1 阶序列相关性。

将式（8-10）的 $D.W.$ 统计量展开，有

$$D.W. = \frac{\sum_{t=2}^{n}(e_t - e_{t-1})^2}{\sum_{t=1}^{n} e_t^2} = \frac{\sum e_t^2 + \sum e_{t-1}^2 - 2\sum e_t e_{t-1}}{\sum e_t^2} \quad (8\text{-}11)$$

当 n 充分大时，$\sum e_t^2 \approx \sum e_{t-1}^2$，所以

$$D.W. \approx 2 - 2\frac{\sum e_t e_{t-1}}{\sum e_t^2}$$

又因为残差项 e_t 与 e_{t-1} 之间的相关系数 ρ 为

$$\rho = \frac{\sum(e_t - \bar{e}_t)(e_{t-1} - \bar{e}_{t-1})}{\sqrt{\sum e_t^2}\sqrt{\sum e_{t-1}^2}} = \frac{\sum e_t e_{t-1}}{\sqrt{\sum e_t^2}\sqrt{\sum e_{t-1}^2}} \quad (8\text{-}12)$$

当 n 充分大时，$\sum e_t^2 \approx \sum e_{t-1}^2$，此时，$\hat{\rho} = \dfrac{\sum e_t e_{t-1}}{\sum e_t^2}$，即为 ρ 的较好估计量，所以

$$D.W. \approx 2 - 2\hat{\rho} \quad (8\text{-}13)$$

由式（8-13）可知：

$\hat{\rho}=-1$ 时， $D.W.=4$　　存在负的 1 阶序列相关性

$\hat{\rho}=0$ 时， $D.W.=2$　　不存在 1 阶序列相关性

$\hat{\rho}=1$ 时， $D.W.=0$　　存在正的 1 阶序列相关性

从上面的分析中可以看出，杜宾－沃森检验具有明显的缺陷：一是它只适用于检验是否存在 1 阶序列相关性，对更高阶的序列相关性无法进行检测；二是存在无法判断是否存在序列相关的情形。

在 EViews 软件中，在报告出相关结果的同时，也报告出了 $D.W.$ 统计量，如图 3-5 中给出的 $D.W.$ 统计量约为 0.283，在 5% 的显著性水平下， $D.W.$ 分布的下限临界值 d_L 和上限临界值 d_U 分别为 1.32、1.47，由于 $D.W.$ 统计量 0.283 介于 0 与下限临界值 d_L（1.32）的区间，拒绝不存在序列相关的原假设，认为随机误差项存在正的序列自相关。

8.3.3 拉格朗日乘数检验

为了克服杜宾－沃森检验的缺陷，统计学家布劳舒（Breusch）和戈弗雷（Godfrey）于 1978 年提出了一种新的检验方法，即拉格朗日乘数检验（Lagrange multiplier test，LM 检验），又称 BG 检验。这种方法允许被解释变量的滞后项存在，同时还可以检验高阶序列相关性，因此它比杜宾－沃森检验更具有一般性。

怀疑式（8-2）中的随机误差项存在 p 阶序列相关性，即有

$$\mu_t = \rho_1\mu_{t-1} + \rho_2\mu_{t-2} + \cdots + \rho_p\mu_{t-p} + \varepsilon_t \tag{8-14}$$

式中， ε_t 符合经典假设。拉格朗日乘数检验就是检验如下受约束回归方程

$$Y_t = \beta_0 + \beta_1 X_{1t} + \cdots + \beta_k X_{kt} + \rho_1\mu_{t-1} + \rho_2\mu_{t-2} + \cdots + \rho_p\mu_{t-p} + \varepsilon_t \tag{8-15}$$

其约束条件为拉格朗日乘数检验的原假设 H_0 ，即为

$$H_0: \rho_1 = \rho_2 = \cdots = \rho_p = 0$$

备择假设 H_1 为

$$H_1: \rho_i(i=1,2,\cdots,p)\text{中至少有一个不为零}$$

因随机误差项 μ_i 不可观测，因此，对式（8-2）进行估计，获取残差项 e_t ，然后用残差项 e_t 替代。为了检验原假设 H_0 是否成立，构造辅助回归方程

$$e_t = \beta_0 + \beta_1 X_{1t} + \cdots + \beta_k X_{kt} + \rho_1 e_{t-1} + \rho_2 e_{t-2} + \cdots + \rho_p e_{t-p} + \varepsilon_t \tag{8-16}$$

若 H_0 为真，则 LM 统计量在大样本下渐近服从自由度为 p 的 χ^2 分布

$$\text{LM} = nR^2 \sim \chi^2(p)$$

式中， n 、 R^2 分别是式（8-16）的样本容量和判定系数。

给定显著性水平 α ，查自由度为 p 的序列相关阶数 p 的 χ^2 分布的临界值 $\chi^2_\alpha(p)$ 。若 LM $> \chi^2_\alpha(p)$ ，则拒绝不存在序列相关的原假设 H_0 ，接受存在序列相关的备择假设 H_1 ，认为模型存在序列相关性；反之，不能拒绝不存在序列相关的原假设 H_0 ，认为模型在给定显著性水平 α 下，不存在序列相

关性。在实际运用时，通常是从 1 阶开始逐次向更高阶检验的。在 EViews 软件中，可以直接在估计出回归方程的窗口下进行 LM 检验。如图 3-5 所示的是采用表 3-1 的样本数据估计出的回归方程所对应的窗口，在这个窗口下，单击"View/Residual Tests/Serial Correlation LM test"，就会出现如图 8-4 所示的对话框。

在图 8-4 中，"Lags to include"表示随机误差项的滞后期，也就是可能存在序列相关性的阶数。在序列相关性检验时，阶数从 1 阶开始，依次逐个向高阶进行。在图 8-4 的窗口要求的滞后阶数处键入"1"后，就会得到表 8-1 所示的 LM 检验输出结果。

图 8-4 LM 检验的滞后期

表 8-1 LM 检验输出结果（1）

Breusch-Godfrey Serial Correlation LM Test:

| F-statistic | 83.77083 | Probability | 0.000000 |
| Obs*R-squared | 24.29830 | Probability | 0.000001 |

Test Equation:
Dependent Variable: RESID
Method: Least Squares
Presample missing value lagged residuals set to zero.

Variable	Coefficient	Std. Error	t-Statistic	Prob.
X	-0.000856	0.002009	-0.425800	0.6733
C	11.50639	76.65019	0.150116	0.8817
RESID(-1)	0.869346	0.094983	9.152641	0.0000
R-squared	0.736312	Mean dependent var		-1.15E-12
Adjusted R-squared	0.718733	S.D. dependent var		559.5426
S.E. of regression	296.7513	Akaike info criterion		14.31017
Sum squared resid	2641840.	Schwarz criterion		14.44622
Log likelihood	-233.1179	F-statistic		41.88541
Durbin-Watson stat	1.425749	Prob(F-statistic)		0.000000

表 8-1 中的 Obs*R-squared 就是 LM 统计量，为 24.298，其对应的 Probability 就是 LM 检验的原假设成立的概率，称为 P 值。由于 P 值几乎为零，小于 0.01，说明在 1% 的显著性水平下，拒绝不存在序列相关的原假设，存在 1 阶序列自相关。在图 8-4 中，将滞后阶数改为 2，对应的 LM 检验输出结果见表 8-2。

表 8-2 LM 检验输出结果（2）

Breusch-Godfrey Serial Correlation LM Test:

| F-statistic | 43.60386 | Probability | 0.000000 |
| Obs*R-squared | 24.76475 | Probability | 0.000004 |

Test Equation:
Dependent Variable: RESID
Method: Least Squares

(续)

Presample missing value lagged residuals set to zero.

Variable	Coefficient	Std. Error	t-Statistic	Prob.
X	-0.001167	0.002003	-0.582598	0.5647
C	17.12979	75.96907	0.225484	0.8232
RESID(-1)	1.115465	0.213800	5.217327	0.0000
RESID(-2)	-0.276255	0.215550	-1.281631	0.2101
R-squared	0.750447	Mean dependent var		-1.15E-12
Adjusted R-squared	0.724631	S.D. dependent var		559.5426
S.E. of regression	293.6234	Akaike info criterion		14.31569
Sum squared resid	2500226.	Schwarz criterion		14.49708
Log likelihood	-232.2088	F-statistic		29.06924
Durbin-Watson stat	2.071714	Prob(F-statistic)		0.000000

表 8-2 的结果显示，LM 统计量为 24.765，对应的 Probability 值为 0.000 004，小于 0.01，说明在 1% 的显著性水平下，拒绝不存在序列相关的原假设，同时，在 5% 的显著性水平下，"RESID(-2)"的参数估计值显著为零，表明不存在 2 阶序列自相关性。同时，$D.W.$ 统计量为 2.07，该辅助回归方程是一个满足经典假设的回归方程。可以认为，图 3-5 所示的回归方程存在 1 阶序列自相关。

8.4 如何消除序列相关性

8.4.1 广义差分法

我们已经知道，当诊断出模型存在序列相关性后，就不能直接采用普通最小二乘法进行回归，必须发展新的估计方法。本小节介绍一种在消除序列相关性方面最常用的方法——广义差分法（generalized difference method）。广义差分法的思想是将原模型转化为对应的差分形式，消除序列相关性，然后用普通最小二乘法对变换后的模型进行估计，间接得到原模型的参数估计值。

由于出现序列相关性的只是随机误差项不满足独立的假设，与模型中的解释变量的多少完全无关，所以，多元回归模型与一元回归模型的广义差分法原理相同。因此，为便于理解，以一元回归模型为例进行介绍。对于一元回归模型

$$Y_t = \beta_0 + \beta_1 X_t + \mu_t \tag{8-17}$$

如果式（8-17）存在 1 阶序列相关性，呈现为

$$\mu_t = \rho\mu_{t-1} + \varepsilon_t, \quad -1 \leq \rho \leq 1, \rho \neq 0$$

式中，ε_t 满足经典假设。首先，式（8-17）取滞后 1 期，接着两边乘以 ρ，然后做变换 $Y_t - \rho Y_{t-1}$，即有

$$\begin{aligned} Y_t - \rho Y_{t-1} &= \beta_0 + \beta_1 X_t + \mu_t - \rho(\beta_0 + \beta_1 X_{t-1} + \mu_{t-1}) \\ &= \beta_0(1-\rho) + \beta_1(X_t - \rho X_{t-1}) + \mu_t - \rho\mu_{t-1} \\ &= \beta_0(1-\rho) + \beta_1(X_t - \rho X_{t-1}) + \varepsilon_t \end{aligned} \tag{8-18}$$

令 $Y_t^* = Y_t - \rho Y_{t-1}$，$X_t^* = X_t - \rho X_{t-1}$，$\beta_0^* = \beta_0(1-\rho)$，$\beta_1^* = \beta_1$，则式（8-18）可改写为

$$\begin{aligned} Y_t^* &= \beta_0(1-\rho) + \beta_1 X_t^* + \varepsilon_t \\ &= \beta_0^* + \beta_1^* X_t^* + \varepsilon_t \end{aligned} \quad (8\text{-}19)$$

由于 ε_t 满足经典假设，所以，式（8-19）不再具有序列相关性的问题。如果 ρ 已知，因被解释变量 Y_t 和解释变量 X_t 的实际观测值是已知的，所以 Y_t^* 和 X_t^* 也就已知，这样就可以直接采用普通最小二乘法对式（8-19）进行估计，估计出参数 $\hat{\beta}_0^*$、$\hat{\beta}_1^*$，于是，从变换关系中得到

$$\hat{\beta}_0 = \frac{\hat{\beta}_0^*}{1-\rho}, \quad \hat{\beta}_1 = \hat{\beta}_1^*$$

至此，我们也就得到了式（8-19）的估计方程了，这种估计方法称为广义差分法。需要注意的是，在这种估计方法下损失了 1 个样本观测值。不过，为了弥补这一损失，学者 K.R.Kadiyala 认为第一个观测值可以采用 $Y_1^* = \sqrt{1-\rho^2}\, Y_1$ 和 $X_1^* = \sqrt{1-\rho^2}\, X_1$。

如果式（8-17）存在 p 阶序列相关性

$$\mu_t = \rho_1 \mu_{t-1} + \rho_2 \mu_{t-2} + \cdots + \rho_p \mu_{t-p} + \varepsilon_t$$

同样可以采用广义差分法来消除，对式（8-17）依次取 p 期滞后，然后在第 i 个滞后期上乘以 $\rho_i(i=1,2,\cdots,p)$，再相减有

$$Y_t - \rho_1 X_{t-1} - \cdots - \rho_p X_{t-p} = \beta_0(1-\rho_1-\cdots-\rho_p) + \beta_1(X_t - \rho_1 X_{t-1} - \cdots - \rho_p X_{t-p}) + \varepsilon_t \quad (8\text{-}20)$$

令 $Y_t^* = Y_t - \rho_1 Y_{t-1} - \cdots - \rho_p Y_{t-p}$，$X_t^* = X_t - \rho_1 X_{t-1} - \cdots - \rho_p X_{t-p}$，式（8-20）可化为

$$Y_t^* = \beta_0(1-\rho_1-\cdots-\rho_p) + \beta_1 X_t^* + \varepsilon_t \quad (8\text{-}21)$$

由于 ε_t 满足经典假设，所以式（8-21）不再具有序列相关性，可以采用普通最小二乘法进行回归了。与 1 阶序列相关性类似，在存在 p 阶序列相关性时，将会损失 p 个样本观测值，用于估计式（8-21）的有效样本为 $n-p$。

如果含有 k 个解释变量的多元回归模型式（8-2）存在 p 阶序列相关性，也可做类似变换，变换结果为

$$Y_t^* = \beta_0(1-\rho_1-\cdots-\rho_p) + \beta_1 X_{1t}^* + \beta_2 X_{2t}^* + \cdots + \beta_k X_{kt}^* + \varepsilon_t \quad (8\text{-}22)$$

式中，$Y_t^* = Y_t - \rho_1 Y_{t-1} - \cdots - \rho_p Y_{t-p}$，$X_{it}^* = X_{it} - \rho_1 X_{i(t-1)} - \cdots - \rho_p X_{i(t-p)}(i=1,2,\cdots,p)$

只需对式（8-21）或式（8-22）进行估计，然后通过变换过程中的对应关系求出式（8-17）的参数估计值，得到式（8-17）的估计方程。

8.4.2　自相关系数 ρ 的估计

广义差分法得以实施的关键是 ρ 的值已知，但自相关系数 ρ 的值是未知的，因此，必须采用一些适当的方法对自回归系数 ρ 进行估计，只有得到了 ρ 的值，广义差分法才能用得上。因此，

我们的焦点就要集中于如何求 ρ。通常适用于求 ρ 的方法主要有：经验法、利用 $D.W.$ 统计量估计、科克伦－奥克特估计、杜宾两步法等。

1. 经验法

ρ 的取值是介于 $[-1,1]$ 之间的，因此，研究者经常通过事前信息或是经验值来估计 ρ 值。在计量经济学中，广泛采用的是 $\rho=1$，也就是说随机误差项之间是完全序列正相关的，这对经济时间序列来说一般是正确的，式（8-18）就可转换为一阶差分模型

$$Y_t - Y_{t-1} = \beta_1 (X_t - X_{t-1}) + \varepsilon_t \text{ 或 } \Delta Y_t = \beta_1 \Delta X_t + \varepsilon_t$$

对其采用普通最小二乘法回归即可。在这里只是估计出了式（8-18）中的参数 β_1 的值，而 β_0 的值未知。

2. 利用 $D.W.$ 统计量估计

在大样本情况下，我们在用杜宾－沃森检验法检验序列相关性时，已经得到了 $D.W.$ 统计量与自相关系数 ρ 之间的关系 $D.W. \approx 2(1-\rho)$。则在序列相关性确定存在的情况下，ρ 的估计值

$$\hat{\rho} = 1 - \frac{D.W.}{2} \tag{8-23}$$

由于大多数软件都可以计算出 $D.W.$ 统计量，因此在大样本的前提下，根据式（8-23），ρ 的估计值就不难得出了。正如杜宾－沃森检验只能检验 1 阶序列相关性一样，这种方法也只能处理只存在 1 阶序列相关性的情况。

3. 科克伦–奥克特估计

科克伦－奥克特估计（Cochrane-Orcutt estimation）其实就是进行一系列的迭代，每一次迭代都能得到比前一次更好的 ρ 的估计值。为了叙述方便，我们采用一元回归模型来阐明这种方法，多元回归模型下的迭代法与一元回归的原理相同。

假设给定模型

$$Y_t = \beta_0 + \beta_1 X_t + \mu_t \tag{8-24}$$

式中

$$\mu_t = \rho_1 \mu_{t-1} + \rho_2 \mu_{t-2} + \cdots + \rho_p \mu_{t-p} + \varepsilon_t, \quad t = 1+p, 2+p, \cdots, n \tag{8-25}$$

则科克伦－奥克特估计的步骤如下：

第 1 步：对式（8-24）采用 OLS 回归，得到 μ_t 的估计值 e_t，$e_t = Y_t - \hat{\beta}_0 - \hat{\beta}_1 X_t$。

第 2 步：将 e_t 代入式（8-25），即 $e_t = \rho_1 e_{t-1} + \rho_2 e_{t-2} + \cdots + \rho_p e_{t-p} + \varepsilon_t$，再次运用 OLS 求得 $\rho_1, \rho_2, \cdots, \rho_p$ 的估计值 $\hat{\rho}_1, \hat{\rho}_2, \cdots, \hat{\rho}_p$，这时，得到了自相关系数的第 1 次估计值。

第 3 步：利用 $\hat{\rho}_1, \hat{\rho}_2, \cdots, \hat{\rho}_p$ 对式（8-24）进行广义差分变换得广义差分模型

$$Y_t^* = \beta_0^* + \beta_1^* X_t^* + \varepsilon_t \tag{8-26}$$

式中，

$$Y_t^* = Y_t - \hat{\rho}_1 Y_{t-1} - \cdots - \hat{\rho}_p Y_{t-p}, \ X_t^* = X_t - \hat{\rho}_1 X_{t-1} - \cdots - \hat{\rho}_p X_{t-p},$$

$$\varepsilon_t = \mu_t - \hat{\rho}_1 \mu_{t-1} - \cdots - \hat{\rho}_p \mu_{t-p}, \ \beta_0^* = \beta_0 \left(1 - \hat{\rho}_1 - \cdots - \hat{\rho}_p\right), \ \beta_1 = \beta_1^*$$

对式（8-26）应用 OLS 估计得到参数 β_0^*、β_1^*，计算出式（8-24）的参数估计值 $\hat{\beta}_0$、$\hat{\beta}_1$，在式（8-24）中利用 $\hat{\beta}_0$、$\hat{\beta}_1$ 计算 μ_t 的新的估计值，然后将 μ_t 的新的估计值代入第 2 步，得到自相关系数的第 2 次估计值。比较先后估计出的两组自相关系数，如果两者之差的绝对值小于事先给定的某个精度，迭代终止，否则，继续第 3 步，重复迭代过程。

4. 杜宾两步法

与科克伦－奥克特估计迭代法相似，杜宾两步法也是先估计自相关系数 ρ，再对差分模型进行估计。为了叙述方便，我们仍然采用一元回归模型来阐明这种方法，多元回归模型与此原理相同。

第 1 步：将式（8-17）变换成差分模型

$$Y_t = \rho_1 Y_{t-1} + \rho_2 Y_{t-2} + \cdots + \rho_p Y_{t-p} + \beta_0 (1 - \rho_1 - \rho_2 - \cdots - \rho_p) + \\ \beta_1 X_t - \beta_1 \rho_1 X_{t-1} - \beta_1 \rho_2 X_{t-2} - \cdots - \beta_1 \rho_p X_{t-p} + \varepsilon_t \quad (8-27)$$

采用 OLS 估计以上方程，得到 $\rho_1, \rho_2, \cdots, \rho_p$ 的估计值 $\hat{\rho}_1, \hat{\rho}_2, \cdots, \hat{\rho}_p$。

第 2 步：在得到 $\hat{\rho}_1, \hat{\rho}_2, \cdots, \hat{\rho}_p$ 后，利用自相关系数已知下的广义差分法，就可以采用式（8-21），运用最小二乘法估计出相应的参数估计值。

在实际的运用过程中，我们没有必要按照上面的步骤去计算自相关系数的估计值，因为在 EViews 中可以采用很简单的方法实现基于科克伦－奥克特估计的广义差分法。当确认了模型中存在序列相关性时，就可通过广义差分法予以消除。式（8-20）可以改写为

$$Y_t = \beta_0 + \beta_1 X_t + \rho_1 \left(Y_{t-1} - \beta_0 - \beta_1 X_{t-1}\right) + \cdots + \rho_p \left(Y_{t-p} - \beta_0 - \beta_1 X_{t-p}\right) + \varepsilon_t \quad (8-28)$$

即

$$Y_t = \beta_0 + \beta_1 X_t + \rho_1 \mu_{t-1} + \cdots + \rho_p \mu_{t-p} + \varepsilon_t \quad (8-29)$$

在 EViews 中的实现方法为：若存在 p 阶序列相关性，就将 AR(1), AR(2), ⋯, AR(p) 加在解释变量中。其中，AR(p) 表示随机误差项的 p 阶序列相关性，即 μ_{t-p}。EViews 在估计中会自动完成 $\rho_1, \rho_2, \cdots, \rho_p$ 的迭代，并显示迭代的次数。在确定应该引入几阶序列相关性时，主要的判断依据是 D.W. 统计量和 AR(p) 的参数的显著性。假定引入了 p 阶序列相关性，只有在通过了杜宾－沃森检验的同时，AR(p) 的参数是显著的，我们才能认为存在 p 阶序列相关性。因此，在检验存在序列相关性的情况下，逐次引入 AR(1), AR(2), ⋯，直到杜宾－沃森检验和相应的参数显著性检验同时通过为止。

一旦检验出存在序列自相关，就必须采用补救的方法消除序列自相关。在 EViews 软件中，自相关系数的计算和广义差分法是一气呵成的，自相关系数是用迭代法实现的。为了了解如何运用 EViews 软件来实现前述消除序列相关性的方法，首先回到图 3-5，单击图中的 Estimate 菜单，将会出现如图 8-5 所示的界面，然后把空白处的"Y X C"改为"Y C X AR(1)"，单击"OK"，就得到表 8-3 所示的估计结果。

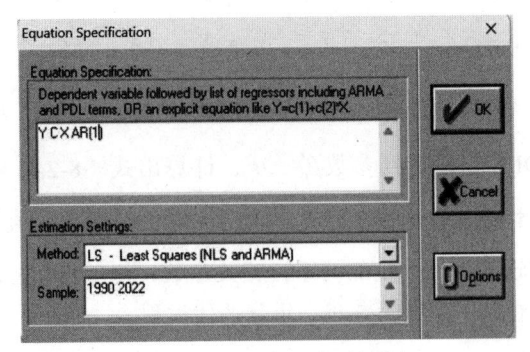

图 8-5 方程表达式对话框

表 8-3 广义差分法的估计结果（1）

Dependent Variable: Y
Method: Least Squares
Sample(adjusted): 1991 2022
Included observations: 32 after adjusting endpoints
Convergence achieved after 5 iterations

Variable	Coefficient	Std. Error	t-Statistic	Prob.
C	344.6915	623.8027	0.552565	0.5848
X	0.368778	0.010586	34.83504	0.0000
AR(1)	0.864699	0.094791	9.122145	0.0000
R-squared	0.999103	Mean dependent var		11073.63
Adjusted R-squared	0.999041	S.D. dependent var		9749.857
S.E. of regression	301.9370	Akaike info criterion		14.34737
Sum squared resid	2643813.	Schwarz criterion		14.48479
Log likelihood	-226.5580	F-statistic		16147.51
Durbin-Watson stat	1.446389	Prob(F-statistic)		0.000000
Inverted AR Roots	.86			

从表 8-3 可以看出，AR(1) 的参数对应的 Prob. 值几乎为零，小于 0.01，说明在 1% 的显著性水平下对应参数显著不为零，表明存在序列相关性。因此，还需要探寻是不是存在 2 阶序列自相关，继续引入 AR(2)，在图 8-5 的空白处，录入 "Y C X AR(1) AR(2)"，单击 "OK"，得到表 8-4 所示的估计结果。

表 8-4 广义差分法的估计结果（2）

Dependent Variable: Y
Sample(adjusted): 1992 2022
Included observations: 31 after adjusting endpoints
Convergence achieved after 6 iterations

Variable	Coefficient	Std. Error	t-Statistic	Prob.
C	259.0864	525.8445	0.492705	0.6262
X	0.370122	0.010335	35.81143	0.0000
AR(1)	1.090649	0.219589	4.966783	0.0000
AR(2)	-0.256040	0.223055	-1.147877	0.2611

R-squared	0.999112	Mean dependent var	11400.78
Adjusted R-squared	0.999013	S.D. dependent var	9730.845
S.E. of regression	305.6370	Akaike info criterion	14.40259
Sum squared resid	2522178.	Schwarz criterion	14.58762
Log likelihood	-219.2401	F-statistic	10127.53
Durbin-Watson stat	2.023370	Prob(F-statistic)	0.000000
Inverted AR Roots	.75	.34	

从表 8-4 可以看出，AR(1) 的参数对应的 Prob. 值仍然几乎为零，小于 0.01，AR(2) 的参数对应的 Prob. 值为 0.2611，大于 0.01，说明在 1% 的显著性水平下，只存在 1 阶序列自相关。

至于是否存在更高阶的序列自相关，读者可按照相同的方法继续进行检验。若综合当前是最终检验结果，认为存在 1 阶序列自相关，则得到的广义差分法下的估计结果为

$$Y = 344.692 + 0.369X$$

8.5 案例分析

案例 8-1

宏观经济学中，进出口的自发支出乘数为

$$K = \frac{1}{1-b(1-t)+m}$$

式中，m 为边际进口倾向，b 为边际消费倾向，t 为边际税率。在其他参数已知的条件下，要计算自发支出乘数，就必须估计出边际进口倾向。我们采用我国 1978—2022 年的进口总额数据和国内生产总值数据来估算边际进口率。相关数据由表 8-5 给出。

表 8-5　我国 1978—2022 年进口总额与国内生产总值的数据　　（单位：亿元）

年份	国内生产总值	进口总额	年份	国内生产总值	进口总额
1978	3 678.7	187.39	1989	17 179.74	2 199.9
1979	4 100.45	242.9	1990	18 872.87	2 574.28
1980	4 587.58	298.84	1991	22 005.63	3 398.65
1981	4 935.83	367.7	1992	27 194.53	4 443.33
1982	5 373.35	357.5	1993	35 673.23	5 986.21
1983	6 020.92	421.8	1994	48 637.45	9 960.06
1984	7 278.5	620.5	1995	61 339.89	11 048.13
1985	9 098.95	1 257.85	1996	71 813.63	11 557.43
1986	10 376.15	1 498.3	1997	79 715.04	11 806.56
1987	12 174.59	1 614.2	1998	85 195.51	11 626.14
1988	15 180.39	2 055.1	1999	90 564.38	13 736.46

(续)

年份	国内生产总值	进口总额	年份	国内生产总值	进口总额
2000	100 280.14	18 638.81	2012	538 580	114 801
2001	110 863.1	20 159.18	2013	592 963.2	121 037.5
2002	121 717.4	24 430.27	2014	643 563.1	120 358
2003	137 422	34 195.56	2015	688 858.2	104 336.1
2004	161 840.2	46 435.76	2016	746 395.1	104 967.2
2005	187 318.9	54 273.68	2017	832 036	124 789.8
2006	219 438.5	63 376.86	2018	919 281.1	140 880.3
2007	270 092.3	73 296.93	2019	986 515.2	143 253.7
2008	319 244.6	79 526.53	2020	1 013 567	142 936.4
2009	348 517.7	68 618.37	2021	1 143 670	173 634.3
2010	412 119.3	94 699.5	2022	1 210 207	180 600.1
2011	487 940.2	113 161.4	—	—	—

资料来源：中华人民共和国国家统计局。

1. 建立模型

我们用 GDP 代表国内生产总值，用 IM 代表进口总额，建立一元回归模型

$$\text{IM}_t = \beta_0 + \beta_1 \text{GDP}_t + \mu_t \quad (8\text{-}30)$$

因为 $\beta_1 = d(\text{IM})/d(\text{GDP})$，d 表示微分，所以，$\beta_1$ 便是边际进口倾向，表示GDP每增加 1 元进口增加 β_1 元。将数据录入 EViews，在工作文件下，单击"Quick/Estimate Equation"，键入"IM C GDP"，单击"OK"得到表 8-6 所示的回归结果。

表 8-6　进口总额与国内生产总值的回归结果

Dependent Variable: IM
Method: Least Squares
Sample: 1978 2022
Included observations: 45

Variable	Coefficient	Std. Error	t-Statistic	Prob.
C	6462.749	2570.663	2.514040	0.0158
GDP	0.153415	0.005653	27.13740	0.0000

R-squared	0.944832	Mean dependent var	50214.81
Adjusted R-squared	0.943549	S.D. dependent var	56531.17
S.E. of regression	13431.47	Akaike info criterion	21.89201
Sum squared resid	7.76E+09	Schwarz criterion	21.97231
Log likelihood	-490.5703	F-statistic	736.4384
Durbin-Watson stat	0.220830	Prob(F-statistic)	0.000000

2. 进行序列相关性检验

（1）图示法。

方法一：e_t-t 的关系图。我们采用 EViews 画出残差项 e_t 与时间 t 以及 e_t 与 e_{t-1} 的关系图。在估计出结果后，返回工作文件打开 "resid"（残差的数据就存储在这里），单击它后，在 Series 窗口下，选择 "View/Line Graph"，就会出现残差项 e_t 与时间 t 的关系图，如图 8-6a 所示。它们有些时间段内是同时上升的，而有些时间段内是同时下降的，呈现周期状的形态，表明残差项存在正的序列相关性。

方法二：e_t-e_{t-1} 的关系图。在工作文件下，单击 "Quick/Generate Series"，在空白处键入 "e1=resid" 单击 "OK"，再单击 "Quick/Generate Series"，在空白处键入 "e2=resid(-1)"，单击 "OK"。其中 e1 表示残差 e_t，e2 表示滞后 1 期的残差 e_{t-1}。回到工作文件窗口，选中 e1 和 e2，单击右键 "Open/as Group"，弹出新的窗口，在新窗口界面下单击 "View/Gragh"，在 "Specific" 中选择 "Scatter"，单击 "OK"，便得到 e_t 与 e_{t-1} 的关系图，如图 8-6b 所示，明显看出残差项存在正的序列相关性，因为散点图呈现在第 I 象限和第 III 象限中。

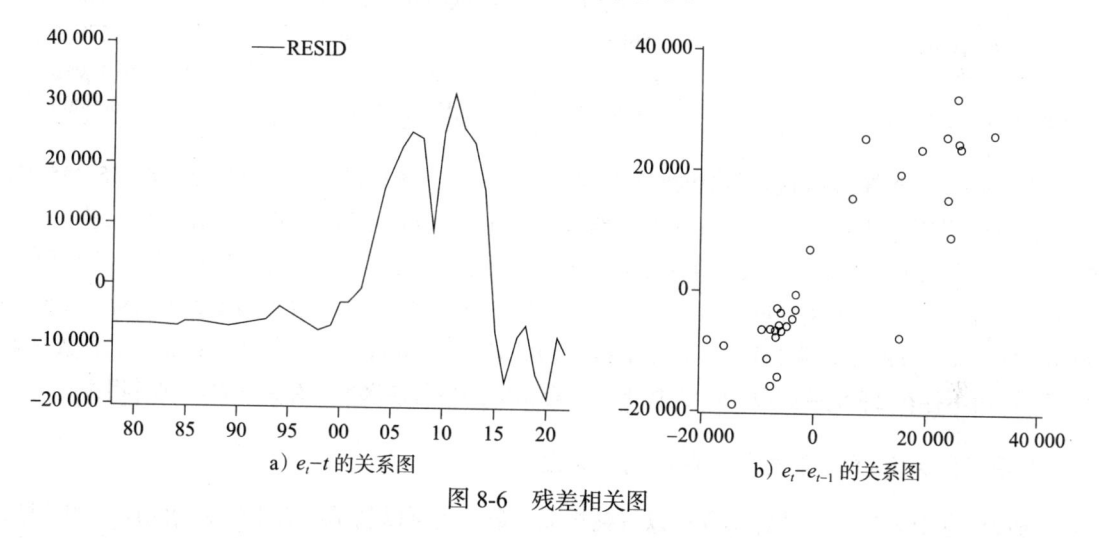

a) e_t-t 的关系图 b) e_t-e_{t-1} 的关系图

图 8-6　残差相关图

无论从方法一还是从方法二，都得出残差项存在正的序列相关性，表明随机误差项存在正的序列相关性。

（2）杜宾-沃森检验。从杜宾-沃森检验来看，在 5% 的显著性水平下，$n=45$，$k=2$，查表得 $D.W.$ 统计量的上限临界值 d_U 和下限临界值 d_L 分别为 1.57、1.48，而表 8-6 所示的 $D.W.$ 统计量约为 0.221，小于下限临界值 d_L，即小于 1.48，根据杜宾-沃森 $D.W.$ 检验规则，拒绝不存在序列相关的原假设，接受存在序列自相关的备择假设，并且 $D.W.$ 统计量为 0.221 介于 0 与下限临界值 1.48 之间，认为存在正的 1 阶序列相关性。

（3）拉格朗日乘数检验。为了验证是否存在更高阶的序列相关性，接下来采用拉格朗日乘数检验来做进一步检测。回到报告出表 8-6 的界面，单击 "View/Residual Tests/Serial Correlation LM test"，将滞后期填写为 2，便得到表 8-7 所示的结果。

表 8-7　拉格朗日乘数（LM）检验结果

Breusch-Godfrey Serial Correlation LM Test:

F-statistic	81.26463	Probability	0.000000
Obs*R-squared	35.93496	Probability	0.000000

Test Equation:
Dependent Variable: RESID
Method: Least Squares
Presample missing value lagged residuals set to zero.

Variable	Coefficient	Std. Error	t-Statistic	Prob.
C	342.7275	1184.924	0.289240	0.7739
GDP	-0.001844	0.002636	-0.699602	0.4881
RESID(-1)	1.088411	0.152539	7.135276	0.0000
RESID(-2)	-0.217042	0.154301	-1.406609	0.1671
R-squared	0.798555	Mean dependent var		4.93E-12
Adjusted R-squared	0.783815	S.D. dependent var		13277.96
S.E. of regression	6173.681	Akaike info criterion		20.37867
Sum squared resid	1.56E+09	Schwarz criterion		20.53926
Log likelihood	-454.5200	F-statistic		54.17642
Durbin-Watson stat	1.885033	Prob(F-statistic)		0.000000

从表 8-7 可以得知，LM 检验的辅助回归模型式（8-16）的 χ^2 统计量为 $nR^2 = 45 \times 0.798\,555 \approx 35.93$，对应的 Prob. 值几乎为零，因为 Prob. 值小于给定显著性水平 1%，因此，在 1% 的显著性水平下，拒绝不存在序列相关的原假设，接受存在序列相关的备择假设，说明在统计意义下存在序列相关性。在 1% 的显著性水平下，因为 Prob. 值小于 0.01，所以，"RESID(-1)"显著不为零，说明存在 1 阶序列相关性。在 10% 的显著性水平下，由于 Prob. 值 0.1671 大于 0.1，因此，"RESID(-2)"的系数显著为零，因而不存在 2 阶序列相关性。总体上看，在 10% 的显著性水平下存在 1 阶序列自相关。

3. 采用科克伦-奥克特估计消除序列相关性

通过科克伦－奥克特估计不仅可以得到相关系数，还可以利用广义差分法消除序列相关性，直接得到最终估计结果。在得到表 8-6 所示的回归结果后，单击"Estimate"，键入"IM C GDP AR(1) AR(2)"，便得到表 8-8 所示的结果。

表 8-8　广义差分法的估计结果（1）

Dependent Variable: IM
Method: Least Squares
Sample(adjusted): 1980 2022
Included observations: 43 after adjusting endpoints
Convergence achieved after 10 iterations

Variable	Coefficient	Std. Error	t-Statistic	Prob.
C	5606.056	9632.254	0.582009	0.5639
GDP	0.154627	0.014871	10.39811	0.0000
AR(1)	1.106778	0.157727	7.017069	0.0000
AR(2)	-0.239615	0.159586	-1.501475	0.1413

(续)

R-squared	0.988660	Mean dependent var	52540.37
Adjusted R-squared	0.987788	S.D. dependent var	56774.72
S.E. of regression	6274.100	Akaike info criterion	20.41466
Sum squared resid	1.54E+09	Schwarz criterion	20.57849
Log likelihood	−434.9151	F-statistic	1133.398
Durbin-Watson stat	1.898367	Prob(F-statistic)	0.000000
Inverted AR Roots	.81	.30	

从表 8-8 可知，AR(1) 对应的 Prob. 值几乎为零，小于 0.01，因此，AR(1) 在 1% 的显著性水平下显著不为零。AR(2) 的参数显著为零，因为 Prob. 值为 0.141，大于 0.1，因此，在 10% 的显著性水平下显著为零。对此，我们可以认为存在 1 阶序列自相关。

在存在 1 阶序列正相关时，在表 8-6 所示的回归结果的窗口下，单击 "Estimate"，键入 "IM C GDP AR(1)"，便得到表 8-9 所示的估计结果。

表 8-9 广义差分法的估计结果（2）

Dependent Variable: IM
Method: Least Squares
Sample(adjusted): 1979 2022
Included observations: 44 after adjusting endpoints
Convergence achieved after 10 iterations

Variable	Coefficient	Std. Error	t-Statistic	Prob.
C	7198.001	11599.09	0.620566	0.5383
GDP	0.150607	0.015124	9.957787	0.0000
AR(1)	0.890167	0.073289	12.14602	0.0000
R-squared	0.988232	Mean dependent var		51351.80
Adjusted R-squared	0.987658	S.D. dependent var		56661.86
S.E. of regression	6294.873	Akaike info criterion		20.39860
Sum squared resid	1.62E+09	Schwarz criterion		20.52025
Log likelihood	−445.7693	F-statistic		1721.492
Durbin-Watson stat	1.584327	Prob(F-statistic)		0.000000
Inverted AR Roots	.89			

从表 8-9 可以得到式（8-30）的最终估计方程为

$$IM = 7198.001 + 0.151 GDP \tag{8-31}$$

由此，从式（8-31）中可以得出国内生产总值每增加 1 元，进口就会增加约 0.151 元。

案例 8-2

根据奥肯定律，GDP 每增长 2%，可以使失业率降低约 1%，为了研究我国 GDP 与失业率的关系，我们采用 2007—2016 年季度数据建立计量模型进行分析。数据见表 8-10。

表 8-10 2007—2016 年季度 GDP 增长与失业率数据

时间	GDP 增长（%）	失业率（%）	时间	GDP 增长（%）	失业率（%）
2007.03	13.8	4.1	2012.03	8.1	4.10
2007.06	14.3	4.1	2012.06	7.6	4.10
2007.09	14.3	4.0	2012.09	7.5	4.10
2007.12	14.2	4.0	2012.12	8.1	4.10
2008.03	11.5	4.0	2013.03	7.9	4.10
2008.06	11.2	4.0	2013.06	7.6	4.10
2008.09	10.6	4.0	2013.09	7.9	4.04
2008.12	9.7	4.2	2013.12	7.7	4.05
2009.03	6.2	4.3	2014.03	7.4	4.08
2009.06	7.1	4.3	2014.06	7.5	4.08
2009.09	8.3	4.3	2014.09	7.1	4.07
2009.12	9.4	4.3	2014.12	7.2	4.09
2010.03	12.2	4.2	2015.03	7.0	4.05
2010.06	11.4	4.2	2015.06	7.0	4.04
2010.09	10.9	4.1	2015.09	6.9	4.05
2010.12	10.6	4.1	2015.12	6.8	4.05
2011.03	10.2	4.1	2016.03	6.7	4.04
2011.06	10.1	4.1	2016.06	6.7	4.05
2011.09	9.8	4.1	2016.09	6.7	4.04
2011.12	9.5	4.1	2016.12	6.8	4.02

资料来源：中华人民共和国国家统计局，《中国统计年鉴 2017》，中国统计出版社，2017。

1. 建立模型

我们用 GDP 代表国内生产总值增长数据，用 UNEM 代表城镇失业率，建立回归模型为

$$\text{UNEM}_t = \beta_0 + \beta_1 \text{GDP}_t + \mu_t \tag{8-32}$$

只要将数据录入 EViews 的工作文件中，就可在工作文件窗口下单击 "Quick/Estimate Equation"，键入 "UNEM GDP C"，单击 "OK" 得到回归结果。按照前文的方法估计该方程，估计结果见表 8-11。

表 8-11 式（8-32）估计结果

Dependent Variable: UNEM
Method: Least Squares
Sample: 3/01/2007 12/01/2016
Included observations: 40

Variable	Coefficient	Std. Error	t-Statistic	Prob.
GDP	-0.003542	0.005711	-0.620216	0.5388
C	4.130762	0.053322	77.46813	0.0000

R-squared	0.010021	Mean dependent var	4.098750
Adjusted R-squared	-0.016031	S.D. dependent var	0.083978
S.E. of regression	0.084648	Akaike info criterion	-2.051922
Sum squared resid	0.272281	Schwarz criterion	-1.967478
Log likelihood	43.03844	Hannan-Quinn criter.	-2.021390
F-statistic	0.384668	Durbin-Watson stat	0.303209
Prob(F-statistic)	0.538817		

2. 进行序列相关性检验

（1）图示法。按照图示法的检验思想，在这里只描绘出了 $e_t - e_{t-1}$ 的相关图，如图8-7所示。直观上看，很明显残差 e_t 存在明显的正相关。

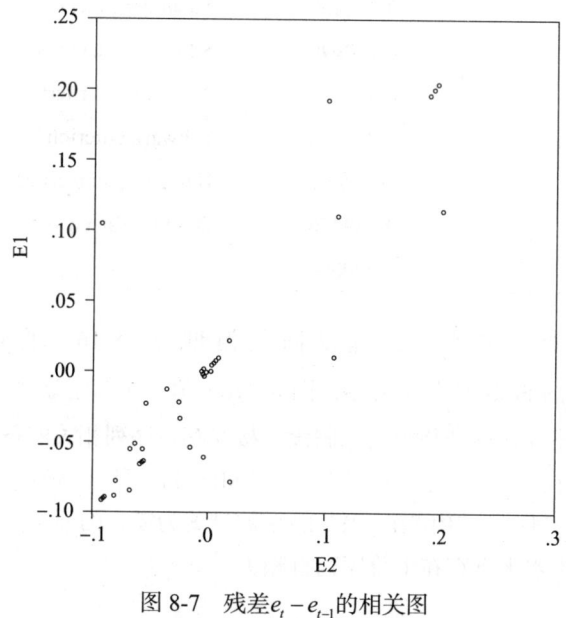

图8-7 残差 $e_t - e_{t-1}$ 的相关图

（2）杜宾-沃森检验。从杜宾-沃森检验来看，在5%的显著性水平下，$n=40$，$k=2$，查表得 D.W. 统计量的临界值的上限和下限分别为1.54、1.44，而 D.W. 统计量为0.303<1.44，根据杜宾-沃森检验规则，可以认为存在正的1阶序列相关性。

（3）拉格朗日乘数检验。接下来，采用拉格朗日乘数检验来验证是否存在更高阶的序列相关性。再次到图8-4所示的界面，单击"View/Residual Tests/Serial Correlation LM Test"，将滞后期填为2，便得到表8-12所示的结果。

表8-12 拉格朗日乘数检验的结果

Breusch-Godfrey Serial Correlation LM Test:			
F-statistic	51.89213	Prob. F(2,36)	0.0000
Obs*R-squared	29.69841	Prob. Chi-Square(2)	0.0000

(续)

Test Equation:
Dependent Variable: RESID
Method: Least Squares
Sample: 3/01/2007 12/01/2016
Included observations: 40
Presample missing value lagged residuals set to zero.

Variable	Coefficient	Std. Error	t-Statistic	Prob.
GDP	-0.001762	0.003257	-0.540996	0.5918
C	0.014581	0.030091	0.484554	0.6309
RESID(-1)	1.082792	0.165801	6.530652	0.0000
RESID(-2)	-0.261514	0.174728	-1.496696	0.1432
R-squared	0.742460	Mean dependent var		-1.11E-16
Adjusted R-squared	0.720999	S.D. dependent var		0.083556
S.E. of regression	0.044135	Akaike info criterion		-3.308504
Sum squared resid	0.070123	Schwarz criterion		-3.139616
Log likelihood	70.17007	Hannan-Quinn criter.		-3.247439
F-statistic	34.59476	Durbin-Watson stat		2.050482
Prob(F-statistic)	0.000000			

从表8-12可以得知，LM检验的辅助回归模型式（8-16）的χ^2统计量为$nR^2 = 40 \times 0.74246 \approx 29.698$，对应的Prob.值几乎为零，因为Prob.值小于给定显著性水平1%，因此，在1%的显著性水平下，拒绝不存在序列相关的原假设，接受存在序列相关的备择假设，说明在统计意义下存在序列相关性。在1%的显著性水平下，"RESID(-1)"显著不为零，说明存在1阶序列相关性。在10%的显著性水平下，"RESID(-2)"的系数显著为零，因而不存在2阶序列相关性。总体上看，在10%的显著性水平下存在1阶序列自相关。

3. 采用科克伦-奥克特估计消除序列相关性

回到表8-11的回归结果界面，单击"Estimate"，键入"UNEM GDP C AR(1)"，便得到表8-13所示的估计结果。

表8-13 广义差分法的估计结果

Dependent Variable: UNEM
Method: Least Squares
Sample (adjusted): 6/01/2007 12/01/2016
Included observations: 39 after adjustments
Convergence achieved after 8 iterations

(续)

Variable	Coefficient	Std. Error	t-Statistic	Prob.
GDP	-0.021774	0.007948	-2.739726	0.0095
C	4.238069	0.094413	44.88846	0.0000
AR(1)	0.901877	0.078932	11.42595	0.0000
R-squared	0.757490	Mean dependent var		4.098718
Adjusted R-squared	0.744017	S.D. dependent var		0.085075
S.E. of regression	0.043044	Akaike info criterion		-3.379405
Sum squared resid	0.066699	Schwarz criterion		-3.251439
Log likelihood	68.89840	Hannan-Quinn criter.		-3.333492
F-statistic	56.22379	Durbin-Watson stat		1.784846
Prob(F-statistic)	0.000000			
Inverted AR Roots	.90			

从表 8-13 可以看出，在 1% 的显著性水平下，AR(1) 的系数显著不为零，表明在统计意义下，存在 1 阶序列自相关。另外，$D.W.$ 统计量的值为 1.78，在 5% 的显著性水平下，对应的 $D.W.$ 分布的上限临界值为 1.54，下限临界值为 1.43。由此可以得出模型已不存在序列相关性，这是因为 $D.W.$ 统计量值 1.78 大于上限临界值 1.54，小于 4 减去上限临界值的 2.46（4-1.54），依据 $D.W.$ 检验规则，不存在序列相关。

最终得到式（8-32）的估计方程为

$$UNEM = 4.238 - 0.022GDP \qquad (8-33)$$

由此，从式（8-33）中可以看出符合预期，验证了奥肯定律。

案例 8-3

将案例 8-2 采用 Stata 软件进行统计分析，检验模型是否存在序列相关性，并进行处理。

1. 序列相关性检验

（1）图示法。首先对式（8-32）进行 OLS 回归，然后生成残差的序列，命令如下：

```
- reg UNEM GDP
- predict et,residuals        //获取回归后的残差序列，命名为 et
```

接下来，绘制 e_t-t 和 e_t-e_{t-1} 的关系图，如图 8-8 和图 8-9 所示，命令如下：

```
-generate t=_n              //生成连续的时间变量，命名为 t
-tsset t                    //设置时间变量为 t
-line et t                  //画出 et-t 的折线图
-scatter et L.et            //画出 et-et-1 的散点图，L.et 表示 et 的滞后 1 期
```

从图 8-8 和图 8-9 可以看出，残差项存在正的序列相关性。

（2）杜宾-沃森检验。采用杜宾-沃森检验法判断模型是否存在序列相关性，结果如图 8-10 所示，命令如下

```
- dwstat
```

图 8-8　e_t–t 的关系图

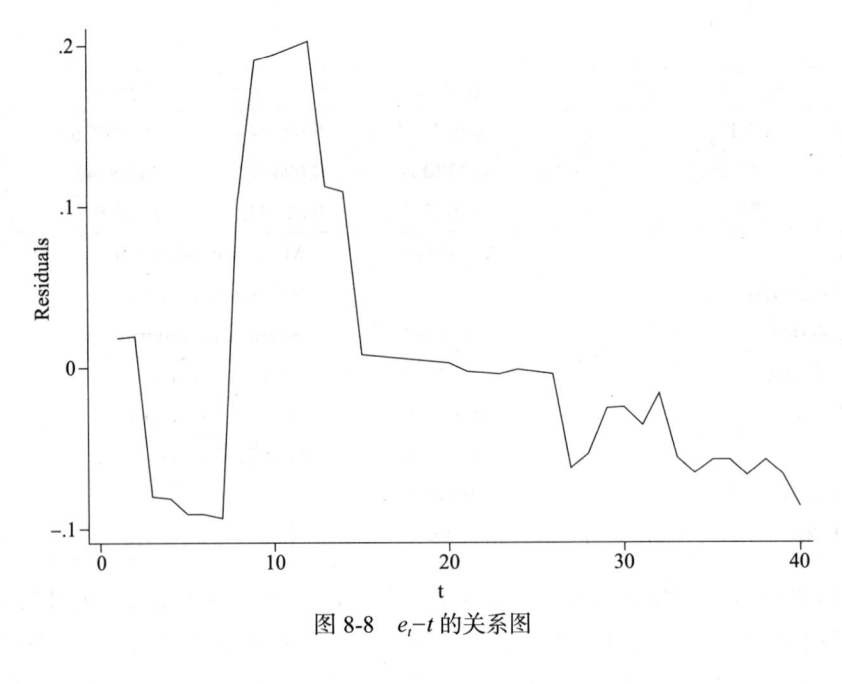

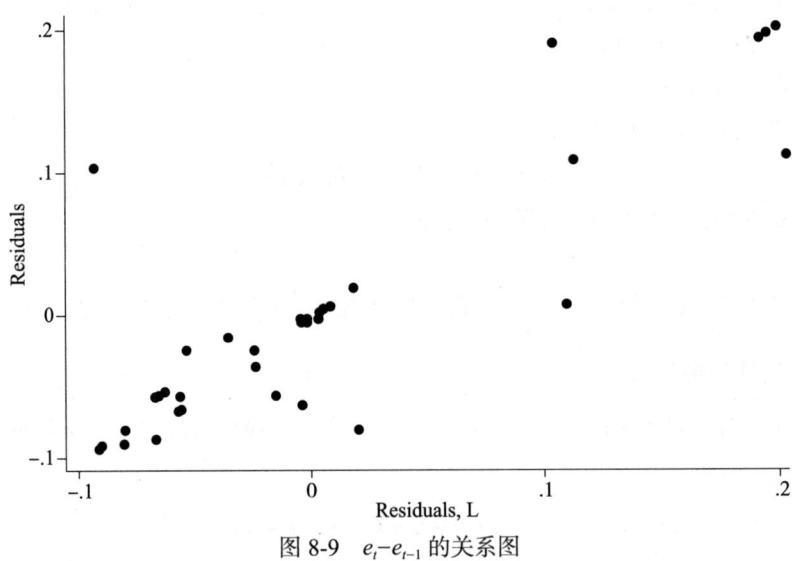

图 8-9　e_t–e_{t-1} 的关系图

就会出现如图 8-10 所示的检验结果。

```
. dwstat

Durbin-Watson d-statistic(  2,    40) =  .3032091
```
图 8-10　杜宾－沃森检验结果

从图 8-10 可以看出，$D.W.$ 统计量约为 0.303。通过查表可知，在 5% 的显著性水平下，$n=40$，$k=2$ 时的上限 d_U=1.54，下限 d_L=1.44，因此，$D.W.<d_L$，可以判断模型存在正的 1 阶序列相关性，与图示法结果一致。

2. 广义差分法消除序列相关性

（1）采用 $D.W.$ 统计量估计自相关系数 ρ。基于 $D.W.$ 统计量估计自相关系数 ρ 并进行广义差分的结果如图 8-11 所示，命令如下

```
- prais UNEM GDP,rhotype(dw)
```

```
. prais UNEM GDP,rhotype(dw)

Iteration 0:   rho = 0.0000
Iteration 1:   rho = 0.8484
Iteration 2:   rho = 0.8834
Iteration 3:   rho = 0.8868
Iteration 4:   rho = 0.8872
Iteration 5:   rho = 0.8872
Iteration 6:   rho = 0.8872
Iteration 7:   rho = 0.8872

Prais-Winsten AR(1) regression -- iterated estimates
```

Source	SS	df	MS		
Model	2.0090432	1	2.0090432	Number of obs = 40	
Residual	.069709981	38	.001834473	F(1, 38) = 1095.16	
				Prob > F = 0.0000	
				R-squared = 0.9665	
				Adj R-squared = 0.9656	
Total	2.07875318	39	.053301364	Root MSE = .04283	

UNEM	Coef.	Std. Err.	t	P>|t|	[95% Conf. Interval]
GDP	-.0177575	.0069302	-2.56	0.014	-.0317869 -.003728
_cons	4.254623	.0826144	51.50	0.000	4.087379 4.421867
rho	.8871979				

Durbin-Watson statistic (original)   0.303209
Durbin-Watson statistic (transformed) 1.649397

图 8-11 广义差分法估计结果（1）

通过图 8-11 可以看出，未做广义差分的原模型的 $D.W.$ 统计量为 0.303，广义差分法得到的新的 $D.W.$ 统计量为 1.649，因此，由于 $4-d_U=2.46>D.W.=1.649>d_U=1.54$，所以，在 5% 的显著性水平下不存在序列相关性。最终得到的回归方程为

$$UNEM = 4.255 - 0.018 GDP$$

（2）科克伦 – 奥克特估计。采用科克伦 – 奥克特估计迭代法进行广义差分得到的结果如图 8-12 所示，命令如下：

```
- prais UNEM GDP,corc
```

通过图 8-12 可以看出，广义差分法得到的新的 $D.W.$ 统计量为 1.785，因此，由于 $4-d_U=2.46>D.W.=1.785>d_U=1.54$，所以，在 5% 的显著性水平下不存在序列相关性。最终得到的回归方程为

$$UNEM = 4.238 - 0.022 GDP$$

```
. prais UNEM GDP,corc

Iteration 0:   rho = 0.0000
Iteration 1:   rho = 0.8577
Iteration 2:   rho = 0.8932
Iteration 3:   rho = 0.8994
Iteration 4:   rho = 0.9011
Iteration 5:   rho = 0.9016
Iteration 6:   rho = 0.9018
Iteration 7:   rho = 0.9018
Iteration 8:   rho = 0.9019
Iteration 9:   rho = 0.9019
Iteration 10:  rho = 0.9019
Iteration 11:  rho = 0.9019

Cochrane-Orcutt AR(1) regression -- iterated estimates
```

Source	SS	df	MS
Model	.015368367	1	.015368367
Residual	.06669885	37	.001802672
Total	.082067217	38	.002159664

Number of obs = 39
F(1, 37) = 8.53
Prob > F = 0.0059
R-squared = 0.1873
Adj R-squared = 0.1653
Root MSE = .04246

UNEM	Coef.	Std. Err.	t	P>|t|	[95% Conf. Interval]
GDP	-.0217742	.0074574	-2.92	0.006	-.0368842 -.0066641
_cons	4.238069	.0879567	48.18	0.000	4.059852 4.416286
rho	.901875				

Durbin-Watson statistic (original)   0.303209
Durbin-Watson statistic (transformed) 1.784839

图 8-12　广义差分法估计结果（2）

（3）杜宾两步法。采用杜宾两步法进行广义差分得到的结果如图 8-13 所示，命令如下

```
- prais UNEM GDP,twostep

. prais UNEM GDP,twostep

Iteration 0:   rho = 0.0000
Iteration 1:   rho = 0.8577

Prais-Winsten AR(1) regression -- twostep estimates
```

Source	SS	df	MS
Model	2.28328294	1	2.28328294
Residual	.07040674	38	.001852809
Total	2.35368968	39	.060351017

Number of obs = 40
F(1, 38) = 1232.34
Prob > F = 0.0000
R-squared = 0.9701
Adj R-squared = 0.9693
Root MSE = .04304

UNEM	Coef.	Std. Err.	t	P>|t|	[95% Conf. Interval]
GDP	-.0166916	.00686	-2.43	0.020	-.030579 -.0028042
_cons	4.245507	.0765067	55.49	0.000	4.090628 4.400387
rho	.857661				

Durbin-Watson statistic (original)   0.303209
Durbin-Watson statistic (transformed) 1.581048

图 8-13　广义差分法估计结果（3）

通过图8-13可以看出，广义差分法得到的新的 $D.W.$ 统计量为 1.581，因此，由于 $4-d_U=2.46>D.W.=1.581>d_U=1.54$，所以，在5%的显著性水平下不存在序列相关性。最终得到的回归方程为

$$UNEM = 4.246 - 0.017GDP$$

以上广义差分估计结果都是基于不同方法得出的相关系数，利用广义差分的基本逻辑实现的，因为得出的相关系数不同，使得估计出的系数或多或少地存在差异。在这里建议采用迭代法处理，得出的相关系数相对比较精确。

思考与练习

1. 请解释以下名词：序列相关性；自相关系数；杜宾－沃森检验；拉格朗日乘数检验。
2. 什么是序列相关性？试举例说明经济现象中存在序列相关性的情况。
3. 序列相关性会导致什么后果？
4. 在消除1阶序列相关性时作一阶差分变换是否要求自相关系数必须为1？
5. 根据 $D.W.$ 统计量能否完全判断出序列相关性的情况？
6. 请简述科克伦－奥克特估计的步骤。
7. 以下是采用某地区27年的年度数据估计出了如下工业就业的回归方程：

$$\ln Y_t = -2.87 + 0.43\ln X_{1t} - 0.32\ln X_{2t} + 0.57\ln X_{3t}$$
$$(-0.45)\ (3.4)\ \ \ \ (-2.8)\ \ \ \ (4.3)$$
$$\bar{R}^2 = 0.923,\ \ D.W. = 1.203$$

式中，Y 表示工业总产值，X 表示就业人数。
请问：
（1）此时能不能利用 $D.W.$ 统计量来判别是否存在序列相关性？
（2）如果此时 $D.W.$ 统计量不能判断序列相关性，那么该采用何种方法？
（3）假设检验出模型存在2阶序列相关性，那么可以采用哪种方法予以消除？

8. 证明对于形如 $\mu_t = \rho\mu_{t-1} + \varepsilon_t$ 的1阶序列相关的随机误差项 μ_t 的方差和协方差为

$$\mathrm{Var}(\mu_t) = \frac{\sigma_\varepsilon^2}{1-\rho^2},\ \ \mathrm{Cov}(\mu_t, \mu_{t-s}) = \rho^s \frac{\sigma_\varepsilon^2}{1-\rho^2}$$

9. 在研究广告效应时，有如下模型：

模型 A：$Y_t = \beta_0 + \beta_1 X_t + \mu_t$

模型 B：$Y_t = \beta_0 + \beta_1 X_t + \beta_2 X_t^2 + \mu_t$

式中，Y 是广告保留的印象[⊖]数，X 为广告支出，根据研究时期内的38年的数据进行估计，得到模型的结果为：

模型 A：$\hat{Y}_t = 0.384 + 0.033X_t$
$$R^2 = 0.769\ \ \ D.W. = 0.542$$

模型 B：$Y_t = 0.389 + 0.015X_t + 0.027X_t^2$
$$R^2 = 0.889\ \ \ D.W. = 1.88$$

请问：
（1）模型 A 中存在序列相关性吗？模型 B 呢？
（2）如何解释序列相关性的存在呢？
（3）如何区分序列相关性的存在是由模型设定错误引起的，还是由于数据本身具备的呢？

10. 我国2000—2017年工业企业累计折旧 X 与工业企业固定资产合计 Y 统计数据见表8-14，试问：

（1）当设定模型为 $\ln Y_t = \beta_0 + \beta_1 \ln X_t + \mu_t$ 时，是否存在序列相关性？
（2）若按1阶自相关假设 $\mu_t = \rho\mu_{t-1} + \varepsilon_t$，试用

⊖ 广告印象是指广告信息接触受众成员的一次机会。总印象数（或称接触人次）是指媒介计划中整个媒介投放的亮相总次数，或指一个媒介排期计划所接触的总人次。

杜宾两步法估计原模型。

（3）采用差分形式 $X_t^* = X_t - X_{t-1}$ 和 $Y_t^* = Y_t - Y_{t-1}$ 作为新数据，估计模型

$$Y_t^* = \alpha_0 + \alpha_1 X_t^* + v_t$$

该模型是否还存在序列相关？

表 8-14　我国 2000—2017 年工业企业累计折旧与工业企业固定资产合计统计数据

年份	工业企业累计折旧 X（亿元）	工业企业固定资产合计 Y（亿元）
2000	25 847.91	59 467.50
2001	29 666.83	63 463.98
2002	33 067.63	67 882.55
2003	37 323.59	75 560.80
2004	43 624.39	92 236.98
2005	50 341.06	105 951.86
2006	58 900.82	125 190.10
2007	69 615.71	146 701.79
2008	87 059.54	179 191.72
2009	98 894.67	207 355.57
2010	123 546.80	238 097.80
2011	157 312.32	253 198.19
2012	177 901.11	283 950.91
2013	208 700.07	316 231.10
2014	236 308.74	355 788.06
2015	257 455.69	377 568.47
2016	286 223.98	390 279.36
2017	284 901.92	367 405.30

资料来源：中华人民共和国国家统计局。

11. 表 8-15 给出的是 1990—2021 年我国四川省城镇居民人均消费 CONSUM、人均可支配收入 INCOME，以及消费价格指数 PRICE 数据。定义人均实际消费性支出 Y=CONSUM／PRICE，人均实际可支配收入 X=INCOME/PRICE。

试回答以下问题：

（1）利用 OLS 估计模型

$$Y_t = \beta_0 + \beta_1 X_t + \mu_t$$

（2）根据 D.W. 检验法、LM 检验法检验模型是否存在序列相关性。

（3）如果存在 1 阶序列自相关，用 D.W. 统计量的值估计自相关系数 $\hat{\rho}$。

（4）利用估计的 $\hat{\rho}$ 值，用 OLS 估计广义差分方程

$$Y_t - \hat{\rho} Y_{t-1} = \beta_0 (1-\hat{\rho}) + \beta_1 (X_t - \hat{\rho} X_{t-1}) + \varepsilon_t$$

（5）利用 OLS 估计模型

$$\ln Y_t = \beta_0 + \beta_1 \ln X_t + \mu_t$$

检验此模型是否存在序列自相关，如果存在，如何消除？

表 8-15　1990—2021 年四川省城镇居民人均消费与人均可支配收入以及消费价格指数数据

年份	CONSUM（元）	INCOME（元）	PRICE
1990	1 281.00	1 490.00	102.90
1991	1 488.00	1 691.00	102.40
1992	1 651.00	1 989.00	101.90
1993	2 034.00	2 408.00	101.60
1994	2 806.00	3 297.00	103.80
1995	3 429.00	4 002.92	110.40
1996	3 787.59	4 482.70	118.80
1997	4 092.59	4 763.26	117.30
1998	4 382.59	5 127.08	120.30
1999	4 499.19	5 477.89	108.20
2000	4 855.78	5 894.27	104.60
2001	5 176.17	6 360.47	102.40
2002	5 413.08	6 610.80	98.80
2003	5 759.21	7 041.87	97.60
2004	6 371.14	7 709.87	98.10
2005	6 891.27	8 385.96	99.30
2006	7 524.81	9 350.11	101.30
2007	8 691.99	11 098.28	106.10
2008	9 679.14	12 633.38	101.60
2009	10 860.20	13 839.40	101.80
2010	12 105.09	15 461.16	105.90
2011	13 696.30	17 899.12	105.40
2012	15 049.54	20 306.99	100.50
2013	16 343.45	22 367.63	103.80
2014	17 759.92	24 234.25	104.80
2015	19 276.84	26 205.38	103.10
2016	20 659.81	28 335.30	101.98
2017	21 990.58	30 726.87	101.74
2018	23 483.94	33 215.91	101.75
2019	19 338.30	36 153.73	103.13
2020	25 133.17	38 253.12	102.94
2021	26 970.80	41 443.80	100.30

资料来源：CSMAR 数据库。

第9章

多重共线性

假设在研究居民平均消费水平时，构建了如下回归模型，

$$Y_i = \beta_0 + \beta_1 X_{1i} + \beta_2 X_{2i} + \mu_i \tag{9-1}$$

式中，Y_i表示居民平均消费水平，X_{1i}表示人均 GDP，X_{2i}表示人均工资。我们知道人均工资很可能受人均 GDP 的影响，水涨船高，所以，在这个模型中解释变量X_{1i}和X_{2i}不再相互独立，违背了多元回归模型中解释变量之间互不相关的基本假设，不能直接采用 OLS 进行估计，必须对线性相关的这种现象进行处理和校正，采用合适的估计方法。特别是解释变量间的相关程度越强，精确估计真实模型中的参数值的难度也就越大，很难区分出每个解释变量各自发生变化对被解释变量的影响。

9.1 什么是多重共线性

对于多元线性回归模型

$$Y_i = \beta_0 + \beta_1 X_{1i} + \beta_2 X_{2i} + \cdots + \beta_k X_{ki} + \mu_i, \quad i=1,2,\cdots,n \tag{9-2}$$

其基本假设之一是解释变量$X_1, X_2, \cdots, X_k$是相互独立的，即不存在线性相关关系。如果某两个或多个解释变量之间出现了较强的近似相关性，并且是线性相关性，则称为多重共线性（multicollinearity）。

如果存在

$$c_1 X_{1i} + c_2 X_{2i} + \cdots + c_k X_{ki} = 0, \quad i=1,2,\cdots,n \tag{9-3}$$

式中，c_i不全为 0，则称为解释变量的完全多重共线性（perfect multicollinearity），也就是解释变量之间存在严格的线性关系，表明其中的一个变量可由其他变量线性表示，比如，当$c_1 \neq 0$时，解

释变量 X_i 就可以表述成为其他 $k-1$ 个解释变量的线性组合。

如果存在

$$c_1 X_{1i} + c_2 X_{2i} + \cdots + c_k X_{ki} + v_i = 0, \quad i = 1, 2, \cdots, n \tag{9-4}$$

式中，c_i 不全为 0，v_i 为随机误差项，则称为解释变量的近似共线性（approximate multicollinearity）或交互相关（intercorrelated）。显然，随机误差项 v_i 的波动性越小，越接近于完全多重共线性。

9.2 多重共线性产生的原因和后果

9.2.1 多重共线性产生的原因

一般地，产生多重共线性的原因主要有以下 4 个方面。

1. 经济变量之间存在内在联系

经济变量之间存在内在联系是产生多重共线性的根本原因。例如，在生产函数中，资本投入与劳动力投入往往出现高度相关的情况，大企业的资金规模和劳动力投入量都很大，小企业则资金规模和劳动力规模都很小。在这里，资金规模和劳动力投入量之间存在内在联系，这就好比，出租车公司要投入十辆车，就必须招聘十位驾驶员，车辆与驾驶员之间完全一对一匹配，或成比例匹配，因此，模型存在多重共线性。事实上，多重共线性多半是由经济变量之间的内在联系引起的。

2. 经济变量在时间上具有相关的共同趋势

在经济社会中，有许多经济现象相互间表现为趋同或趋异。例如，以时间序列作为样本的经济模型中，在经济繁荣时期，各基本经济变量（收入、消费、投资、价格）都趋于增长；而在衰退时期，又同时趋于下降。所以，各基本经济变量之间有着相关的共同联系，模型也就存在多重共线性。因此，根据一般经验，采用时间序列数据样本的多元线性回归模型往往存在多重共线性。

3. 解释变量中含有滞后变量

在经济计量模型中，往往需要引入滞后经济变量来反映真实的经济关系。例如，在消费函数中，消费不仅依赖于本期收入，而且还依赖于上期收入，即有

$$C_t = \alpha + \beta Y_t + \gamma Y_{t-1} + \mu_t$$

式中，C 表示消费，Y 代表收入，显然，上期收入与当期收入之间有较强的线性相关性。由于变量前后期之值存在相互关联性，而滞后变量又作为单独的新解释变量包含在模型中，因此，滞后变量模型几乎都存在多重共线性。

4. 解释变量高度影响被解释变量

在观察某种经济现象时，我们常常看到这种经济现象被另一种经济现象或少数几个经济现象所左右，或者说一个解释变量或少量的几个解释变量支配着被解释变量。例如，我们要观察

钢铁的产量，已经知道钢铁产量的规模受原材料铁矿石、劳动力和资本投入的影响，如果将原材料铁矿石作为钢铁产量的解释变量，就会发现钢铁产量几乎完全由原材料铁矿石的投入多少决定，起着支配性的作用，而把劳动力和资本投入的因素淹没了。在这种情况下，可以认为劳动力和资本投入对钢铁产量的影响被原材料铁矿石替代了，掩盖了这两个因素对钢铁产量的影响。换言之，当一个变量与被解释变量有关，又被作为解释变量纳入回归方程中就会产生多重共线性。

另外，样本资料的限制也是产生多重共线性的一个原因。由于完全符合理论模型所要求的样本数据较难收集，因此，特定样本可能存在某种程度的多重共线性。

9.2.2 多重共线性参数估计量

1. 参数的估计

为了考察多重共线性下的参数估计，本小节以二元线性回归方程为例展开讲述。假定回归方程为

$$y_i = \beta_1 x_{1i} + \beta_2 x_{2i} + \mu_i \tag{9-5}$$

式中，$y_i = Y_i - \bar{Y}$，$x_{1i} = X_{1i} - \bar{X}_1$，$x_{2i} = X_{2i} - \bar{X}_2$。当$X_1$、$X_2$完全线性相关时，设$X_{1i} = \lambda X_{2i}$，常数$\lambda \neq 0$，则$x_{1i} = \lambda x_{2i}$，$\beta_1$的最小二乘估计量为

$$\begin{aligned}\hat{\beta}_1 &= \frac{\sum x_{2i}^2 \sum x_{1i} y_i - \sum x_{1i} x_{2i} \sum x_{2i} y_i}{\sum x_{1i}^2 \sum x_{2i}^2 - \left(\sum x_{1i} x_{2i}\right)^2} \\ &= \frac{\lambda \sum x_{2i}^2 \sum x_{2i} y_i - \lambda \sum x_{2i}^2 \sum x_{2i} y_i}{\lambda^2 \left(\sum x_{2i}^2\right)^2 - \lambda^2 \left(\sum x_{2i}^2\right)^2} = 0\end{aligned} \tag{9-6}$$

同理可得：$\hat{\beta}_2 = 0$

因此，OLS 无法估计出β_1和β_2的值，回归分析无法进行。这是X_1、X_2完全线性相关时的极端情形。若X_1、X_2不完全相关，则可设$X_{1i} = \lambda X_{2i} + v_i$，其中$v_i$为随机误差项，满足$E(v_i) = 0$，$\sum X_{2i} v_i = 0$，代入$\hat{\beta}_1$估计表达式得：

$$\hat{\beta}_1 = \frac{\sum x_{2i} y_i \left(\lambda^2 \sum x_{2i}^2 + \sum v_i^2\right) - \left(\lambda \sum x_{2i} y_i + \sum y_i v_i\right)\left(\lambda \sum x_{2i}^2\right)}{\sum x_{2i}^2 \left(\lambda^2 \sum x_{2i}^2 + \sum v_i^2\right) - \left(\lambda \sum x_{2i}^2\right)^2} \tag{9-7}$$

由于$\sum v_i^2 \neq 0$，分母部分为$\sum x_{2i}^2 \sum v_i^2 \neq 0$ 因而$\hat{\beta}_1$是可以估计的。所以，多重共线性是一个程度问题。

2. 参数的方差

由式（5-9）可知，估计量$\hat{\beta}_1$的方差为

$$\text{Var}(\hat{\beta}_1) = \frac{\sum x_{2i}^2}{\sum x_{1i}^2 \sum x_{2i}^2 - \left(\sum x_{1i} x_{2i}\right)^2} \sigma^2 \tag{9-8}$$

将 $x_{1i} = \lambda x_{2i}$ 代入式（9-8），则有

$$\text{Var}(\hat{\beta}_1) = \frac{\sum x_{2i}^2}{\lambda^2 \left(\sum x_{2i}^2\right)^2 - \lambda^2 \left(\sum x_{2i}^2\right)^2} \sigma^2 \tag{9-9}$$
$$= \infty$$

同理可推得，在 $x_{1i} = \lambda x_{2i}$ 时，也就是说，当 X_1、X_2 完全相关时，估计量 $\hat{\beta}_2$ 的方差为无穷大。

可见，在 X_1、X_2 完全线性相关的极端条件下，OLS 无法估计出参数值，因为估计值的方差为无穷大。并且 X_1 和 X_2 的相关性越强，相关系数越接近于 1 或 -1，$\sum x_{1i}^2 \sum x_{2i}^2 - \left(\sum x_{1i} x_{2i}\right)^2$ 也就越趋近于 0，估计量 $\hat{\beta}_1$ 和 $\hat{\beta}_2$ 的方差就越大，意味着对 β_1 和 β_2 的估计也越不准确。

9.2.3　多重共线性的后果

1. 难以区分解释变量的单独影响

在解释变量存在近似共线性时，用 OLS 可以得出参数估计量，但回归系数方差和标准差较大，参数估计的误差增大，变量间的相互影响交织在一起，无法正确区分各个解释变量对被解释变量的单独影响。偏回归系数的本意是保证其他解释变量不变时对应解释变量对解释变量的影响程度，但存在多重共线性时却背离了这个本质。

2. 参数估计值不稳定

尽管在近似共线性下能够得到样本的参数估计值，但这个估计量的方差会伴随趋于完全共线性越来越大，甚至在完全多重共线性时为无穷大，参数估计值也不确定，说明存在多重共线性时，参数估计值是不稳定的，导致模型是不稳定的。因为最小二乘估计量及其标准差对数据的细微变化都很敏感，如果样本值略有变化，估计量就会产生较大改变。具体表现为：完全共线性下，参数估计值不存在，近似共线性下参数估计值方差变大。

3. 回归模型的参数估计值的符号与经济含义不符

多重共线性的存在导致了参数的稳定性变差，参数估计量的方差变大，从这个角度讲，就有可能出现参数估计量在零的左右波动的可能。例如，根据某经济现实或经济理论，回归系数符号本来应该是正的，结果却是负的，不符合经济含义。

4. 变量的显著性检验失去意义

当解释变量之间存在多重共线性时，用 OLS 估计的回归系数的标准差与方差变大，使构造出的 t 统计量的绝对值变小，趋向于零，拒绝域变小，导致某些系数不显著，做出参数在统计意义下显著为零的错误推断，从而会做出剔除本该在模型中重要的解释变量的错误选择。另外，由

于标准差变大，必然使置信区间变宽，预测的监督降低。

9.3 多重共线性的诊断

多重共线性是较为普遍存在的现象，从 9.2 节分析可知，较高程度的多重共线性会对最小二乘估计产生严重后果，因此，在运用最小二乘法进行多元线性回归时，不但要检验解释变量间是否存在多重共线性，还要检验多重共线性的严重程度。在多重共线性不那么严重时，可采取"与其处理还不如不去处理"的做法。

9.3.1 不显著系数法

不显著系数法是利用多元线性回归模型的拟合结果进行检验，这种方法适用于以下三种情况。

1. 判定系数 R^2 很大，t 统计量的绝对值较小

如果表示拟合优度的判定系数 R^2 很大（一般来说在 0.8 以上），而模型中的全部或部分参数值估计值所对应的 t 统计量靠近零的话，并且经检验在统计意义下不显著，那么，解释变量间有可能存在较严重的多重共线性，这才造成了方差变大，t 统计量趋于零，参数在统计上不显著。

2. 理论性强，检验值弱

如果从经济理论或常识来看，某个解释变量对被解释变量有重要影响，但是从线性回归模型的拟合结果来看，该解释变量的参数估计值经检验却不显著，那么可能是解释变量间存在多重共线性所导致的，使得方差大引起 t 统计量的值趋于零，统计上的显著性变差。

3. 新引入变量后，方差增大

在多元线性回归模型中新引入一个变量后，发现模型中原有参数估计量的方差明显增大，则说明解释变量间可能存在多重共线性，表明新引进的解释变量与原模型中的某个或某些解释变量存在线性相关性。

9.3.2 判定系数检验法

一般来讲，在模型中引入一个新的解释变量后，解释能力会增强，也就是说判定系数 R^2 会变大。如果引入变量后，判定系数 R^2 与没有引入之前的判定系数 R^2 的差异不大的话，表明新引入的这个变量所起的作用很小，意味着它的作用被模型中的其他变量替代了，换言之，引入的新变量与原模型中的某些变量有线性相关关系。因此，可以通过判定系数 R^2 来检验是否存在多重共线性，同时也可以具体检验出是哪个变量引起了多重共线性。

这种检验可以分为两种情形：一是包含被解释变量的情形；二是不包含被解释变量的情形。

1. 包含被解释变量的情形

对于式（9-2），依次删除变量 $X_1, X_2, \cdots, X_k$，形成 k 个具有 $k-1$ 个解释变量的模型

$$Y_{1i} = \beta_{10} + \beta_{12}X_{2i} + \beta_{13}X_{3i} + \cdots + \beta_{1k}X_{ki} + \mu_{1i}$$

$$Y_{2t} = \beta_{20} + \beta_{21}X_{1i} + \beta_{23}X_{3i} + \cdots + \beta_{2k}X_{ki} + \mu_{2i}$$

$$\vdots$$

$$Y_{kt} = \beta_{k0} + \beta_{k1}X_{1i} + \beta_{k2}X_{2i} + \cdots + \beta_{k(k-1)}X_{(k-1)i} + \mu_{ki}$$

对这 k 个模型分别进行回归，得到 k 个判定系数，分别命名为 $R_1^2, R_2^2, \cdots, R_k^2$，在这 k 个判定系数 R^2 中选择最大的，也就是与式（9-2）的判定系数最接近的那个判定系数，则其对应的被删除的解释变量对模型的贡献最小，是引起多重共线性最大的解释变量。这是因为，将这个解释变量重新引入模型，就形成了式（9-2），而判定系数的改进很小，意味着它的作用被其他的解释变量替代了。

2. 不包含被解释变量的情形

对于式（9-2），将每个解释变量对其他解释变量进行回归，得到 k 个回归方程

$$X_{1i} = \beta_{10} + \beta_{12}X_{2i} + \beta_{13}X_{3i} + \cdots + \beta_{1k}X_{ki} + \mu_{1i}$$

$$X_{2i} = \beta_{20} + \beta_{21}X_{1i} + \beta_{23}X_{3i} + \cdots + \beta_{2k}X_{ki} + \mu_{2i}$$

$$\vdots$$

$$X_{ki} = \beta_{k0} + \beta_{k1}X_{1i} + \beta_{k2}X_{2i} + \cdots + \beta_{k(k-1)}X_{(k-1)i} + \mu_{ki}$$

然后分别观察各个回归方程的判定系数 R_j^2（$j=1,2,\cdots,k$），如果最大的一个接近于 1，就说明其他的解释变量对这个解释变量的解释程度很高，则可近似地认为，该解释变量可以被其他解释变量线性表示，即存在所谓的近似共线性，而这个变量就是引起共线性的解释变量。实际上，这一方法是按照多重共线性的定义展开的。需要强调的是，这种方法只是一种较为主观判定的方法，从统计学理论上讲，若不存在多重共线性，上面的每个模型的变量所对应的参数都要为零，也就是所说的原假设。通常情况下，可用式（9-10）给出的 F 统计量来判定是否存在多重共线性。

$$F_j = \frac{R_j^2/(k-1)}{(1-R_j^2)/(n-k)} \sim F(k-1, n-k) \tag{9-10}$$

给定显著性水平 α，查分子的自由度为 $k-1$，分母的自由度为 $n-k$ 的 F 分布的临界值 F_α。然后，F 统计量的值与临界值 F_α 进行比较，若 $F_j > F_\alpha$，拒绝 X_j 不能由其他的解释变量线性表示的原假设，说明存在解释变量 X_j 可由其他解释变量线性表示，即存在多重共线性；反之则不存在多重共线性。细心的读者可能会发现，此处的 F 检验与多元回归部分的 F 检验实质是一样的，原假设为所有的系数都为零。事实上，若 F_j 是 k 个 F 统计量中最大的，那么，F_j 所对应的 X_j 便是引发多重共线性最严重的解释变量。

9.3.3 相关系数法

计算并检查解释变量中两两变量间的简单相关系数 r_{ij}，若 r_{ij} 的绝对值接近 1，则可以认为 X_i

和 X_j 之间存在较强的多重共线性。但需要特别注意的是，如果相关系数很大，则一定存在多重共线性，如果相关系数很小，则不一定没有多重共线性。

9.3.4 容许度与方差膨胀因子判别法

用于检验多重共线性的统计量有容许度（tolerance）与方差膨胀因子（variance inflation factor，VIF）。

容许度是检验共线性的常用统计量。对于自变量 j 的容许度，定义为

$$\text{TOL}_j = 1 - R_j^2 \tag{9-11}$$

式中，R_j^2 是用其他解释变量解释第 j 个解释变量的多元回归模型中的判定系数，即以 X_j 为被解释变量，以其他解释变量为解释变量作（辅助）回归中的判定系数 R^2。当 $\text{TOL}_j = 1$ 时，X_j 与其他解释变量线性无关；当 $0 < \text{TOL}_j < 1$ 时，X_j 与其他解释变量存在线性相关，呈现近似多重共线性；当 $\text{TOL}_j = 0$，X_j 与其他解释变量完全共线，表现为完全多重共线性。

另一个检验多重共线性的统计量是方差膨胀因子。对于多元线性回归模型，$\hat{\beta}_j$ 的方差可以表示成

$$\begin{aligned}\text{Var}(\hat{\beta}_j) &= \frac{\sigma^2}{\sum(X_j - \bar{X}_j)^2} \times \frac{1}{1-R_j^2} \\ &= \frac{\sigma^2}{\sum(X_j - \bar{X}_j)^2} \times \text{VIF}\end{aligned} \tag{9-12}$$

式中，β_j 是解释变量 X_j 的（偏）回归系数，R_j^2 是用其他解释变量解释第 j 个变量的多元回归模型的判定系数，VIF 即为方差膨胀因子，定义为

$$\text{VIF} = 1/(1-R_j^2) \tag{9-13}$$

一般认为，当 VIF<5 时，方程存在轻度的多重共线性问题；当 5≤VIF<10 时，方程存在较严重的多重共线性问题；当 VIF≥10 时（此时 R_j^2>0.9），回归方程存在严重的多重共线性。但是需要注意的是，由于 $\text{Var}(\hat{\beta}_j)$ 取决于 σ^2、$\sum(X_j - \bar{X}_j)^2$ 和 VIF 的大小，而一个高的 VIF 可以被一个低的 σ^2 或一个高的 $\sum(X_j - \bar{X}_j)^2$ 抵消。也就是说，一个高的 VIF 度量出来的高多重共线性不一定就是高标准差的原因。

9.4 如何消除多重共线性

9.4.1 先验信息法

先验信息法是指根据经济理论或者其他已有的研究成果事前确定回归模型参数间的某种关系，避免相互影响的解释变量出现在同一个模型之中，然后进行最小二乘估计，如此便消除了多

重共线性。

例如，在估计柯布－道格拉斯生产函数的时候，建立如下模型

$$Y = AL^{\alpha}K^{\beta}e^{u} \tag{9-14}$$

式中 Y、L、K 分别表示产出、劳动力和资本。由先验信息可知劳动投入量 L 与资金投入量 K 之间通常是高度相关的，如果按照经济理论"生产规模报酬不变"的假定，即 $\alpha + \beta = 1$，代入式（9-14），则有

$$Y = AL^{\alpha}K^{\beta}e^{u} = AL^{1-\beta}K^{\beta}e^{u} = AL\left(\frac{K}{L}\right)^{\beta}e^{u}$$

$$\frac{Y}{L} = A\left(\frac{K}{L}\right)^{\beta}e^{u} \tag{9-15}$$

两边取对数

$$\ln\frac{Y}{K} = \ln A + \beta\ln\frac{L}{K} + u \tag{9-16}$$

此时，式（9-16）变为一元线性回归模型，不存在多重共线性问题。

9.4.2 改变变量的定义形式

在进行回归模型多重共线性处理时，有时需要根据所分析的具体经济问题及模型的形式对解释变量进行重新调整，一般有如下几种方法。

1. 用相对数变量替代绝对数变量

如设需求函数为

$$Y = \beta_0 + \beta_1 X + \beta_2 P + \beta_3 P_1 + \mu \tag{9-17}$$

式中，变量 Y、X、P、P_1 分别代表需求量、收入、商品价格与替代商品价格，由于商品价格与替代商品价格往往是同方向变动的，该需求函数模型可能存在多重共线性。此时，考虑用两种商品价格之比作为解释变量，代替原模型中商品价格与替代商品价格两个解释变量，则模型可改写为

$$Y = \beta_0 + \beta_1 X + \beta_2\left(\frac{P}{P_1}\right) + \mu \tag{9-18}$$

这样，原模型中两种商品价格变量之间的多重共线性得以避免。

2. 删去模型中次要的或可替代的解释变量

如果回归模型解释变量间存在较严重的多重共线性，根据经济理论、实践经验、相关系数检验、统计分析等方法鉴别变量是否重要及是否可替代，删去那些对被解释变量影响不大，或被认为是不太重要的变量，就可减轻多重共线性的影响。

3. 差分法

对回归模型中所有变量作差分变换也是消除多重共线性的一种有效方法。例如，对于时间序

列数据、线性模型，就可将原模型变换为差分模型

$$\Delta Y_i = \beta_1 \Delta X_{1i} + \beta_2 \Delta X_{2i} + \cdots + \beta_k \Delta X_{ki} + \Delta \mu_i \tag{9-19}$$

式中，$\Delta Y_i = Y_i - Y_{i-1}$，$\Delta X_{ji} = X_{ji} - X_{j(i-1)}(j=1,2,\cdots,k)$。这里的解释变量不再是原来的解释变量而是解释变量的一阶差分，即使原模型中存在严重的多重共线性，变换后的一阶差分模型一般也可以解决此类问题，从而能够有效地消除原模型中的多重共线性。因为根据一般经验，变化量之间的线性关系远比总量之间的线性关系弱得多。

9.4.3 增大样本容量法

以两个解释变量X_1、X_2的线性回归模型为例，最小二乘估计量$\hat{\beta}_j(j=1,2)$的方差为

$$\begin{aligned} \operatorname{Var}(\hat{\beta}_j) &= \frac{\sigma^2}{\sum(X_j - \bar{X}_j)^2} \times \frac{1}{1-R_j^2} \\ &= \frac{\sigma^2}{\sum x_j^2 \times (1-R_j^2)} \end{aligned} \tag{9-20}$$

在σ^2、R_j^2给定的情况下，若增大变量X_1与X_2的样本容量，则$\sum x_j^2$通常将增大，$\hat{\beta}_j$的方差和标准差将会减小。方差的大小与样本容量成反比，样本越大，方差越小。因此，增大样本容量可以减小参数估计值的方差，提高参数估计值的精度。但值得注意的是，这种方法只适用于多重共线性是由测量误差或完全是由样本过小引起的情况，如果解释变量相互之间存在的多重共线性越严重，则判定系数$R_j^2(j=1,2)$（事实上，判定系数R_j^2就是X_1与X_2之间相关系数r_{12}的平方）越接近于1，在这种情况下，增大样本容量对降低多重共线性带来的方差并没有实质性帮助。

9.4.4 逐步回归法

逐步回归法又称Frisch综合分析法，其基本思想是先将被解释变量对每个解释变量做简单回归，回归结果称为基本回归方程。再对每一个基本回归方程进行统计检验，并根据经济理论分析选出最优基本方程，然后再将其他解释变量逐一引入，建立一系列回归方程，根据每个新加的解释变量的标准差和复相关系数来考察其对每个回归系数的影响，一般根据如下标准进行分类判别。

（1）如果新引进的解释变量使判定系数R^2得到提高，而其他参数回归系数在统计上和经济理论上仍然合理，则认为这个新引入的变量对回归模型是有利的，可以作为解释变量予以保留。

（2）如果新引进的解释变量对判定系数R^2的改进效果不明显，对其他回归系数也没有多大影响，则不必保留在回归模型中。

（3）如果新引进的解释变量不仅改变了判定系数R^2，而且对其他回归系数的数值或符号具有明显影响，则可认为引进新变量后，回归模型解释变量间存在严重多重共线性。尽管如此，这个新引进的变量如果从理论上分析是十分重要的，则不能简单舍弃，而是应研究改善模型的形式，寻找更符合实际的模型，重新进行估计。如果通过检验证明存在明显线性相关的两个解释变量中

的一个可以被另一个解释，则可略去其中对被解释变量影响较小的那个变量，仅在模型中保留影响较大的那个变量。

9.5 案例分析

案例 9-1

农民工就业问题是重要的民生问题，只有农民工就业问题得到妥善解决，"三农"问题才能得到缓解，经济增长才能突破瓶颈。有研究表明劳动力的分割会对就业产生负面影响。以下将建立模型分析劳动力城乡分割、行业分割、地区分割和单位分割对农民工就业的影响。表 9-1 给出了农民工就业与劳动力分割程度的数据。

表 9-1 农民工就业与劳动力分割程度的数据

年份	FWL	CSX	HYS	DQS	DWS
1985	6 713	3.06	1.66	5.4	94.19
1986	7 522	2.97	1.56	3.97	78.21
1987	8 130	2.89	1.50	3.11	61.77
1988	8 611	2.84	1.46	2.73	47.37
1989	8 498	2.80	1.50	2.16	35.33
1990	8 673	2.79	1.51	1.79	29.21
1991	8 906	2.73	1.48	2.04	71.04
1992	9 765	2.67	1.41	2.38	50.36
1993	10 998	2.62	1.29	1.49	26.72
1994	11 964	2.56	1.19	1.09	15.70
1995	12 707	2.51	1.09	1.63	11.10
1996	13 028	2.37	1.02	1.24	8.91
1997	13 556	2.25	1.00	1.25	7.47
1998	13 806	2.13	0.99	1.42	5.31
1999	13 985	2.03	1.00	1.66	4.92
2000	15 165	1.94	1.00	1.16	4.33
2001	15 778	1.85	1.00	1.09	3.92
2002	16 536	1.77	1.00	0.92	3.51
2003	17 712	1.69	0.96	0.87	3.32
2004	19 099	1.62	0.88	1.08	3.34
2005	20 412	1.55	0.81	1.00	3.37

资料来源：陈宪，黄健柏. 劳动力市场分割对农民工就业影响的实证分析 [J]. 开发研究，2009（3）：106.

其中，FWL 表示农民工就业数量；CSX 表示劳动力城乡分割程度，CSX=（乡村人口数/城镇人口数+乡村就业人数/城镇就业人数）/2；HYS 表示行业分割程度，HYS=第一产业就业人数/（第二产业就业人数+第三产业就业人数）；DQS 表示地区分割程度，由于北京市作为我国的政治、经济文化中心，在执行中央政府的各项劳动力政策和吸收外来劳动力方面具有典型性，故采用北京市外来人口的多少反映地区分割程度的大小，即 DQS=2005 年北京市外来人口数/当年北京市外来人口数；DWS 表示单位分割程度，DWS=（当年国有单位就业人数/当年城镇集体单位就业人数+当年城镇集体单位就业人数/当年私营企业就业人数+当年国有单位就业人数/当年私营企业就业人数）/3。

为了分析各分割程度因素对农民工就业的影响，建立了如下多元线性回归模型

$$\text{FWL}_i = \beta_0 + \beta_1 \text{CSX}_i + \beta_2 \text{HYS}_i + \beta_3 \text{DQS}_i + \beta_4 \text{DWS}_i + \mu_i \tag{9-21}$$

选择各个变量，点右键"Open/as Eqution"，键入"FWL CSX HYS DQS DWS c"，单击"OK"后得到回归结果如下。

表 9-2　回归结果

Dependent Variable: FWL
Method: Least Squares
Sample: 1985 2005
Included observations: 21

Variable	Coefficient	Std. Error	t-Statistic	Prob.
CSX	-5908.668	890.2571	-6.637036	0.0000
HYS	-5393.200	2231.373	-2.416988	0.0280
DQS	-188.5840	329.7189	-0.571954	0.5753
DWS	18.73184	18.68290	1.002620	0.3310
C	32769.12	1434.350	22.84597	0.0000
R-squared	0.977118	Mean dependent var		12455.43
Adjusted R-squared	0.971398	S.D. dependent var		3992.791
S.E. of regression	675.2708	Akaike info criterion		16.07236
Sum squared resid	7295850.	Schwarz criterion		16.32106
Log likelihood	-163.7598	Hannan-Quinn criter.		16.12633
F-statistic	170.8104	Durbin-Watson stat		0.587795
Prob(F-statistic)	0.000000			

从表 9-2 可以看出，判定系数 R^2 为 0.977，调整后的判定系数 $\bar{R}^2$ 为 0.971，拟合优度很高，然而 DWS 和 DQS 对应的 Prob. 值分别为 0.331 0 和 0.575 3，都大于 0.1，说明这两个变量对应的 t 统计量的绝对值较小，接近零。表现为判定系数 R^2 很大，t 统计量的绝对值很小，因此，可以认为有可能出现多重共线性。选中四个解释变量，单击右键"Open/as Group"，弹出新的窗口，在新的界面下，单击"View/Covariance Analysis"，弹出 Covariance Analysis 窗口，在"Statistics"中选择"Correlation"，单击"OK"，便得到各解释变量之间的相关系数，见表 9-3。

表 9-3 各解释变量之间的相关系数

	HYS	DWS	DQS	CSX
HYS	1.000 000	0.910 494	0.808 950	0.933 994
DWS	0.910 494	1.000 000	0.911 657	0.826 520
DQS	0.808 950	0.911 657	1.000 000	0.751 810
CSX	0.933 994	0.826 520	0.751 810	1.000 000

从表 9-3 可以看出各解释变量之间的相关系数最小的是 0.752，都很接近于 1，可以认为模型存在多重共线性。为了进一步检测模型是否具有多重共线性，可做如下辅助回归

$$CSX_i = \beta_0 + \beta_1 HYS_i + \beta_2 DQS_i + \beta_3 DWS_i + \mu_i \tag{9-22}$$

$$HYS_i = \beta_0 + \beta_1 CSX_i + \beta_2 DQS_i + \beta_3 DWS_i + \mu_i \tag{9-23}$$

$$DQS_i = \beta_0 + \beta_1 CSX_i + \beta_2 HYS_i + \beta_3 DWS_i + \mu_i \tag{9-24}$$

$$DWS_i = \beta_0 + \beta_1 CSX_i + \beta_2 HYS_i + \beta_3 DQS_i + \mu_i \tag{9-25}$$

表 9-4 辅助回归的相关结果

回归方程	判定系数 R^2	Prob (F-statistic)	F 值是否显著（1% 的显著性水平）
（1）	0.878	0.000 0	是
（2）	0.935	0.000 0	是
（3）	0.837	0.000 0	是
（4）	0.922	0.000 0	是

从表 9-4 知，在 1% 的显著性水平下，式（9-22）～式（9-25）都通过了 F 检验，模型都是显著的。说明四个解释变量中的每个变量都可由另外三个变量线性表示，即存在多重共线性。在得到辅助回归方程的判定系数的情况下，还可以通过容许度和方差膨胀因子来进行判别，直接将判定系数代入式（9-11）和式（9-13）即可，这里就不详述了。

以下采用逐步回归法排除多重共线性。

分别做 FWL 与 CSX、HYS、DQS、DWS 间的回归，得回归方程如下

$$FWL_i = 31\,549.98 - 8\,077.87 CSX_i$$
$$(0.000\,0)\,(0.000\,0) \tag{9-26}$$
$$R^2 = 0.967 \quad F = 559.43 \quad D.W. = 0.474$$

$$FWL_i = 29\,663.31 - 14\,277.58 HYS_i$$
$$(0.000\,0)\,(0.000\,0) \tag{9-27}$$
$$R^2 = 0.905 \quad F = 181.25 \quad D.W. = 0.173$$

$$FWL_i = 17\,493.79 - 2\,679.98 DQS_i$$
$$(0.000\,0)\,(0.000\,0) \tag{9-28}$$
$$R^2 = 0.580 \quad F = 26.26 \quad D.W. = 0.255$$

$$FWL_i = 15\,590.09 - 115.61 DWS_i$$
$$(0.000\,0)\,(0.000\,0) \tag{9-29}$$
$$R^2 = 0.698 \quad F = 43.85 \quad D.W. = 0.460$$

式中，括号内的数值为 Prob. 值，可见，尽管在 5% 的显著性水平下，CSX、HYS、DQS 和 DWS 都对 FWL 有显著影响，但从拟合优度的判定系数 R^2 看，城乡分割程度 CSX 对农民工就业 FWL 的解释能力是最强的。因此，选择式（9-26）作为初始回归模型，将其他解释变量逐个引入，寻找最优回归方程（见表 9-5）。

表 9-5 逐步回归法

c	CSX	HYS	DQS	DWS	R^2
31 549.98	−8 077.87				0.967
0.000 0	0.000 0				
31 537.84	−6 103.68	−3 861.87			0.976
0.000 0	0.000 0	0.022 4			
31 654.77	−6 100.14	−4 046.63	51.79		0.976
0.000 0	0.000 0	0.036 5	0.821 8		
32 507.57	−5 982.00	−5 151.73		10.96	0.977
0.000 0	0.000 0	0.028 2		0.396 3	

第 1 步：在初始模型中引入 HYS，判定系数为 0.976，模型拟合优度提高，参数符号合理，变量也通过了显著性检验。因此，在模型中保留 HYS。

第 2 步：在引入 HYS 的基础上，继续引入 DQS，模型的拟合优度没有发生改善，变量也没能通过显著性检验，参数的经济意义也不合理。因此，在模型中不应保留 DQS。

第 3 步：去掉 DQS，引入 DWS，模型的拟合优度出现微小的改观，但是变量没能通过显著性检验，参数的经济意义也不合理。因此，在模型中不应保留 DWS。

第 2 步和第 3 步表明，变量 DQS 和 DWS 是多余的。因此，最优的农民工就业模型为

$$\text{FWL}_i = 31\ 537.84 - 6\ 103.68\text{CSX}_i - 3\ 861.87\text{HYS}_i \quad (9-30)$$

式（9-30）的结果说明农民工就业难的问题主要是城乡分割程度造成的，另外，行业分割程度也是农民工就业难的原因。

案例 9-2

从理论上说，商品的需求量通常是消费者实际收入、该商品实际价格以及替代品和互补品实际价格的函数，我们用鸡肉消费量的例子来验证这一理论，数据见表 9-6。

表 9-6 美国 1960—1982 年对鸡肉的需求数据

年份	人均鸡肉消费（lb[①]）	人均实际可支配收入（美元）	鸡肉实际零售价格（美元）	猪肉实际零售价格（美元）	牛肉实际零售价格（美元）
1960	27.8	397.5	42.2	50.7	78.3
1961	29.9	413.3	38.1	52	79.2
1962	29.8	439.2	40.3	54	79.2
1963	30.8	459.7	39.5	55.3	79.2
1964	31.2	492.9	37.3	54.7	77.4
1965	33.3	528.6	38.1	63.7	80.2

(续)

年份	人均鸡肉消费（lb①）	人均实际可支配收入（美元）	鸡肉实际零售价格（美元）	猪肉实际零售价格（美元）	牛肉实际零售价格（美元）
1966	35.6	560.3	39.3	69.8	80.4
1967	36.4	624.6	37.8	65.9	83.9
1968	36.7	666.4	38.4	64.5	85.5
1969	38.4	717.8	40.1	70	93.7
1970	40.4	768.2	38.6	73.2	106.1
1971	40.3	843.3	39.8	67.8	104.8
1972	41.8	911.6	39.7	79.1	114
1973	40.4	931.1	52.1	95.4	124.1
1974	40.7	1 021.5	48.9	94.2	127.6
1975	40.1	1 165.9	58.3	123.5	142.9
1976	42.7	1 349.6	57.9	129.9	143.6
1977	44.1	1 449.4	56.5	117.6	139.2
1978	46.7	1 575.5	63.7	130.9	165.5
1979	50.6	1 759.1	61.6	129.8	203.3
1980	50.1	1 994.2	58.9	128	219.6
1981	51.7	2 258.1	66.4	141	221.6
1982	52.9	2 478.7	70.4	168.2	232.6

① 1lb≈0.45kg。

资料来源：施图德蒙德. 应用计量经济学 [M]. 杜江，李恒，译. 北京：机械工业出版社，2011.

1. 建立模型

可以建立多元回归模型

$$Y_t = \alpha + \beta_1 X_{1t} + \beta_2 X_{2t} + \beta_3 X_{3t} + \beta_4 X_{4t} + \mu_t \tag{9-31}$$

我们用 Y 表示人均鸡肉消费、X_1 表示人均实际可支配收入、X_2 表示鸡肉实际零售价格、X_3 表示猪肉实际零售价格、X_4 表示牛肉实际零售价格。

2. 多重共线检验

在工作文件窗口下，依次选择变量 Y、X_1、X_2、X_3、X_4，单击右键"Open/as Eqution"，出现对话框后直接单击"OK"，就会得到表9-7所示的估计结果。

表9-7 鸡肉需求模型的估计结果

Dependent Variable: Y
Method: Least Squares
Sample: 1960 1982
Included observations: 23

（续）

Variable	Coefficient	Std. Error	t-Statistic	Prob.
X1	0.005011	0.004893	1.024083	0.3194
X2	-0.611174	0.162849	-3.753010	0.0015
X3	0.198409	0.063721	3.113734	0.0060
X4	0.069503	0.050987	1.363144	0.1896
C	37.23236	3.717695	10.01490	0.0000
R-squared	0.942580	Mean dependent var		39.66957
Adjusted R-squared	0.929821	S.D. dependent var		7.372950
S.E. of regression	1.953198	Akaike info criterion		4.366473
Sum squared resid	68.66969	Schwarz criterion		4.613320
Log likelihood	-45.21444	Hannan-Quinn criter.		4.428555
F-statistic	73.87052	Durbin-Watson stat		1.065034
Prob(F-statistic)	0.000000			

从表 9-7 可以看出，尽管判定系数 R^2 为 0.943，调整后的判定系数 $\bar{R}^2$ 为 0.930，拟合优度很高，但 X_1 和 X_4 对应的 Prob. 值分别为 0.319 4 和 0.189 6，都大于 0.1，说明这两个变量在 10% 的显著性水平下均不显著。因此，从 R^2 很大、t 值接近于零的事实中，可以推断可能存在多重共线性的问题。

通过相关系数也可以判断是否存在多重共线性。在工作文件窗口下，选中 X_1、X_2、X_3、X_4，单击右键 "Open/as Group"，弹出新的窗口，在新的界面下，单击 "View/Covariance Analysis"，弹出 Covariance Analysis 窗口，在 "Statistics" 中选择 "Correlation"，单击 "OK"，就得到了解释变量之间的相关系数。表 9-8 给出了各变量的相关系数。

表 9-8 式（9-31）解释变量的相关系数

	X_1	X_2	X_3	X_4
X_1	1.00	0.93	0.96	0.99
X_2	0.93	1.00	0.97	0.93
X_3	0.96	0.97	1.00	0.94
X_4	0.99	0.93	0.94	1.00

从表 9-8 可以看出，解释变量之间的相关系数都很高，X_1 与 X_2 的相关系数为 0.93，X_1 与 X_3 的相关系数为 0.96，X_1 与 X_4 的相关系数为 0.99。X_2、X_3、X_4 之间的相关系数也很高，因此，可以认为解释变量之间存在多重共线性。为了进一步检验模型是否具有多重共线性，可做辅助回归，对每个解释变量与其他解释变量进行回归，得到的回归方程为

$$X_{1t} = -309.642 - 8.566 X_{2t} + 6.809 X_{3t} + 9.164 X_{4t} \tag{9-32}$$

$$R^2 = 0.981 \quad F = 327.44$$

$$X_{2t} = 16.57 - 0.008 X_{1t} + 0.300 X_{3t} + 0.099 X_{4t} \tag{9-33}$$

$$R^2 = 0.947 \quad F = 113.37$$

$$X_{3t} = -17.30 + 0.040X_{1t} + 1.960X_{2t} - 0.224X_{4t} \tag{9-34}$$

$$R^2 = 0.966 \quad F = 177.66$$

$$X_{4t} = 20.36 + 0.084X_{1t} + 1.008X_{2t} - 0.350X_{4t} \tag{9-35}$$

$$R^2 = 0.974 \quad F = 245.49$$

式（9-32）~式（9-35）的判定系数 R^2 都超过了 0.9，并且 F 检验表明所有模型在统计意义下都是显著的，因此，式（9-31）中每个解释变量与其他解释变量高度共线。

3. 消除多重共线性

运用 9.4.2 节中"删去模型中次要的或可替代的解释变量"方法来消除多重共线性。分别从式（9-31）中删除 X_1、X_2、X_3、X_4，然后重新估计，得到以下四个公式

$$Y = 35.68 - 0.654X_{2t} + 0.233X_{3t} + 0.115X_{4t} \tag{9-36}$$

$$R^2 = 0.939 \quad F = 97.89$$

$$Y = 27.103 + 0.010X_{1t} + 0.015X_{3t} + 0.009X_{4t} \tag{9-37}$$

$$R^2 = 0.898 \quad F = 55.55$$

$$Y = 33.799 + 0.013X_{1t} - 0.222X_{2t} + 0.025X_{4t} \tag{9-38}$$

$$R^2 = 0.912 \quad F = 65.35$$

$$Y = 38.65 + 0.011X_{1t} - 0.541X_{2t} + 0.174X_{3t} \tag{9-39}$$

$$R^2 = 0.937 \quad F = 93.65$$

比较这四个公式，式（9-36）的判定系数 R^2 最大，为 0.939，而式（9-31）的 R^2 为 0.943，因此 X_1 对 Y 的解释能力只贡献了 0.004，换句话说，仅仅贡献了 0.4%，可以认为若把解释变量 X_1 删除后对式（9-31）的影响不大。接着，在式（9-36）剔除 X_1 的基础上，继续把 X_2、X_3、X_4 分别从式（9-36）中删除重新回归，结果发现判定系数 R^2 下降幅度均很大，因此，最终的模型为

$$Y = 35.68 - 0.654X_{2t} + 0.233X_{3t} + 0.115X_{4t}$$
$$(10.49)(-4.15)(4.28)(4.74) \tag{9-40}$$

式（9-40）的结果说明人均鸡肉消费主要取决于鸡肉实际零售价格，鸡肉自身的价格越高，人均鸡肉消费就越低，猪肉和牛肉的实际零售价格越高，作为替代品的鸡肉的需求量就越高，这些都符合经济理论。

案例 9-3

将上述案例 9-2 采用 Stata 软件进行统计分析，检验各变量之间是否存在多重共线性并进行处理。

1. 相关系数法检验多重共线性

对自变量 X_1、X_2、X_3 和 X_4 进行相关性分析，相关系数分析结果如图 9-1 所示，命令如下：

```
-correlate X1 X2 X3 X4
```

```
. correlate X1 X2 X3 X4
(obs=23)

             |      X1        X2        X3        X4
        X1   |  1.0000
        X2   |  0.9317    1.0000
        X3   |  0.9571    0.9701    1.0000
        X4   |  0.9859    0.9285    0.9406    1.0000
```

图 9-1　相关系数分析结果

该结果与采用 EViews 软件进行相关性分析得到的结果一致，可以认为解释变量之间存在多重共线性。

2. 方差膨胀因子判别法检验多重共线性

先对数据进行回归分析，结果如图 9-2 所示，命令如下：

-regress Y X1 X2 X3 X4

```
. regress Y X1 X2 X3 X4

     Source |       SS       df       MS              Number of obs =      23
            |                                         F(  4,    18) =   73.87
      Model |  1127.25905     4   281.814762          Prob > F      =  0.0000
   Residual |  68.6696865    18   3.81498259          R-squared     =  0.9426
            |                                         Adj R-squared =  0.9298
      Total |  1195.92874    22   54.3603971          Root MSE      =  1.9532

          Y |      Coef.   Std. Err.      t    P>|t|     [95% Conf. Interval]
         X1 |   .0050107   .0048929     1.02   0.319    -.0052688    .0152902
         X2 |  -.6111738   .1628489    -3.75   0.001    -.9533066   -.2690409
         X3 |   .1984094   .0637207     3.11   0.006     .0645372    .3322816
         X4 |   .0695028   .0509872     1.36   0.190    -.0376173    .1766228
      _cons |   37.23237   3.717695    10.01   0.000     29.42178    45.04296
```

图 9-2　回归分析结果

下一步，对各个解释变量进行方差膨胀因子检验，结果如图 9-3 所示，命令如下：

-estat vif

```
. estat vif

    Variable |       VIF       1/VIF
          X1 |     52.70      0.018975
          X4 |     39.76      0.025150
          X3 |     29.05      0.034422
          X2 |     18.90      0.052906
    Mean VIF |     35.10
```

图 9-3　方差膨胀因子检验结果

解释变量 X_1、X_2、X_3 和 X_4 的方差膨胀因子（VIF）的值在 18.9~52.7 之间，Mean VIF 的值为 35.1，均大于临界值 10，所以可以认为模型存在较高的多重共线性。

3. 消除多重共线性

由方差膨胀因子检验可以看出 X_1 的方差膨胀因子最高，即 52.7，可以将 X_1 剔除后重新进行回归分析。

将 X_2, X_3 和 X_4 作为解释变量进行回归分析,结果如图 9-4 所示,命令如下:

- regress Y X2 X3 X4

```
. regress Y X2 X3 X4

      Source |       SS       df       MS              Number of obs =      23
-------------+------------------------------           F(  3,    19) =   97.89
       Model |  1123.25809     3   374.419365          Prob > F      =  0.0000
    Residual |  72.6706422    19   3.82477064          R-squared     =  0.9392
-------------+------------------------------           Adj R-squared =  0.9296
       Total |  1195.92874    22   54.3603971          Root MSE      =  1.9557

           Y |      Coef.   Std. Err.      t    P>|t|     [95% Conf. Interval]
          X2 |  -.6540971   .1575644    -4.15   0.001    -.9838831   -.3243111
          X3 |   .2325282   .0543867     4.28   0.000     .1186955    .3463609
          X4 |   .1154218   .0243033     4.75   0.000     .0645544    .1662893
       _cons |   35.68084   3.399336    10.50   0.000     28.56595    42.79573
```

图 9-4 剔除 X_1 后的回归分析结果

因此最终结果与式(9-40)所示的 EViews 软件分析的结果一致,最终的模型为

$$Y = 35.68 - 0.654X_{2t} + 0.233X_{3t} + 0.115X_{4t}$$
$$(10.49)\ (-4.15)\ (4.28)\ (4.74)$$

思考与练习

1. 请解释下列名词:多重共线性;完全共线性;近似共线性;容许度;方差膨胀因子;判断系数法;逐步回归法。

2. 一元回归模型存在多重共线性吗?为什么?

3. 多元回归模型存在完全共线性时,参数能被估计吗?为什么?那么近似共线性的情况呢?

4. 多重共线性产生的原因是什么?试举例说明。

5. 多重共线性会产生什么后果?有哪些方法可以用于修正多重共线性?

6. 为了研究服装消费量的影响因素,有如下模型:

$$Y_i = \beta_0 + \beta_1 X_{1i} + \beta_2 X_{2i} + \beta_3 X_{3i} + \beta_4 X_{4i} + \mu_i$$

式中,Y 为服装消费量,X_1 为可支配收入,X_2 为流动资产,X_3 为服装价格指数,X_4 为一般价格指数。利用 35 期的相关数据进行估计之后得到的回归结果为

$$\hat{Y}_i = -12.74 + 0.146X_{1i} + 0.058X_{2i} - 0.207X_{3i} + 0.792X_{4i}$$
$$(-1.67)\ (3.89)\ \ (0.47)\ (0.81)\ (4.66)$$
$$R^2 = 0.968 \quad F = 879.75$$

试回答以下问题:

(1)根据经济理论或者常识来推断,估计出的回归系数的符号应该是什么?你的推断结果与估计结果是不是一致的?

(2)在 10% 的显著性水平下,请进行变量的显著性水平检验和模型的整体显著性检验。

(3)如果检验出有的变量不显著,能认为是多重共线性造成的吗?请说明理由。

7. 表 9-9 列出的是某市 1990—2022 年的地方预算内财政收入(Y)与国内生产总值(X_1)、国内商品零售价格指数(X_2)的数据。完成以下要求:

(1)建立多元回归模型并用最小二乘法估计。

（2）检验 X_1 与 X_2 之间是否存在严重的多重共线性。

（3）如果存在多重共线性，如何消除多重共线性的影响？给出解决这一问题的回归方程。

表 9-9　某市 1990—2022 年的地方预算内财政收入以及相关数据

年份	Y（亿元）	X_1（亿元）	X_2（1978=100）
1990	20.40	18 872.9	207.7
1991	22.44	22 005.6	213.7
1992	24.90	27 194.5	225.2
1993	33.78	35 673.2	254.9
1994	23.64	48 637.5	310.2
1995	29.70	61 339.9	356.1
1996	37.90	71 813.6	377.8
1997	46.19	79 715.0	380.8
1998	53.70	85 195.5	370.9
1999	56.12	90 564.4	359.8
2000	58.79	100 280.1	354.4
2001	50.32	110 863.1	351.6
2002	59.39	121 717.4	347.0
2003	89.58	137 422.0	346.7
2004	108.03	161 840.2	356.4
2005	141.45	187 318.9	359.3
2006	186.77	219 438.5	362.9
2007	286.38	270 092.3	376.7
2008	354.69	319 244.6	398.9
2009	387.36	348 517.7	394.1
2010	526.94	412 119.3	406.3
2011	680.70	487 940.2	426.2
2012	780.90	538 580.0	434.7
2013	898.54	592 963.2	440.8
2014	1 025.17	643 563.1	445.2
2015	1 157.60	688 858.2	445.6
2016	1 175.41	746 395.1	448.7
2017	1 275.53	832 035.9	453.6
2018	1 424.20	919 281.1	462.2
2019	1 483.00	986 515.2	471.4
2020	1 520.40	1 013 567.0	478.0
2021	1 697.90	1 149 237.0	485.6
2022	1 722.40	1 210 207.2	498.7

8. 表9-10 列出的是某地区 1995—2004 年食品需求量 Y、可支配收入 X_1、食品类价格指数 X_2、物价总指数 X_3 和流动资产拥有量 X_4 的数据。

表 9-10 某地区 1995—2004 年食品需求量以及相关数据

年份	食品需求量（亿元）	可支配收入（亿元）	食品类价格指数（1995年=100）	物价总指数（1995年=100）	流动资产拥有量（亿元）
1995	84	829	92	94	171
1996	96	880	93	96	213
1997	104	999	96	97	251
1998	114	1 053	94	97	290
1999	122	1 177	100	100	340
2000	142	1 310	101	101	400
2001	158	1 482	105	104	440
2002	179	1 618	112	109	490
2003	193	1 742	112	111	510
2004	208	1 847	112	111	530

要求：
（1）检验变量间的多重共线性。
（2）利用逐步回归法，建立适当的回归方程。

9. 表9-11 所示的是某地区 1992—2022 年居民消费水平 Y、人均GDP X_1、城乡居民平均可支配收入 X_2、消费者价格指数 X_3 和城乡居民家庭平均恩格尔系数 X_4 的数据。

表 9-11 某地区 1992—2022 年居民消费水平相关数据

年份	居民消费水平（元）	人均GDP（元）	城乡居民平均可支配收入（元）	消费者价格指数（上一年=100）	城乡居民家庭平均恩格尔系数（%）
1992	836	1 177.3	900	107.4	55.3
1993	961	1 486.1	1 108	116.8	54.0
1994	1 367	2 001.4	1 496	124.6	54.1
1995	1 646	2 443.2	1 890	118.5	54.1
1996	1 880	2 871.7	2 251	109.3	52.3
1997	2 078	3 241.5	2 456	105.1	50.3
1998	2 121	3 474.1	2 603	99.6	48.0
1999	2 191	3 649.1	2 788	98.5	45.5
2000	2 550	3 928.2	2 977	100.1	42.2
2001	2 707	4 293.5	3 256	102.1	40.5
2002	2 914	4 725.0	3 626	99.7	39.2
2003	3 203	5 346.2	4 006	101.7	38.1
2004	3 656	6 304.0	4 529	104.9	38.8

(续)

年份	居民消费水平（元）	人均GDP（元）	城乡居民平均可支配收入（元）	消费者价格指数（上一年=100）	城乡居民家庭平均恩格尔系数（%）
2005	4 130	7 195.9	4 703	101.7	37.3
2006	4 501	8 494.7	5 247	102.3	35.5
2007	5 259	10 562.1	6 322	105.9	35.6
2008	6 072	12 756.2	7 413	105.1	36.3
2009	6 863	14 190.6	8 214	100.8	34.3
2010	8 182	17 224.8	9 373	103.2	33.4
2011	9 903	21 050.9	11 130	105.3	33.6
2012	11 280	23 922.4	12 753	102.5	33.0
2013	12 485	26 518.0	14 231	102.8	31.2
2014	13 755	28 891.3	15 749	101.6	31.0
2015	14 774	30 342.0	17 221	101.5	30.6
2016	16 013	33 138.5	18 808	101.9	30.1
2017	17 920	37 905.1	20 580	101.4	29.3
2018	20 196	42 902.1	22 461	101.7	28.4
2019	22 003	46 363.8	24 703	103.2	28.2
2020	21 951	48 501.6	26 522	103.2	30.2
2021	24 810	54 088.0	29 080	100.3	29.8
2022	25 374	56 749.8	30 679	102.0	30.5

（1）检验变量之间是否存在多重共线性。　　（2）利用逐步回归法，建立适当的回归方程。

第 3 篇
PART 3

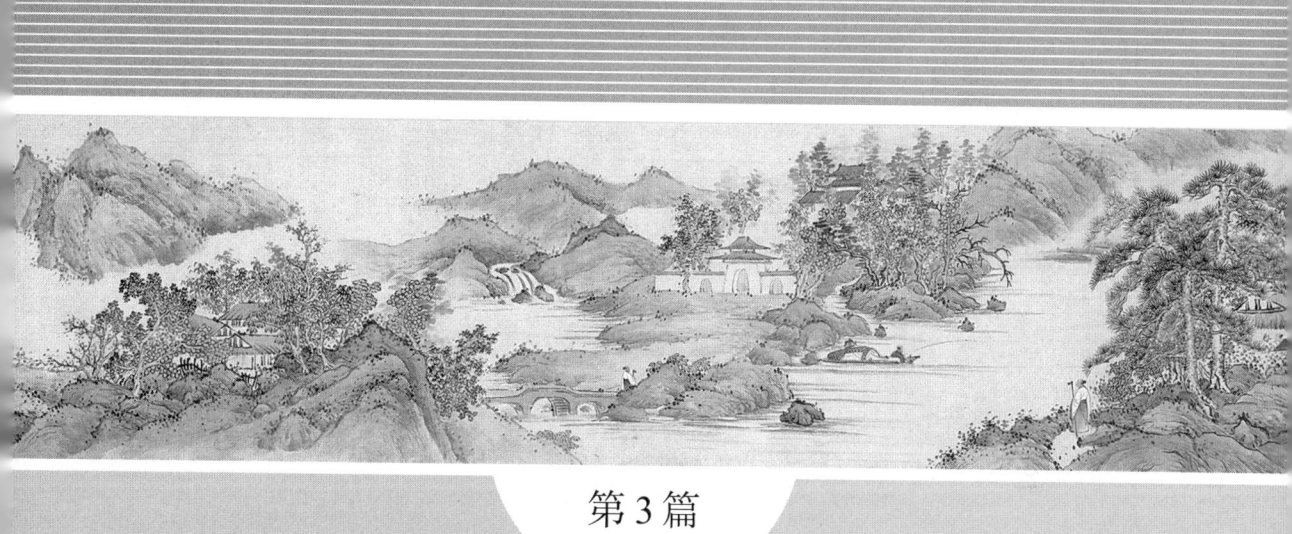

联立方程模型的理论及其应用

第10章 联立方程模型及模型识别

第11章 联立方程模型的参数估计方法

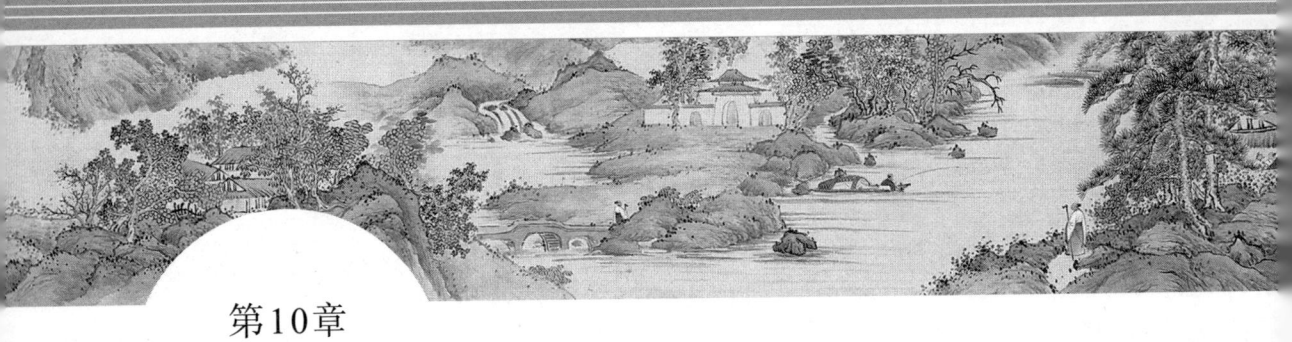

第10章

联立方程模型及模型识别

前面几章讲述的单方程模型只能描述变量之间的单向因果关系，也就是说，某一被解释变量的变化是由若干解释变量的变化引起的，而被解释变量的变化不会对解释变量产生作用。但是在现实的经济系统中，经济现象是错综复杂的，这种只有单向因果关系的经济现象却很少，很多经济现象都表现为解释变量和被解释变量之间是相互影响的。例如，在宏观经济学中，我们知道在经济处于萧条的状态下，政府会采取积极的财政政策，通过增加投资提高国民收入水平；根据消费理论，国民收入水平的提高可以促进消费支出的增加，而消费支出的增加又会促进国民收入的增加，表现为消费与收入之间呈现一种双向的互动关系。因此，就需要建立含有多个方程的方程组模型，被称为联立方程模型，以描述相互影响的经济现象或经济系统，充分反映变量间相互依赖相互交错的因果关系，揭示经济系统中各部分、各因素之间的数量关系和系统的数量特征，对经济系统进行预测、分析和评价。同时，要探讨模型中的参数能否估计出来，也就是探讨联立方程模型中的每个参数是否有解，如果参数有解，还要考虑用什么方法进行参数估计。

10.1 联立方程模型的概念

10.1.1 联立方程模型的实例

为了说明联立方程模型，我们以一个熟知的经典宏观经济模型——凯恩斯宏观经济模型为例，根据国民收入水平的决定式、家庭的消费行为和企业的投资行为，这个模型可以通过下面几个方程构成的方程组来描述。

$$Y_t = C_t + I_t + G_t \qquad (10\text{-}1)$$

$$C_t = \alpha_0 + \alpha_1 Y_t + \mu_{1t} \qquad (10\text{-}2)$$

$$I_t = \beta_0 + \beta_1 Y_t + \beta_2 Y_{t-1} + \mu_{2t} \tag{10-3}$$

式中，Y_t、C_t、I_t、G_t 分别表示第 t 期的国内生产总值、居民消费支出、民间投资支出和政府支出；μ_{1t} 和 μ_{2t} 为随机误差项；α_0、α_1、β_0、β_1 和 β_2 为对应变量的参数。这个联立方程组就是一个简单的描述宏观经济的联立方程计量经济学模型。

在由式（10-1）、式（10-2）和式（10-3）构成的方程组中，式（10-1）为收入方程，式（10-2）为消费方程，式（10-3）为投资方程。在这个由 3 个方程组成的模型中，政府支出是由系统外部给定的，并对系统内部其他变量产生直接或间接影响，而国内生产总值、居民消费支出和民间投资支出相互影响并互为因果。事实上，国民收入的变化，分别通过式（10-2）和式（10-3）直接影响居民消费和民间投资支出，而居民消费支出和民间投资支出的变化通过式（10-1）对国民收入产生直接影响；民间投资支出的变化通过直接影响国民收入，间接地影响了居民消费；同样，居民消费支出的变化通过直接影响国民收入，又间接地影响民间投资。可见，国民收入 Y_t 已经不是确定性变量，而是一个随机变量（因为 C_t 和 I_t 受随机误差项的影响，是随机变量，C_t 和 I_t 又影响 Y_t，所以 Y_t 也是随机变量）。

另一方面，式（10-2）中随机误差项 μ_{1t} 通过影响居民消费 C_t，然后 C_t 又通过式（10-1）影响国民收入 Y_t。显然，这种现象违背了单方程模型中随机误差项 μ_{1t} 与 Y_t 不相关的假设。如果采用先前学过的普通最小二乘法（OLS）直接对式（10-2）的参数 α_0 和 α_1 进行估计，就会得到参数 α_0 和 α_1 的估计量是有偏估计量。

10.1.2 联立方程模型中的变量

在单方程模型中，我们将变量区分为解释变量和被解释变量，解释变量是原因，被解释变量是结果。联立方程模型反映变量之间的双向因果关系，虽然对联立方程模型中的每个随机方程而言，仍然有解释变量和被解释变量的区分，但在整个模型中，变量不能再通过解释变量和被解释变量进行区分。同一个变量，在模型中的一个方程中是解释变量，而在另外一个方程中有可能是一个被解释变量。因此，在联立方程模型中，根据每个变量的内在含义与作用，将变量分为内生变量和前定变量两类，前定变量又包含外生变量和前定内生变量。

1. 内生变量

内生变量是指由联立方程组模型构成的经济系统中本身决定的变量。内生变量可以受模型中其他变量的影响，也可以影响其他的内生变量。也就是说，内生变量既可以是模型的被解释变量，也可以是模型的解释变量。一般情况下，内生变量 Y_t 受模型中的随机误差项的影响，满足

$$\text{Cov}(Y_t, \mu_t) \neq 0$$

因此，内生变量为随机变量。

通常，联立方程组模型中每个方程左边的变量都是内生变量。例如，在前面讲到的宏观经济的联立方程计量经济学模型中，式（10-1）中的国民收入 Y_t、式（10-2）的居民消费支出 C_t 和式（10-3）的民间投资 I_t 都为内生变量。

2. 外生变量

外生变量是由联立方程组模型构成的经济系统外决定的变量，直接或间接影响模型中的其他所有内生变量，但不受系统中其他变量的影响。显然，外生变量 X_t 不受随机误差项的影响，满足

$$\text{Cov}(X_t, \mu_t) = 0$$

需要注意的是，在许多情况下，外生变量是人为假定的，它和我们所要考察的系统有关。对于某个变量，在一个联立方程模型中可能是外生变量，而在另一个联立方程模型中有可能是内生变量。外生变量一般是经济变量、政策变量、虚拟变量，可以取当期和滞后期。例如，在宏观经济的联立方程模型的式（10-1）中，G_t 为外生变量。

3. 前定内生变量

具有滞后期的内生变量称为前定内生变量，它可以反映经济系统的连续性和动态特征。外生变量和前定内生变量统称为前定变量。一般在联立方程模型中，前定变量是解释变量，它影响模型中的其他（当期）内生变量，但不受它们影响，因此，只能在当期的方程中作为解释变量，且与其中的随机误差项独立。也就是说，前定变量中的外生变量 X_t 和前定内生变量 Y_t 满足

$$\text{Cov}(X_{t-s}, \mu_t) = 0 \quad s = 0, 1, 2, \cdots$$

$$\text{Cov}(Y_{t-s}, \mu_t) = 0 \quad s = 1, 2, \cdots$$

例如，宏观经济的联立方程模型中，式（10-3）中的国民收入 Y_{t-1} 就是前定内生变量。

10.1.3 联立方程模型中的方程

联立方程模型中的方程，基本上包含 4 类。

1. 行为方程

行为方程是反映经济活动主体，如政府、企业、团体、居民的经济行为方式的函数关系式。例如，在宏观经济的联立方程模型中，投资方程式（10-3）就是行为方程，反映了投资者的决策行为。

2. 技术方程

技术方程是指基于客观经济技术关系而建立的函数关系式。例如，柯布－道格拉斯生产函数，简称 C-D 函数，就是技术方程，反映了投入与产出之间的经济技术关系。

3. 制度方程

制度方程是指与法律法规、规章制度有直接关系的经济变量方程式。例如，税收方程中的税率是由税收制度决定的，为制度方程。

4. 定义方程

定义方程分为两种，一种是根据经济理论定义的恒等式。例如，宏观经济的联立方程模型

中，收入方程式（10-1）就是根据支出法定义的恒等式，是一个定义方程。另一种是表示综合或局部均衡条件的均衡方程式。例如，在一个某种商品的供给需求系统中，均衡条件是商品的需求量等于商品的供给量，这个均衡式就是一个定义方程。

行为方程和技术方程通常都是随机性方程，其参数未知，需要进行估计。制度方程和定义方程都是确定性方程，不包含随机误差项，也不包含待估计的参数，也就是说，参数已知，不需估计。制度方程和定义方程都对联立方程模型中的内生变量产生了重要作用。

10.2 结构式模型与简约式模型

根据计量经济分析的不同需求，联立方程模型也可以采用不同形式的模型。联立方程模型基本上为结构式模型和简约式模型两种形式。

假定：在联立方程模型中，$Y_i(i=1,2,\cdots,m)$ 表示内生变量，共有 m 个，$X_i(i=1,2,\cdots,k)$ 表示前定变量，共有 k 个，$\mu_i(i=1,2,\cdots,m)$ 表示第 i 个方程中的随机误差项。

10.2.1 结构式模型

结构式模型是指直接描述经济变量之间影响关系的模型。结构式模型中的方程称为结构式方程，结构式方程中变量的参数称为结构式参数。结构式模型的一般形式如下：

$$\begin{aligned}
&\beta_{11}Y_{1t}+\beta_{12}Y_{2t}+\cdots+\beta_{1m}Y_{mt}+\gamma_{10}X_{0t}+\gamma_{11}X_{1t}+\cdots+\gamma_{1k}X_{kt}=\mu_{1t}\\
&\beta_{21}Y_{1t}+\beta_{22}Y_{2t}+\cdots+\beta_{2m}Y_{mt}+\gamma_{20}X_{0t}+\gamma_{21}X_{1t}+\cdots+\gamma_{2k}X_{kt}=\mu_{2t}\\
&\vdots\\
&\beta_{m1}Y_{1t}+\beta_{m2}Y_{2t}+\cdots+\beta_{mm}Y_{mt}+\gamma_{m0}X_{0t}+\gamma_{m1}X_{1t}+\cdots+\gamma_{mk}X_{kt}=\mu_{mt}
\end{aligned} \quad (10\text{-}4)$$

在结构式联立方程式（10-4）中，呈现出的特征有：

（1）有 m 个方程和 m 个内生变量，分别为 $Y_1,Y_2,\cdots,Y_m$。

（2）包括常数项，有 $k+1$ 个前定变量，分别为 $X_0,X_1,X_2,\cdots,X_k$；如果模型中有常数项，则可以把这个常数项看成一个外生的虚拟变量 X_0，其观测值始终为 1。

（3）结构性误差项为 $\mu_{1t},\mu_{2t},\cdots,\mu_{mt}$。

（4）$\beta_{ij}(i,j=1,2,\cdots,m)$ 表示内生变量的结构参数，是联立方程模型的第 i 个结构方程中的对应的第 j 个内生变量的参数。

（5）$\gamma_{ij}(i=1,2,\cdots,m;j=0,1,\cdots,k)$ 表示前定变量的结构参数，是联立方程模型的第 i 个结构方程中的对应的第 j 个前定变量的参数。

（6）$t\,(t=1,2,\cdots,n)$ 表示第 t 期的样本观测值。

需要注意的是，结构参数只反映了联立方程模型中每个解释变量对被解释变量的直接影响，而没有包含解释变量对被解释变量的间接影响。前定变量对内生变量的总影响由直接影响和间接影响两部分组成的结论将会在简约式模型中得到证实。

例如，式（10-1）~式（10-3）构成的联立方程模型就是一个结构式模型。

10.2.2 简约式模型

简约式模型是指模型的内生变量都用模型的前定变量和随机误差项表示的模型。在简约式模型中，内生变量直接作为被解释变量，并且每个方程只有一个内生变量，前定变量作为解释变量。

在一定条件下（内生变量对应的结构参数矩阵是满秩矩阵），我们可以根据结构式模型求出简约式模型。简约性模型的具体形式为

$$\begin{aligned} Y_{1t} &= \pi_{10}X_{0t} + \pi_{11}X_{1t} + \cdots + \pi_{1k}X_{kt} + v_{1t} \\ Y_{2t} &= \pi_{20}X_{0t} + \pi_{21}X_{1t} + \cdots + \pi_{2k}X_{kt} + v_{2t} \\ &\vdots \\ Y_{mt} &= \pi_{m0}X_{0t} + \pi_{m1}X_{1t} + \cdots + \pi_{mk}X_{kt} + v_{mt} \end{aligned} \quad (10\text{-}5)$$

式（10-5）为式（10-4）所对应的简约式模型，简约式模型中的方程称为简约式方程，简约式模型中的参数称为简约式参数。

例如，式（10-1）~式（10-3）构成的结构式模型的简约式模型为

$$\begin{aligned} Y_t &= \pi_{10} + \pi_{11}Y_{t-1} + \pi_{12}G_t + v_{1t} \\ C_t &= \pi_{20} + \pi_{21}Y_{t-1} + \pi_{22}G_t + v_{2t} \\ I_t &= \pi_{30} + \pi_{31}Y_{t-1} + \pi_{32}G_t + v_{3t} \end{aligned} \quad (10\text{-}6)$$

式中

$$\pi_{10} = \frac{\alpha_0 + \beta_0}{1 - \alpha_1 - \beta_1}, \ \pi_{11} = \frac{\beta_2}{1 - \alpha_1 - \beta_1}, \ \pi_{12} = \frac{1}{1 - \alpha_1 - \beta_1}$$

$$\pi_{20} = \frac{\alpha_0 - \alpha_0\beta_1 + \alpha_1\beta_2}{1 - \alpha_1 - \beta_1}, \ \pi_{21} = \frac{\alpha_1\beta_2}{1 - \alpha_1 - \beta_1}, \ \pi_{22} = \frac{\alpha_1}{1 - \alpha_1 - \beta_1}$$

$$\pi_{30} = \frac{\beta_0 - \alpha_1\beta_0 + \alpha_0\beta_1}{1 - \alpha_1 - \beta_1}, \ \pi_{31} = \frac{\beta_2 - \alpha_1\beta_2}{1 - \alpha_1 - \beta_1}, \ \pi_{32} = \frac{\beta_1}{1 - \alpha_1 - \beta_1}$$

以上9个简约式参数是通过结构式参数来表示的。一方面，在估计出简约式参数后，利用简约式参数与结构式参数之间的关系，就有可能得到结构参数。另一方面，简约式参数反映了前定变量对内生变量总的影响，是直接影响和间接影响之和，这点尤为重要。例如，

$$\pi_{31} = \frac{\beta_2 - \alpha_1\beta_2}{1 - \alpha_1 - \beta_1} = \beta_2 + \frac{\beta_1\beta_2}{1 - \alpha_1 - \beta_1}$$

它反映了前定内生变量 Y_{t-1} 对 I_t 的影响，它由两部分构成，前一项 β_2 是结构方程中 Y_{t-1} 对 I_t 的直接影响；后一项 $\dfrac{\beta_1\beta_2}{1 - \alpha_1 - \beta_1}$ 是 Y_{t-1} 对 I_t 的间接影响，首先，Y_{t-1} 对 Y_t 产生直接影响后，而后 I_t 又通过式（10-1）影响 Y_t，进而 Y_t 通过式（10-2）影响了 C_t，当然通过式（10-3）Y_t 也影响了 I_t，因此，后一项反映的是 Y_{t-1} 对 I_t 产生间接影响。

10.3 模型识别的定义、方法与应用

10.3.1 模型识别的定义

我们已经知道，联立方程组模型有结构式模型和简约式模型两种基本形式。尽管结构式模型能够直接反映经济变量的解释和被解释关系，我们需要最终得到结构参数估计值，但是，结构式模型中的解释变量和随机误差项不是独立的，这导致直接用结构式模型来进行参数估计就会产生有偏性和非一致性。简约式模型中的前定变量和随机误差项是独立的，运用普通最小二乘法得到的参数估计量具有无偏性和一致性。

一般情况下，我们可以先对简约式模型进行估计，然后通过结构式参数和简约式参数之间的关系来推导出结构式模型的参数估计值。之所以对模型识别，是因为存在从两个以上的结构方程构成的结构式模型中，会得到相同的简约式方程。也就是说，我们面临一个问题是：能否用简约式参数推导出结构式参数。我们称这个问题为联立方程组模型的识别问题。因此，模型识别的本质是对于给定的结构式模型，判断有无可能求出有意义的结构式参数值。

如果联立方程模型中某个结构式方程的参数估计值，在已知简约式模型参数估计值的条件下，可以通过两种模型参数关系体系求解出来，则称该方程是可识别的，反之，则称方程是不可识别的。

对于某一可以识别的结构式方程，如果方程中的参数有唯一一组估计值，则称该方程恰好识别；如果方程中的参数有有限组估计值，则称该方程过度识别。

对于一个可以识别的模型，如果模型中所有的随机方程都是恰好识别的，则称该模型恰好识别；如果模型中存在过度识别的随机方程，则称该模型过度识别。

10.3.2 模型识别的方法

在第 10.3.1 小节中，我们已经看到，从理论上讲，可以采用模型的简约式来解决结构式联立方程模型中某个随机方程的识别问题。但是，对于一个具体的结构式方程，为了确定是不可识别的、可识别的还是过度识别的，采用简约式参数和结构式参数之间的关系进行处理过于烦琐，甚至当结构式模型中的方程，特别是随机方程的数量很多时，采用简约式参数和结构式参数之间的关系进行处理几乎成为不可能。因此，需要新的更好、更快捷的有效识别方法。这些新的方法主要有阶条件识别和秩条件的识别。

1. 阶条件识别

假定：联立方程模型的结构式模型为式（10-4），m 为模型中的内生变量个数，k 为模型中的前定变量个数，m_i、k_i 分别表示第 i 个结构方程（随机方程）中包含的内生变量和前定变量个数。

当第 i 个结构方程可识别时，则满足

$$k - k_i \geq m_i - 1 \qquad (10\text{-}7)$$

进一步讲，如果 $k - k_i = m_i - 1$，则第 i 个结构方程是可识别的；如果 $k - k_i > m_i - 1$，则第 i 个结构方程是过度识别的。

不难看出，第 i 个结构方程是可识别的等价条件是满足

$$(m+k)-(m_i+k_i) \geq m-1 \qquad (10\text{-}8)$$

式（10-8）的左端表示没有包含在第 i 个结构方程中的变量个数，既包含内生变量，也包含前定变量，右端为整个模型中的内生变量总数减去 1。因此，式（10-8）的含义是在什么条件下第 i 个结构方程是可识别的，第 i 个结构方程可识别时，该方程所不包含的变量数不小于模型中的内生变量数减 1。当相等时，方程恰好识别，大于时为过度识别。

在结构式模型中，内生变量的个数和包含的方程个数相等。因此，我们需要对 m 个方程进行识别，当其全部满足识别的阶条件时，模型才满足识别的阶条件。

模型识别的阶条件只是模型识别的必要条件，并不能保证模型可以识别。不过，模型识别的阶条件在构建结构式联立方程模型时很重要，要想办法满足阶条件，否则一定是不可识别的。如果要保证模型可以识别就要用到模型识别的充分必要条件——模型识别的秩条件。

例如，考察式（10-1）～式（10-3）构成的联立方程模型

$$Y_t = C_t + I_t + G_t$$
$$C_t = \alpha_0 + \alpha_1 Y_t + \mu_{1t} \qquad (10\text{-}9)$$
$$I_t = \beta_0 + \beta_1 Y_t + \beta_2 Y_{t-1} + \mu_{2t}$$

在式（10-9）中，内生变量有国民收入 Y_t、居民消费支出 C_t 和民间投资 I_t，共计 3 个；前定变量有政府支出 G_t，前定内生变量 Y_{t-1}，共计 2 个。

表 10-1 给出了阶条件的模型识别结果，居民消费支出方程是过度识别的，民间投资支出方程恰好识别。

表 10-1　阶条件的模型识别结果

随机方程	模型中的变量个数		方程中的变量个数		阶条件 $k-k_i \geq m_i-1$	结论
	m	k	m_i	k_i		
居民消费	3	2	2	0	2 > 1	过度识别
民间投资	3	2	2	1	1 = 1	恰好识别

2. 秩条件识别

模型识别的阶条件只是模型识别的必要条件，并不能保证模型可以识别，而模型识别的秩条件是模型识别的充分必要条件。秩条件的模型识别过程需要做如下工作。

首先，求出第 i 个方程的识别矩阵，其求法如下：写出结构式模型对应的结构参数矩阵 $\boldsymbol{B\Gamma}$（常数项引入虚拟变量）；删去第 i 个结构式方程对应系数所在行（第 i 行）；删去第 i 个结构式方程对应系数所在行中非零系数所在的列。

然后，把剩余的元素按照原次序构成一个新的矩阵，这个矩阵被称为识别矩阵，记为 $\boldsymbol{A}_i$。于是，识别的秩条件为

$$\text{Rank}(\boldsymbol{A}_i) = m-1 \qquad (10\text{-}10)$$

式中，Rank(A_i)表示识别矩阵 A_i 的秩。

模型识别的秩条件就是模型识别的充分必要条件。如果秩条件成立，则第 i 个结构式方程是可识别的；如果秩条件不成立，则第 i 个结构式方程是不可识别的。

综合模型识别的阶条件和秩条件，我们对模型进行识别要遵循如下基本步骤：

第 1 步：看识别矩阵是否满足识别的秩条件。如果不满足，则模型不可以识别，如果满足，则模型可以识别，可以继续判断是否过度识别，进行第 2 步。

第 2 步：看在各方程中，模型识别的阶条件是否取等号，如果取等号，则方程为恰好识别，如果不取等号，则方程为过度识别。

例如，式（10-9）的结构参数矩阵为

$$\begin{matrix} & Y_t & C_t & I_t & G_t & Y_{t-1} \end{matrix}$$
$$\begin{bmatrix} 0 & 1 & -1 & -1 & 0 \\ -\alpha_0 & -\alpha_1 & 1 & 0 & 0 \\ -\beta_0 & -\beta_1 & 0 & 1 & -\beta_2 \end{bmatrix}$$

则为了识别居民消费支出是否可识别，划去第 2 行和第 2 行非零系数对应的列，即前 3 列，就得到识别矩阵

$$\begin{bmatrix} -1 & -1 & 0 \\ 1 & 0 & -\beta_2 \end{bmatrix}$$

而这个矩阵的秩为 2，正好等于内生变量的个数减去 1。因此，居民消费支出方程是可识别的。用同样的方法，可以得到民间投资支出方程是恰好识别的。

10.3.3 模型识别方法在联立方程模型构造中的应用

建立联立方程模型的目的就是要分析和解决现实的经济问题，需要获得每一个结构参数值。因此，在建立模型的初期就必须考虑模型的识别问题，要使得联立方程模型中的每个结构方程都是可识别的，这样，才能保证模型是可识别的。

我们从模型是可识别的阶条件 $(m+k)-(m_i+k_i) \geqslant m-1$ 可以看出，如果一个结构方程中包含了模型中的所有变量，这个方程就是不可识别的，导致模型也是不可识别的。这表明如果对方程加以约束，使某些变量不包含在这个方程中，才是方程可识别的必要条件。因此，可以依据经济学原理，在方程中保留合乎经济原理的变量，剔除不符合经济原理的变量，使方程满足阶条件。

从本质上讲，在构造联立方程模型时，要遵循如下原则。

在构造某个结构方程时，要确保该方程包含前面每一个方程中都不包含的至少一个变量，这个变量可以是内生变量，也可以是外生变量，同时也要确保前面每一个方程中都包含至少 1 个该方程所没有包含的变量，使得其满足方程识别时的阶条件。

10.4 案例分析

假设联立方程模型为

$$C_t = \alpha_0 + \alpha_1 Y_t + \mu_{1t} \tag{10-11}$$

$$I_t = \beta_0 + \beta_1 Y_t + \beta_2 Y_{t-1} + \mu_{2t} \tag{10-12}$$

$$\text{IM}_t = \gamma_0 + \gamma_1 Y_t + \mu_{3t} \tag{10-13}$$

$$Y_t = C_t + I_t + G_t + \text{EX}_t - \text{IM}_t \tag{10-14}$$

式中，含有 4 个内生变量，Y_t、C_t、I_t、IM_t 分别表示收入、消费、投资、进口；含有 3 个前定变量，G_t、Y_{t-1} 和 EX_t 分别指政府支出、上年收入和出口。

1. 阶条件

阶条件的模型识别结果如下：消费、投资和进口三个随机方程都是过度识别的（见表 10-2）。

表 10-2 阶条件的模型识别结果

随机方程	模型中的变量个数 m	模型中的变量个数 k	方程中的变量个数 m_i	方程中的变量个数 k_i	阶条件 $k - k_i \geqslant m_i - 1$	结论
消费	4	3	2	0	3>1	过度识别
投资	4	3	2	1	2>1	过度识别
进口	4	3	2	0	3>1	过度识别

2. 秩条件

将式（10-11）~式（10-14）写成以下形式

$$-\alpha_0 + C_t + 0I_t - \alpha_1 Y_t - 0\text{IM}_t - 0\text{EX}_t - 0G_t - 0Y_{t-1} = \mu_{1t} \tag{10-15}$$

$$-\beta_0 - 0C_t + I_t - \beta_1 Y_t - 0\text{IM}_t - 0\text{EX}_t - 0G_t - \beta_2 Y_{t-1} = \mu_{2t} \tag{10-16}$$

$$-\gamma_0 - 0C_t - 0I_t - \gamma_1 Y_t + \text{IM}_t - 0\text{EX}_t - 0G_t - 0Y_{t-1} = \mu_{3t} \tag{10-17}$$

$$0 - C_t - I_t + Y_t + \text{IM}_t - \text{EX}_t - G_t - 0Y_{t-1} = 0 \tag{10-18}$$

写出联立方程的结构参数矩阵为

$$\boldsymbol{B\Gamma} = \begin{bmatrix} -\alpha_0 & 1 & 0 & -\alpha_1 & 0 & 0 & 0 & 0 \\ -\beta_0 & 0 & 1 & -\beta_1 & 0 & 0 & 0 & -\beta_2 \\ -\gamma_0 & 0 & 0 & -\gamma_1 & 1 & 0 & 0 & 0 \\ 0 & -1 & -1 & 1 & 1 & -1 & -1 & 0 \end{bmatrix} \tag{10-19}$$

下面利用秩条件判断模型的识别性。

（1）分析消费方程的识别问题。画去式（10-19）的第 1 行，并画去该行中非零系数所在列，形成识别矩阵 A_1。

$$A_1 = \begin{bmatrix} 1 & 0 & 0 & 0 & -\beta_2 \\ 0 & 1 & 0 & 0 & 0 \\ -1 & 1 & -1 & -1 & 0 \end{bmatrix} \tag{10-20}$$

rank(A_1)=3，等于内生变量的个数减 1，说明消费方程是可识别的。由于，从阶条件没有取等号来看，消费方程是过度识别的。

（2）分析投资方程的识别问题。划去式（10-19）的第 2 行，并划去该行中非零系数所在列，形成识别矩阵 A_2。

$$A_2 = \begin{bmatrix} 1 & 0 & 0 & 0 \\ 0 & 1 & 0 & 0 \\ -1 & 1 & -1 & -1 \end{bmatrix} \quad (10\text{-}21)$$

rank(A_2)=3，等于内生变量的个数减 1，说明投资方程是可识别的。由于，从阶条件没有取等号来看，投资方程是过度识别的。

（3）分析进口方程的识别问题。划去式（10-19）的第 3 行，并划去该行中非零系数所在列，形成识别矩阵 A_3。

$$A_3 = \begin{bmatrix} 1 & 0 & 0 & 0 & 0 \\ 0 & 1 & 0 & 0 & -\beta_2 \\ -1 & -1 & -1 & -1 & 0 \end{bmatrix} \quad (10\text{-}22)$$

rank(A_3)=3，等于内生变量的个数减 1，说明进口方程是可识别的。由于，从阶条件没有取等号来看，进口方程是过度识别的。

最后一个方程为确定性方程，不存在识别问题。综上所述，该联立方程模型是过度识别的。

思考与练习

1. 请解释以下名词：联立方程模型；外生变量；内生变量；前定变量；结构式模型；简约式模型；不可识别；恰好识别；过度识别。
2. 联立方程模型中的方程可以分为几类？其含义各是什么？
3. 联立方程计量经济学模型中的变量可以分为几类？其含义各是什么？
4. 请简述采用秩条件识别结构方程的步骤。
5. 什么是识别问题？
6. 在进行联立方程识别的时候是否可以认为只要方程符合阶条件就一定可以识别？秩条件呢？
7. 怎么才能判别一个可识别的方程是恰好识别的还是过度识别的呢？
8. 请简述单方程计量经济学模型与联立方程计量经济学模型的区别。
9. 为什么不能直接采用最小二乘法对联立方程模型的参数进行估计呢？
10. 考虑以下模型

$$M_t = \alpha_0 + \alpha_1 Y_t + \alpha_2 P_t + \mu_{1t}$$
$$Y_t = \beta_0 + \beta_1 M_t + \mu_{2t}$$

式中，M 为货币供应量，Y 为 GDP，P 为价格总指数。

要求：

（1）请指出该模型的合理性。
（2）请指出模型中的内生变量、外生变量和前定变量。
（3）模型中的两个方程是可识别的吗？是过度识别的，还是恰好识别的？

11. 以下为克莱因于 1950 年建立的用于分析美国在两次世界大战之间的经济发展情况

的宏观经济模型，其中包括3个随机方程、3个恒等方程，联立方程模型为

$$C_t = \alpha_0 + \alpha_1 P_t + \alpha_2 P_{t-1} + \alpha_3 (W_{1t} + W_{2t}) + \mu_{1t}$$

$$I_t = \beta_0 + \beta_1 P_t + \beta_2 P_{t-1} + \beta_3 K_{t-1} + \mu_{2t}$$

$$W_{1t} = \gamma_0 + \gamma_1 (Y_t + T_t - W_{2t}) + \gamma_2 (Y_{t-1} + T_{t-1} - W_{2t-1}) + \gamma_3 t + \mu_{3t}$$

$$Y_t = C_t + I_t + G_t - T_t$$

$$P_t = Y_t - W_{1t} - W_{2t}$$

$$K_t = I_t + K_{t-1}$$

式中，C_t为私人消费；I_t为净投资；W_{1t}为私营部门投资；Y_t为税后收入；P_t为利润；K_t为资本存量；W_{2t}为公共部门投资；T_t为税收；t为日历年时间，代表技术进步、劳动生产率提高等因素；G_t为政府支出。

（1）模型中包含哪些外生变量和哪些内生变量？
（2）判断模型中的方程是否可识别。
（3）判断模型是否可识别。

第11章
CHAPTER 11

联立方程模型的参数估计方法

在联立方程组模型中，随机误差项与内生变量之间存在相互依赖性，所以 OLS 不适宜用来估计联立方程组模型中的方程，使用 OLS 所得到的结果不仅是有偏的，而且是非一致的。因此，必须用其他方法对模型中的参数进行估计。为了估计联立方程模型中的结构参数，可以采用单方程估计法和系统估计法。

1. 单方程估计法

单方程估计法可以对每一个方程单独进行估计，不考虑模型中其他方程对该方程的约束。因为这种方法没有利用模型中其余方程对被估计方程所产生的约束等有关的信息，所以又称有限信息估计法。

单方程估计法有下面几种方法，其中的 OLS 已在前面讲解过。

（1）OLS。
（2）间接最小二乘法（indirect least squares，ILS）。
（3）工具变量估计（instrumental variables，IV）法。
（4）二阶段最小二乘法（two stage least squares，2SLS）。
（5）有限信息最大似然法（limited information maximum likelihood，LIML）。

2. 系统估计法

系统估计法是对整个模型中所有结构方程的参数同时进行估计，因而同时决定所有参数的估计值。由于这种方法利用了模型中的全部方程的信息，所以，也称方程组法，或完全信息法。

系统估计法主要包括三阶段最小二乘法和完全信息最大似然法。

（1）三阶段最小二乘法（three stage least squares，3SLS）。
（2）完全信息最大似然法（full information maximum likelihood，FIML）。

11.1 OLS与递归模型

尽管 OLS 不适宜用来估计联立方程模型中的方程的参数，但是，当联立方程模型是递归模型时，或者也称作三角形模型或因果性模型时，OLS 也适用于联立方程模型的参数估计。

为了说明对递归模型的参数估计，我们以下面的联立方程模型为例。

$$Y_{1t} = \beta_{10} + \gamma_{11}X_{1t} + \gamma_{12}X_{2t} + \mu_{1t}$$
$$Y_{2t} = \beta_{20} + \beta_{21}Y_{1t} + \gamma_{21}X_{1t} + \gamma_{22}X_{2t} + \mu_{2t} \quad (11\text{-}1)$$
$$Y_{3t} = \beta_{30} + \beta_{31}Y_{1t} + \beta_{32}Y_{2t} + \gamma_{31}X_{1t} + \gamma_{32}X_{2t} + \mu_{3t}$$

式中，X、Y 分别为外生变量和内生变量。每个结构式方程中的随机误差项相互独立，也就是说，满足

$$\text{Cov}(\mu_{1t}, \mu_{2t}) = \text{Cov}(\mu_{1t}, \mu_{3t}) = \text{Cov}(\mu_{2t}, \mu_{3t}) = 0$$

首先，考虑式（11-1）中的第 1 个方程。因为方程的右边仅含有外生变量 X_1、X_2 和随机误差项 μ_1，且我们假定外生变量与随机误差项不相关，所以，该方程满足经典 OLS 的基本假定，可以直接用 OLS 对方程进行估计。

再考虑第 2 个方程。它不仅含有非随机的外生变量 X_1 和 X_2，还含有内生变量 Y_1 作为解释变量。由于 $\text{Cov}(\mu_{1t}, \mu_{2t}) = 0$，所以 $\text{Cov}(Y_{1t}, \mu_{2t}) = 0$，表明随机误差项 μ_2 与作为解释变量的内生变量 Y_1 是不相关的。因为方程中的随机误差项 μ_2 与解释变量 X_1、X_2 和 Y_1 不相关，所以 OLS 同样适用于第 2 个方程。

类似地，由 $\text{Cov}(\mu_{1t}, \mu_{3t}) = \text{Cov}(\mu_{2t}, \mu_{3t}) = 0$ 可得 $\text{Cov}(Y_{1t}, \mu_{3t}) = \text{Cov}(Y_{2t}, \mu_{3t}) = 0$，显示随机误差项 μ_3 与 Y_1 和 Y_2 都不相关。于是，我们也可以对第 3 个方程使用 OLS 进行估计。

在递归模型中，不存在内生变量之间的相互依赖性。比如，Y_1 影响 Y_2，但 Y_2 不影响 Y_1。类似地，Y_1 和 Y_2 影响 Y_3，而 Y_1 和 Y_2 反过来并不受 Y_3 影响。换言之，每个方程都展现一种单向的因果依赖性，所以，递归性模型也称为因果性模型。因此，每一个方程都可以用 OLS 进行估计。

11.2 IV估计法

IV 估计法是一种单方程估计方法，每次只适用于模型中的一个结构方程。

11.2.1 工具变量的思想

为了理解工具变量的思想，本小节以农产品市场均衡模型为例。农产品市场均衡模型为

$$\begin{aligned} Q_t^d &= \alpha_0 + \alpha_1 P_t + \mu_t & \text{（需求）} \\ Q_t^s &= \beta_0 + \beta_1 P_t + v_t & \text{（供给）} \\ Q_t^d &= Q_t^s & \text{（均衡）} \end{aligned} \quad (11\text{-}2)$$

令 $Q_t = Q_t^d = Q_t^s$，可得

$$Q_t = \alpha_0 + \alpha_1 P_t + \mu_t$$
$$Q_t = \beta_0 + \beta_1 P_t + v_t \qquad (11\text{-}3)$$

显然式（11-3）中的这两个方程中的被解释变量与解释变量完全一样。如果直接回归 $P_t \xrightarrow{\text{OLS}} Q_t$，那么，估计的究竟是需求函数还是供给函数呢？其实都不是。如图 11-1 所示。

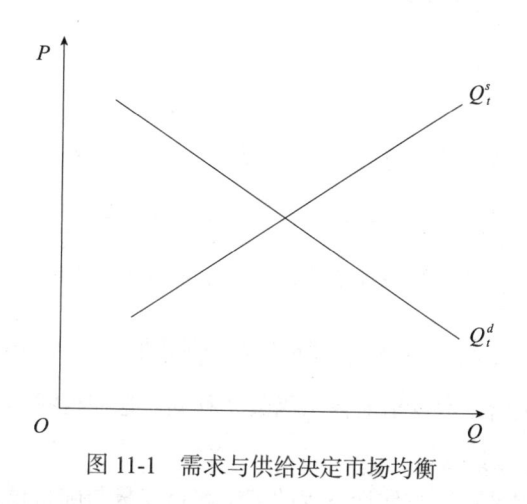

图 11-1　需求与供给决定市场均衡

如果把式（11-3）中的 (P_t, Q_t) 看作未知数（内生变量），而把 (μ_t, v_t) 看作已知数，则可以求解 (P_t, Q_t) 为 (μ_t, v_t) 的函数：

$$P_t = P_t(\mu_t, v_t) = \frac{\beta_0 - \alpha_0}{\alpha_1 - \beta_1} + \frac{v_t - \mu_t}{\alpha_1 - \beta_1}$$
$$Q_t = Q_t(\mu_t, v_t) = \frac{\alpha_1 \beta_0 - \alpha_0 \beta_1}{\alpha_1 - \beta_1} + \frac{\alpha_1 v_t - \beta_1 \mu_t}{\alpha_1 - \beta_1} \qquad (11\text{-}4)$$

显然，由于 P_t 为 (μ_t, v_t) 的函数，故 $\text{Cov}(P_t, \mu_t) \neq 0, \text{Cov}(P_t, v_t) \neq 0$。因此，OLS 估计值 $\hat{\alpha}_1$ 和 $\hat{\beta}_1$ 不是 α_1 和 β_1 的一致估计量。我们称这种偏差为联立方程偏差（simultaneity bias）或内生性偏差（endogenety bias）。在这个例子中，我们无法从价格变化的信息中得知，究竟这种变化是由于需求还是供给引起的。

既然 OLS 的不一致性是由于内生变量（endogenous variables）与随机误差项相关而引起的，如果我们能够将内生变量分为两部分，一部分与随机误差项相关，另一部分与随机误差项无关，那么，就有希望用与随机误差项不相关的那一部分得到一致估计。对内生变量的这种分离可以借助于对内生变量的深入认识来完成，而更常见的是借助于工具变量（instrumental variables，IV）来完成。

假设在图 11-1 中，存在某个因素（变量）使得供给曲线经常移动，而需求曲线基本不动。此时，就可以估计需求曲线，如图 11-2 所示。这个使得供给曲线移动的变量就是工具变量。假设影响式（11-2）中供给方程的随机误差项的因素可以分解为两部分，一部分是能够观测的影响供给的气温 X_t，另一部分是不可观测的其他因素，则有

$$Q_t^s = \beta_0 + \beta_1 P_t + \beta_2 X_t + v_t \qquad (11\text{-}5)$$

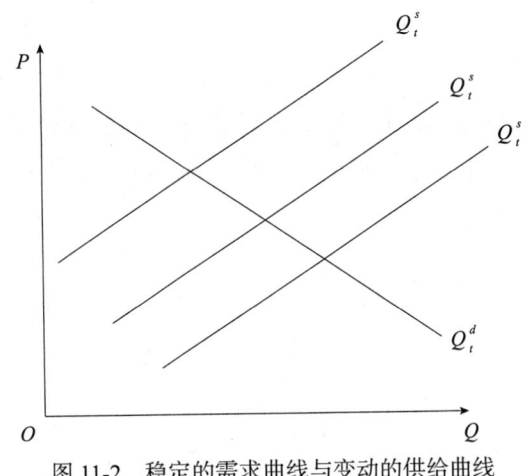

图 11-2　稳定的需求曲线与变动的供给曲线

假定气温 X_t 是一个前定变量，与两个随机误差项都不相关，即 $\text{Cov}(X_t, \mu_t) = 0, \text{Cov}(X_t, v_t) = 0$。由于气温 X_t 的变化使得供给函数 Q_t^s 沿着需求函数 Q_t^d 移动，这使得我们可以估计需求函数 Q_t^d。在这种情况下，我们称 X_t 为工具变量。

IV 估计法的基本思想是：当被估计方程的某个解释变量与随机误差项相关时，在方程系统中选择一个与此解释变量高度相关而与相应的随机误差项不相关的前定变量作为工具，以达到消除该解释变量与随机误差项之间的相关性的目的。IV 估计法是一种单方程估计方法，每次只适用于模型中的一个结构方程，IV 估计量不具备无偏性，但具有一致性。

在回归方程中，一个有效的工具变量应满足相关性和外生性两个条件。

（1）相关性：工具变量与内生解释变量相关，即 $\text{Cov}(X_t, P_t) \neq 0$。

（2）外生性：工具变量与随机误差项不相关，即 $\text{Cov}(X_t, \mu_t) = 0$。

工具变量的外生性有时也称为排他性约束，因为外生性意味着工具变量影响被解释变量的唯一渠道是通过与其相关的内生解释变量，排除了所有其他的可能影响渠道。

显然，在式（11-5）提及的例中，气温 X_t 满足相关性和外生性这两个条件。从联立方程组可以解出 $P_t = P_t(X_t, \mu_t, v_t)$，故 $\text{Cov}(X_t, P_t) \neq 0$，满足相关性的条件；又因为气温 X_t 是前定变量，故 $\text{Cov}(X_t, \mu_t) = 0$，满足外生性的条件。

11.2.2　IV估计法的步骤

第一步：选择适当的工具变量。在联立方程模型中，所选择的工具变量应满足下列条件：

（1）它必须与方程中所考虑的内生解释变量高度相关，与随机误差项不相关。

（2）它必须同结构方程中的其他前定变量相关性很小，以避免产生多重共线性。

人们自然会想到模型中的前定变量一般都能满足上述条件。所以，每一个前定变量都可以作为内生解释变量的备选工具变量。这里应该指出，所选择工具变量的个数必须与所估计的结构方程中作为解释变量的内生变量的个数相等，如果结构方程中含有前定变量，则可选择这些前定变量本身作为自己的工具变量，这样做的目的是使每一个结构参数都能求得估计值。

第二步：分别用工具变量去乘结构方程，并对所有样本观测值求和，得到与未知参数一样多的线性方程构成的方程组，解此方程组便得到结构参数的估计值。

设有两个解释变量的结构方程

$$Y_t = \beta_0 + \beta_1 X_{1t} + \beta_2 X_{2t} + \mu_t \tag{11-6}$$

式中，X_{1t}、X_{2t} 是方程所在模型中的两个内生变量，与随机误差项 μ_t 无关。现由模型中可以找到另外两个前定变量 Z_{1t} 和 Z_{2t} 作为 X_{1t} 和 X_{2t} 的工具变量。

由式（11-6）有

$$\beta_0 = \bar{Y} - \beta_1 \bar{X}_1 - \beta_2 \bar{X}_2 - \bar{\mu} \tag{11-7}$$

选择 Z_{1t} 和 Z_{2t} 作为工具变量，分别去乘式（11-6）并求和

$$\begin{aligned}\sum Y_t Z_{1t} &= \beta_0 \sum Z_{1t} + \beta_1 \sum X_{1t} Z_{1t} + \beta_2 \sum X_{2t} Z_{1t} + \sum \mu_t Z_{1t} \\ \sum Y_t Z_{2t} &= \beta_0 \sum Z_{2t} + \beta_1 \sum X_{1t} Z_{2t} + \beta_2 \sum X_{2t} Z_{2t} + \sum \mu_t Z_{2t}\end{aligned} \tag{11-8}$$

由于 $E(\mu_t) = 0$，所以，$\bar{\mu} \approx 0$，于是，式（11-7）可改写为

$$\hat{\beta}_0 = \bar{Y} - \hat{\beta}_1 \bar{X}_1 - \hat{\beta}_2 \bar{X}_2 \tag{11-9}$$

又由于 $\mathrm{Cov}(Z_{1t}, \mu_t) = 0$，$\mathrm{Cov}(Z_{2t}, \mu_t) = 0$，所以，$\sum \mu_t Z_{1t} \approx 0$，$\sum \mu_t Z_{2t} \approx 0$，则式（11-8）可以写成

$$\begin{aligned}\sum Y_t Z_{1t} &= \hat{\beta}_0 \sum Z_{1t} + \hat{\beta}_1 \sum X_{1t} Z_{1t} + \hat{\beta}_2 \sum X_{2t} Z_{1t} \\ \sum Y_t Z_{2t} &= \hat{\beta}_0 \sum Z_{2t} + \hat{\beta}_1 \sum X_{1t} Z_{2t} + \hat{\beta}_2 \sum X_{2t} Z_{2t}\end{aligned} \tag{11-10}$$

将式（11-9）代入式（11-10），整理后得到

$$\begin{aligned}\sum y_t z_{1t} &= \hat{\beta}_1 \sum x_{1t} z_{1t} + \hat{\beta}_2 \sum x_{2t} z_{1t} \\ \sum y_t z_{2t} &= \hat{\beta}_1 \sum x_{1t} z_{2t} + \hat{\beta}_2 \sum x_{2t} z_{2t}\end{aligned} \tag{11-11}$$

解式（11-11）可得

$$\begin{aligned}\hat{\beta}_1 &= \frac{\sum y_t z_{1t} \sum x_{2t} z_{1t} - \sum y_t z_{2t} \sum x_{2t} z_{1t}}{\sum x_{1t} z_{1t} \sum x_{2t} z_{2t} - \sum x_{1t} z_{2t} \sum x_{2t} z_{1t}} \\ \hat{\beta}_2 &= \frac{\sum y_t z_{2t} \sum x_{1t} z_{1t} - \sum y_t z_{1t} \sum x_{1t} z_{2t}}{\sum x_{1t} z_{1t} \sum x_{2t} z_{2t} - \sum x_{1t} z_{2t} \sum x_{2t} z_{1t}}\end{aligned} \tag{11-12}$$

式中，$x = X - \bar{X}$，$y = Y - \bar{Y}$，$z = Z - \bar{Z}$。

11.2.3　IV估计法的有效性

下面讨论工具变量法的有效性。设结构模型中第 1 个方程具有如下形式

$$Y_1 = \beta_{12} Y_2 + \cdots + \beta_{1m_1} Y_{m_1} + \gamma_{11} X_1 + \cdots + \gamma_{1k_1} X_{k_1} + \mu_1 \tag{11-13}$$

式（11-13）共有（$m_1 - 1$）个内生解释变量和 k_1 个前定变量。

1. 式（11-13）恰好识别

由模型识别的阶条件知，恰好识别时，有

$$k - k_1 = m_1 - 1$$

或

$$k - k_1 = m - (m - m_1) - 1 = m_1 - 1 \tag{11-14}$$

式（11-14）表示，式（11-13）中所不包含的前定变量 $X_{k_1+1}, X_{k_2+2}, \cdots, X_k$（这些变量被其他方程包含）的个数恰好等于该式中作为解释变量的内生变量 $Y_2, Y_3, \cdots, Y_{m_1}$ 的个数，用这些前定变量作为工具变量（同时用 $X_2, X_3, \cdots, X_{k_1}$ 作为自己的工具变量）分别去乘式（11-13）两边得到正规方程组，由此，可求得结构参数唯一的 IV 估计法估计值。

2. 式（11-13）过度识别

若模型是过度识别的，则有

$$k - k_1 > m_1 - 1 \tag{11-15}$$

这说明，在模型中有 $X_{k_1+1}, \cdots, X_k$，即 $k - k_1$ 个前定变量可选作工具变量。由于 $k - k_1 > m_1 - 1$，所以，从 $k - k_1$ 个前定变量中选择 $m_1 - 1$ 个作为工具变量，就产生了选择的任意性。因为估计变量与所选择的工具变量有关，所以就使得估计量不具有唯一性，而且失去了未被选用的前定变量所提供的信息。因此，IV 估计法对过度识别方程来说不是一种有效的估计方法。

除此之外，工具变量有以下三个方面的局限性。

（1）从模型中选择前定变量需要满足工具变量的条件，由于模型中内生变量之间的交错影响，同一内生变量可能与几个前定变量相关，要选择合适的前定变量作为某一个内生变量的工具变量是比较困难的，并且当引入的前定变量多于一个时还要保证它们彼此不相关，有时这很难保证。

（2）由于随机误差项 μ 不可观测，这很难确定工具变量与 μ 无关。

（3）找到既与某个内生变量相关，又与随机误差项无关的前定变量，从实际经济意义上看，是困难的。

由于联立方程模型中大多为过度识别方程。实际上直接用工具变量法对结构参数进行估计是不多见的。但工具变量法有助于理解其他较好的经济计量方法，譬如 2SLS。

11.3 ILS

对于一个恰好识别的结构式方程，从结构式方程中导出相应的简约式方程来利用 OLS 估计出简约式模型参数的估计值，间接地求出结构式参数的方法，称为 ILS。

ILS 的步骤包括以下几步。

第 1 步：模型识别。看联立方程组模型是否可以识别，如果恰好识别，则进行下一步；如果过度识别，则采用其他估计方法，如采用 11.4 节将要讲到的二阶段最小二乘法。

第 2 步：先从结构式模型推导出简约式模型，每个方程中被解释变量为唯一的内生变量，并且仅仅是外生变量和随机变量的函数，从而建立起结构式参数与简约式参数之间的参数关系式体系。

第3步：利用样本观测值数据，应用OLS，对简约式方程进行估计，估计出简约式参数的估计值。

第4步：将简约式参数估计值代入第2步求出的参数关系式，求出结构模型中的结构式参数的估计值。

ILS的EViews实现比较容易，只需直接用OLS估计出每个简约式模型的参数，然后通过结构式转换为简约式时得出的参数关系式体系，就可计算出相应的结构式参数了。

11.4　2SLS

ILS只适用于恰好识别的结构式方程。对于过度识别的结构式方程，我们可以用2SLS对系统参数进行估计。2SLS是一种单一方程估计方法，每次只适用于对联立方程组模型中的一个方程进行估计，并能获得较为理想的结构参数估计值。

11.4.1　2SLS的基本假设条件

假定：联立方程模型的结构式模型为

$$\begin{aligned} Y_{1t} &= \beta_{12}Y_{2t} + \beta_{13}Y_{3t} + \cdots + \beta_{1m}Y_{mt} + \gamma_{10}X_{0t} + \gamma_{11}X_{1t} + \cdots + \gamma_{1k}X_{kt} + \mu_{1t} \\ Y_{2t} &= \beta_{21}Y_{1t} + \beta_{23}Y_{3t} + \cdots + \beta_{2m}Y_{mt} + \gamma_{20}X_{0t} + \gamma_{21}X_{1t} + \cdots + \gamma_{2k}X_{kt} + \mu_{2t} \\ &\vdots \\ Y_{mt} &= \beta_{m1}Y_{1t} + \beta_{m2}Y_{2t} + \cdots + \beta_{m(m-1)}Y_{(m-1)t} + \gamma_{m0}X_{0t} + \gamma_{m1}X_{1t} + \cdots + \gamma_{mk}X_{kt} + \mu_{mt} \end{aligned} \quad (11\text{-}16)$$

2SLS有如下5个基本假设条件。

1）结构式方程中的随机误差项满足均值为零、协方差为常数和序列不相关的条件。
2）结构式方程中的所有前定变量和随机误差项不相关。
3）前定变量不存在渐进的多重共线性。
4）样本容量必须大于方程中出现的前定变量个数。
5）结构式方程是可识别的。

11.4.2　2SLS的思路和步骤

为了说明2SLS的思路和步骤，我们假定要估计的结构式模型结构式方程为模型（11-16）中的第一个方程

$$Y_{1t} = \beta_{12}Y_{2t} + \beta_{13}Y_{3t} + \cdots + \beta_{1m}Y_{mt} + \gamma_{10}X_{0t} + \gamma_{11}X_{1t} + \cdots + \gamma_{1k}X_{kt} + \mu_{1t} \quad (11\text{-}17)$$

方程（11-17）的解释变量中含有模型的内生变量$Y_{2t}, \cdots, Y_{mt}$，含有模型的前定变量$X_{0t}, X_{1t}, \cdots, X_{kt}$。根据随机误差项$\mu_{1t}$满足零均值、常数协方差和序列不相关的条件，则$Y_{2t}, \cdots, Y_{mt}$相应的简约式方程为

$$Y_{2t} = \pi_{20}X_{0t} + \pi_{21}X_{1t} + \pi_{22}X_{2t} + \cdots + \pi_{2k}X_{kt} + v_{2t}$$
$$\vdots \qquad (11\text{-}18)$$
$$Y_{mt} = \pi_{m0}X_{0t} + \pi_{m1}X_{1t} + \pi_{m2}X_{2t} + \cdots + \pi_{mk}X_{kt} + v_{mt}$$

首先，我们对式（11-18）中的每一个方程应用 OLS 进行估计，推断出式（11-18）的估计方程为

$$\hat{Y}_{it} = \hat{\pi}_{i0}X_{0t} + \hat{\pi}_{i1}X_{1t} + \hat{\pi}_{i2}X_{2t} + \cdots + \hat{\pi}_{ik}X_{kt}, \ i = 2, \cdots, m$$

式中，$\hat{\pi}_{ij}$ 是 π_{ij} ($i = 2, \cdots, m; j = 0, 1, \cdots, k$) 是简约式模型中的简约式参数的估计量。于是有

$$Y_i = \hat{Y}_i + e_i, \ i = 2, \cdots, m$$

然后，将 $Y_i = \hat{Y}_i + e_i$ 代换结构式方程式（11-17）右边的内生变量，得到新的方程

$$Y_{1t} = \beta_{12}\hat{Y}_{2t} + \cdots + \beta_{1m}\hat{Y}_{mt} + \gamma_{10}X_{1t} + \gamma_{11}X_{1t} + \cdots + \gamma_{1k}X_{kt} + \mu_{1t}^* \qquad (11\text{-}19)$$

式中，$\mu_{1t}^* = \mu_{1t} + \beta_{12}e_2 + \cdots + \beta_{1m}e_m$。显然，$\mu_{1t}^*$ 仍然满足零均值、常数协方差和序列不相关的条件。因此，对变换后的式（11-19）可以直接采用普通最小二乘法进行估计，估计出结构式参数的估计量 $\hat{\beta}_{12}, \cdots, \hat{\beta}_{1m}; \hat{\gamma}_{10}, \hat{\gamma}_{11}, \cdots, \hat{\gamma}_{1k}$。

通过以上说明的思路，我们可以得到 2SLS 的一般步骤。

第 1 步：对简约型方程应用 OLS，求出内生变量 Y_i 的估计量 $\hat{Y}_i$，进而有

$$Y_i = \hat{Y}_i + e_i, \ i = 2, \cdots, m$$

第 2 步：被估计的结构式方程右边的内生变量 Y_i，用 $\hat{Y}_i + e_i$ 代入。然后，第 2 次应用 OLS，对被估计的结构式方程进行估计，估计出结构式参数的估计值。

实际上，在应用 2SLS 时，第一阶段对简约式方程应用 OLS 只需要求出我们所需要的 $\hat{Y}_i$，并不需要求出 e_i。第二阶段只需要用 $\hat{Y}_i$ 代替所估计方程右边的 Y_i，这样就可以直接应用 OLS，不过这里的随机误差项是 μ_{1t}^*，而不是原来的 μ_{1t}。

在实际使用过程中，判断出模型是可识别的以后，通常直接采用 2SLS，因为如果模型是恰好识别的，2SLS 和 ILS 是一致的，这样便能避免烦琐的参数关系体系的计算。

2SLS 在 EViews 中有两种实现方法。假定要研究的联立方程模型的样本观测数据为 1978—2022 年。

方法 1：选中被解释变量和解释变量后，点右键 "Open/as Group/Quick/Estimate Equation"，在 "Method" 的下拉菜单中选择 "TSLS"，将出现如图 11-3 所示的对话框。

在图 11-3 所示的对话框中有两个窗口，在第一窗口中填入需要估计的方程，在第二个窗口中填写该方程组中所有的前定变量，EViews 要求将常数项看作前定变量。输入相应变量后就得到第一个方程的估计结果，然后重复以上过程估计后续方程即可。

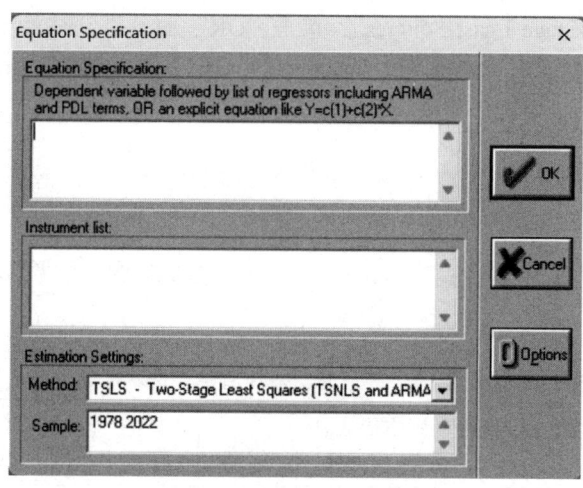

图 11-3 2SLS 的对话框

方法 2：将数据导入 EViews 后，在工作文件下，单击"Objects/New object"，选择"System"将会弹出如图 11-4 所示的窗口。

图 11-4 System 窗口

在窗口中输入所有的随机方程（不输入确定性方程），每个方程占一行，其中结构参数用 $c(1)$, $c(2)$, … 表示，并在最后一行开头写上"INST"，然后写上所有的前定变量，包括常数项，其中 INST 表示工具变量。单击"System"窗口上的"Estimate"，将会弹出系统估计方法的窗口，如图 11-5 所示。

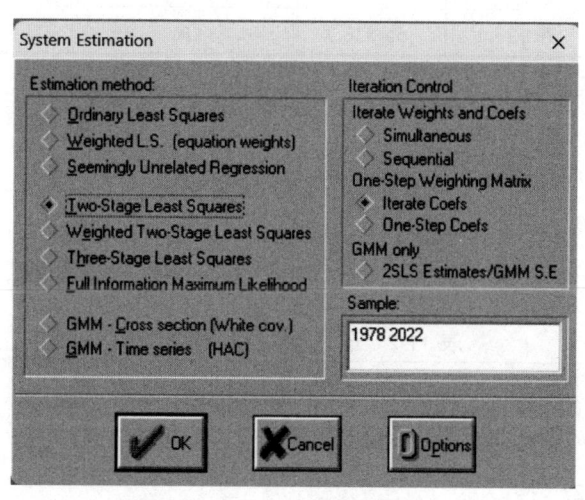

图 11-5 系统估计方法的窗口

选中其中的"Two-Stage Least Squares",单击"OK"便可得到估计结果。两种方法的区别是:方法 2 能够一次性估计出全部的随机方程的参数,而方法 1 只能逐个估计。

11.5 案例分析

案例 11-1

1990—2016 年我国国内生产总值(GDP$_t$),宏观消费(CONS$_t$),资本形成总额(CAPI$_t$)数据见表 11-1。

表 11-1　1990—2016 年我国国内生产总值、宏观消费、资本形成总额数据　(单位:亿元)

年份	国内生产总值(GDP$_t$)	宏观消费(CONS$_t$)	资本形成总额(CAPI$_t$)	年份	国内生产总值(GDP$_t$)	宏观消费(CONS$_t$)	资本形成总额(CAPI$_t$)
1990	19 067.0	12 001.4	6 555.3	2004	162 742.1	89 086.0	69 420.5
1991	22 124.2	13 614.2	7 892.5	2005	189 190.4	101 447.8	77 533.6
1992	27 334.2	16 225.1	10 833.6	2006	221 206.5	114 728.6	89 823.4
1993	35 900.1	20 796.7	15 782.9	2007	271 699.3	136 229.5	112 046.8
1994	48 822.7	28 272.3	19 916.3	2008	319 935.9	157 466.3	138 242.8
1995	61 539.1	36 197.9	24 342.5	2009	349 883.3	172 728.3	162 117.9
1996	72 102.5	43 086.8	27 556.6	2010	410 708.3	198 998.1	196 653.1
1997	80 024.8	47 508.7	28 966.2	2011	486 037.8	241 022.1	233 327.2
1998	85 486.3	51 460.4	30 396.6	2012	540 988.9	271 112.8	255 240.0
1999	90 823.8	56 621.7	31 665.6	2013	596 962.9	300 337.8	282 073.0
2000	100 576.8	63 667.7	34 526.1	2014	647 181.7	328 312.6	302 717.5
2001	111 250.2	68 546.7	40 378.9	2015	699 109.4	362 266.5	312 835.7
2002	122 292.2	74 068.2	45 129.8	2016	746 314.9	400 175.6	329 727.3
2003	138 314.7	79 513.1	55 836.7	—	—	—	—

资料来源:CSMAR 数据库。

建立宏观消费模型

$$\text{CONS}_t = \beta_0 + \beta_1 \text{GDP}_t + \mu_t \quad (11\text{-}20)$$

在工作文件夹下,选择"Quick/Estimate Equation",在方程对话框中键入"CONS C GDP",确定后就可得到表 11-2 所示的估计结果。

表 11-2　最小二乘法的估计结果

Dependent Variable: CONS
Method: Least Squares
Sample: 1990 2016
Included observations: 27

（续）

Variable	Coefficient	Std. Error	t-Statistic	Prob.
C	5304.139	1957.599	2.709513	0.0120
GDP	0.502023	0.005852	85.78349	0.0000
R-squared	0.996614	Mean dependent var		129092.3
Adjusted R-squared	0.996479	S.D. dependent var		115834.1
S.E. of regression	6873.580	Akaike info criterion		20.57994
Sum squared resid	1.18E+09	Schwarz criterion		20.67593
Log likelihood	-275.8293	Hannan-Quinn criter.		20.60849
F-statistic	7358.807	Durbin-Watson stat		0.321859
Prob(F-statistic)	0.000000			

于是，得到式（11-20）的估计方程为

$$\widehat{CONS}_t = 5\,304.139 + 0.502\,0 GDP_t$$

（2.71）（85.78）

R^2=0.996 6，$D.W.$=0.32

模型中宏观消费 $CONS_t$ 是随机变量。因为 $CONS_t$ 是国内生产总值 GDP_t 的一部分，所以 GDP_t 也应该是随机变量，这就违反了模型中解释变量非随机的假定。而且 GDP_t 也必然与 μ_t 高度相关，估计结果还显示模型存在严重的自相关，所以应该选择一个工具变量设法替代变量 GDP_t。

资本形成总额 $CAPI_t$ 是 GDP_t 的一部分，与 GDP_t 高度相关。经计算，如图 11-6 所示，以上模型的残差与 $CAPI_t$ 的相关系数为 −0.0438，这在一定程度上说明了 $CAPI_t$ 与 μ_t 不相关。基于此，我们选择 $CAPI_t$ 做 GDP_t 的工具变量。

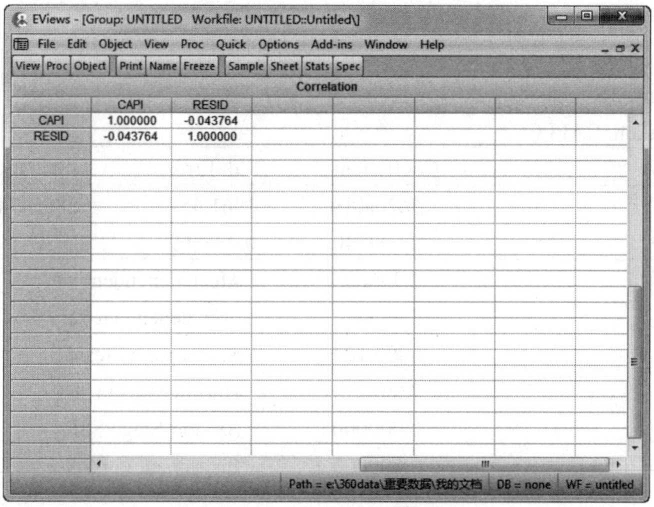

图 11-6 相关系数结果

具体操作步骤如下，从 EViews 主菜单中单击"Quick"键，然后选择"Equation Estimate"功能，从而打开"Equation Specification"（模型设定）对话框，如图 11-7 所示，单击"Method"窗口，选择"TSLS"（二阶段最小二乘法在 EViews 中的功能名称）估计方法。

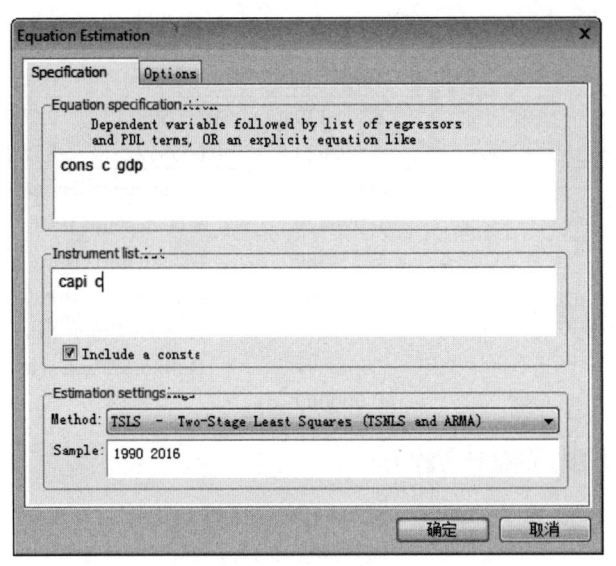

图 11-7 对话框

然后，在"Equation specification"（模型设定）选择区输入命令"cons c gdp"，其中 cons 表示 $CONS_t$，c 表示截距项，gdp 表示 GDP_t，"cons c gdp"表示原回归式 $CONS_t = \beta_0 + \beta_1 GDP_t + \mu_t$。在"Instrument list"选择区输入命令"cpai c"表明用 $CAPI_t$（资本形成额）和 C（截距项）作为工具变量（不写 C 也可以，EViews 程序会自动加入）。单击"OK"键，得到估计结果见表 11-3。

表 11-3　IV 估计法的估计结果

Dependent Variable: CONS
Method: Two-Stage Least Squares
Sample: 1990 2016
Included observations: 27
Instrument specification: CAPI C

Variable	Coefficient	Std. Error	t-Statistic	Prob.
C	5620.488	1961.451	2.865474	0.0083
GDP	0.500740	0.005869	85.32419	0.0000
R-squared	0.996608	Mean dependent var		129092.3
Adjusted R-squared	0.996472	S.D. dependent var		115834.1
S.E. of regression	6880.183	Sum squared resid		1.18E+09
F-statistic	7280.218	Durbin-Watson stat		0.323489
Prob(F-statistic)	0.000000	Second-Stage SSR		4.23E+09
J-statistic	0.000000	Instrument rank		2

由此，得到采用 2SLS 估计出的方程为

$$\widehat{CONS}_t = 5\,620.488 + 0.501 GDP_t$$

$$(2.87) \quad (85.32)$$

$$R^2 = 0.9966 \quad D.W. = 0.32$$

案例 11-2

下面基于凯恩斯的宏观调控原理,建立了一个包含 3 个方程的宏观经济模型。通过家庭部门的消费、企业部门的投资、政府部门的购买的经济活动,分析总收入的变动对消费和投资的影响。该模型包含 3 个内生变量,即支出法计算的国内生产总值 Y,居民消费总额 C,企业投资总额 I(包括固定资本形成总额和存货增加总额),1 个前定变量即政府消费 G(为了使得恒等式成立,这个数据是按照 $Y-C-I$ 计算出来的,与真实数据存在细微的差别),具体数据见表 11-4。

表 11-4　中国宏观经济数据　　　　　　　　　　　　（单位:亿元）

年份	支出法计算的国内生产总值	居民消费总额	企业投资总额	政府消费
1990	19 066.97	9 435.04	6 555.26	2 566.4
1991	22 124.21	10 544.47	7 892.5	3 069.68
1992	27 334.24	12 312.22	10 833.55	3 912.85
1993	35 900.1	15 696.15	15 782.88	5 100.52
1994	48 822.65	21 446.09	19 916.31	6 826.18
1995	61 539.05	28 072.86	24 342.51	8 125.07
1996	72 102.48	33 660.34	27 556.58	9 426.42
1997	80 024.78	36 626.32	28 966.18	10 882.32
1998	85 486.31	38 821.79	30 396.64	12 638.6
1999	90 823.84	41 914.93	31 665.63	14 706.73
2000	100 576.83	46 987.77	34 526.1	16 679.94
2001	111 250.2	50 708.78	40 378.85	17 837.87
2002	122 292.15	55 076.37	45 129.83	18 991.79
2003	138 314.69	59 343.81	55 836.7	20 169.26
2004	162 742.12	66 586.96	69 420.51	22 499.05
2005	189 190.39	75 232.41	77 533.56	26 215.36
2006	221 206.5	84 119.07	89 823.35	30 609.49
2007	271 699.32	99 793.3	112 046.82	36 436.15
2008	319 935.85	115 338.26	138 242.79	42 128.03
2009	349 883.34	126 660.89	162 117.94	46 067.39
2010	410 708.26	146 057.56	196 653.07	52 940.5
2011	486 037.78	176 531.99	233 327.22	64 490.09
2012	540 988.89	198 536.78	255 240.02	72 576.06
2013	596 962.86	219 762.5	282 072.95	80 575.3
2014	647 181.68	242 539.73	302 717.5	85 772.89
2015	699 109.44	265 980.1	312 835.72	96 286.42
2016	746 314.86	292 661.31	329 727.28	107 514.27

资料来源:CSMAR 数据库。

首先，将结构式模型设定为

$$C_t = \alpha_0 + \alpha_1 Y_t + \mu_{1t} \tag{11-21}$$

$$I_t = \beta_0 + \beta_1 Y_t + \mu_{2t} \tag{11-22}$$

$$Y_t = C_t + I_t + G_t \tag{11-23}$$

从式（11-21）和式（11-22）容易判断出，消费方程和投资方程都是恰好识别的，因此，模型是恰好识别的，可以用ILS来估计参数。

1. 恰好识别模型的间接最小二乘估计

首先，根据间接最小二乘法将结构式模型转化为简约式模型，转化后的模型为

$$Y_t = \pi_{10} + \pi_{11} G_t + \mu_{1t} \tag{11-24}$$

$$C_t = \pi_{20} + \pi_{21} G_t + \mu_{2t} \tag{11-25}$$

$$I_t = \pi_{30} + \pi_{31} G_t + \mu_{3t} \tag{11-26}$$

相应的参数关系体系为

$$\pi_{10} = \frac{\alpha_0 + \beta_0}{1 - \alpha_1 - \beta_1}, \quad \pi_{11} = \frac{1}{1 - \alpha_1 - \beta_1}, \quad \pi_{20} = \alpha_0 + \alpha_1 \frac{\alpha_0 + \beta_0}{1 - \alpha_1 - \beta_1}$$

$$\pi_{21} = \frac{\alpha_1}{1 - \alpha_1 - \beta_1}, \quad \pi_{30} = \beta_0 + \beta_1 \frac{\alpha_0 + \beta_0}{1 - \alpha_1 - \beta_1}, \quad \pi_{31} = \frac{\beta_1}{1 - \alpha_1 - \beta_1}$$

然后，利用普通最小二乘法估计简约式模型的参数。其EViews实现方法为：将数据导入EViews，在工作文件下单击"Quick/Estimate Equation"，键入"C GDP GOV"，单击"OK"即可得到式（11-24）的回归结果，重复以上过程分别键入"C COM GOV""C INV GOV"便可得到式（11-25）和式（11-26）简约式方程的回归结果。其中，Y表示国内生产总值GDP，G表示政府消费GOV，I表示企业投资总额INV，C表示居民消费总额COM。由此得到简约式模型的估计式为

$$\hat{Y}_t = -2\,903.842 + 7.361 G_t$$

$$\hat{C}_t = 3\,444.140 + 2.707 G_t$$

$$\hat{I}_t = -7\,914.403 + 3.448 G_t$$

由此得到简约式参数的估计量为

$$\pi_{10} = -2\,903.842, \quad \pi_{11} = 7.361, \quad \pi_{20} = 3\,444.140$$

$$\pi_{21} = 2.707, \quad \pi_{30} = -7\,914.403, \quad \pi_{31} = 3.448$$

由参数关系体系计算出结构式模型的参数为

$$\alpha_0 = 4\,512.025, \quad \alpha_1 = 0.368, \quad \beta_0 = -6\,554.201, \quad \beta_1 = 0.468$$

从而结构式模型的估计式为

$$C_t = 4\,512.025 + 0.368 Y_t$$

$$I_t = -6\,554.201 + 0.468Y_t$$

$$Y_t = C_t + I_t + G_t$$

在实际的宏观经济中，消费和投资都具有一定的惯性，因此，当期的消费和投资都要受到上一期消费和投资的影响，所以，需要在式（11-21）和式（11-22）中引入 C_{t-1} 和 I_{t-1}。此时的联立方程模型为

$$C_t = \alpha_0 + \alpha_1 Y_t + \alpha_2 C_{t-1} + \mu_{1t} \tag{11-27}$$

$$I_t = \beta_0 + \beta_1 Y_t + \beta_2 I_{t-1} + \mu_{2t} \tag{11-28}$$

$$Y_t = C_t + I_t + G_t \tag{11-29}$$

从式（11-27）和式（11-28）容易判别出，此时的消费方程和投资方程都是过度识别的，因此，对于过度识别的方程，不能采用 ILS 进行估计，需要运用 2SLS 进行估计。

2. 二阶段最小二乘估计

方法1：在将数据导入 EViews 后，在工作文件下单击"Quick/Estimate Equation"，在"Method"处选择"TSLS"，在弹出的对话框的第一个窗口中键入"C COM GDP COM（-1）"，在第二个窗口中键入"C COM（-1）INV（-1）GOV"，单击"OK"就得到表 11-5 所示的消费方程的估计结果。

表 11-5　2SLS 的估计结果（1）

Dependent Variable: COM
Method: Two-Stage Least Squares
Sample (adjusted): 1991 2016
Included observations: 26 after adjustments
Instrument specification: C COM(-1) INV(-1) GOV

Variable	Coefficient	Std. Error	t-Statistic	Prob.
C	2888.662	630.1208	4.584298	0.0001
GDP	0.163552	0.020453	7.996425	0.0000
COM(-1)	0.614701	0.061667	9.968143	0.0000
R-squared	0.999475	Mean dependent var		98500.49
Adjusted R-squared	0.999429	S.D. dependent var		84492.29
S.E. of regression	2018.318	Sum squared resid		93692986
F-statistic	21895.82	Durbin-Watson stat		1.471433
Prob(F-statistic)	0.000000	Second-Stage SSR		83730985
J-statistic	4.802589	Instrument rank		4
Prob(J-statistic)	0.028417			

通过表 11-5 的输出结果，采用 TSLS 估计出的消费方程为

$$C_t = 2\,888.662 + 0.164Y_t + 0.615C_{t-1}$$

接着，按照以上方法，估计投资函数，得到的估计结果见表 11-6。

表 11-6　2SLS 的估计结果（2）

Dependent Variable: INV
Method: Two-Stage Least Squares
Sample (adjusted): 1991 2016
Included observations: 26 after adjustments
Instrument specification: C COM(-1) INV(-1) GOV

Variable	Coefficient	Std. Error	t-Statistic	Prob.
C	-913.3922	3149.948	-0.289971	0.7744
GDP	0.227642	0.095475	2.384321	0.0257
INV(-1)	0.554219	0.217628	2.546631	0.0180
R-squared	0.996606	Mean dependent var		112884.0
Adjusted R-squared	0.996310	S.D. dependent var		108536.6
S.E. of regression	6592.721	Sum squared resid		1.00E+09
F-statistic	3372.055	Durbin-Watson stat		0.486650
Prob(F-statistic)	0.000000	Second-Stage SSR		1.38E+09
J-statistic	14.00539	Instrument rank		4
Prob(J-statistic)	0.000182			

基于表 11-6 写出投资方程的 2SLS 估计式为

$$I_t = -913.392 + 0.228 Y_t + 0.554 I_{t-1}$$

因此，联立方程模型的估计式为

$$C_t = 2\,888.662 + 0.164 Y_t + 0.615 C_{t-1}$$

$$I_t = -913.392 + 0.228 Y_t + 0.554 I_{t-1}$$

$$Y_t = C_t + I_t + G_t$$

方法 2：在将数据导入 EViews 后，单击"Objects/New object"，选择"System"，在弹出的窗口中录入以下内容

$$COM = C(1) + C(2)*GDP + C(3)*COM(-1)$$
$$INV = C(4) + C(5)*GDP + C(6)*INV(-1)$$
$$INST\ COM(-1)\ INV(-1)\ GOV\ C$$

式中，前面两行是随机方程，最后一行是联立方程组中的所有前定变量，包括常数项。单击"System"窗口中的"Estimate"，在弹出的对话框中选择"Two-Stage Least Squares"，单击"OK"便可得到估计结果，见表 11-7。

表 11-7　2SLS 的估计结果（3）

System: UNTITLED
Estimation Method: Two-Stage Least Squares
Sample: 1991 2016
Included observations: 26
Total system (balanced) observations 52

(续)

	Coefficient	Std. Error	t-Statistic	Prob.
C(1)	2888.662	630.1208	4.584298	0.0000
C(2)	0.163552	0.020453	7.996425	0.0000
C(3)	0.614701	0.061667	9.968143	0.0000
C(4)	-913.3922	3149.948	-0.289971	0.7731
C(5)	0.227642	0.095475	2.384321	0.0213
C(6)	0.554219	0.217628	2.546631	0.0143
Determinant residual covariance		1.28E+14		

Equation: COM=C(1)+C(2)*GDP+C(3)*COM(-1)
Instruments: COM(-1) INV(-1) GOV C
Observations: 26

R-squared	0.999475	Mean dependent var	98500.49
Adjusted R-squared	0.999429	S.D. dependent var	84492.29
S.E. of regression	2018.318	Sum squared resid	93692984
Durbin-Watson stat	1.471433		

Equation: INV=C(4)+C(5)*GDP+C(6)*INV(-1)
Instruments: COM(-1) INV(-1) GOV C
Observations: 26

R-squared	0.996606	Mean dependent var	112884.0
Adjusted R-squared	0.996310	S.D. dependent var	108536.6
S.E. of regression	6592.721	Sum squared resid	1.00E+09
Durbin-Watson stat	0.486650		

根据表 11-7 写出联立方程模型的估计式为

$$C_t = 2\,888.662 + 0.164Y_t + 0.615C_{t-1}$$

$$I_t = -913.392 + 0.228Y_t + 0.554I_{t-1}$$

$$Y_t = C_t + I_t + G_t$$

可见，采用两种不同的实现方法，得出的结果是一致的。

案例 11-3

将案例 11-1 采用 Stata 软件进行统计分析，通过 IV 估计法对该模型进行估计。

建立宏观消费模型

$$\text{CONS}_t = \beta_0 + \beta_1 \text{GDP}_t + \mu_t$$

首先，对该模型进行回归分析，得到估计结果如图 11-8 所示，命令如下：

`-reg CONS GDP`

于是，从图 11-8 的估计结果可以写出式（11-20）的估计方程为

$$\widehat{\text{CONS}}_t = 5\,304.137 + 0.502\text{GDP}_t$$

选择 CAPI_t 作为工具变量的原因如前所述。如图 11-9 所示，在 Stata 中计算出以上模型的残差与 CAPI_t 的相关系数为 -0.043 8，这在一定程度上说明了 CAPI_t 与 μ_t 不相关。

```
. reg CONS GDP

      Source |       SS       df       MS              Number of obs =      27
-------------+------------------------------           F(  1,    25) = 7358.80
       Model | 3.4767e+11       1  3.4767e+11          Prob > F      =  0.0000
    Residual | 1.1812e+09      25  47246129.8          R-squared     =  0.9966
-------------+------------------------------           Adj R-squared =  0.9965
       Total | 3.4886e+11      26  1.3418e+10          Root MSE      =  6873.6

        CONS |      Coef.   Std. Err.      t    P>|t|     [95% Conf. Interval]
         GDP |   .5020234   .0058522    85.78   0.000     .4899706    .5140763
       _cons |   5304.137   1957.599     2.71   0.012     1272.386    9335.888
```

图 11-8 估计结果

在 Stata 中该步骤的实现方法为,首先输入如下命令:

-predict e,r

可在 Stata 中生成一个新的变量额,表示该模型的残差。然后输入如下命令:

-correlate CAPI e

便可以得到以上模型的残差与资本形成总额 $CAPI_t$ 的相关系数,为 −0.044。

```
. correlate CAPI e
(obs=27)

             |     CAPI        e
-------------+------------------
        CAPI |   1.0000
           e |  -0.0438   1.0000
```

图 11-9 残差与资本形成总额 $CAPI_t$ 的相关系数

基于此,我们选择 $CAPI_t$ 做 GDP_t 的工具变量,运用 2SLS,对该式(11-20)进行估计。命令如下:

ivregress 2sls CONS (GDP=CAPI)

得到的估计结果如图 11-10 所示。

```
. ivregress 2sls CONS (GDP=CAPI)

Instrumental variables (2SLS) regression              Number of obs =      27
                                                      Wald chi2(1)  = 7862.63
                                                      Prob > chi2   =  0.0000
                                                      R-squared     =  0.9966
                                                      Root MSE      =  6620.5

        CONS |      Coef.   Std. Err.      z    P>|z|     [95% Conf. Interval]
         GDP |   .5007405   .0056471    88.67   0.000     .4896723    .5118087
       _cons |   5620.486   1887.408     2.98   0.003     1921.234    9319.737

Instrumented:  GDP
Instruments:   CAPI
```

图 11-10 IV 估计法的估计结果

由此,得到采用工具变量估计出的回归方程为

$$\hat{CONS}_t = 5\,620.486 + 0.501 GDP_t$$

思考与练习

1. 请解释以下名词：递归模型；ILS；2SLS。
2. OLS 是不是一定不能用于估计联立方程组模型？为什么？
3. 如果一个方程是恰好识别的，那么 ILS 和 2SLS 能否给出相同的估计结果？为什么？
4. 有没有衡量整个联立方程组模型的拟合优度 R^2？
5. 联立方程组模型有哪些估计方法？它们各自的适用条件是什么？
6. 为什么 ILS 只适用于恰好识别的结构式模型？
7. 请简述 ILS 的步骤。
8. 请简述 2SLS 的步骤。
9. 考虑如下宏观经济模型

$$C_t = \alpha_0 + \alpha_1 Y_t + \alpha_2 C_{t-1} + \mu_{1t}$$

$$I_t = \beta_0 + \beta_1 Y_t + \beta_2 Y_{t-1} + \mu_{2t}$$

$$Y_t = C_t + I_t$$

式中，Y、C、I 分别表示国内生产总值、居民消费总额和投资总额。α_0 和 β_0 为常数项，α_1、α_2、β_1 和 β_2 为相关的参数，μ_{1t} 和 μ_{2t} 为随机误差项，试利用 ILS 来估计模型的参数。

10. 商品的市场局部均衡模型为

$$D_t = \alpha_0 + \alpha_1 P_t + \alpha_2 Y_t + \alpha_3 Y_{t-1} + \mu_{1t}$$

$$S_t = \beta_0 + \beta_1 P_t + \beta_2 P_{t-1} + \mu_{2t}$$

$$D_t = S_t$$

式中，D 表示需求，S 表示供给，Y 表示消费者收入，P 表示市场价格，试利用 2SLS 来估计模型的参数。

11. 考虑以下模型

$$R_t = \beta_0 + \beta_1 M_t + \beta_2 Y_t + \beta_3 Y_{t-1} + \mu_{1t}$$

$$Y_t = \alpha_0 + \alpha_1 R_t + \mu_{2t}$$

式中，M_t（货币供给）是外生的，R_t 是利率，而 Y_t 是国内生产总值。

（1）判断模型是否可识别。
（2）利用表 11-8 的数据，估计可识别方程的参数。

表 11-8　美国的宏观经济数据

年份	GDP Y_1（10 亿美元）	M_2 货币供给 Y_2（10 亿美元）	私人国内总投资 X_1（10 亿美元）	联邦政府支出 X_2（10 亿美元）	6 个月国库券利率 X_3（%）
1990	5 800.5	3 272.7	861.0	1 181.7	7.470
1991	5 992.1	3 372.2	802.9	1 236.1	5.490
1992	6 342.3	3 424.1	864.8	1 273.5	3.570
1993	6 667.4	3 473.6	953.3	1 294.8	3.140
1994	7 085.2	3 483.8	1 097.3	1 329.8	4.660
1995	7 414.7	3 626.4	1 144.0	1 374.0	5.590
1996	7 838.5	3 805.3	1 240.2	1 421.0	5.090
1997	8 332.4	4 018.0	1 388.7	1 474.4	5.180
1998	8 793.5	4 358.5	1 510.8	1 526.1	4.850
1999	9 353.5	4 619.0	1 641.5	1 631.3	4.760
2000	10 284.8	4 905.0	2 033.8	1 834.4	5.920
2001	10 621.8	5 408.4	1 928.6	1 958.8	3.390
2002	10 977.5	5 744.2	1 925.0	2 094.9	1.690

(续)

年份	GDP Y_1（10亿美元）	M_2货币供给 Y_2（10亿美元）	私人国内总投资 X_1（10亿美元）	联邦政府支出 X_2（10亿美元）	6个月国库券利率 X_3（%）
2003	11 510.7	6 037.4	2 027.9	2 220.8	1.060
2004	12 274.9	6 387.4	2 276.7	2 357.4	1.570
2005	13 093.7	6 651.2	2 527.1	2 493.7	3.400
2006	13 855.9	7 041.4	2 680.6	2 642.2	4.800
2007	14 477.6	7 444.2	2 643.7	2 801.9	4.480
2008	14 718.6	8 166.6	2 424.8	3 003.2	1.710
2009	14 418.7	8 471.0	1 878.1	3 089.1	0.290
2010	14 964.4	8 775.2	2 100.8	3 174.0	0.200
2011	15 517.9	9 636.2	2 239.9	3 168.7	0.100
2012	16 155.3	10 428.7	2 511.7	3 158.6	0.130
2013	16 691.5	10 994.7	2 706.3	3 116.1	0.090
2014	17 393.1	11 646.9	2 886.5	3 152.1	0.060
2015	18 036.6	12 313.5	3 056.6	3 218.3	0.170

资料来源：The 2013 Economic Report of the President; The 2017 Economic Report of the President.

12. 表 11-9 给出了 1990—2015 年我国的宏观经济统计数据，试根据这些数据判断模型的识别性，再用 2SLS 估计下列宏观经济模型

$$C_t = \alpha_0 + \alpha_1 Y_t + \mu_{1t}$$

$$I_t = \beta_0 + \beta_1 Y_t + \beta_2 Y_{t-1} + \mu_{2t}$$

$$Y_t = C_t + I_t + G_t + X_t$$

式中，C、Y、I、G、X 分别表示消费、收入（支出法 GDP）、投资、政府支出（财政支出）和净出口，Y_{t-1} 表示滞后一期的收入。

表 11-9　1990—2015 年我国的宏观经济统计数据　　（单位：亿元）

年份	Y_t	C_t	I_t	G_t	X_t
1990	19 066.97	9 435.04	6 555.26	2 566.40	411.50
1991	22 124.21	10 544.47	7 892.50	3 069.68	428.40
1992	27 334.24	12 312.22	10 833.55	3 912.85	233.00
1993	35 900.10	15 696.15	15 782.88	5 100.52	−701.40
1994	48 822.65	21 446.09	19 916.31	6 826.18	461.70
1995	61 539.05	28 072.86	24 342.51	8 125.07	1 403.70
1996	72 102.48	33 660.34	27 556.58	9 426.42	1 019.00
1997	80 024.78	36 626.32	28 966.18	10 882.32	3 354.20
1998	85 486.31	38 821.79	30 396.64	12 638.60	3 597.50
1999	90 823.84	41 914.93	31 665.63	14 706.73	2 423.40
2000	100 576.83	46 987.77	34 526.10	16 679.94	1 995.60
2001	111 250.20	50 708.78	40 378.85	17 837.87	1 865.20

（续）

年份	Y_t	C_t	I_t	G_t	X_t
2002	122 292.15	55 076.37	45 129.83	18 991.79	2 517.60
2003	138 314.69	59 343.81	55 836.70	20 169.26	2 092.30
2004	162 742.12	66 586.96	69 420.51	22 499.05	2 667.50
2005	189 190.39	75 232.41	77 533.56	26 215.36	8 374.40
2006	221 206.50	84 119.07	89 823.35	30 609.49	14 220.30
2007	271 699.32	99 793.30	112 046.82	36 436.15	20 263.50
2008	319 935.85	115 338.26	138 242.79	42 128.03	20 868.41
2009	349 883.34	126 660.89	162 117.94	46 067.39	13 411.32
2010	410 708.26	146 057.56	196 653.07	52 940.50	12 323.54
2011	486 037.78	176 531.99	233 327.22	64 490.09	10 079.20
2012	540 988.89	198 536.78	255 240.02	72 576.06	14 558.29
2013	596 962.86	219 762.50	282 072.95	80 575.30	16 093.98
2014	647 181.68	242 539.73	302 717.50	85 772.89	23 525.72
2015	699 109.44	265 980.10	312 835.72	96 286.42	36 830.73

资料来源：CSMAR 数据库。

第4篇
PART 4

时间序列计量经济学模型及其应用

第12章　时间序列的平稳性及其检验
第13章　单变量时间序列模型
第14章　VAR模型及其应用
第15章　协整与误差修正

第12章

CHAPTER 12

时间序列的平稳性及其检验

时间序列分析模型能够描述我们所研究的观测样本的随机特性，这种模型并不借助于回归模型中所用的因果关系，而是借助于随机过程的随机性。也就是说，时间序列分析模型并不需要过多的经济学知识，只是注重刻画某一时间序列产生过程的随机特征。事实上，时间序列分析是根据有限长度的时间序列观测数据，建立能够比较精确地反映时间序列中所包含的动态依存的数据模型，用于预测变量的时间路径。

12.1 时间序列数据的平稳性

12.1.1 平稳随机过程

一般称依赖于参数时间 t 的随机变量 Y 的集合 $\{Y_t\}$ 为随机过程。例如，假设样本观察值 $Y_1, Y_2, \cdots, Y_t$ 是来自无穷随机变量序列 $\cdots, Y_{-2}, Y_{-1}, Y_0, Y_1, Y_2, \cdots, Y_t, \cdots$ 的一部分，则这个无穷随机序列就称为随机过程。例如，我们在回归分析模型中经常提到的随机误差项 $\{\mu_t\}$ 就是一个随机过程。

如果随机过程 Y_t，对于任意的 t、s，满足

$$E(Y_t) = E(Y_{t-s}) = 常数 \qquad (12\text{-}1)$$

$$\mathrm{Var}(Y_t) = \mathrm{Var}(Y_{t-s}) = \sigma_y^2 = 常数 \qquad (12\text{-}2)$$

$$\mathrm{Cov}(Y_t, Y_{t-s}) = E\big((Y_t - \mu)(Y_{t-s} - \mu)\big) = \gamma_s \qquad (12\text{-}3)$$

则称随机过程 Y_t 为平稳随机过程。

也就是说，如果一个随机过程的均值和方差在时间过程上都是常数，并且在任何两个时期的

协方差值仅依赖于两个时期的时间间隔，而不依赖于计算这个协方差的实际时间，就称它为平稳的随机过程。更通俗地讲，无论时间取什么样的起点，期望值和方差总是一个固定的常数，而对于自协方差，只与时间间隔有关，而与时间的起点无关。总之，平稳时间序列的期望值、方差和自协方差与时间的起点无关。

特别地，如果随机过程 Y_t，对于任意的 t、s，满足

$$E(Y_t) = E(Y_{t-s}) = 0 \tag{12-4}$$

$$\mathrm{Var}(Y_t) = \mathrm{Var}(Y_{t-s}) = \sigma^2 \tag{12-5}$$

$$\mathrm{Cov}(Y_t, Y_{t-s}) = E\big((Y_t - \mu)(Y_{t-s} - \mu)\big) = 0 \tag{12-6}$$

则称随机过程 Y_t 为白噪声过程（white noise process），是一个平稳的随机过程。

事实上，我们在回归分析中经常提到的随机误差项 μ_t 随机过程就是一个白噪声过程。

12.1.2 随机游走过程

如果一个随机过程 Y_t 满足方程

$$Y_{t+1} = Y_t + \mu_{t+1} \tag{12-7}$$

式中，Y_t 为第 t 时刻的观测值，假定初始值 $Y_0 = 0$；μ_{t+1} 为期望值为零且方差为 σ^2、相互独立的随机误差项，那么称这个随机过程为随机游走过程。事实上，在不确定条件下，若忽略交易费用和印花税等成本，则类似于博彩这样的财富积累过程可以看作一个随机游走过程。

因为随机游走过程

$$Y_t = \sum_{i=1}^{t} \mu_i \tag{12-8}$$

所以，有

$$E(Y_t) = E\left(\sum_{i=1}^{t} \mu_i\right) = 0 \tag{12-9}$$

$$\mathrm{Var}(Y_t) = \mathrm{Var}\left(\sum_{i=1}^{t} \mu_i\right) = t\sigma^2 \tag{12-10}$$

$$\mathrm{Var}(Y_{t-s}) = E\left(\sum_{i=1}^{t-s} \mu_i\right)^2 = (t-s)\sigma^2 \tag{12-11}$$

因此，我们可以发现，Y_t 的均值为零，但方差随时间变化而不断扩大且趋于无穷大。很明显，从金融学的角度讲，这种财富积累过程是不理性的，因为从风险偏好或厌恶上讲，无论是风险爱好者或者风险厌恶者，还是风险中立者，理性的金融行为都是随着风险的增大而追求更高的收益的。但是，用期望值表示收益的值始终为零，用方差刻画风险的值是时间的函数，时间越久方差越大，导致风险增大收益却没有增加，不符合理性的金融行为。

更一般地，具有确定性趋势（漂移项）的随机游走过程为

$$Y_{t+1} = \alpha_0 + Y_t + \mu_{t+1} \tag{12-12}$$

如果 $Y_0 = 0$，则

$$E(Y_t) = E\left(\sum_{i=1}^{t}(\alpha_0 + \mu_i)\right) = t\alpha_0 \quad (12\text{-}13)$$

$$\text{Var}(Y_t) = E\left(\sum_{i=1}^{t}\mu_i\right) = t\sigma^2 \quad (12\text{-}14)$$

从式（12-13）可以看出，如果 $\alpha_0 > 0$，Y_t 的均值会随着时间推移而不断增大；如果 $\alpha_0 < 0$，Y_t 的均值会随着时间不断减小。

不难看出，无论是式（12-7）的不带漂移的随机游走过程，还是式（12-12）的带有漂移的随机游走过程，其方差都是时间的函数，随着时间不断扩大而增大，表明 Y_t 的方差与时间的起点有关，不满足平稳随机过程的条件。给定任意初始值 Y_0，只是均值加 Y_0 而已，方差的结论都是一样的。

需要指出的是，随机游走过程的协方差和自相关系数也是与时间相关的 $^{\ominus}$。

12.1.3 平稳时间序列和非平稳时间序列

如果某一时间序列符合平稳随机过程的条件，则称该时间序列为平稳时间序列，否则为非平稳时间序列。

广义地讲，如果时间序列数据的均值和方差为常数，且两个时期的协方差只与时间的间隔有关，而与时间的起点无关，则这个时间序列是平稳时间序列，是围绕均值变化的序列。换言之，无论所度量的时间起点何在，平稳时间序列的均值、方差和协方差都为常数。

随机游走过程式（12-7）和式（12-12）产生的序列就不是平稳时间序列，而是非平稳的时间序列，因为至少它们的方差不满足是常数的条件。

12.2 时间序列数据的平稳性检验

12.2.1 为什么要进行平稳性检验

假定回归方程为

$$Y_t = \alpha_0 + \alpha_1 X_t + \mu_t \quad (12\text{-}15)$$

在古典回归分析模型中，变量 Y 和变量 X 都假设满足序列是平稳的条件，也就是说，它们的期望值为零且方差恒定。但是，在非平稳变量存在的情况下，将一个随机游走变量（即非平稳数据）对另一个随机游走变量进行回归，尽管拟合程度很好，影响也很显著，但有可能导致荒谬的结果。有时候时间序列的高度相关仅仅是因为二者同时随时间有向上或向下变动的趋势，并没有真正的联系，这种情况就称为伪回归（spurious regression）。

为了说明"伪回归"的现象，根据 Granger 和 Newbold（1974）的思考方法，构造两个独立的随机游走序列 Y_t 和 X_t，也就是说

$\ominus$ 恩德斯. 应用计量经济学：时间序列分析 [M]. 杜江，谢志超，译. 2版. 北京：高等教育出版社，2006：151-154.

$$Y_t = Y_{t-1} + \mu_{yt} \quad (12\text{-}16)$$

$$X_t = X_{t-1} + \mu_{xt} \quad (12\text{-}17)$$

式中，μ_{yt} 和 μ_{xt} 是相互独立的白噪声过程。在随机变量 Y_t 和 X_t 的数据生成过程中，可以假设 $Y_0 = 0$ 和 $X_0 = 0$。因此，式（12-15）的截距项 $\alpha_0 = 0$ 时，就可以改写为

$$\mu_t = Y_t - \alpha_1 X_t = \sum_{i=1}^{t} \mu_{yi} - \alpha_1 \sum_{i=1}^{t} \mu_{xi} \quad (12\text{-}18)$$

容易得到，式（12-18）的随机误差项 μ_t 的方差为

$$\text{Var}(\mu_t) = \text{Var}\left(\sum_{i=1}^{t} \mu_{yi} - \alpha_1 \sum_{i=1}^{t} \mu_{xi}\right) = t\sigma_y^2 + t\alpha_1^2 \sigma_x^2$$

很显然，随着 t 的增加，随机误差项的方差会趋于无穷大，这与古典假设中随机误差项为同方差的假设相矛盾，破坏了回归分析的假设条件。因此，对该回归所做的任何的 t 检验、F 检验和判定系数 R^2 都是不可信的，甚至回归得出的结果也是毫无意义的。

因此，在进行模型回归之前要先检验时间序列的平稳性，以避免出现"伪回归"的问题。

12.2.2 平稳性检验的ADF检验方法

对于自回归模型

$$Y_t = \alpha_0 + \alpha_1 Y_{t-1} + \mu_t \quad (12\text{-}19)$$

如果 $\alpha_1 = 1$，那么时间序列 Y_t 存在一个单位根，将 Y_t 称为单位根过程或单整过程。

显然，当 $\alpha_1 = 1$ 时，由随机过程 Y_t 生成的时间序列是一个随机游走过程，是一个非平稳时间序列。因此，检验时间序列 Y_t 是否平稳就意味着要检验 $\alpha_1 = 1$ 是否成立，如果 $\alpha_1 = 1$ 成立，则 Y_t 为非平稳序列；否则，为平稳序列。

在式（12-19）的两边都减去 Y_{t-1} 后，就会变为

$$\Delta Y_t = \alpha_0 + \rho Y_{t-1} + \mu_t \quad (12\text{-}20)$$

式中，$\rho = \alpha_1 - 1$。于是，检验 $\alpha_1 = 1$ 是否成立就等价于检验 $\rho = 0$ 是否成立，如果 $\rho = 0$ 在统计意义下成立，则表明时间序列 Y_t 是非平稳的。由于是检验 $\alpha_1 = 1$ 是否成立，所以，这种检验也称为单位根检验。

序列平稳性的检验方法一般采用 ADF 单位根检验方法，这个方法是在 DF（Dickey-Fuller）单位根检验方法的基础上扩展而来的。ADF 单位根检验模型为

$$\Delta Y_t = \rho Y_{t-1} + \sum_{i=1}^{p} \beta_i \Delta Y_{t-i} + \mu_t \quad (12\text{-}21)$$

$$\Delta Y_t = \alpha + \rho Y_{t-1} + \sum_{i=1}^{p} \beta_i \Delta Y_{t-i} + \mu_t \quad (12\text{-}22)$$

$$\Delta Y_t = \alpha + \rho Y_{t-1} + \gamma t + \sum_{i=1}^{p} \beta_i \Delta Y_{t-i} + \mu_t \tag{12-23}$$

式中，Y_t 为时间序列；α 为常数项；t 为时间趋势项；Y_{t-i} 为 Y_t 的 i 阶滞后项；p 为滞后阶数，采用赤池信息量准则或施瓦茨准则确定。需要强调的是，如果没有滞后期，则就是 DF 单位根检验。

ADF 单位根检验的原假设 H_0 和备择假设 H_1 为

$H_0: \rho = 0$，存在单位根

$H_1: \rho < 0$，不存在单位根

在给定显著性水平下，如果得到的 ADF 统计量小于所对应的 ADF 分布的临界值，则拒绝原假设 H_0，接受备择假设 H_1，表明不存在单位根，时间序列是平稳的；否则，不能拒绝原假设 H_0，说明存在单位根，时间序列是非平稳的。在实际进行单位根检验时，往往是从最复杂的式（12-23）开始的，图 12-1 描述了单位根检验的步骤。

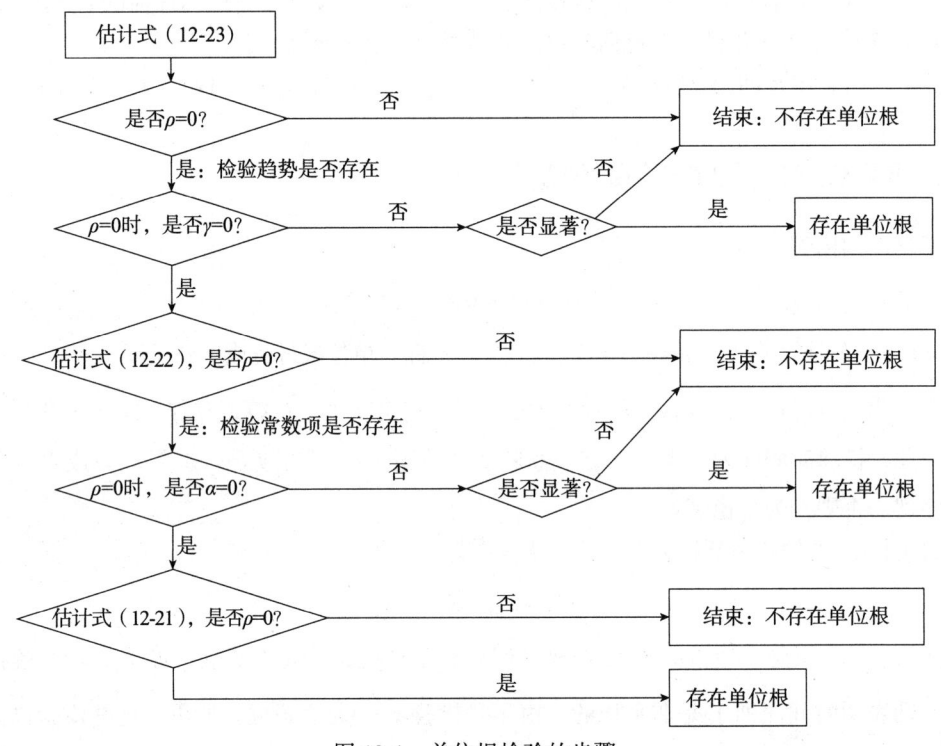

图 12-1 单位根检验的步骤

有一点需要说明的是，图 12-1 的检验过程中，在判断是否 $\rho=0$ 的时候用的是 ADF 统计量而非 t 统计量，因为即使在大样本下统计量也是有偏误的，t 检验是无法使用的。与此类似，在检验是否 $\gamma=0$ 和是否 $\alpha=0$ 时也不能直接采用 t 检验。为此，Dickey 和 Fuller（1981）构造了三个 F 统计量（ϕ_1, ϕ_2, ϕ_3）来检验系统的联合假设。在式（12-22）中，采用 ϕ_1 对联合假设 $\alpha = \rho = 0$ 进行检验；在式（12-23）中，采用 ϕ_2 对联合假设 $\alpha = \rho = \gamma = 0$ 进行检验；采用 ϕ_3 对联合假设 $\rho = \gamma = 0$ 进行检验。根据 F 统计量的一般计算方法，构造 ϕ_1、ϕ_2、ϕ_3 为

$$\phi_i = \frac{(\text{RSS}(\text{约束}) - \text{RSS}(\text{无约束}))/r}{\text{RSS}(\text{约束})/(n-(k+1))}$$

式中，RSS(约束)和 RSS(无约束)分别表示有约束和无约束的残差平方和；r 为约束条件个数；n 为样本观测值个数，k 为无约束模型中解释变量个数。通常我们将式（12-23）看作无约束模型，而将式（12-21）和式（12-22）看作受约束模型。例如，我们将式（12-23）看作无约束模型，将式（12-21）看作受约束模型，此时的约束条件便是联合假设 $\alpha = \rho = \gamma = 0$，约束条件的个数便是 3 个，即 $\alpha = 0, \rho = 0, \gamma = 0$。在计算出 ϕ_1、ϕ_2、ϕ_3 后，在显著性水平 α 下，查 ϕ 的经验分布表，得临界值 $\phi_{i\alpha}$。若 $\phi_i > \phi_{i\alpha}$，则拒绝联合假设；反之，则接受联合假设，承认约束条件。具体检验过程，将在下一节的单位根检验实例中介绍。

如果时间序列 Y_t 的 1 阶差分序列是平稳序列，则称时间序列 Y_t 是 1 阶单整的，也称为 $I(1)$ 序列。如果时间序列 Y_t 经过 d 次差分后形成的序列为平稳序列，则称原始序列为 d 阶单整的，记为 $I(d)$ 序列。

12.3 案例分析

案例 12-1

在本节，我们用 EViews8.0 对表 12-1 所示的我国 1990—2016 年人均居民消费水平这个时间序列进行增广迪基—富勒检验（Augmented Dickey-Fuller test，又称 ADF 检验）。

表 12-1 我国 1990—2016 年人均居民消费水平和人均 GDP （单位：元/人）

年份	人均 GDP	人均居民消费水平	年份	人均 GDP	人均居民消费水平
1990	1 663.0	831.2	2004	12 487.0	5 137.6
1991	1 912.0	932.0	2005	14 368.0	5 770.6
1992	2 334.0	1 116.0	2006	16 738.0	6 416.3
1993	3 027.0	1 393.0	2007	20 505.0	7 572.2
1994	4 081.0	1 833.0	2008	24 121.0	8 707.0
1995	5 091.0	2 330.0	2009	26 222.0	9 514.4
1996	5 898.0	2 789.0	2010	30 876.0	10 918.5
1997	6 481.0	3 002.0	2011	36 403.0	13 133.6
1998	6 860.0	3 159.0	2012	40 007.0	14 698.9
1999	7 229.0	3 346.0	2013	43 852.0	16 190.2
2000	7 942.0	3 721.4	2014	47 203.0	17 778.0
2001	8 717.0	3 987.0	2015	50 251.0	19 397.3
2002	9 506.0	4 301.5	2016	53 980.0	21 227.9
2003	10 666.0	4 606.0	—	—	—

资料来源：CSMAR 数据库。

在工作文件窗口下，双击变量 Y，进入序列窗口，单击"View/Unit Root Test"，将出现如图 12-2 所示的对话框。

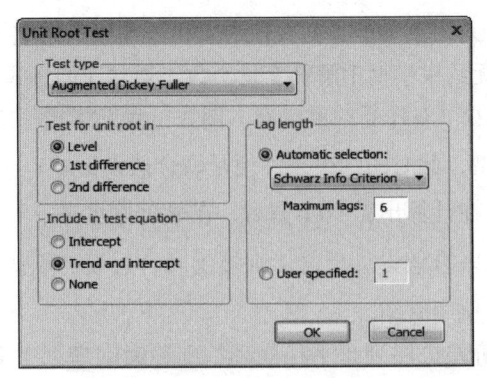

图 12-2　单位根检验对话框

图 12-2 中，Test type 列表用来选择检验的方法，其中包括 ADF 检验，PP（Philips-Perron）检验等；"Test for unit root in"表示对什么序列进行检验，其中，Level 是指对原始序列进行检验，"1st difference"是指对一阶差分序列进行检验，"2nd difference"指的是对 2 阶差分序列进行检验；"Include in test equation"表示对检验包含项的设置，其中，"Intercept"表示有截距项方程，对应式（12-22），"Trend and intercept"表示既有截距项又有时间趋势项，对应式（12-23），"None"表示既没有截距项又没有时间趋势项，对应式（12-21）；"Lag length"选择项用来设置检验式中的滞后期数，其中，"Automatic selection"为自动选择，列表中可选择 SC 或 AIC 统计量等来判定最佳滞后期，"Maximum lags"指的是最大的滞后期数，User specified 指的是用户自定义滞后期，实际操作的时候从 0 阶开始逐个实验，并通过 AIC 和 SC 统计量来判定最佳滞后期，同时也可通过引入滞后期后相应滞后期的系数是否显著来判别。值得注意的是，虽然 α、ρ、γ 的显著性不服从标准的 t 分布，不能直接采用 t 统计量来判别，但是式（12-21）～式（12-23）中的 ΔY_{t-i} 的所有系数都趋近于 t 分布，因此，可以用 t 检验来判断滞后期系数的显著性水平。

按照图 12-1 给出的检验类型选择步骤，从最复杂的式（12-23）开始。在图 12-2 中，检验方法选择"Augmented Dickey-Fuller"，检验序列选择"Level"，检验方程选择"Trend and intercept"，经 AIC 和 SC 统计量以及滞后期系数的显著性，判定出最佳滞后期为 2，其输出结果见表 12-2。

表 12-2　ADF 检验的输出结果（1）

		t-Statistic	Prob.*
Augmented Dickey-Fuller test statistic		0.966985630	0.99969044
Test critical values:	1% level	-4.394309372	
	5% level	-3.612198607	
	10% level	-3.2430785067	

*MacKinnon (1996) one-sided p-values.

Augmented Dickey-Fuller Test Equation
Dependent Variable: D(Y)
Method: Least Squares
Sample(adjusted): 1993 2016
Included observations: 24 after adjusting endpoints

（续）

Variable	Coefficient	Std. Error	t-Statistic	Prob.
Y(-1)	0.040039	0.041406	0.966986	0.3457
D(Y(-1))	0.554166	0.231726	2.391466	0.0273
D(Y(-2))	-0.241622	0.256576	-0.941720	0.3582
C	-48.33729	164.4406	-0.293950	0.7720
@TREND("1990")	23.83487	23.07212	1.033060	0.3145
R-squared	0.839682	Mean dependent var		837.9958
Adjusted R-squared	0.805931	S.D. dependent var		618.731
S.E. of regression	272.5713	Akaike info criterion		14.23673
Sum squared resid	1411608	Schwarz criterion		14.48216
Log likelihood	-165.841	Hannan-Quinn criter.		14.30184
F-statistic	24.87861	Durbin-Watson stat		1.860515
Prob(F-statistic)	0			

从表 12-2 可以看出，ADF 统计量为 0.967，大于 10% 的显著性水平下的临界值 −3.243，因此，不能拒绝 $\rho = 0$ 的原假设。写出此时的估计方程，并记下残差平方和 RSS。

$$\Delta Y_t = -48.337 + 23.835t + 0.040Y_{t-1} + 0.554\Delta Y_{t-1} - 0.242\Delta Y_{t-2}$$

$$RSS = 1\,411\,608 \tag{12-24}$$

选择图 12-2 中的 Augmented Dickey-Fuller、Level、intercept，将滞后期设置为 2，将得到式（12-22）的输出结果，见表 12-3。

表 12-3 ADF 检验的输出结果（2）

		t-Statistic	Prob.*
Augmented Dickey-Fuller test statistic		2.355553	0.9999
Test critical values:	1% level	-3.73785	
	5% level	-2.99188	
	10% level	-2.63554	

*Mackinnon (1996) one-side p-values.

Augmented Dickey-Fuller Test Equation
Dependent Variable: D(Y)
Method: Least Squares
Sample(adjusted): 1993 2016
Included observations: 24 after adjusting endpoints

Variable	Coefficient	Std. Error	t-Statistic	Prob.
Y(-1)	0.069915	0.029681	2.355553	0.0288
D(Y(-1))	0.577916	0.23097	2.502121	0.0211
D(Y(-2))	-0.27673	0.254742	-1.0863	0.2903
C	91.13696	94.03404	0.969191	0.344
R-squared	0.830677	Mean dependent var		837.9958
Adjusted R-squared	0.805279	S.D. dependent var		618.731
S.E. of regression	273.029	Akaike info criterion		14.20804
Sum squared resid	1490896	Schwarz criterion		14.40439
Log likelihood	-166.497	Hannan-Quinn criter.		14.26013
F-statistic	32.70583	Durbin-Watson stat		1.84835
Prob(F-statistic)	0			

表 12-3 中 ADF 统计量为 2.356，大于 10% 的显著性水平下的临界值 −2.636，不能拒绝 $\rho=0$ 的原假设。写出此时的估计方程，并记下残差平方和 RSS。

$$\Delta Y_t = 91.137 + 0.070 Y_{t-1} + 0.578 \Delta Y_{t-1} - 0.277 \Delta Y_{t-2}$$
$$\text{RSS} = 1\,490\,896 \tag{12-25}$$

选择图 12-2 中的"Augmented Dickey-Fuller""Level""None"，将滞后期设置为 2，将得到式（12-21）的输出结果，见表 12-4。

表 12-4　ADF 检验的输出结果（3）

		t-Statistic	Prob.*
Augmented Dickey-Fuller test statistic		2.544751	0.9959
Test critical values:	1% level	-2.66485	
	5% level	-1.95568	
	10% level	-1.60879	

*MacKinnon (1996) one-sided p-values.

Augmented Dickey-Fuller Test Equation
Dependent Variable: D(Y)
Method: Least Squares
Sample(adjusted): 1993 2016
Included observations: 24 after adjusting endpoints

Variable	Coefficient	Std. Error	t-Statistic	Prob.
Y(-1)	0.07447	0.029264	2.544751	0.0189
D(Y(-1))	0.61566	0.227334	2.708166	0.0132
D(Y(-2))	-0.28003	0.254351	-1.10098	0.2834
R-squared	0.822725	Mean dependent var	837.9958
Adjusted R-squared	0.805841	S.D. dependent var	618.731
S.E. of regression	272.6343	Akaike info criterion	14.17061
Sum squared resid	1560919	Schwarz criterion	14.31786
Log likelihood	-167.047	Hannan-Quinn criter.	14.20968
Durbin-Watson stat	1.84977		

表 12-4 中 ADF 统计量为 2.545，大于 10% 的显著性水平下的临界值 −1.609，不能拒绝 $\rho=0$ 的原假设。写出此时的估计方程，并记下残差平方和 RSS。

$$\Delta Y_t = 0.074 Y_{t-1} + 0.616 \Delta Y_{t-1} - 0.280 \Delta Y_{t-2}$$
$$\text{RSS} = 1\,560\,919 \tag{12-26}$$

现在我们来计算 ϕ_1、ϕ_2、ϕ_3，我们将式（12-24）看作无约束方程，将式（12-26）看作受约束方程，约束条件即联合假设为 $\alpha = \rho = \gamma = 0$。在 24 个有效样本观察值、4 个解释变量的情况下，无约束模型的自由度为 20。因此，

$$\phi_2 = \frac{(1\,560\,919 - 1\,411\,608)/3}{1\,560\,919/20} = 0.638$$

查 ϕ 的经验分布表，得 $\phi_{2,0.05}$ 大约为 5.68>0.638，接受联合假设，认为序列存在单位根，但不存在时间趋势项和常数项。

同理，我们可以对变量 Y 的 1 阶差分和 2 阶差分进行 ADF 检验，结果发现 Y 的 1 阶差分仍旧是非平稳的，而 Y 的 2 阶差分是平稳的。因此，我们说变量 Y 的序列是 2 阶单整的。

案例 12-2

CPI 是一个反映居民家庭一般所购买的消费商品和服务价格水平变动情况的宏观经济指标。它是度量一组代表性消费商品及服务项目的价格水平随时间而变动的相对数，是用来反映居民家庭购买消费商品及服务的价格水平的变动情况。我们对 2012—2015 年我国的月度 CPI 数据（见表 12-5）进行单位根检验。

表 12-5　2012—2015 年我国的月度 CPI 数据

时间	CPI	时间	CPI	时间	CPI	时间	CPI
2012年1月	4.5	2013年1月	2.0	2014年1月	2.5	2015年1月	0.8
2012年2月	3.2	2013年2月	3.2	2014年2月	2.0	2015年2月	1.4
2012年3月	3.6	2013年3月	2.1	2014年3月	2.4	2015年3月	1.4
2012年4月	3.4	2013年4月	2.4	2014年4月	1.8	2015年4月	1.4
2012年5月	3.0	2013年5月	2.1	2014年5月	2.5	2015年5月	1.2
2012年6月	2.2	2013年6月	2.7	2014年6月	2.3	2015年6月	1.4
2012年7月	1.8	2013年7月	2.7	2014年7月	2.3	2015年7月	1.6
2012年8月	2.0	2013年8月	2.6	2014年8月	2.0	2015年8月	2.0
2012年9月	1.9	2013年9月	3.1	2014年9月	1.6	2015年9月	1.6
2012年10月	1.7	2013年10月	3.2	2014年10月	1.6	2015年10月	1.3
2012年11月	2.0	2013年11月	3.0	2014年11月	1.4	2015年11月	1.5
2012年12月	2.5	2013年12月	2.5	2014年12月	1.5	2015年12月	1.6

资料来源：中华人民共和国国家统计局。

首先对 CPI 原始序列进行单位根检验。分别选择图 12-2 中的"Trend and intercept""Intercept"和"None"选项，滞后期为系统自动选择的默认值，估计结果见表 12-6～表 12-8。

表 12-6　CPI 单位根检验结果（Trend and intercept）

		t-Statistic	Prob.*
Augmented Dickey-Fuller test statistic		-2.327394	0.4114
Test critical values:	1% level	-4.170583	
	5% level	-3.510740	
	10% level	-3.185512	

*MacKinnon (1996) one-sided p-values.

表 12-7　CPI 单位根检验结果（Intercept）

		t-Statistic	Prob.*
Augmented Dickey-Fuller test statistic		-2.224175	0.2008
Test critical values:	1% level	-3.581152	
	5% level	-2.926622	
	10% level	-2.601424	

*MacKinnon (1996) one-sided p-values.

表 12-8　CPI 单位根检验结果（None）

		t-Statistic	Prob.*
Augmented Dickey-Fuller test statistic		-1.630876	0.0965
Test critical values:	1% level	-2.616203	
	5% level	-1.948140	
	10% level	-1.612320	

*MacKinnon (1996) one-sided p-values.

从表 12-6、表 12-7 和表 12-8 可以看出，在 CPI 原始序列情况下，Trend and intercept、Intercept 和 None 这三种情况的 ADF 统计量分别为 -2.327、-2.224、-1.631，都大于 5% 的显著性水平下的 ADF 分布的临界值，因此，不能拒绝存在单位根的原假设，表明 CPI 数据是非平稳的。

因此，继续对 1 阶差分后的序列进行单位根检验，在图 12-2 中选择 "1st difference"。然后分别选择 "Trend and intercept" "Intercept" 和 "None" 选项，平稳性检验结果见表 12-9～表 12-11。

表 12-9　ΔCPI 单位根检验（Trend and intercept）

		t-Statistic	Prob.*
Augmented Dickey-Fuller test statistic		-11.17489	0.0000
Test critical values:	1% level	-4.170583	
	5% level	-3.510740	
	10% level	-3.185512	

*MacKinnon (1996) one-sided p-values.

表 12-10　ΔCPI 单位根检验（Intercept）

		t-Statistic	Prob.*
Augmented Dickey-Fuller test statistic		-11.21740	0.0000
Test critical values:	1% level	-3.581152	
	5% level	-2.926622	
	10% level	-2.601424	

*MacKinnon (1996) one-sided p-values.

表 12-11　ΔCPI 单位根检验（None）

		t-Statistic	Prob.*
Augmented Dickey-Fuller test statistic		-11.17415	0.0000
Test critical values:	1% level	-2.616203	
	5% level	-1.948140	
	10% level	-1.612320	

*MacKinnon (1996) one-sided p-values.

从表 12-9、表 12-10 和表 12-11 可以看出，1 阶差分后的 CPI 数据在 Trend and intercept、Intercept 和 None 这三种情况的下的 ADF 统计量分别为 -11.175、-11.217、-11.174，均小于 1% 的显著性水平下的 ADF 分布的临界值，因此，拒绝存在单位根的原假设，接受不存在单位根的备择假设，表明 1 阶差分后的 CPI 是平稳的。

案例 12-3

我们对案例 12-2 中的我国 2012—2015 年的 CPI 数据用 Stata 软件进行平稳性检验。

首先，进行单位根检验之前，要将数据处理为时间序列。我们依次输入命令

```
-format t %tm       // 将变量 t 设置为月度数据的格式
-tsset t            // 将变量 t 设置为时间序列
```

紧接着我们便可以对 CPI 原始数据进行单位根检验。

我们分别进行没有常数项也没有时间趋势（noconstant），带有时间趋势和常数项（trend），和只带有漂移项（drift）的模型的单位根检验。

在 Stata 软件顶端工作栏依次单击 "Statistics/Time Series/Tests/Augmented Dickey-Fuller unit-root test" 可以弹出如图 12-3 所示的 ADF 检验操作框。

我们选择变量为 CPI，最后一个滞后项默认为零。Options 中每次选择不同的模式得到如图 12-4～图 12-6 所示的三个结果。

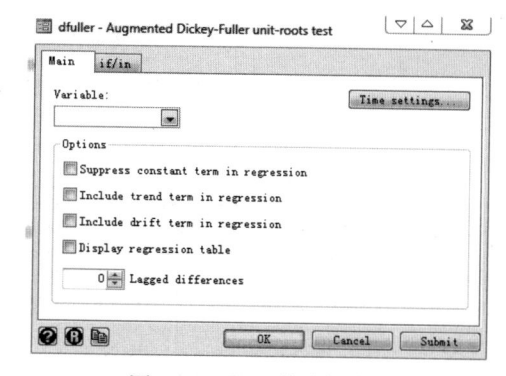

图 12-3　ADF 检验操作框

```
. dfuller cpi, noconstant regress lags(0)

Dickey-Fuller test for unit root              Number of obs   =         47

                            ———— Interpolated Dickey-Fuller ————
                Test        1% Critical     5% Critical    10% Critical
             Statistic         Value           Value           Value

Z(t)          -1.749           -2.625          -1.950          -1.609

D.cpi     |   Coef.    Std. Err.     t     P>|t|    [95% Conf. Interval]
cpi
 L1.      | -.0732798  .0418989   -1.75   0.087   -.157618    .0110583
```

图 12-4　CPI 单位根检验（noconstant）

```
. dfuller cpi, trend regress lags(0)

Dickey-Fuller test for unit root              Number of obs   =         47

                            ———— Interpolated Dickey-Fuller ————
                Test        1% Critical     5% Critical    10% Critical
             Statistic         Value           Value           Value

Z(t)          -3.452           -4.178          -3.512          -3.187

MacKinnon approximate p-value for Z(t) = 0.0448

D.cpi     |   Coef.    Std. Err.     t     P>|t|    [95% Conf. Interval]
cpi
 L1.      | -.4153809  .1203139   -3.45   0.001   -.6578576   -.1729042
_trend    | -.1105589  .0542558   -2.04   0.048   -.2199042   -.0012135
_cons     |  7.346984  2.600174    2.83   0.007    2.106679   12.58729
```

图 12-5　CPI 单位根检验（trend）

```
. dfuller cpi, drift regress lags(0)

Dickey-Fuller test for unit root                Number of obs   =        47

                                          ─────── Z(t) has t-distribution ───────
                         Test        1% Critical      5% Critical     10% Critical
                    Statistic              Value            Value            Value

        Z(t)           -2.735             -2.412           -1.679           -1.301

p-value for Z(t) = 0.0044


     D.cpi │      Coef.   Std. Err.      t    P>|t|     [95% Conf. Interval]

       cpi
       L1. │  -.2457051   .0898353    -2.74   0.009    -.4266428   -.0647674
     _cons │   2.628581   1.223648     2.15   0.037     .1640272    5.093135
```

图 12-6 CPI 单位根检验（drift）

从图 12-4、图 12-5、图 12-6 可以看出，在 CPI 原始序列情况下，前两种情况下的 ADF 统计量分别为 -1.749、-3.452、-2.735，均小于 10% 的显著性水平下 ADF 分布对应的临界值，因此，在 10% 的显著性水平下可以拒绝存在单位根的原假设，认为 CPI 数据是平稳的。特别是带有漂移项（常数项）时，在 1% 的显著性水平下 CPI 数据是平稳的。

思考与练习

1. 请解释下列名词：平稳随机过程；随机游走过程；单位根；伪回归；ADF 检验。
2. 对一个随机游走过程来说，其方差与时间存在何种关系？
3. 如果一个时间序列是 3 阶单整的，那么需要进行多少次差分变换才能使其平稳？
4. 试阐述单位根检验的步骤。
5. 在进行单位根检验的时候，如何确定滞后期？
6. 表 12-12 给出的是 1990—2022 年我国 GDP（支出法）的时间序列数据。根据本章所学内容，完成如下要求。
（1）用 ADF 法对我国 GDP（支出法）时间序列进行单位根检验。
（2）对我国 GDP（支出法）时间序列进行单整性分析。

表 12-12　1990—2022 年我国 GDP（支出法）的时间序列数据

年份	GDP（亿元）	年份	GDP（亿元）
1990	18 872.9	1997	79 715.0
1991	22 005.6	1998	85 195.5
1992	27 194.5	1999	90 564.4
1993	35 673.2	2000	100 280.1
1994	48 637.5	2001	110 863.1
1995	61 339.9	2002	121 717.4
1996	71 813.6	2003	137 422.0

(续)

年份	GDP（亿元）	年份	GDP（亿元）
2004	161 840.2	2014	643 563.1
2005	187 318.9	2015	688 858.2
2006	219 438.5	2016	746 395.1
2007	270 092.3	2017	832 035.9
2008	319 244.6	2018	919 281.1
2009	348 517.7	2019	986 515.2
2010	412 119.3	2020	1 013 567.0
2011	487 940.2	2021	1 149 237.0
2012	538 580.0	2022	1 210 207.2
2013	592 963.2	—	—

资料来源：中华人民共和国国家统计局。

7. 表 12-13 所示的是 1990—2022 年我国货物进出口总额的时间序列数据。检验其是否平稳，并确定其单整阶数。

表 12-13　1990—2022 年我国货物进出口总额的时间序列数据

年份	进出口总额（亿元）	年份	进出口总额（亿元）
1990	5 560.12	2007	166 924.07
1991	7 225.75	2008	179 921.47
1992	9 119.62	2009	150 648.06
1993	11 271.02	2010	201 722.34
1994	20 381.90	2011	236 401.95
1995	23 499.94	2012	244 160.21
1996	24 133.86	2013	258 168.89
1997	26 967.24	2014	264 241.77
1998	26 849.68	2015	245 502.93
1999	29 896.23	2016	243 386.46
2000	39 273.25	2017	278 099.20
2001	42 183.62	2018	305 010.10
2002	51 378.15	2019	315 627.30
2003	70 483.45	2020	322 215.20
2004	95 539.09	2021	390 921.67
2005	116 921.77	2022	420 678.16
2006	140 974.74	—	—

资料来源：中华人民共和国国家统计局，http://www.stats.gov.cn/。

8. 表 12-14 给出的是 1990—2022 年我国农村居民消费水平和城镇居民消费水平的时间序列数据。

要求：

（1）做出农村居民消费水平和城镇居民消费水平的散点图，并直观地考察这两个时间序列是否是平稳的。

（2）用单位根检验分别检验这两个时间序列是否是平稳的。

表 12-14　1990—2022 年我国农村居民消费水平和城镇居民消费水平的时间序列数据

年份	城镇居民消费水平	农村居民消费水平	年份	城镇居民消费水平	农村居民消费水平
1990	1 404	627	2007	12 217	3 538
1991	1 619	661	2008	13 722	3 981
1992	2 009	701	2009	14 687	4 295
1993	2 661	822	2010	16 570	4 782
1994	3 644	1 073	2011	19 218	5 880
1995	4 767	1 344	2012	20 869	6 573
1996	5 378	1 655	2013	22 620	7 397
1997	5 635	1 768	2014	24 430	8 365
1998	5 896	1 778	2015	26 119	9 409
1999	6 335	1 793	2016	28 154	10 609
2000	6 972	1 917	2017	30 323	12 145
2001	7 272	2 032	2018	32 483	13 985
2002	7 662	2 157	2019	34 900	15 382
2003	7 977	2 292	2020	34 043	16 046
2004	8 718	2 521	2021	37 995	18 434
2005	9 637	2 784	2022	38 289	19 530
2006	10 516	3 066	—	—	—

资料来源：中华人民共和国国家统计局。

第13章
CHAPTER 13

单变量时间序列模型

很多经济现象都具有长期的动态特征，周期性地发生变化，也有的因随机冲击而发生变异。本章主要讲述三种广泛应用的单变量时间序列模型：自回归模型（autoregressive model，简称 AR 模型）、移动平均模型（moving average model，简称 MA 模型）和自回归移动平均模型（autoregressive moving average model，简称 ARMA 模型）。这三种模型因其设定的不同而有所不同，并且在捕捉不同类型的自相关行为时具有不同的优势。

本章假设时间序列平稳且模型设定正确，从描述各类模型的自相关函数开始，分别对 AR 模型、MA 模型和 ARMA 模型进行阐述，以帮助我们在实际运用中选择恰当的模型设定形式。

13.1 AR模型

如果时间序列 $y_t(t=1,2,\cdots)$ 是独立的，不存在任何依赖关系，即事物后一时刻的行为与前一时刻的行为毫无关系，这样的信息所揭示的统计规律就是事物独立地随机变动，系统无记忆能力。反之，如果信息之间有一定的依存性，这就使得我们能够利用已经收集的样本观测值的过去信息预测变量的未来值。存在这种依存性的简单例子就是 AR 模型，在 AR 模型中，序列的当期值与它自身的过去值和当期随机冲击（随机误差项）有关。很自然地可以想象到，也与过去的随机冲击有关。

13.1.1 AR(1)过程

对于时间序列 $y_t(t=1,2,\cdots)$，如果 t 时刻的行为 y_t 主要与其前一时刻 y_{t-1} 的行为有关，而与其前一时刻以前的行为 $y_{t-i}(i \geq 2)$ 没有直接关系，也就是说 y_t 只与 y_{t-1} 有关，用记忆性来说，就是最短的记忆，呈现 1 阶动态性，则描述这种关系的数学模型就是 1 阶 AR 模型，简称 AR(1)。在 AR(1) 过程中序列的当期值与它自身的上一期的值和当期随机冲击相关，也有可能存在一个固定的漂移 a_0。因此，1 阶自回归 AR(1) 过程可以表述为

$$y_t = a_0 + a_1 y_{t-1} + \mu_t \tag{13-1}$$

$$\mu_t \sim N(0, \sigma^2)$$

对于式（13-1）AR(1) 过程，向后滞后 1 期就可写成

$$y_t = a_0(1+a_1) + a_1^2 y_{t-2} + a_1 \mu_{t-1} + \mu_t \tag{13-2}$$

然后，反复向后替代等式右边的滞后项 y，就可以得到

$$y_t = a_0(1 + a_1 + a_1^2 + a_1^3 + \cdots) + \mu_t + a_1 \mu_{t-1} + a_1^2 \mu_{t-2} + a_1^3 \mu_{t-3} + \cdots \tag{13-3}$$

通过对式（13-3）求均值和方差就可得到 AR(1) 过程 y_t 的期望值和方差。AR(1) 过程的期望值为

$$E(y_t) = E\left(a_0(1 + a_1 + a_1^2 + a_1^3 + \cdots) + \mu_t + a_1 \mu_{t-1} + a_1^2 \mu_{t-2} + a_1^3 \mu_{t-3} + \cdots\right)$$
$$= \frac{a_0}{1 - a_1} \tag{13-4}$$

方差为

$$\gamma_0 = \mathrm{Var}(y_t) = E(y_t - E(y_t))^2 = E(\mu_t + a_1 \mu_{t-1} + a_1^2 \mu_{t-2} + a_1^3 \mu_{t-3} + \cdots)^2$$
$$= \frac{\sigma^2}{1 - a_1^2} \tag{13-5}$$

事实上，$\gamma_0 = \mathrm{Var}(y_{t-s})$，读者可自己证明。为了便于求得自协方差，根据计算自协方差的性质，方差与协方差的结果与随机变量的线性组合是否包含常数项无关，因此，式（13-1）的 AR(1) 过程的自协方差与漂移项无关，所以，可以省略 a_0，采用表达式

$$y_t = a_1 y_{t-1} + \mu_t \tag{13-6}$$

然后，等式两边同时乘以 y_{t-s} $(s = 1, 2, \cdots)$，并取期望值，有

$$\gamma_s = \mathrm{Cov}(y_t, y_{t-s}) = E(y_t y_{t-s}) = a_1 E(y_{t-1} y_{t-s}) + E(\mu_t y_{t-s})$$
$$= a_1 \gamma_{s-1} = a_1^2 \gamma_{s-2} = \cdots\cdots = a_1^{s-1} \gamma_1 = a_1^s \gamma_0 = a_1^s \frac{\sigma^2}{1 - a_1^2} \tag{13-7}$$

因此，通过式（13-5）和式（13-7），可以得到自相关系数 ρ_s 为

$$\rho_s = \frac{\mathrm{Cov}(y_t, y_{t-s})}{\sqrt{\mathrm{Var}(y_t)}\sqrt{\mathrm{Var}(y_{t-s})}} = \frac{\gamma_s}{\gamma_0} = a_1^s \tag{13-8}$$

图 13-1 刻画的是 AR(1) 过程的总体自相关函数。

图 13-1　AR(1) 过程的总体自相关函数（左边 $1>a_1>0$，右边 $-1<a_1<0$）

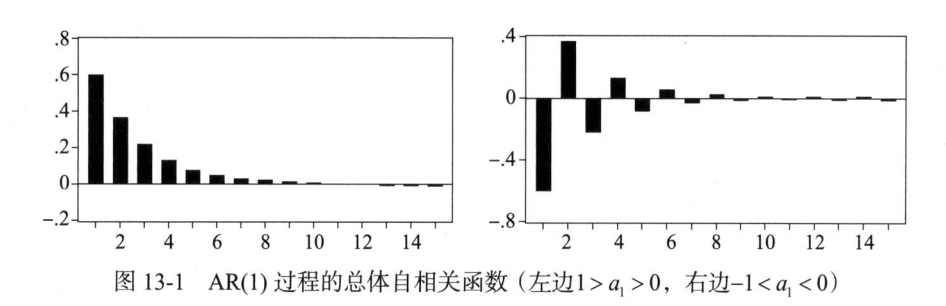

可以看出，AR(1) 过程的自相关系数呈现逐渐衰减的特征。只有时间间隔趋近于无穷大、自相关系数取极限时，它的值才会趋近于 0。若 a_1 为正数，自相关系数呈现正向单侧直接衰减；若 a_1 为负数，自相关系数呈现上下震荡衰减。a_1 的绝对值越小，或者说 a_1 的值越接近于零，衰减到零的速度就越快。在商业和经济中，一般有 $a_1>0$。但是不论怎样，自相关系数都是逐渐衰减的，呈现拖尾的特征。

然而，AR(1) 过程的偏自相关函数呈现突然截尾，其偏自相关系数 ρ_s 为

$$\rho_s = \begin{cases} a_1, s=1 \\ 0, s>1 \end{cases}$$
（13-9）

其原因是显而易见的，这是因为偏自相关系数是总体自回归模型对应的系数。如果真实过程为 AR(1) 过程，那么，第 1 个偏自相关系数就是自回归系数，在其以后的滞后项系数都是零。如图 13-2 所示，偏自相关系数在出现了一个峰值之后，其余都为零。偏自相关系数的正负取决于对应系数的符号。

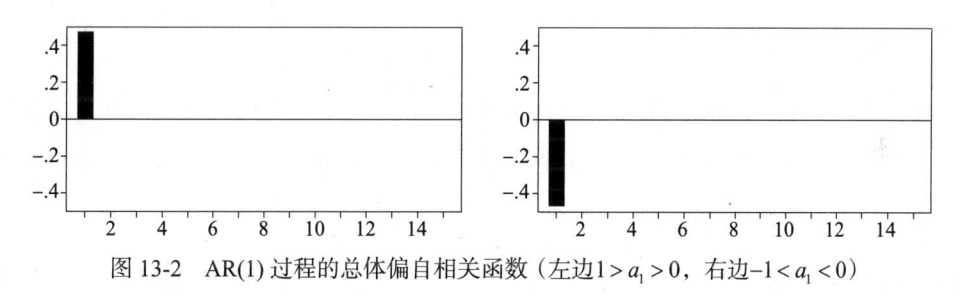

图 13-2　AR(1) 过程的总体偏自相关函数（左边 $1>a_1>0$，右边 $-1<a_1<0$）

13.1.2　AR(2) 过程

AR(2) 过程反映的是当期的值受到了自身的上一期和再上一期的影响。同时也受到了当期随机误差项的冲击，也可能存在一个漂移 a_0。

AR(2) 过程的表现形式为

$$y_t = a_0 + a_1 y_{t-1} + a_2 y_{t-2} + \mu_t$$
（13-10）

由于截距项 a_0 对自相关系数和偏自相关系数没有影响，所以，为方便论述，省略 a_0。此时不难得到，$E(y_t)=0$，因为 y_t 可以表述为当期和以往各期的随机误差项的线性组合。在式（13-10）的两边乘以 $y_{t-s}(s=0,1,\cdots)$，并取期望值，得到

$$E(y_t y_t) = a_1 E(y_{t-1} y_t) + a_2 E(y_{t-2} y_t) + E(\mu_t y_t)$$
$$E(y_t y_{t-1}) = a_1 E(y_{t-1} y_{t-1}) + a_2 E(y_{t-2} y_{t-1}) + E(\mu_t y_{t-1})$$
$$E(y_t y_{t-2}) = a_1 E(y_{t-1} y_{t-2}) + a_2 E(y_{t-2} y_{t-2}) + E(\mu_t y_{t-2}) \quad (13\text{-}11)$$
$$\vdots$$
$$E(y_t y_{t-s}) = a_1 E(y_{t-1} y_{t-s}) + a_2 E(y_{t-2} y_{t-s}) + E(\mu_t y_{t-s})$$

由于平稳序列的自协方差满足

$$\gamma_s = E(y_t y_{t-s}) = E(y_{t-s} y_t) = E(y_{t-k} y_{t-k-s})$$

因此，由式（13-11）整理得到

$$\gamma_0 = a_1 \gamma_1 + a_2 \gamma_2 + \sigma^2 \quad (13\text{-}12)$$
$$\gamma_1 = a_1 \gamma_0 + a_2 \gamma_1 \quad (13\text{-}13)$$
$$\gamma_2 = a_1 \gamma_1 + a_2 \gamma_0 \quad (13\text{-}14)$$
$$\vdots$$
$$\gamma_s = a_1 \gamma_{s-1} + a_2 \gamma_{s-2} \quad (13\text{-}15)$$

将式（13-13）、式（13-14）和式（13-15）都除以 γ_0，得到

$$\rho_1 = a_1 \rho_0 + a_2 \rho_1 \quad (13\text{-}16)$$
$$\rho_2 = a_1 \rho_1 + a_2 \rho_0 \quad (13\text{-}17)$$
$$\vdots$$
$$\rho_s = a_1 \rho_{s-1} + a_2 \rho_{s-2} \quad (13\text{-}18)$$

因为 $\rho_0 = 1$，于是，由式（13-16）就可求得 $\rho_1 = a_1 / (1 - a_2)$。由此，通过 ρ_0 和 ρ_1 就可得到式（13-17）的 ρ_2。事实上，根据式（13-18）的递推，就可以得到所有的 $\rho_s (s \geqslant 2)$。这里的关键是先获得了 ρ_0 和 ρ_1 的值，然后才能递推。

由于偏自相关系数反映的是其他滞后项固定不变时，对应的 y_{t-s} 对 y_t 的直接影响，因此，偏自相关系数只有滞后项 y_{t-1} 和 y_{t-2} 对应的系数。

对于平稳时间序列 y_t，AR(2) 过程的自相关系数仍然呈现衰减的形态，具有拖尾的特征，而偏自相关系数在出现了两个峰值后截尾。

13.1.3　AR(p)过程

更为一般的是 p 阶自回归过程 AR(p)，其形式为

$$y_t = a_0 + a_1 y_{t-1} + a_2 y_{t-2} + \cdots + a_p y_{t-p} + \mu_t$$
$$\mu_t \sim N(0, \sigma^2)$$

与 AR(1) 和 AR(2) 过程类似，在式（13-27）的两边都乘以 $y_{t-s} (s = 0, 1, 2, \cdots)$，并取期望值，就可以得到滞后 s 期的自协方差为

$$\gamma_0 = a_1\gamma_1 + a_2\gamma_2 + \cdots + a_p\gamma_p + \sigma^2 \tag{13-19}$$

$$\gamma_s = a_1\gamma_{s-1} + a_2\gamma_{s-2} + \cdots + a_p\gamma_{s-p} \tag{13-20}$$

从而，式（13-20）两边同除以 γ_0，得到自相关系数为

$$\rho_s = a_1\rho_{s-1} + a_2\rho_{s-2} + \cdots + a_p\rho_{s-p} \tag{13-21}$$

很明显，无论 s 有多大，ρ_s 都依赖于滞后 1 阶的自相关系数，如果得到上一期的自相关系数，通过递推，本期的自相关系数就可求得。如同 AR(1) 过程，随着时间间隔的增大而逐渐衰减，因此，呈现拖尾的特征。若 AR(p) 是稳定的，则 ρ_s 递减并趋于零。AR(p) 过程中，当 $s > p$ 时，偏自相关系数为零，呈现截尾的特征，原因与 AR(1) 过程的偏自相关函数在时间间隔为 1 时突然截尾一样。

尽管从定性的角度来看，AR(p) 过程与 AR(1) 过程的自相关函数（逐渐衰减）一致，然而，它还依赖于自回归的阶数和参数值，其图形变化呈现出更丰富的形态。它可能呈现单调衰减，也可能呈现出 AR(1) 所不具备的震荡衰减模式。图 13-3 给出了 AR(2) 过程的两种不同特征的自相关函数图形。当两个特征根为实根时，表现为图 13-3a 的形式，当两个特征根为共轭复根时表现为图 13-3b 的形式。关于 AR(p) 过程的平稳性和稳定性条件，可参见有关书籍[○]。

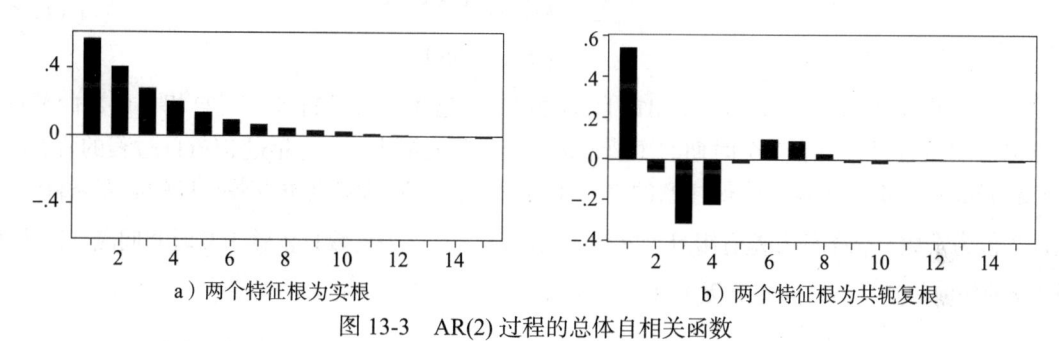

a）两个特征根为实根　　　　b）两个特征根为共轭复根

图 13-3　AR(2) 过程的总体自相关函数

13.2　MA模型

很多时间序列的值，常常会随着时间的推移发生变异，而导致变异的原因是这些取值在考察的时间内受到了冲击。可以认为这些变异是由不同取值的时间间隔内受到的冲击导致的。换句话说，时间序列的所有变异都是由不同时期的随机冲击所造成的综合结果。这便意味着，时间序列的值可能是由当前的随机误差项和过去的冲击而形成的，这便是移动平均过程。

13.2.1　MA(1)过程

1 阶移动平均过程简称 MA(1) 过程，可以表述为

$$y_t = \mu_t + \beta\mu_{t-1} \tag{13-22}$$

○　李子奈，潘文卿. 计量经济学 [M]. 北京：高等教育出版社，2005.

$$\mu_t \sim N(0,\sigma^2)$$

从式（13-22）可以看出，序列的当期值 y_t 可以表述为当期冲击和上期的冲击的函数。我们可以把它想象成等式右边只包含随机误差项的当期值和滞后值的回归模型。

1 阶移动平均 MA(1) 的无条件均值为

$$E(y_t) = E(\mu_t) + \beta E(\mu_{t-1}) = 0 \tag{13-23}$$

方差为

$$\text{Var}(y_t) = \text{Var}(\mu_t) + \beta^2 \text{Var}(\mu_{t-1}) = \sigma^2 + \beta^2 \sigma^2 = (1+\beta^2)\sigma^2 \tag{13-24}$$

值得注意的是，在随机误差项的方差 σ 保持不变的情况下，无条件方差随着 β 绝对值的增大而增大。换句话说，β 的绝对值越大，MA(1) 过程的波动幅度就越大。

自协方差函数为

$$\gamma_s = E(y_t y_{t-s}) = E\big((\mu_t + \beta\mu_{t-1})(\mu_{t-s} + \beta\mu_{t-s-1})\big) = \begin{cases} \beta\sigma^2, & s=1 \\ 0, & s>1 \end{cases} \tag{13-25}$$

因此，y_t 与 y_{t-s} 之间的自相关系数为

$$\rho_s = \frac{\gamma_s}{\gamma_0} = \begin{cases} \dfrac{\beta}{1+\beta^2}, & s=1 \\ 0, & s>1 \end{cases} \tag{13-26}$$

图 13-4 展示了由式（13-26）给出的自相关函数。这里，关键特征在于自相关函数的截尾。这意味着 MA(1) 过程只有 1 个时期的短暂记忆。当时间间隔大于 1，超过 MA(1) 过程的阶数时，所有自相关系数都等于零。值得注意的是，任何 MA(1) 过程都满足协方差平稳的必要条件（无条件均值为常数，无条件方差有限且为常数 $(1+\beta^2)\sigma^2$，自相关系数只依赖于其时间间隔，因为不包含 t 的任何信息，与时间起点无关）。

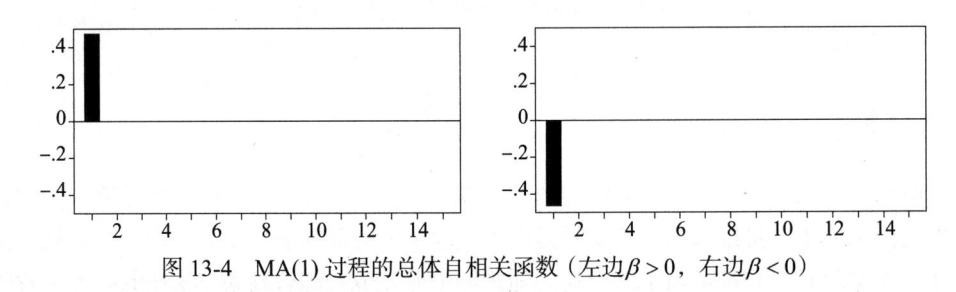

图 13-4　MA(1) 过程的总体自相关函数（左边 $\beta>0$，右边 $\beta<0$）

此外，如果 MA(1) 过程还满足 $|\beta|<1$，那么，就称 MA(1) 过程是可逆的，换句话说，MA 模型可以转化为 AR 模型。在这种情况下，可以把 MA(1) 过程倒置，序列的当前值不是用当前的冲击和过去的冲击来表述的，而是用当前的冲击和序列滞后值来表述的，称为自回归表达式（autoregressive representation）。自回归表达式由当前的冲击和序列的（可观测的）滞后值表述，而移动平均表达式由当前的冲击和（不可观察的）滞后冲击表述。

为了推导 1 阶移动平均 MA(1) 过程的自回归表达式，首先，把式（13-22）表述的 1 阶 MA(1) 过程 $y_t = \mu_t + \beta\mu_{t-1}$ 的白噪声表述为

$$\mu_t = y_t - \beta\mu_{t-1} \tag{13-27}$$

若把不同时期的白噪声用更多的连续时间滞后项来表示，则有

$$\mu_{t-1} = y_{t-1} - \beta\mu_{t-2}$$

$$\mu_{t-2} = y_{t-2} - \beta\mu_{t-3}$$

$$\mu_{t-3} = y_{t-3} - \beta\mu_{t-4}$$

$$\vdots$$

运用这些滞后的白噪声表达式，代入式（13-22）MA(1) 过程中，并进行递推，就可以得到无限阶的自回归表达式

$$y_t = \mu_t + \beta y_{t-1} - \beta^2 y_{t-2} + \beta^3 y_{t-3} + \cdots \tag{13-28}$$

从 MA(1) 过程的无限阶自回归表达式（13-28）可以看出，s 阶偏自相关系数恰好是自回归方程中 y_{t-s} 项对应的系数。因此，偏自相关函数会逐渐衰减到零。如果 $\beta>0$，则衰减模式呈现为震荡衰减，否则呈现为单侧直接衰减，如图 13-5 所示。

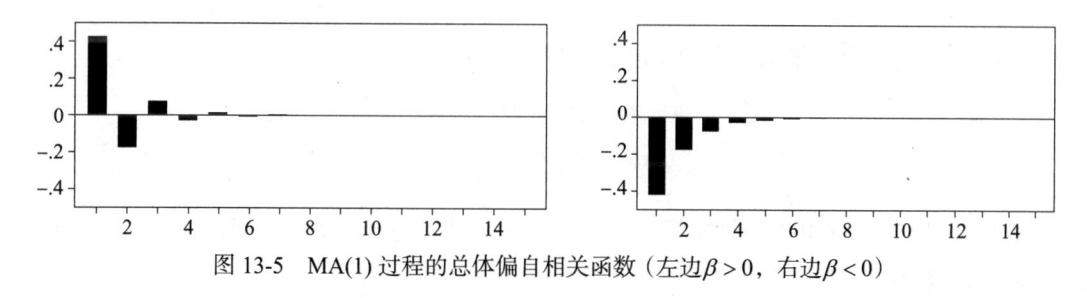

图 13-5　MA(1) 过程的总体偏自相关函数（左边 $\beta>0$，右边 $\beta<0$）

MA(1) 过程可以表述为无限阶自回归过程。因此，由 $|\beta|<1$ 可以得到随着时间间隔 s 的变大，偏自相关系数 ρ_s 衰减到零。概括起来看，MA(1) 过程与 AR(1) 过程恰好相反，自相关系数是截尾的，偏自相关系数是拖尾的。

13.2.2　MA(2)过程

2 阶移动平均过程简称 MA(2) 过程，可以表述为

$$y_t = \mu_t + \beta_1\mu_{t-1} + \beta_2\mu_{t-2} \tag{13-29}$$

对于式（13-29）的 MA(2) 过程，取期望值，有

$$E(y_t) = E(\mu_t + \beta_1\mu_{t-1} + \beta_2\mu_{t-2}) = 0 \tag{13-30}$$

在式（13-29）的两边同乘 y_{t-s} $(s=0,1,\cdots)$，然后取期望值，有

$$\gamma_0 = E(y_t y_t) = E(\mu_t + \beta_1\mu_{t-1} + \beta_2\mu_{t-2})^2 = (1+\beta_1^2+\beta_2^2)\sigma^2 \tag{13-31}$$

$$\begin{aligned}\gamma_1 &= E(y_t y_{t-1}) = E(\mu_t y_{t-1} + \beta_1\mu_{t-1}y_{t-1} + \beta_2\mu_{t-2}y_{t-1}) \\ &= \beta_1\sigma^2 + \beta_2\sigma^2 = (\beta_1+\beta_1\beta_2)\sigma^2\end{aligned} \tag{13-32}$$

$$\gamma_2 = E(y_t y_{t-2}) = E(\mu_t y_{t-2} + \beta_1 \mu_{t-1} y_{t-2} + \beta_2 \mu_{t-2} y_{t-2}) = \beta_2 \sigma^2 \qquad (13\text{-}33)$$

$$\gamma_s = E(y_t y_{t-s}) = E(\mu_t y_{t-s} + \beta_1 \mu_{t-1} y_{t-s} + \beta_2 \mu_{t-2} y_{t-s}) = 0 \quad (s > 2) \qquad (13\text{-}34)$$

因此，自相关系数ρ_s为

$$\rho_s = \frac{\gamma_s}{\gamma_0} = \begin{cases} \dfrac{\beta_1 + \beta_1 \beta_2}{1 + \beta_1^2 + \beta_2^2} & s = 1 \\ \dfrac{\beta_1}{1 + \beta_1^2 + \beta_2^2} & s = 2 \\ 0 & s > 2 \end{cases} \qquad (13\text{-}35)$$

可见，MA(2)过程的自相关系数在出现了两个峰值后就截尾，呈现截尾的特征。与MA(1)过程类似，平稳MA(2)过程也可表述为无限阶自回归过程，因此，MA(2)过程的偏自相关系数也呈现为衰减形态，呈现拖尾的特征。

13.2.3 MA(q)过程

更为一般的q阶移动平均过程MA(q)的一般形式为

$$y_t = \mu_t + \beta_1 \mu_{t-1} + \cdots + \beta_q \mu_{t-q} \qquad (13\text{-}36)$$

$$\mu_t \sim N(0, \sigma^2)$$

很显然，对式（13-36）取期望后，其值为零。在式（13-36）两边同乘以$y_{t-s}(s=0,1,2,\cdots)$，并取期望值，得到

当$s=0$时，有

$$\begin{aligned}\gamma_0 &= E(y_t y_t) = E(\mu_t y_t) + \beta_1 E(\mu_{t-1} y_t) + \cdots + \beta_q E(\mu_{t-q} y_t) \\ &= (1 + \beta_1^2 + \beta_2^2 + \cdots + \beta_q^2)\sigma^2\end{aligned} \qquad (13\text{-}37)$$

当$1 \leqslant s \leqslant q$时，有

$$\begin{aligned}\gamma_s &= E(y_t y_{t-s}) = E(\mu_t y_{t-s}) + \beta_1 E(\mu_{t-1} y_{t-s}) + \cdots + \beta_q E(\mu_{t-q} y_{t-s}) \\ &= (\beta_s + \beta_1 \beta_{s+1} + \cdots + \beta_{q-s} \beta_q)\sigma^2\end{aligned} \qquad (13\text{-}38)$$

当$s > q$时，有

$$\begin{aligned}\gamma_s &= E(y_t y_{t-s}) = E(\mu_t y_{t-s}) + \beta_1 E(\mu_{t-1} y_{t-s}) + \cdots + \beta_q E(\mu_{t-q} y_{t-s}) \\ &= 0\end{aligned} \qquad (13\text{-}39)$$

于是，自相关系数$\rho_s = \dfrac{\gamma_s}{\gamma_0}$，因此，就可以得到自相关系数为

$$\rho_s = \begin{cases} \dfrac{\beta_s + \beta_1 \beta_{s+1} + \cdots + \beta_{q-s} \beta_q}{1 + \beta_1^2 + \beta_2^2 + \cdots + \beta_q^2} & 1 \leqslant s \leqslant q \\ 0 & s \geqslant q \end{cases} \qquad (13\text{-}40)$$

MA(q)过程允许等式右边含有更多的滞后冲击，以此捕获更为丰富的信息。事实上，MA(1)过程是 MA(q) 过程的一种特殊情况。

在 MA(1) 的情况下，当时间间隔超过 1 时，所有的自相关系数为零；在 MA(q) 的情况下，当时间间隔超过 q 时，所有的自相关系数为零。这种自相关系数截尾的性质是移动平均过程的特征之一。相反，MA(q) 过程的偏自相关函数却是逐渐衰减的，与无限阶自回归表达式一致，是震荡衰减还是单侧直接衰减，取决于过程的参数。

综合 MA(1)、MA(2) 和 MA(q) 过程，不难看出，MA(1) 过程是 MA(q) 过程的特例。MA(q) 过程的特征与 MA(1) 基本一致，主要差异在于 MA(q) 过程比 MA(1) 过程具有更长的记忆，这一点通过自相关系数可以体现得更为明显。

13.3 ARMA模型

有些时间序列中，当期的值不仅受到自身过去值的影响，也受到了当期和以往的冲击的影响，因此，将 AR 模型和 MA 模型相结合，就产生了自回归移动平均（ARMA）过程，它既不是纯自回归过程，也不是纯移动平均过程。如果存在 p 阶自回归和 q 阶移动平均，则称为 ARMA(p,q) 过程，最简单 ARMA 过程为 ARMA(1,1)。

13.3.1 ARMA(1,1)过程

在 ARMA(1,1) 过程中，包含的自回归滞后项和移动平均滞后项都只有一个，表述为

$$y_t = a_0 + a_1 y_{t-1} + \mu_t + \beta \mu_{t-1} \tag{13-41}$$

$$\mu_t \sim N(0, \sigma^2)$$

由于截距项并不影响平稳性，也不影响自协方差，因此，忽略 a_0，把式（13-41）重写为

$$y_t = a_1 y_{t-1} + \mu_t + \beta \mu_{t-1} \tag{13-42}$$

很明显，将 y_{t-1} 代入式（13-42）并进行递推就可以得到 y_t 是一个无限阶的移动平均过程，因此，y_t 的期望值为零。

在式（13-42）的两边都乘以 y_{t-s}（$s=0,1,2,\cdots$），然后取期望值，则有

$$\begin{aligned}\gamma_0 &= E(y_t y_t) = a_1 E(y_{t-1} y_t) + E(\mu_t y_t) + \beta E(\mu_{t-1} y_t) \\ &= a_1 \gamma_1 + \left(1 + \beta(a_1 + \beta)\right) \sigma^2\end{aligned} \tag{13-43}$$

$$\begin{aligned}\gamma_1 &= E(y_t y_{t-1}) = a_1 E(y_{t-1} y_{t-1}) + E(\mu_t y_{t-1}) + \beta E(\mu_{t-1} y_{t-1}) \\ &= a_1 \gamma_0 + \beta \sigma^2\end{aligned} \tag{13-44}$$

$$\begin{aligned}\gamma_2 &= E(y_t y_{t-2}) = a_1 E(y_{t-1} y_{t-2}) + E(\mu_t y_{t-2}) + \beta E(\mu_{t-1} y_{t-2}) \\ &= a_1 \gamma_1\end{aligned} \tag{13-45}$$

$$\vdots$$

$$\begin{aligned}\gamma_s &= E(y_t y_{t-s}) = a_1 E(y_{t-1} y_{t-s}) + E(\mu_t y_{t-s}) + \beta E(\mu_{t-1} y_{t-s}) \\ &= a_1 \gamma_{s-1}\end{aligned} \tag{13-46}$$

解由式（13-43）和式（13-44）的联立方程式，就可求得γ_0和γ_1的值分别为

$$\gamma_0 = \frac{1+\beta^2+2a_1\beta}{(1-a_1^2)}\sigma^2 \tag{13-47}$$

$$\gamma_1 = \frac{(1+a_1\beta)(a_1+\beta)}{(1-a_1^2)}\sigma^2 \tag{13-48}$$

因此

$$\rho_1 = \frac{(1+a_1\beta)(a_1+\beta)}{1+\beta^2+2a_1\beta} \tag{13-49}$$

且当所有的$s \geq 2$时，有

$$\rho_s = \frac{\gamma_s}{\gamma_0} = \frac{a_1\gamma_{s-1}}{\gamma_0} = a_1\rho_{s-1} = a_1^{s-1}\rho_1 \tag{13-50}$$

ρ_1的大小由a_1和β决定。从ρ_1开始，ARMA(1,1)过程的自相关系数ACF很像AR(1)过程的自相关系数ρ_s。若$0<a_1<1$，它呈现单侧直接衰减。当ρ_1为正时，就几乎和AR(1)过程的自相关系数相仿，从正向衰减至零，当ρ_1为负时，从负向逼近于零；若$-1<a_1<0$，自相关系数振荡衰减至零。

类似于MA(1)过程，ARMA(1,1)也可以表述为无限阶自回归过程，因此s阶偏自相关系数恰好是自回归方程中y_{t-s}项对应的系数，并且会逐渐衰减到零。

13.3.2 ARMA(p,q)过程

ARMA(p,q)过程是ARMA(1,1)过程的推广，它允许存在多个自回归滞后项和移动平均滞后项。若忽略截距项a_1，则ARMA(p,q)过程的表达式为

$$y_t = a_1 y_{t-1} + a_2 y_{t-2} + \cdots + a_p y_{t-p} + \mu_t + \beta_1 \mu_{t-1} + \beta_2 \mu_{t-2} + \cdots + \beta_q \mu_{t-q} \tag{13-51}$$

同ARMA(1,1)过程一样，在式（13-51）的两边同乘以$y_{t-s}(s=0,1,2,\cdots)$，再取期望值，当$s=0$时，有

$$\begin{aligned}\gamma_0 &= E(y_t y_t) = a_1 E(y_{t-1} y_t) + a_2 E(y_{t-2} y_t) + \cdots + a_p E(y_{t-p} y_t) + \\ &\quad E(\mu_t y_t) + \beta_1 E(\mu_{t-1} y_t) + \beta_2 E(\mu_{t-2} y_t) + \cdots + \beta_q E(\mu_{t-q} y_t) \\ &= a_1\gamma_1 + a_2\gamma_2 + \cdots + a_p\gamma_p + \left(1+\beta_1^2+\beta_2^2+\cdots+\beta_q^2\right)\sigma^2\end{aligned} \tag{13-52}$$

当$1 \leq s \leq q$时，有

$$\begin{aligned}\gamma_s &= E(y_t y_{t-s}) = a_1 E(y_{t-1} y_{t-s}) + a_2 E(y_{t-2} y_{t-s}) + \cdots + a_p E(y_{t-p} y_{t-s}) + \\ &\quad E(\mu_t y_{t-s}) + \beta_1 E(\mu_{t-1} y_{t-s}) + \beta_2 E(\mu_{t-2} y_{t-s}) + \cdots + \beta_q E(\mu_{t-q} y_{t-s}) \\ &= a_1\gamma_{s-1} + a_2\gamma_{s-2} + \cdots + a_p\gamma_{s-p} + \left(\beta_s + \beta_1\beta_{s+1} + \cdots + \beta_{q-s}\beta_q\right)\sigma^2\end{aligned} \tag{13-53}$$

当$s > q$时，有

$$\begin{aligned}\gamma_s = E(y_t y_{t-s}) &= a_1 E(y_{t-1} y_{t-s}) + a_2 E(y_{t-2} y_{t-s}) + \cdots + a_p E(y_{t-p} y_{t-s}) + \\ & E(\mu_t y_{t-s}) + \beta_1 E(\mu_{t-1} y_{t-s}) + \beta_2 E(\mu_{t-2} y_{t-s}) + \cdots + \beta_q E(\mu_{t-q} y_{t-s}) \\ &= a_1 \gamma_{s-1} + a_2 \gamma_{s-2} + \cdots + a_p \gamma_{s-p}\end{aligned} \quad (13\text{-}54)$$

当 $s \leqslant q$ 时，联立式（13-52）和式（13-53），组成多方程联立方程，可以求得 $\gamma_s(s=0,1,2,\cdots,q)$，据此，就可以求出自相关系数 $\rho_s(s=0,1,2,\cdots,q)$。

当 $s>q$ 时，根据式（13-45）并结合 γ_0 就得到相关系数为

$$\rho_s = a_1 \rho_{s-1} + a_2 \rho_{s-2} + \cdots + a_p \rho_{s-p} \quad (13\text{-}55)$$

如果 ARMA(p,q) 过程平稳，则从滞后期 q 开始，自相关系数衰减，呈现拖尾特征。

类似于 MA(q) 过程，ARMA(p,q) 也可以表述为无限阶自回归过程。因此，s 阶偏自相关系数恰好是自回归方程中 y_{t-s} 项对应的系数，并且会逐渐衰减到零。

ARMA(p,q) 过程的自相关函数和偏自相关函数都不会在任何特定的时间间隔时截尾。通常，ARMA(p,q) 过程的自相关系数从 q 阶滞后项开始逐渐趋于零，而偏自相关系数从 p 阶滞后项开始逐渐趋于零。

表 13-1 给出了不同模型的自相关函数和偏自相关函数的特征。事实上，AR(p) 过程是 ARMA(p,q) 过程 $q=0$ 时的特例，同样，MA(q) 过程是 ARMA(p,q) 过程 $p=0$ 时的特例。通过观测序列的自相关系数和偏自相关系数的特征就可以判断单变量模型是选择 AR 模型、MA 模型还是 ARMA 模型。在滞后项选择时，应该遵循 AIC 和 SC 信息准则，以及校正的判定系数 $\bar{R}^2$。

表 13-1 不同模型的自相关函数和偏自相关函数的特征

过程	自相关函数的特征	偏自相关函数的特征
白噪声	对于 $s \neq 0$，所有 $\rho_s=0$	所有的 $\rho_s=0$
AR(1)：$a_1>0$	直接指数衰减：$\rho_s=a_1^s$	当 $s=1$ 时，$\rho_1=a_1$，当 $s \geqslant 2$ 时，$\rho_s=0$
AR(1)：$a_1<0$	振荡衰减：$\rho_s=a_1^s$	当 $s=1$ 时，$\rho_1=a_1$，当 $s \geqslant 2$ 时，$\rho_s=0$
AR(p)	向零衰减，系数可能振荡	直到滞后 p 期前有波峰，当 $s>p$ 时，$\rho_s=0$
MA(1)：$\beta>0$	滞后1期为正峰，当 $s \geqslant 2$，$\rho_s=0$	振荡衰减
MA(1)：$\beta<0$	滞后1期为负峰，当 $s \geqslant 2$，$\rho_s=0$	单侧直接衰减
ARMA(1,1)：$a_1>0$	从滞后1期开始单侧直接衰减	从滞后1期开始振荡衰减
ARMA(1,1)：$a_1<0$	从滞后1期开始振荡衰减	从滞后1期开始单侧直接衰减
ARMA(p,q)	从滞后 q 期开始衰减（可能直接也可能振荡）	从滞后 p 期开始衰减（可能直接也可能振荡）

资料来源：施图德蒙德. 应用计量经济学 [M]. 杜江，李恒，译. 北京：机械工业出版社，2011.

13.4 案例分析

案例 13-1

为了更好地掌握前面所学的知识，本章采用我国 2001—2015 年进出口总额的月度数据，命名为"GLOD"，进行建模，见表 13-2。

仔细观察表 13-2 可以看出，数据呈现逐渐上升的趋势，为非平稳数据，因此，在进行分析之前，需要首先对数据进行差分变换，获得平稳的数据，命名为"DGLOD"，然后用差分后的数据进行建模并分析。在 EViews 软件中，差分变换运用函数"D(GLOD)"，也就是说，"DGLOD=D(GLOD)"。

按照一般做法，在建模之前应该考察序列的自相关函数和偏自相关函数，然后通过二者的特征来确定选择何种模型。然而，本案例的目的旨在演示如何估计 AR 模型、MA 模型和 ARMA 模型，因此，先逐个估计和观察自相关系数和偏自相关系数的特征，然后再采用自相关函数和偏自相关函数来估计模型。

表 13-2 我国 2001—2015 年进出口总额的月度数据

时间	进出口总额（亿美元）	时间	进出口总额（亿美元）
2001.01	324.57	2003.02	482.40
2001.02	374.24	2003.03	645.70
2001.03	439.08	2003.04	701.50
2001.04	446.52	2003.05	653.70
2001.05	396.29	2003.06	668.00
2001.06	433.33	2003.07	745.90
2001.07	438.43	2003.08	720.00
2001.08	457.02	2003.09	835.50
2001.09	458.40	2003.10	760.80
2001.10	416.92	2003.11	786.50
2001.11	448.45	2003.12	904.00
2001.12	468.93	2004.01	714.30
2002.01	406.74	2004.02	760.90
2002.02	350.56	2004.03	923.20
2002.03	463.25	2004.04	966.40
2002.04	524.79	2004.05	878.30
2002.05	470.79	2004.06	994.20
2002.06	491.15	2004.07	999.70
2002.07	561.98	2004.08	982.10
2002.08	566.42	2004.09	1 065.10
2002.09	617.07	2004.10	979.50
2002.10	551.47	2004.11	1 119.30
2002.11	599.43	2004.12	1 164.90
2002.12	606.24	2005.01	950.60
2003.01	608.20	2005.02	844.50

(续)

时间	进出口总额（亿美元）	时间	进出口总额（亿美元）
2005.03	1 160.10	2008.06	2 217.10
2005.04	1 197.10	2008.07	2 480.70
2005.05	1 078.70	2008.08	2 410.50
2005.06	1 222.40	2008.09	2 435.00
2005.07	1 207.60	2008.10	2 214.10
2005.08	1 256.00	2008.11	1 898.90
2005.09	1 328.10	2008.12	1 833.40
2005.10	1 241.70	2009.01	1 418.00
2005.11	1 337.50	2009.02	1 249.50
2005.12	1 398.10	2009.03	1 620.20
2006.01	1 204.90	2009.04	1 707.30
2006.02	1 058.50	2009.05	1 641.30
2006.03	1 449.00	2009.06	1 825.70
2006.04	1 434.40	2009.07	2 002.10
2006.05	1 332.20	2009.08	1 917.00
2006.06	1 481.20	2009.09	2 189.40
2006.07	1 460.60	2009.10	1 975.40
2006.08	1 627.40	2009.11	2 082.10
2006.09	1 679.80	2009.12	2 430.20
2006.10	1 524.30	2010.01	2 047.80
2006.11	1 687.90	2010.02	1 814.30
2006.12	1 672.00	2010.03	2 314.60
2007.01	1 573.60	2010.04	2 381.60
2007.02	1 404.40	2010.05	2 439.90
2007.03	1.599.90	2010.06	2 547.70
2007.04	1 780.20	2010.07	2 623.10
2007.05	1 656.50	2010.08	2 585.70
2007.06	1 796.30	2010.09	2 731.00
2007.07	1 911.30	2010.10	2 448.10
2007.08	1 977.40	2010.11	2 837.60
2007.09	2 010.50	2010.12	2 952.20
2007.10	1 884.00	2011.01	2 950.10
2007.11	2 089.60	2011.02	2 008.00
2007.12	2 061.50	2011.03	3 042.60
2008.01	1 998.30	2011.04	2 999.50
2008.02	1 661.80	2011.05	3 012.70
2008.03	2 045.20	2011.06	3 016.90
2008.04	2 207.40	2011.07	3 187.70
2008.05	2 207.80	2011.08	3 288.70

(续)

时间	进出口总额（亿美元）	时间	进出口总额（亿美元）
2011.09	3 248.30	2013.11	3 706.08
2011.10	2 979.50	2013.12	3 898.43
2011.11	3 344.00	2014.01	3 823.94
2011.12	3 329.10	2014.02	2 511.76
2012.01	2 726.00	2014.03	3 325.12
2012.02	2 604.20	2014.04	3 586.28
2012.03	3 259.70	2014.05	3 550.24
2012.04	3 080.80	2014.06	3 420.12
2012.05	3 435.80	2014.07	3 784.81
2012.06	3 286.90	2014.08	3 670.95
2012.07	3 287.30	2014.09	3 964.11
2012.08	3 292.90	2014.10	3 683.27
2012.09	3 450.30	2014.11	3 688.48
2012.10	3 191.00	2014.12	4 054.13
2012.11	3 391.30	2015.01	3 404.84
2012.12	3 668.40	2015.02	2 777.62
2013.01	3 455.84	2015.03	2 860.55
2013.02	2 635.09	2015.04	3 185.27
2013.03	3 652.03	2015.05	3 212.47
2013.04	3 559.61	2015.06	3 374.12
2013.05	3 451.07	2015.07	3 471.68
2013.06	3 215.07	2015.08	3 334.96
2013.07	3 541.64	2015.09	3 507.67
2013.08	3 526.97	2015.10	3 231.48
2013.09	3 560.69	2015.11	3 391.81
2013.10	3 397.04	2015.12	3 879.77

资料来源：中华人民共和国国家统计局。

1. 估计AR模型

综合 AIC 和 SC 等各种设定模型的思想和方法，选择 2 阶自回归。在工作文档下，单击 "Quick/Estimate Equation"，在弹出的对话框中键入 "DGLOD AR(1) AR(2)"，就得到了 AR 模型的估计结果，见表 13-3。

表 13-3 AR 模型的估计结果

Dependent Variable: DGLOD
Method: Least Squares
Sample (adjusted): 2001M04 2014M06
Included observations: 159 after adjustments
Convergence achieved after 3 iterations

(续)

Variable	Coefficient	Std. Error	t-Statistic	Prob.
AR(1)	-0.428561	0.074446	-5.756649	0.0000
AR(2)	-0.362255	0.074442	-4.866257	0.0000
R-squared	0.212922	Mean dependent var		18.74868
Adjusted R-squared	0.207909	S.D. dependent var		262.4829
S.E. of regression	233.6084	Akaike info criterion		13.75767
Sum squared resid	8567944.	Schwarz criterion		13.79627
Log likelihood	-1091.735	Hannan-Quinn criter.		13.77334
Durbin-Watson stat	2.174703			
Inverted MA Roots	-.21+.56i	-.21-.56i		

从表 13-3 可以看出，在 1% 的显著性水平下，AR(1) 和 AR(2) 的系数都显著不为零。可见，AR(2) 模型能较好地刻画 DGLOD 序列的动态特性。当然，AR(2) 是选择的结果，读者可以继续试验其他的 AR 设定，并采用调整后的判定系数 $\bar{R}^2$ 以及 AIC 统计量和 SC 统计量来进行判断。

2. 估计 MA 模型

在 EViews 中，单击"Quick/Estimate Equation"，在弹出的对话框中键入"DGLOD MA(1) MA(2) MA(3) MA(4)"（AIC 和 SC 两个统计量都表明选择 MA(4) 最优），就得到了 MA 模型的估计结果，见表 13-4。

表 13-4　MA 模型的估计结果

Dependent Variable: DGLOD
Method: Least Squares
Sample (adjusted): 2001M02 2014M06
Included observations: 161 after adjustments
Convergence achieved after 62 iterations
MA Backcast: 2000M10 2001M01

Variable	Coefficient	Std. Error	t-Statistic	Prob.
MA(1)	-0.453813	0.079536	-5.705790	0.0000
MA(2)	-0.193197	0.087338	-2.212058	0.0284
MA(3)	0.042241	0.087458	0.482992	0.6298
MA(4)	0.091532	0.079778	1.147330	0.2530
R-squared	0.230965	Mean dependent var		19.22702
Adjusted R-squared	0.216270	S.D. dependent var		260.8737
S.E. of regression	230.9477	Akaike info criterion		13.74679
Sum squared resid	8373881.	Schwarz criterion		13.82335
Log likelihood	-1102.620	Hannan-Quinn criter.		13.77788
Durbin-Watson stat	2.048502			
Inverted MA Roots	.58-.28i	.58+.28i	-.36+.30i	-.36-.30i

从表 13-4 可以看出，在 5% 的显著性水平下，MA(1) 和 MA(2) 的系数显著不为零，MA(3) 和 MA(4) 的系数显著为零。可见，MA(4) 模型不能较好地刻画 DGLOD 序列的动态性。然而，MA(4) 是选择的结果，未必是最好的，读者可以继续试验其他的 MA 设定，并采用调整后的判定系数 $\bar{R}^2$ 以及 AIC 统计量和 SC 统计量来进行判断。

3. 估计ARMA模型

在工作文档下，单击"Quick/Estimate Equation"，在弹出的对话框中键入"DGLOD C AR(1) MA(1)"就得到了ARMA(1,1)模型的估计结果，见表13-5。

表13-5　ARMA模型的估计结果

Dependent Variable: DGLOD
Method: Least Squares
Sample (adjusted): 2001M03 2014M06
Included observations: 160 after adjustments
Convergence achieved after 9 iterations
MA Backcast: 2001M02

Variable	Coefficient	Std. Error	t-Statistic	Prob.
C	19.85565	4.727965	4.199618	0.0000
AR(1)	0.235588	0.110708	2.128014	0.0349
MA(1)	-0.804760	0.067952	-11.84310	0.0000

R-squared	0.255000	Mean dependent var	19.03675
Adjusted R-squared	0.245510	S.D. dependent var	261.6815
S.E. of regression	227.3002	Akaike info criterion	13.70899
Sum squared resid	8111466.	Schwarz criterion	13.76665
Log likelihood	-1093.719	Hannan-Quinn criter.	13.73241
F-statistic	26.86916	Durbin-Watson stat	1.964754
Prob(F-statistic)	0.000000		
Inverted AR Roots	.24		
Inverted MA Roots	.8		

从表13-5可以看出，在5%的显著性水平下，AR(1)和MA(1)的系数都是显著不为零。

4. ARMA模型的识别

通过表13-1的归纳结果，我们可以利用各类模型中对应的自相关函数和偏自相关函数的特征来识别或选择ARMA模型的设定形式。在工作文档下，点开序列"DGLOD"，单击"View/Correlogram"就会出现如图13-6所示的对话框。

图13-6中，"Level"表示原始序列，"1st difference"表示1阶差分，"2 nd difference"表示2阶差分。"Lags to include"表示滞后期的项数。由于DGLOD序列本身就是平稳序列，因此，无须差分，直接选择"Level"单击"OK"，就得到了序列的自相关函数和偏自相关函数，如图13-7所示。在图13-7中只给出了前36阶的自相关系数和偏自相关系数。

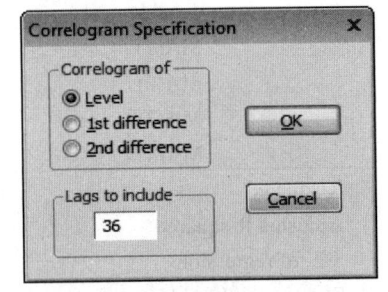

图13-6　Correlogram对话框

仔细观察图13-7，可以发现自相关系数和偏自相关系数在第12个峰值后衰减，并且观测自相关系数和偏自相关系数的显著性，重新设定和估计了模型。在工作文档下，单击"Quick/Estimate Equation"，在弹出的对话框中键入"DGLOD AR(1) AR(12) MA(1) MA(2) MA(12)"就得到了ARMA模型的估计结果，见表13-6。

```
Sample: 2001M01 2014M06
Included observations: 161

Autocorrelation   Partial Correlation      AC      PAC    Q-Stat   Prob

                                      1  -0.321  -0.321  16.908  0.000
                                      2  -0.234  -0.376  25.937  0.000
                                      3   0.016  -0.270  25.980  0.000
                                      4   0.267   0.103  37.933  0.000
                                      5  -0.194  -0.093  44.275  0.000
                                      6   0.020   0.046  44.340  0.000
                                      7  -0.181  -0.285  49.908  0.000
                                      8   0.218  -0.026  58.051  0.000
                                      9   0.021   0.040  58.126  0.000
                                     10  -0.173  -0.152  63.335  0.000
                                     11  -0.243  -0.394  73.681  0.000
                                     12   0.608   0.304  138.84  0.000
                                     13  -0.118   0.179  141.30  0.000
                                     14  -0.219   0.078  149.85  0.000
                                     15  -0.027  -0.000  149.99  0.000
                                     16   0.224  -0.080  159.09  0.000
                                     17  -0.144  -0.099  162.88  0.000
                                     18   0.017  -0.037  162.93  0.000
                                     19  -0.169  -0.088  168.18  0.000
                                     20   0.198   0.012  175.49  0.000
                                     21   0.014  -0.032  175.52  0.000
                                     22  -0.161  -0.125  180.39  0.000
                                     23  -0.185  -0.119  186.90  0.000
                                     24   0.486   0.081  232.12  0.000
                                     25  -0.070   0.047  233.07  0.000
                                     26  -0.172   0.058  238.80  0.000
                                     27  -0.043   0.016  239.16  0.000
                                     28   0.185  -0.045  245.88  0.000
                                     29  -0.104  -0.048  248.02  0.000
                                     30  -0.002  -0.066  248.02  0.000
                                     31  -0.168  -0.111  253.74  0.000
                                     32   0.190  -0.040  261.09  0.000
                                     33   0.029  -0.028  261.26  0.000
                                     34  -0.151  -0.048  265.99  0.000
                                     35  -0.187  -0.117  273.27  0.000
                                     36   0.501   0.166  325.93  0.000
```

图 13-7 DGLOD 序列的自相关函数和偏自相关函数

表 13-6 ARMA 模型的估计结果

Dependent Variable: DGLOD
Method: Least Squares
Sample (adjusted): 2002M02 2014M06
Included observations: 149 after adjustments
Convergence achieved after 27 iterations
MA Backcast:OFF(Roots of MA process too large)

Variable	Coefficient	Std. Error	t-Statistic	Prob.
AR(1)	0.096892	0.026176	3.701626	0.0003
AR(12)	1.154257	0.031314	36.86083	0.0000
MA(1)	-0.557214	0.078690	-7.081082	0.0000
MA(2)	-0.048627	0.069758	-0.697076	0.4869
MA(12)	-0.71086	0.044251	-16.06426	0.0000

R-squared	0.710579	Mean dependent var		20.22403
Adjusted R-squared	0.702540	S.D. dependent var		271.0015
S.E. of regression	147.8040	Akaike info criterion		12.86263
Sum squared resid	3145828.	Schwarz criterion		12.96344
Log likelihood	-953.2661	Hannan-Quinn criter.		12.90359
Durbin-Watson stat	2.203026			
Inverted AR Roots	1.02	.88+.51i	.88-.51i	.51-.88i
	.51+.88i	.01-1.01i	.01+1.01i	-.50-.88i
	-.50+.88i	-.87+.51i	-.87-.51i	-1
	Estimated AR process is nonstationary			
Inverted MA Roots	1.04	.90+.47i	.90-.47i	.54+.82i
	.54-.82i	.04+.96i	.04-.96i	-.45-.83i
	-.45+.83i	-.81-.48i	-.81+.48i	-0.94
	Estimated MA process is nonstationary			

最后得到 ARMA 模型的估计方程为

$$y_t = 0.097 y_{t-1} + 1.154 y_{t-12} - 0.711 \mu_{t-12} - 0.049 \mu_{t-2} - 0.557 \mu_{t-1} + \mu_t$$

案例 13-2

理论上，长期利率与短期利率之间的差不应该过大，如果利差过大，套利活动会使长短期利差向均衡方向靠拢。在这里，我们以美国 10 年期政府债券的收益率和联邦基金利率差为例，用 ARMA 模型来识别利率差的变动过程。表 13-7 列出的是 1956—2015 年的美国 10 年期政府债券的收益率和联邦基金利率，其中 $R10$ 表示 10 年期美国国债券的收益率，R 表示联邦基金利率。

表 13-7　1956—2015 年美国 10 年期政府债券的收益率和联邦基金利率

年份	$R10$	R	年份	$R10$	R
1956	3.18	2.73	1986	7.67	6.80
1957	3.65	3.11	1987	8.39	6.66
1958	3.32	1.57	1988	8.85	7.57
1959	4.33	3.31	1989	8.49	9.21
1960	4.12	3.21	1990	8.55	8.10
1961	3.88	1.95	1991	7.86	5.69
1962	3.95	2.71	1992	7.01	3.52
1963	4.00	3.18	1993	5.87	3.02
1964	4.19	3.50	1994	7.09	4.21
1965	4.28	4.07	1995	6.57	5.83
1966	4.93	5.11	1996	6.44	5.30
1967	5.07	4.22	1997	6.35	5.46
1968	5.64	5.66	1998	5.26	5.35
1969	6.67	8.21	1999	5.65	4.97
1970	7.35	7.17	2000	6.03	6.24
1971	6.16	4.67	2001	5.02	3.88
1972	6.21	4.44	2002	4.61	1.67
1973	6.85	8.74	2003	4.01	1.13
1974	7.56	10.51	2004	4.27	1.35
1975	7.99	5.82	2005	4.29	3.22
1976	7.61	5.05	2006	4.80	4.97
1977	7.42	5.54	2007	4.63	5.02
1978	8.41	7.94	2008	3.66	1.92
1979	9.43	11.20	2009	3.26	0.16
1980	11.43	13.35	2010	3.22	0.18
1981	13.92	16.39	2011	2.78	0.10
1982	13.01	12.24	2012	1.80	0.14
1983	11.10	9.09	2013	2.35	0.11
1984	12.46	10.23	2014	2.54	0.09
1985	10.62	8.10	2015	2.14	0.13

资料来源：美国总统经济咨文及经济顾问委员会年度报告，2016。

假定 $R10$ 和 R 都在工作文件中,则单击"Quick/Generate series",键入"S=R10-R",单击"OK",便得到利率差序列 S。打开 S 序列,选择"view/correlogram",单击"View/Correlogram"就会出现如图 13-6 所示的对话框,然后直接单击"OK",就会出现如图 13-8 所示的图形。

```
Date: 01/03/18   Time: 13:29
Sample: 1956 2015
Included observations: 60

  Autocorrelation    Partial Correlation         AC      PAC    Q-Stat   Prob

                                          1    0.526    0.526   17.426   0.000
                                          2    0.032   -0.337   17.494   0.000
                                          3   -0.206   -0.080   20.258   0.000
                                          4   -0.190    0.000   22.659   0.000
                                          5    0.023    0.152   22.696   0.000
                                          6    0.064   -0.139   22.983   0.001
                                          7    0.177    0.274   25.188   0.001
                                          8    0.141   -0.102   26.614   0.001
                                          9    0.155    0.260   28.373   0.001
                                         10    0.200    0.044   31.349   0.001
                                         11    0.205    0.242   34.532   0.000
                                         12    0.113   -0.191   35.517   0.000
                                         13   -0.139   -0.019   37.040   0.000
                                         14   -0.195   -0.087   40.108   0.000
                                         15   -0.229   -0.180   44.425   0.000
                                         16   -0.076    0.032   44.909   0.000
                                         17    0.170    0.113   47.421   0.000
                                         18    0.179   -0.168   50.261   0.000
                                         19    0.072   -0.068   50.732   0.000
                                         20   -0.060    0.106   51.071   0.000
                                         21   -0.016    0.048   51.096   0.000
                                         22    0.001   -0.074   51.096   0.000
                                         23   -0.020    0.124   51.138   0.001
                                         24   -0.112   -0.177   52.445   0.001
                                         25   -0.178    0.042   55.814   0.000
                                         26   -0.070    0.037   56.356   0.001
                                         27    0.018    0.047   56.392   0.001
                                         28    0.154   -0.096   59.166   0.001
```

图 13-8 利率差序列的自相关函数和偏自相关函数

通过图 13-8 可以大致看出,利率差序列 S 要么是 1 阶自回归 AR(1) 模型,要么是自回归移动平均 ARMA(1,1) 模型。因为要么可以把自相关系数看作是拖尾的,把偏自相关系数看作是截尾的;只有一个峰值,也可以看作是拖尾的。

1. 估计AR模型

在工作文档下,单击"Quick/Estimate Equation",选择最小二乘法,键入"S C AR(1)"就得到了 AR(1) 模型的估计结果,见表 13-8。

表 13-8 AR(1) 模型的估计结果

Dependent Variable: S
Method: Least Squares
Sample (adjusted): 1957 2015
Included observations: 59 after adjustments
Convergence achieved after 3 iterations

Variable	Coefficient	Std. Error	t-Statistic	Prob.
C	1.079574	0.351900	3.067843	0.0033
AR(1)	0.532008	0.112855	4.714094	0.0000

R-squared	0.280509	Mean dependent var	1.045085
Adjusted R-squared	0.267886	S.D. dependent var	1.476949
S.E. of regression	1.263731	Akaike info criterion	3.339324
Sum squared resid	91.02990	Schwarz criterion	3.409749
Log likelihood	-96.51007	Hannan-Quinn criter.	3.366815
F-statistic	22.22268	Durbin-Watson stat	1.632688
Prob(F-statistic)	0.000016		
Inverted AR Roots	0.53		

2. 估计ARMA模型

同时，图13-8中 S 序列的偏自相关图也可以看成震荡的衰减形态，因此我们可以估计 ARMA(1,1) 模型。在工作文档下，单击"Quick/Estimate Equation"，在弹出的对话框中键入 "S C AR(1) MA(1)"，就得到了 ARMA(1,1) 模型的估计结果，见表13-9。

表 13-9 ARMA(1,1) 模型的估计结果

Dependent Variable: S
Method: Least Squares
Sample (adjusted): 1957 2015
Included observations: 59 after adjustments
Convergence achieved after 37 iterations
MA Backcast: 1956

Variable	Coefficient	Std. Error	t-Statistic	Prob.
C	1.071703	0.260268	4.117691	0.0001
AR(1)	-0.141982	0.132956	-1.067891	0.2902
MA(1)	0.974258	0.026738	36.43669	0.0000
R-squared	0.407731	Mean dependent var		1.045085
Adjusted R-squared	0.386579	S.D. dependent var		1.476949
S.E. of regression	1.156764	Akaike info criterion		3.178639
Sum squared resid	74.93374	Schwarz criterion		3.284276
Log likelihood	-90.76985	Hannan-Quinn criter.		3.219875
F-statistic	19.27585	Durbin-Watson stat		1.966571
Prob(F-statistic)	0.000000			
Inverted AR Roots	-.14			
Inverted MA Roots	-.97			

比较表13-8和表13-9，AR(1) 模型校正的判定系数 $\bar{R}^2$ 为 0.27，小于 ARMA(1,1) 模型校正的判定系数 $\bar{R}^2$ 0.39，说明 ARMA 模型的拟合程度更高。AR(1) 的 AIC 和 SC 统计量分别为 3.34 和 3.41，大于 ARMA(1,1) 的 AIC 和 SC 统计量（分别为 3.18 和 3.28）。因此，我们最终选择 ARMA(1,1) 模型。实际上，AR(1) 模型和 ARMA(1,1) 模型的估计方程分别为

$$y_t = 1.080 + 0.532 y_{t-1} + \mu_t$$

$$y_t = 1.072 - 0.142 y_{t-1} + 0.974 \mu_{t-1} + \mu_t$$

需要注意的是，ARMA（1,1）模型的自回归部分的系数在通常的显著性水平下并不显著。

案例 13-3

本案例采取 Stata 软件对案例 13-1 中的我国 2001—2015 年的进出口总额的月度数据进行建模。

我们将数据导入 Stata 软件后，经过前一章提到的数据格式设置后开始我们的建模。

首先对原始数据进行了平稳性检验，结果如图 13-9 所示，发现数据不平稳。

```
. dfuller m, noconstant regress lags(0)

Dickey-Fuller test for unit root              Number of obs   =       143

                              ------- Interpolated Dickey-Fuller -------
                Test         1% Critical      5% Critical     10% Critical
              Statistic         Value            Value            Value

Z(t)            0.040           -2.594           -1.950           -1.613

       D.m |      Coef.   Std. Err.      t    P>|t|     [95% Conf. Interval]
         m |
       L1. |   .0004376   .0109033     0.04   0.968    -.0211161    .0219912
```

图 13-9　原始数据平稳性检验结果

从图 13-10 所示数据的走势图也可以看出这一结果。

-tsline m

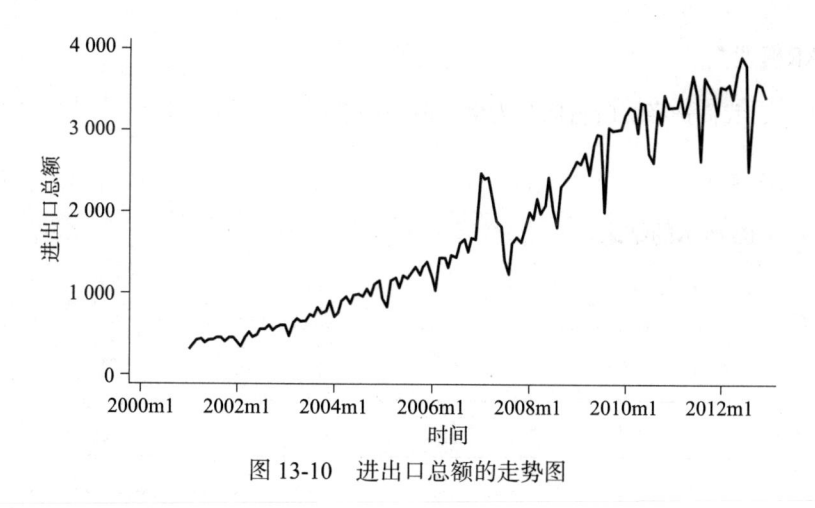

图 13-10　进出口总额的走势图

于是我们对数据进行差分处理，命令为

-gen d_m=d.m　　　// 将差分后的进出口总额数据命名为 d.m

考察序列的自相关函数和偏相关函数来确定如何选择模型，命令如下：

-corrgram d_m,lags(24)

于是得到如图 13-11 所示的结果。

```
. corrgram d_m,lags(24)
                                                 -1       0       1 -1       0       1
LAG      AC        PAC       Q      Prob>Q   [Autocorrelation]   [Partial Autocor]
 1     -0.3181   -0.3188   14.776   0.0001
 2     -0.2068   -0.3445   21.065   0.0000
 3     -0.0077   -0.2596   21.074   0.0001
 4      0.2303    0.0816   28.988   0.0000
 5     -0.1752   -0.1492   33.601   0.0000
 6      0.0115   -0.0256   33.621   0.0000
 7     -0.1660   -0.3685   37.822   0.0000
 8      0.2100   -0.0238   44.598   0.0000
 9      0.0150    0.0585   44.633   0.0000
10     -0.1243   -0.1139   47.042   0.0000
11     -0.2608   -0.5236   57.728   0.0000
12      0.5438    0.3271  104.54    0.0000
13     -0.1201    0.1180  106.84    0.0000
14     -0.1684   -0.0140  111.4     0.0000
15     -0.0505   -0.1969  111.81    0.0000
16      0.2131   -0.0365  119.23    0.0000
17     -0.1108    0.0032  121.25    0.0000
18      0.0349    0.1160  121.45    0.0000
19     -0.1424   -0.1023  124.84    0.0000
20      0.1503   -0.0554  128.65    0.0000
21      0.0243   -0.0138  128.75    0.0000
22     -0.0858   -0.0029  130.01    0.0000
23     -0.2096   -0.1986  137.6     0.0000
24      0.4030    0.1867  165.9     0.0000
```

图 13-11　变量的相关系数结果

从图 13-11 的自相关系数和偏自相关系数可以明显看出，自相关系数和偏自相关系数都呈现出拖尾的特征，而且自相关 12 阶拖尾，偏自相关 11 阶拖尾，更加符合用 ARMA 模型建模。根据表 13-1 的选择标准，应该选择 ARMA(11,12)。

同样为了演示 AR 模型、MA 模型和 ARMA 模型在 Stata 中的操作，我们仍写出三种模型的命令。

1. 估计AR模型

同案例 13-1，我们选择 2 阶自回归为例，命令如下：

- arima d_m, ar(2)

得到如图 13-12 所示的结果。

```
ARIMA regression

Sample:  2001m2 - 2012m12                    Number of obs   =        143
                                             Wald chi2(1)    =       4.68
Log likelihood =  -1003.93                   Prob > chi2     =     0.0305

                          OPG
          d_m     Coef.  Std. Err.     z     P>|z|    [95% Conf. Interval]

d_m
        _cons   21.81275  18.87358    1.16   0.248   -15.17879   58.80428
ARMA
         ar
         L2.   -.2045249  .0945251   -2.16   0.030   -.3897907   -.019259
       /sigma   270.76    8.487245   31.90   0.000    254.1253   287.3947
```

图 13-12　AR(2) 模型的估计结果

可以看出，在 5% 的显著性水平下，AR(2) 模型是显著的。读者还可以尝试其他的 AR 设定。

2. 估计MA模型

同样，我们采取 MA(2) 模型，估计结果如图 13-13 所示，命令如下：

- arima d_m, ma(2)

```
ARIMA regression

Sample:  2001m2 - 2012m12                     Number of obs    =      143
                                              Wald chi2(1)     =     1.68
Log likelihood = -1004.886                    Prob > chi2      =   0.1946

                              OPG
         d_m |    Coef.   Std. Err.      z    P>|z|     [95% Conf. Interval]
-------------+----------------------------------------------------------------
d_m          |
       _cons |   21.68316   19.66582    1.10   0.270    -16.86115    60.22747
ARMA         |
          ma |
         L2. |  -.1413677   .1089856   -1.30   0.195    -.3549754    .0722401
       /sigma|   272.6281   8.090981   33.70   0.000     256.77      288.4861
```

图 13-13　MA(2) 模型的估计结果

可以看出，在此结果中，MA（2）模型在 5% 的显著性水平下是不显著的。读者可以继续试验其他的 MA 设定，并采用校正的判定系数 $\bar{R}^2$ 以及 AIC 统计量和 SC 统计量来进行判断。

3. 估计ARMA模型

我们根据第一部分选择的滞后项来建立 ARMA(11,12) 模型，估计结果如图 13-14 所示，命令如下：

-arima d_m, ar(11) ma(12)

可以看到这个结果比我们之前估计的模型要好一些，但是，11 阶滞后的 MA 模型并不显著。

```
ARIMA regression

Sample:  2001m2 - 2012m12                     Number of obs    =      143
                                              Wald chi2(2)     =   201.65
Log likelihood = -974.7674                    Prob > chi2      =   0.0000

                              OPG
         d_m |    Coef.   Std. Err.      z    P>|z|     [95% Conf. Interval]
-------------+----------------------------------------------------------------
d_m          |
       _cons |   19.59706   48.34559    0.41   0.685    -75.15855    114.3527
ARMA         |
          ar |
        L12. |   .6366263   .0531815   11.97   0.000     .5323926    .7408601
          ma |
        L11. |  -.0436946   .0613119   -0.71   0.476    -.1638638    .0764746
       /sigma|   216.1023   7.053729   30.64   0.000     202.2773    229.9274
```

图 13-14　ARMA(11,12) 模型的估计结果

再次调整 MA 模型为 12 阶滞后,得到如图 13-15 所示的估计结果。

```
ARIMA regression

Sample: 2001m2 - 2012m12                    Number of obs    =      143
                                            Wald chi2(2)     =   394.40
Log likelihood = -969.9042                  Prob > chi2      =   0.0000

                            OPG
        d_m      Coef.   Std. Err.      z     P>|z|    [95% Conf. Interval]

d_m
      _cons   16.68882   87.57755     0.19    0.849   -154.96     188.3377
ARMA
         ar
       L12.   .8742099   .0680592    12.84    0.000    .7408163   1.007604
         ma
       L12.  -.387707    .1167392    -3.32    0.001   -.6165116  -.1589023
     /sigma   206.6194   6.710101    30.79    0.000    193.4678   219.7709
```

图 13-15 ARMA(12,12) 模型的估计结果

可以看出这个模型比我们之前估计得都要好,并且在 1% 的显著性水平下显著。

思考与练习

1. 请解释以下名词:AR 模型;MA 模型;ARMA 模型;自相关和偏自相关。
2. 比较 ARMA 模型和多元线性回归模型的异同。
3. 如何确定 ARMA 模型的滞后期?
4. 表 13-10 给出了我国 2017 年 1 月—2022 年 12 月的 CPI 数据。要求:
(1) 判断 CPI 数据是否平稳。
(2) 选择合适的 ARMA 模型预测 2023 年的 CPI。

表 13-10 我国 2017 年 1 月—2022 年 12 月的 CPI 数据

时间	CPI	时间	CPI	时间	CPI
2017年1月	102.50	2018年1月	101.50	2019年1月	101.70
2017年2月	100.80	2018年2月	102.90	2019年2月	101.50
2017年3月	100.90	2018年3月	102.10	2019年3月	102.30
2017年4月	101.20	2018年4月	101.80	2019年4月	102.50
2017年5月	101.50	2018年5月	101.80	2019年5月	102.70
2017年6月	101.50	2018年6月	101.90	2019年6月	102.70
2017年7月	101.40	2018年7月	102.10	2019年7月	102.80
2017年8月	101.80	2018年8月	102.30	2019年8月	102.80
2017年9月	101.60	2018年9月	102.50	2019年9月	103.00
2017年10月	101.90	2018年10月	102.50	2019年10月	103.80
2017年11月	101.70	2018年11月	102.20	2019年11月	104.50
2017年12月	101.80	2018年12月	100.90	2019年12月	104.50

（续）

时间	CPI	时间	CPI	时间	CPI
2020年1月	105.40	2021年1月	99.70	2022年1月	100.90
2020年2月	105.20	2021年2月	99.80	2022年2月	101.50
2020年3月	104.30	2021年3月	100.40	2022年3月	102.10
2020年4月	103.30	2021年4月	100.90	2022年4月	102.10
2020年5月	102.40	2021年5月	101.30	2022年5月	102.50
2020年6月	102.50	2021年6月	101.10	2022年6月	102.70
2020年7月	102.70	2021年7月	101.00	2022年7月	102.50
2020年8月	102.40	2021年8月	100.80	2022年8月	102.80
2020年9月	101.70	2021年9月	100.70	2022年9月	102.10
2020年10月	100.50	2021年10月	101.50	2022年10月	101.60
2020年11月	99.50	2021年11月	102.30	2022年11月	101.80
2020年12月	100.20	2021年12月	101.50	2022年12月	—

资料来源：中华人民共和国国家统计局。

第14章
CHAPTER 14

VAR模型及其应用

在联立方程模型中，把一些变量看作内生变量，另一些变量看作前定变量。为了保证模型是可识别的，必须确保联立方程模型中的每一个随机方程都是可识别的。因此，为了实现这个目的，依据阶条件或秩条件，常常要假定一些前定变量只能出现在某些方程中。但是，这种决定是主观的，如果一组变量确实具有相关性，但不能确信一些变量是外生变量时，这些变量就不应该事先被划分为内生变量和外生变量，而应该平等地加以对待。向量自回归模型（vector autoregressive model，简称 VAR 模型），就是针对变量无法确定为外生变量时，一种新的多方程模型的分析方法。VAR 模型是指每个方程等号右侧有相同的变量，而这些在方程右侧的变量包括所有内生变量的滞后项。

VAR 模型可以用于分析和预测相互联系的多变量时间序列系统，分析随机误差项所探讨的经济系统的动态冲击，解释各种经济冲击对经济变量的影响。

14.1 VAR模型概述

14.1.1 简单的VAR模型

当我们对变量是否真是外生变量的情况不自信时，很自然的想法就是均等地对待每一个变量，把他们都看作内生变量。在只有$\{Y_t\}$和$\{Z_t\}$两个变量的情况下，我们可以令$\{Y_t\}$的时间路径受序列$\{Z_t\}$的当期或过去的实际值的影响，同样，$\{Z_t\}$的时间路径受序列$\{Y_t\}$的当期或过去的实际值的影响。考虑如下简单的双变量模型：

$$Y_t = b_{10} - b_{12}Z_t + \gamma_{11}Y_{t-1} + \gamma_{12}Z_{t-1} + \mu_{yt} \qquad (14\text{-}1)$$

$$Z_t = b_{20} - b_{21}Y_t + \gamma_{21}Y_{t-1} + \gamma_{22}Z_{t-1} + \mu_{zt} \tag{14-2}$$

对模型做出如下假设。

（1）Y_t 和 Z_t 都是平稳的随机过程。

（2）μ_{yt} 和 μ_{zt} 是白噪声干扰项，即均值都为零，标准差分别为 σ_y 和 σ_z。

（3）白噪声干扰项 μ_{yt} 和 μ_{zt} 不相关，$\text{Cov}(\mu_{yt},\mu_{zt})=0$，即相互间的协方差为零。

因为式（14-1）和式（14-2）中的最长滞后期只有 1 期，因此，式（14-1）和式（14-2）构成了一个 1 阶 VAR 模型，是一个只有两变量和滞后期只有 1 期的最简单的 VAR 模型。只要能够理解这一简单的双变量 1 阶 VAR 模型，那么，就有利于理解在后面所阐述的多元高阶 VAR 模型。

因为由式（14-1）和式（14-2）构成的向量自回归模型中，允许 Y_t 和 Z_t 相互影响，所以，模型结构中结合了反馈因素。例如，$-b_{12}$ 表示 1 单位 Z_t 的变化对 Y_t 的影响，γ_{21} 表示 1 单位 Y_{t-1} 的变化对 Z_t 的影响。μ_{yt} 和 μ_{zt} 分别是 Y_t 和 Z_t 中的随机误差项（或冲击，或脉冲），因此，如果 b_{21} 不为零，则 μ_{yt} 通过影响 Y_t 的路径，对 Z_t 就有一个间接的影响，如果 b_{12} 不为零，则 μ_{zt} 在直接影响 Z_t 的同时，对 Y_t 也有一个间接的影响。

例如，假定我国的居民消费支出和国民收入分别为 C_t 和 Y_t，设定居民消费支出的当期值和过去值影响人均国民收入，同时，也允许国民收入的当期值与过去值影响居民消费支出。显然，居民消费支出与国民收入二者之间存在反馈因素。也就是说，构成了如式（14-3）和式（14-4）所示的 VAR 模型。

$$Y_t = b_{10} + b_{11}C_t + \gamma_{11}C_{t-1} + \mu_{1t} \tag{14-3}$$

$$C_t = b_{20} + b_{21}Y_t + \gamma_{22}Y_{t-1} + \mu_{2t} \tag{14-4}$$

14.1.2　结构式VAR模型与标准型VAR模型

式（14-1）和式（14-2）并不是一个简约型方程。因为 Y_t 对 Z_t 有一个同时期的影响，而 Z_t 对 Y_t 也有一个同时期的影响，所以，无法通过式（14-1）或式（14-2）导出简约型方程。但是，我们可以将由式（14-1）和式（14-2）构成的模型写成矩阵形式

$$\begin{bmatrix} 1 & b_{12} \\ b_{21} & 1 \end{bmatrix} \begin{bmatrix} Y_t \\ Z_t \end{bmatrix} = \begin{bmatrix} b_{10} \\ b_{20} \end{bmatrix} + \begin{bmatrix} \gamma_{11} & \gamma_{12} \\ \gamma_{21} & \gamma_{22} \end{bmatrix} \begin{bmatrix} Y_{t-1} \\ Z_{t-1} \end{bmatrix} + \begin{bmatrix} \mu_{yt} \\ \mu_{zt} \end{bmatrix} \tag{14-5}$$

或

$$\boldsymbol{B}\boldsymbol{X}_t = \boldsymbol{\Gamma}_0 + \boldsymbol{\Gamma}_1 \boldsymbol{X}_{t-1} + \boldsymbol{\mu}_t \tag{14-6}$$

式中，

$$\boldsymbol{B} = \begin{bmatrix} 1 & b_{12} \\ b_{21} & 1 \end{bmatrix}, \quad \boldsymbol{X}_t = \begin{bmatrix} Y_t \\ Z_t \end{bmatrix}, \quad \boldsymbol{\Gamma}_0 = \begin{bmatrix} b_{10} \\ b_{20} \end{bmatrix}$$

$$\boldsymbol{\Gamma}_1 = \begin{bmatrix} \gamma_{11} & \gamma_{12} \\ \gamma_{21} & \gamma_{22} \end{bmatrix}, \quad \boldsymbol{\mu}_t = \begin{bmatrix} \mu_{yt} \\ \mu_{zt} \end{bmatrix}$$

用 $\boldsymbol{B}^{-1}$ 左乘以式（14-6），得到 VAR 模型的简约式，标准 VAR 模型

$$X_t = A_0 + A_1 X_{t-1} + e_t \qquad (14\text{-}7)$$

式中，$A_0 = B^{-1} \Gamma_0$，$A_1 = B^{-1} \Gamma_1$，$e_t = B^{-1} \mu_t$。

我们定义 a_{i0} 为列向量 A_0 的第 i 个元素，a_{ij} 为矩阵 A_1 中第 i 行第 j 列的元素，e_{it} 为列向量 e_t 的第 i 个元素。于是，可以用等价形式把式（14-7）改写为

$$Y_t = a_{10} + a_{11} Y_{t-1} + a_{12} Z_{t-1} + e_{1t} \qquad (14\text{-}8)$$

$$Z_t = a_{20} + a_{21} Y_{t-1} + a_{22} Z_{t-1} + e_{2t} \qquad (14\text{-}9)$$

由式（14-1）和式（14-2）所组成的模型同式（14-8）和式（14-9）所代表的模型的差异在于：前者被称为结构式向量自回归模型（简称 SVAR 模型）或原始系统，后者被称为标准型向量自回归模型或诱导系统。

更一般地，我们可以在 VAR 模型中引入大量的变量，每个内生变量的滞后阶数扩展为高阶。假定有 k 个变量，滞后阶数为 p，则 p 阶 SVAR(p) 模型为

$$BX_t = \Gamma_0 + \Gamma_1 X_{t-1} + \Gamma_2 X_{t-2} + \cdots + \Gamma_p X_{t-p} + \mu_t \qquad (14\text{-}10)$$

式中

$$B = \begin{bmatrix} 1 & -b_{12} & \cdots & -b_{1k} \\ -b_{21} & 1 & \cdots & -b_{2k} \\ \vdots & \vdots & & \vdots \\ -b_{k1} & -b_{k2} & \cdots & 1 \end{bmatrix} \qquad X_t = \begin{bmatrix} X_{1t} \\ X_{2t} \\ \vdots \\ X_{kt} \end{bmatrix} \qquad \Gamma_0 = \begin{bmatrix} b_{10} \\ b_{20} \\ \vdots \\ b_{k0} \end{bmatrix}$$

$$\Gamma_i = \begin{bmatrix} \gamma_{11}^{(i)} & \gamma_{12}^{(i)} & \cdots & \gamma_{1k}^{(i)} \\ \gamma_{21}^{(i)} & \gamma_{22}^{(i)} & \cdots & \gamma_{2k}^{(i)} \\ \vdots & \vdots & & \vdots \\ \gamma_{k1}^{(i)} & \gamma_{k2}^{(i)} & \cdots & \gamma_{kk}^{(i)} \end{bmatrix} \qquad i = 1, 2, \cdots, p \qquad \mu_t = \begin{bmatrix} \mu_{1t} \\ \mu_{2t} \\ \vdots \\ \mu_{kt} \end{bmatrix}$$

需要说明的是，Γ_i 是内生变量向量 X_t 的滞后 i 期的前定内生变量向量 X_{t-i} 的系数矩阵。

用 B^{-1} 左乘以式（14-10），得到 p 阶 VAR 模型的简约式，标准 VAR 模型

$$X_t = A_0 + A_1 X_{t-1} + A_2 X_{t-2} + \cdots + A_p X_{t-p} + e_t \qquad (14\text{-}11)$$

式中，$A_0 = B^{-1} \Gamma_0$，$A_i = B^{-1} \Gamma_i$，$i = 1, 2, \cdots, k$，$e_t = B^{-1} \mu_t$。

事实上，式（14-6）是 SVAR(p) 模型中的最简单形式。

14.2 VAR模型的估计

14.2.1 VAR模型的识别条件

同第 10 章联立方程模型一样，在对结构式模型的参数进行估计时，遇到的首要问题是模型的识别问题。也就是说，能否从结构式和简约式之间的参数关系中，估计得到相应的结构参数。

对于 k 个变量的 p 阶 SVAR(p) 模型，有

$$BX_t = \varGamma_0 + \varGamma_1 X_{t-1} + \varGamma_2 X_{t-2} + \cdots + \varGamma_p X_{t-p} + \mu_t \qquad (14\text{-}12)$$

需要估计的参数个数为 $pk^2 + (k + k^2)/2$。

对于 k 个变量的 p 阶简约 VAR 模型

$$X_t = A_0 + A_1 X_{t-1} + A_2 X_{t-2} + \cdots + A_i X_{t-i} + e_t \qquad (14\text{-}13)$$

需要估计的参数个数为 $k + pk^2$。

如果要得到唯一的结构式参数估计值，则要求简约式的未知参数不能多于结构式的未知参数。

14.2.2　VAR模型的参数估计

VAR 模型类似于联立方程模型，可以用 2SLS 进行估计。对于标准 VAR 模型，也就是说，如果每一方程都含有同样个数的模型中的滞后变量，则可以直接采用 OLS 进行估计。

在 EViews 软件中，可以分两种情况，分别进入估计 VAR 模型的对话框。

第 1 种情形：带变量名。在 EViews 软件的工作窗口下，选中 VAR 模型中所需变量，例如表 12-1 提供的变量 X 和 Y，单击右键"Open/as VAR"，将出现如图 14-1 所示的对话框。

其中，"VAR Type"表示 VAR 模型的设定选择框，"Unrestricted VAR"指无约束的 VAR 模型，"Vector Error Correct"表示受约束的 VAR 模型，即向量误差修正模型。"Bayesian VAR"表示贝叶斯 VAR 模型。"Lag Intervals for Endogenous"表示滞后区间选择框，默认情况是 1～2 期，最佳滞后期的确定通常采用 SC 和 AIC 统计量以及相应滞后期系数的显著性加以判别。"Estimation Sample"表示样本区间的范围。"Endogenous Variables"表示内生变量，可在对应窗口中填写内生变量。"ExogenousVariables"表示外生变量，可在对应窗口中填写外生变量。此时，只需进行相关设置，比如选择滞后期等，再单击"确定"便可得到 VAR 模型的估计结果。

第 2 种情形：不带变量名。在 EViews 软件的主菜单下，选择"Object/New Object/VAR"，或"Quick/Estimate VAR"，弹出如图 14-2 所示的对话框。

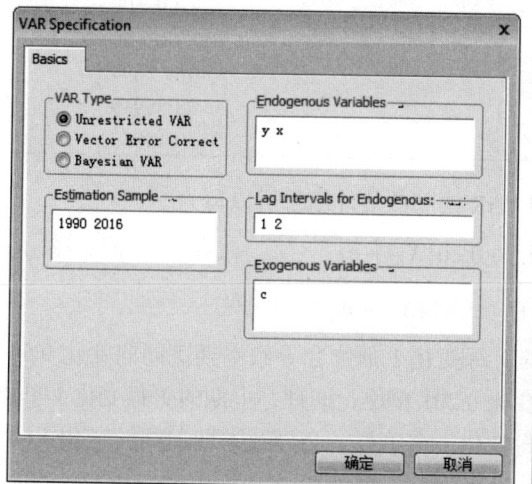

图 14-1　有变量名的 VAR 模型估计对话框 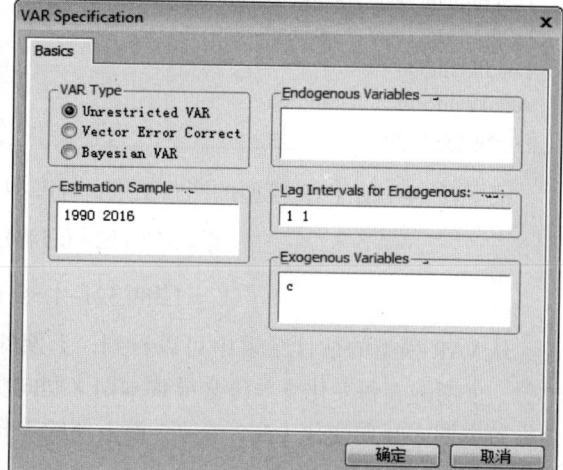　　　　图 14-2　无变量名的 VAR 模型估计对话框

当出现图 14-2 所示的对话框后，只需在相应的窗口下填入 VAR 模型需要的变量名，然后进行相关设置，单击"确定"即可得到 VAR 模型的估计结果。在"Endogenous Variables"下面键入"Y X"（表 12-1 的数据），通过反复试验，利用 SC 和 AIC 统计量判断最佳滞后期为 1 期，因此，在"Lag Intervals for Endogenous"下填写"1 1"，单击"确定"得到 VAR 模型的估计结果，见表 14-1。

表 14-1　VAR 模型的估计结果

Vector Autoregression Estimates
Sample(adjusted): 1991 2016
Included observations: 26 after adjusting
Standard errors in ( ) & t-statistics in [ ]

	Y	X
Y(-1)	0.543806	-1.564525
	(-0.12724)	(-0.46594)
	[4.27394]	[-3.35781]
X(-1)	0.200978	1.643952
	(-0.04583)	(-0.16784)
	[4.38491]	[9.79471]
C	377.1116	1389.521
	(-89.7083)	(-328.506)
	[4.20375]	[4.22982]
R-squared	0.998836	0.997904
Adj. R-squared	0.998735	0.997722
Sum sq. resids	1077094.	14443547
S.E. equation	216.4028	792.4521
F-statistic	9867.795	5474.869
Log likelihood	-175.1042	-208.8520
Akaike AIC	13.70033	16.29631
Schwarz SC	13.84549	16.44147
Mean dependent	7422.246	19106.04
S.D. dependent	6083.742	16602.00
Determinant resid covariance (dof adj.)		9.43E+09
Determinant resid covariance		7.38E+09
Log likelihood		-369.1694
Akaike information criterion		28.85919
Schwarz criterion		29.14952

根据表 14-1 的 VAR 模型的回归结果，标准型 VAR 模型的估计结果可以写为

$$Y_t = 377.112 + 0.544 Y_{t-1} + 0.201 X_{t-1} + e_{1t}$$

$$X_t = 1\,389.521 - 1.565 Y_{t-1} + 1.644 X_{t-1} + e_{2t}$$

从 VAR 模型的估计结果中可以看到，上期的 Y 每变化 1 单位会导致本期 Y 同向变化 0.544 单位，上期的 X 每变化 1 单位会导致本期 Y 同向变化 0.201 单位；同理，上期的 Y 每变化 1 单位会导致本期 X 反向变化 1.565 单位，而上期的 X 每变化 1 个单位，会导致本期 X 同向变化 1.644 单位。

14.3 脉冲响应函数

14.3.1 线性动态模型与动态乘数

差分方程组解起来比较容易，将差分方程组拆分成独立的单方程模型很有用处。如果构成一个模型的所有差分方程都是线性的，则称这个模型是线性的。

考察一个由 3 个方程构成的乘数 – 加速度宏观经济模型。

$$C_t = \alpha_0 + \alpha_1 Y_{t-1} \tag{14-14}$$

$$I_t = \beta_0 + \beta_1(Y_{t-1} - Y_{t-2}) \tag{14-15}$$

$$Y_t = C_t + I_t + G_t \tag{14-16}$$

式中，C 代表居民消费支出，I 代表企业投资，Y 代表 GDP，它们为内生变量；G 代表政府支出，为外生变量。

先把 3 个方程合并成一个差分方程，我们称这个差分方程为基本动态方程。例如，把式（14-14）和式（14-15）代入式（14-16），得到的方程

$$Y_t - (\alpha_1 + \beta_1)Y_{t-1} + \beta_1 Y_{t-2} = (\alpha_0 + \beta_0) + G_t \tag{14-17}$$

就是一个基本动态方程。我们所关心的是外生变量 G 的变化是如何影响内生变量 Y 的变化的，并且在未来的时间内 Y 会有什么变化。最初 G_t 的 1 单位变化引起 Y_t 的动态变化程度称为动态乘数，Y_t 的最初变化称为 1 期动态乘数，而各时期动态乘数之和称为长期总乘数。

14.3.2 脉冲响应函数概述

1. 脉冲响应函数的提出

在 14.3.1 小节的线性动态模型中，只讨论了外生变量变化对内生变量的影响，没有涉及每个内生变量对自己以及其他所有内生变量的变化是如何反应的。脉冲响应函数表达的正是内生变量对自己或其他内生变量的变化的反应。

仍然考察一个由 3 个方程构成的乘数 – 加速度宏观经济计量模型。

$$C_t = \alpha_0 + \alpha_1 Y_{t-1} + \mu_{ct} \tag{14-18}$$

$$I_t = \beta_0 + \beta_1(Y_{t-1} - Y_{t-2}) + \mu_{it} \tag{14-19}$$

$$Y_t = C_t + I_t + G_t \tag{14-20}$$

现在，考察随机误差项 μ_{ct} 和 μ_{it} 的变化对模型产生的影响。首先，根据式（14-18），μ_{ct} 的变化将立即影响消费，通过式（14-20）也会影响收入，其结果就会通过式（14-19）很快影响未来的投资。随着时间的推移，随机误差项的最初影响在模型中逐步扩散，将会影响模型中其他内生变量，使之变化可能更大。同理，μ_{it} 的变化将立即直接影响投资，进而影响收入，最终在未来影响消费，也影响投资。

脉冲响应就是试图描述随机误差项对内生变量的影响轨迹。如果可以的话，我们很想分辨各

内生变量的扰动，从而使我们能够准确确定一个变量的意外变化是如何影响模型中其他内生变量的。如果模型是线性的，并且不同随机方程中的随机行为是相互独立的，这一点可以做到。

2. 脉冲响应函数的简介

为了便于阐述，继续采用双变量 1 阶 VAR 模型

$$Y_t = a_{10} + a_{11}Y_{t-1} + a_{12}Z_{t-1} + e_{1t} \tag{14-21}$$

$$Z_t = a_{20} + a_{21}Y_{t-1} + a_{22}Z_{t-1} + e_{2t} \tag{14-22}$$

把双变量 VAR 模型写成矩阵的形式为

$$\begin{bmatrix} Y_t \\ Z_t \end{bmatrix} = \begin{bmatrix} a_{10} \\ a_{20} \end{bmatrix} + \begin{bmatrix} a_{11} & a_{12} \\ a_{21} & a_{22} \end{bmatrix} \begin{bmatrix} Y_{t-1} \\ Z_{t-1} \end{bmatrix} + \begin{bmatrix} e_{1t} \\ e_{2t} \end{bmatrix} \tag{14-23}$$

应用 1 阶 VAR 模型稳定时的特解，我们可得到

$$\begin{bmatrix} Y_t \\ Z_t \end{bmatrix} = \begin{bmatrix} \bar{Y} \\ \bar{Z} \end{bmatrix} + \sum_{i=0}^{\infty} \begin{bmatrix} a_{11} & a_{12} \\ a_{21} & a_{22} \end{bmatrix}^i \begin{bmatrix} e_{1t-i} \\ e_{2t-i} \end{bmatrix} \tag{14-24}$$

式（14-24）是用序列 $\{e_{1t}\}$ 和 $\{e_{2t}\}$ 来表示内生变量 Y_t 和 Z_t 的，由于误差向量为

$$\begin{bmatrix} e_{1t} \\ e_{2t} \end{bmatrix} = \frac{1}{1-b_{12}b_{21}} \begin{bmatrix} 1 & -b_{12} \\ -b_{21} & 1 \end{bmatrix} \begin{bmatrix} \mu_{yt} \\ \mu_{zt} \end{bmatrix} \tag{14-25}$$

所以，结合式（14-24）和式（14-25），用序列 $\{\mu_{yt}\}$ 和 $\{\mu_{zt}\}$ 把式（14-25）再次改写为

$$\begin{bmatrix} Y_t \\ Z_t \end{bmatrix} = \begin{bmatrix} \bar{Y} \\ \bar{Z} \end{bmatrix} + \frac{1}{1-b_{12}b_{21}} \sum_{i=0}^{\infty} \begin{bmatrix} a_{11} & a_{12} \\ a_{21} & a_{22} \end{bmatrix}^i \begin{bmatrix} 1 & -b_{12} \\ -b_{21} & 1 \end{bmatrix} \begin{bmatrix} \mu_{yt-i} \\ \mu_{zt-i} \end{bmatrix} \tag{14-26}$$

显然式（14-26）是一个移动平均表达式，是有深刻见解的。

为了使用更为方便，定义 2×2 的矩阵 ϕ_i 对其简化，矩阵的元素表示为 $\phi_{jk}(i)$，ϕ_i 的定义为

$$\phi_i = \frac{A_1^i}{1-b_{12}b_{21}} \begin{bmatrix} 1 & -b_{12} \\ -b_{21} & 1 \end{bmatrix} \tag{14-27}$$

因此，式（14-26）的移动平均表达式可用序列 $\{\mu_{yt}\}$ 和 $\{\mu_{zt}\}$ 描述。

$$\begin{bmatrix} Y_t \\ Z_t \end{bmatrix} = \begin{bmatrix} \bar{Y} \\ \bar{Z} \end{bmatrix} + \sum_{i=0}^{\infty} \begin{bmatrix} \phi_{11}(i) & \phi_{12}(i) \\ \phi_{21}(i) & \phi_{22}(i) \end{bmatrix}^i \begin{bmatrix} \mu_{yt-i} \\ \mu_{zt-i} \end{bmatrix} \tag{14-28}$$

或更紧凑的形式为

$$X_t = \mu + \sum_{i=0}^{\infty} \phi_i \mu_{t-i} \tag{14-29}$$

移动平均表达式是一种解释序列 $\{Y_t\}$ 与 $\{Z_t\}$ 相互作用的极其有用的工具，ϕ_i 的系数能够被用于构造 μ_{yt} 和 μ_{zt} 脉冲对序列 $\{Y_t\}$ 与 $\{Z_t\}$ 的整个时间路径所产生的影响。

事实上，式（14-29）是式（14-28）的矩阵形式。在式（14-28）中，$\phi_{jk}(i)$ 是效应乘数。例

如，系数$\phi_{12}(0)$是指 1 单位μ_{zt}的变化对Y_t产生的当期影响。同样，$\phi_{11}(1)$和$\phi_{12}(1)$是 1 单位μ_{yt-1}和μ_{zt-1}的变化使得Y_t在 1 个时期后的响应。修正 1 期为$\phi_{11}(1)$和$\phi_{12}(1)$，也表示了μ_{yt}和μ_{zt}的 1 个单位变化对Y_{t+1}产生的影响。

μ_{yt}和（或）μ_{zt}的单位脉冲的累积效果，是通过对脉冲响应函数的系数的恰当加总获取的。例如，在 n 期后，μ_{zt}对Y_{t+n}的值的影响是$\phi_{12}(n)$。因此，在 n 期后，μ_{zt}对序列$\{Y_t\}$影响的累积和为

$$\sum_{i=0}^{n}\phi_{12}(i) \tag{14-30}$$

令 n 趋于无穷大，得到长期乘数。因为假定序列$\{Y_t\}$与$\{Z_t\}$是平稳的，所以对于所有的 j 和 k，满足

$$\sum_{i=0}^{\infty}\phi_{jk}(i)是有限的，\quad j,k=1,2 \tag{14-31}$$

系数$\phi_{11}(i)$、$\phi_{12}(i)$、$\phi_{21}(i)$和$\phi_{22}(i)$被称为脉冲响应函数。对脉冲响应函数进行描图（即描绘出不同 i 的$\phi_{ki}(i)$的系数）是展现$\{Y_t\}$与$\{Z_t\}$对各种冲击的响应行为的实际方法。

如果随机误差项恰好相关，则脉冲响应将取决于模型中方程的先后次序。不管怎样，脉冲响应显示出任何一个内生变量的变动是如何透过模型影响所有其他内生变量，最终又反馈到最初的那个变量自己身上来的。

更一般的讨论，请读者参考相关时间序列分析的著作。不过需要指出的是，如果动态结构模型中有 n 个内生变量，则有n^2个脉冲响应函数。

我们用 EViews 对表 14-1 给出的人均国内生产总值和居民消费水平两个时间序列的 VAR 估计结果进行脉冲响应分析。在 VAR 窗口下，单击 "View/Impulse-VAR Decompositio n"或者直接单击"Impulse Responses"，将会弹出如图 14-3 所示的对话框。

图 14-3 中"Display Format"选项组用于设定脉冲响应函数的输出形式，其中，"Table"指的是以表格的形式输出，"Multiple Graphs"指的是以图形的形式输出，"Combined Graphs"指的是以描述每个内生变量对所有随机误差项响应的联合图表输出。"Response Standard Errors"表示脉冲响应函数标准差的获取方式，其中，"None"指的是不计算标准差，"Analytic（asymptotic）"指的是通过渐进分析公式计算标准差，"Monte Carlo"指的是通过蒙特卡罗实验计算标准差。"Repetition"表示重复的次数。"Display Information"选项组，用于具体设定脉冲响应函数的冲击形式，其中，"Impluses"文本框中用于填写冲击变量，多个冲击变量之间用空格隔开，"Responses"文本框中用于填写被冲击变量，多个被冲击变量之间用空格隔开，"Periods"文本框用于键入需要冲击的期数，"Accumulated Responses"复选框用于选择是否输

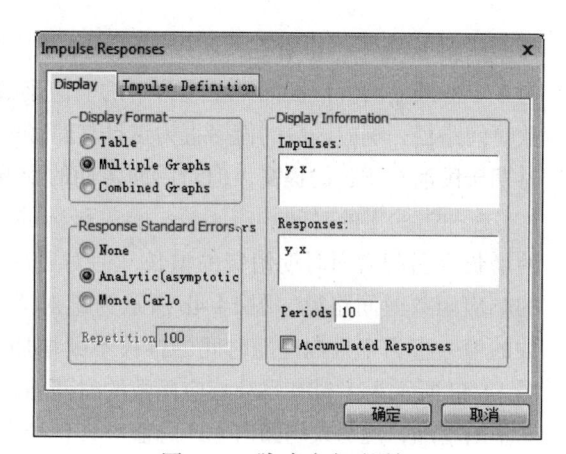

图 14-3 脉冲响应对话框

出累计脉冲响应函数，即各期冲击值加总。

按照图 14-3 的设置，单击"确定"，便得到脉冲响应函数的图形输出结果，如图 14-4 所示。

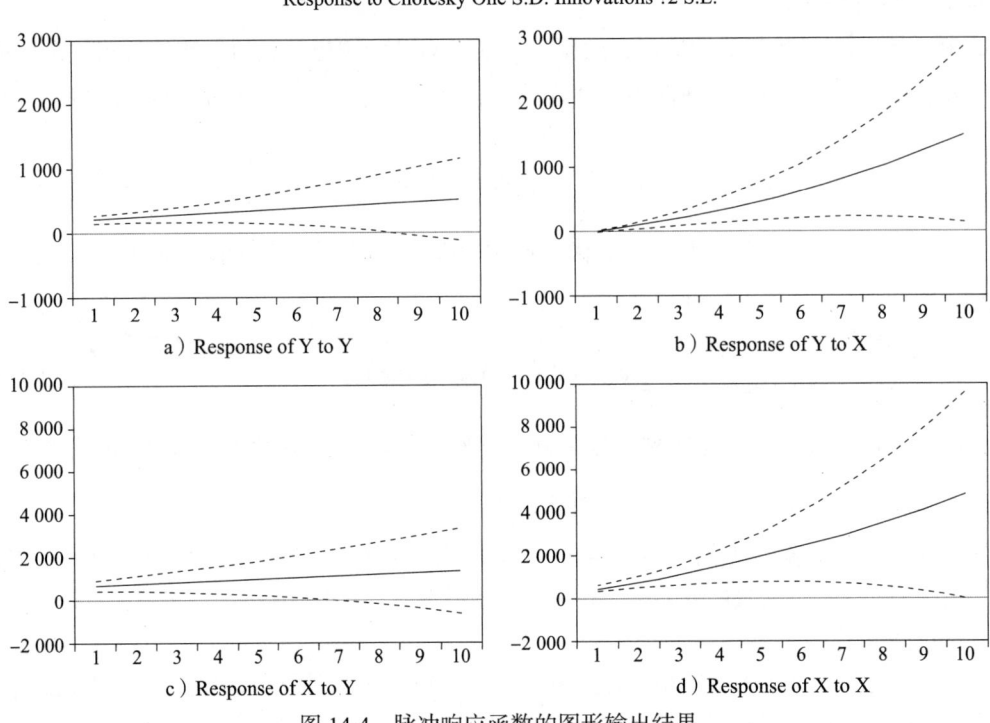

图 14-4　脉冲响应函数的图形输出结果

从图 14-4 中可以看到，图中实线为 1 单位脉冲冲击的脉冲响应函数的时间路径，两边虚线为 2 个标准差的置信区间。左边为 Y 的响应函数时间路径，图 14-4a 所示为 Y 对其自身的响应函数时间路径，响应函数的值一直为正且其路径较为平坦，这说明居民消费水平的提高会引起后面时期居民消费增长的提高，但对后面各期的影响比较稳定，响应变化不大。图 14-4c 所示为 X 对 Y 实施冲击的 Y 的时间响应函数，响应函数的值也一直为正且其路径比较平坦，说明人均 GDP 的增长会引起后面时期消费的增长，但对后面各期的影响比较稳定，响应变化不大。右边为 X 的响应函数时间路径，图 14-4b 所示为 Y 对 X 实施冲击，X 的脉冲响应函数时间路径，响应函数的值一直为正且响应随时间的推移不断增加，说明居民消费水平对人均 GDP 具有乘数效应。图 14-4d 所示为 X 对其自身响应函数的时间路径，响应函数的值一直为正且响应程度随时间的推移不断增加，说明人均国内生产总值对其自身也有乘数效应。

14.4　预测误差方差分解

理解预测误差的特征对于揭示系统中各变量间的相互关系是很有帮助的。方差分解能够给出随机误差项的相对重要信息。这种预测误差来源于随机误差项的当前值和未来值。在第一个时期，一个变量的变动均来自其本身的信息。如果使用式（14-29）预测 X_{t+1}，很显然，X_{t+1} 为

$$X_{t+1} = \mu + \sum_{i=0}^{\infty} \phi_i \mu_{t+1-i}$$

由于，包括本期以及以往过去的随机事件已经发生，既成事实，只有下一期的随机误差项未知，依假定它的期望值为零，于是，X_{t+1} 的期望值为

$$E_t X_{t+1} = \mu + \sum_{i=1}^{\infty} \phi_i \mu_{t+1-i}$$

因此，1 步预测误差为

$$X_{t+1} - E_t X_{t+1} = \phi_0 \mu_{t+1} \tag{14-32}$$

更一般的形式为

$$X_{t+n} = \mu + \sum_{i=0}^{\infty} \phi_i \mu_{t+n-i} \tag{14-33}$$

所以，n 步预测误差 $X_{t+n} - E_t X_{t+n}$ 为

$$X_{t+n} - E_t X_{t+n} = \sum_{i=0}^{n-1} \phi_i \mu_{t+n-i} \tag{14-34}$$

现在，我们考察双变量 VAR 模型中的随机变量 $\{Y_t\}$，根据式（14-28）和式（14-34），可以看到 n 步预测误差为

$$\begin{aligned}Y_{t+n} - E_t Y_{t+n} &= \phi_{11}(0)\mu_{yt+n} + \phi_{11}(1)\mu_{yt+n-1} + \cdots + \phi_{11}(n-1)\mu_{yt+1} + \\ &\quad \phi_{12}(0)\mu_{zt+n} + \phi_{12}(1)\mu_{zt+n-1} + \cdots + \phi_{12}(n-1)\mu_{zt+1}\end{aligned} \tag{14-35}$$

若用 $\sigma_y(n)^2$ 表示 Y_{t+n} 的 n 步预测误差方差，即 $\sigma_y(n)^2 = \text{Var}(Y_{t+n} - E_t Y_{t+n})$，则 Y_{t+n} 的 n 步预测误差方差为

$$\begin{aligned}\sigma_y(n)^2 &= \sigma_y^2 \left(\phi_{11}(0)^2 + \phi_{11}(1)^2 + \cdots + \phi_{11}(n-1)^2\right) + \\ &\quad \sigma_z^2 \left(\phi_{12}(0)^2 + \phi_{12}(1)^2 + \cdots + \phi_{12}(n-1)^2\right)\end{aligned} \tag{14-36}$$

因为式（14-36）中的所有 $\phi_{jk}(i)^2$（$j=1,2; k=1,2; i=0,1,\cdots,n-1$）的值都是非负的，所以，随着预测步数 n 的增加，积累的预测误差方差也会增加。不过，我们可以按照每个冲击把 n 步预测误差方差分解成一定比例，在 $\sigma_y(n)^2$ 中，归因序列于 $\{\mu_{yt}\}$ 和 $\{\mu_{zt}\}$ 冲击的比例分别为

$$\frac{\sigma_y^2 \left(\phi_{11}(0)^2 + \phi_{11}(1)^2 + \cdots + \phi_{11}(n-1)^2\right)}{\sigma_y(n)^2} \tag{14-37}$$

和

$$\frac{\sigma_z^2 \left(\phi_{12}(0)^2 + \phi_{12}(1)^2 + \cdots + \phi_{12}(n-1)^2\right)}{\sigma_y(n)^2} \tag{14-38}$$

同样的原理，我们可以得到双变量 VAR 模型中的随机变量 $\{Z_t\}$ 的预测误差方差及其分解。

预测误差方差分解告诉我们序列中由于其"自身"冲击与其他变量的冲击而导致的移动的比例。如果 μ_{zt} 冲击在任何步数的预测水平上都无法解释 $\{Y_t\}$ 的预测误差方差，则就可以说变量 $\{Y_t\}$ 是外生的。在这种情况下，序列 $\{Y_t\}$ 将独立于 μ_{zt} 冲击和序列 $\{Z_t\}$ 而自我独自变化。在另一种极端

情况下，μ_{zt} 在所有步数的预测水平下能解释序列 $\{Y_t\}$ 中所有预测误差方差，所以序列 $\{Y_t\}$ 完全是内生的。

在实际应用研究中，对于一个变量，一般可解释其短期预测误差方差的绝大部分，以及可解释其长期预测误差方差的较小部分。如果 μ_{zt} 冲击对 $\{Y_t\}$ 没有当期影响，而滞后一期对序列 $\{Y_t\}$ 有影响，则我们可采用预测误差方差分解模型。

我们用 EViews 对表 14-1 给出的人均 GDP（Y）和居民消费水平（X）两个时间序列的 VAR 估计结果进行方差分解。在 VAR 窗口下，选择"View/Variance decomposion"，单击"OK"便得到方差分解的图形输出结果，如图 14-5 所示。

从图 14-5 中可以看到，图中实线为方差分解的时间路径。图 14-5a、图 14-5b 为居民消费水平的方差分解时间路径。其中，图 14-5a 为居民消费水平对其自身的方差分解时间路径，从路径上可知函数值一直在不断下降，这说明当期居民消费水平对后面各时期居民消费水平影响的贡献越来越小，在滞后 10 期贡献作用只有 5% 左右。图 14-5b 为居民消费水平对人均 GDP 的方差分解时间路径，时间从中可见函数值也一直在不断增加，说明当期居民消费水平对人均 GDP 的增长的影响在后面时期的贡献越来越大，在滞后 10 期贡献作用达到了 90% 左右，中间过程还呈现出加速的过程，说明必须重视消费对经济的拉动作用。

图 14-5c、图 14-5d 为人均 GDP 的方差分解时间路径，从图 14-5c 我们可以看到人均 GDP 对居民消费水平的方差分解时间的函数值不断下降，这说明人均 GDP 对居民消费水平的影响的贡献不断减小，在滞后 10 期贡献作用只有 1% 左右。图 14-5d 为人均 GDP 对自身的方差分解时间路径，在时间路径上不断上升，这说明人均 GDP 当期对自身后面时期的贡献作用不断增加，在滞后 10 期达到 95% 左右，中间有个减速过程。

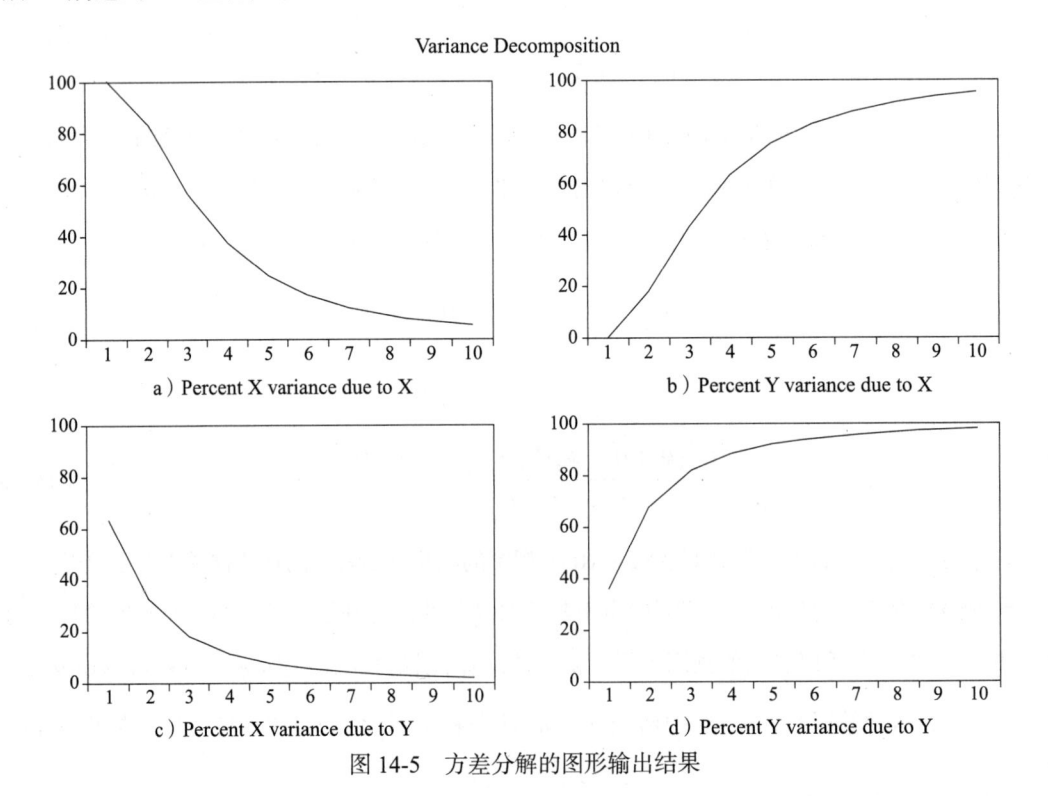

Variance Decomposition

a）Percent X variance due to X

b）Percent Y variance due to X

c）Percent X variance due to Y

d）Percent Y variance due to Y

图 14-5　方差分解的图形输出结果

14.5 Granger因果关系检验

事实上，因果关系检验是要确定是否一个变量的滞后项包含在另一个变量的方程中。因果关系检验的基本思想是：对于变量 X 和 Y，如果 X 的变化引起了 Y 的变化，X 的变化应当发生在 Y 的变化之前。实际上，对于变量 X 和 Y，Granger 因果关系检验要求估计式（14-39）和式（14-40）的回归方程。

$$Y_t = \alpha_0 + \sum_{i=1}^{m} \alpha_i Y_{t-i} + \sum_{i=1}^{m} \beta_i X_{t-i} + \mu_{1t} \tag{14-39}$$

$$X_t = \lambda_0 + \sum_{i=1}^{m} \lambda_i Y_{t-i} + \sum_{i=1}^{m} \delta_i X_{t-i} + \mu_{2t} \tag{14-40}$$

换句话说，如果说"X 是引起 Y 变化的 Granger 原因"，则必须满足以下两个条件。

1）变量 X 应该有助于预测变量 Y，即在变量 Y 关于变量 Y 的过去值的回归中，添加变量 X 的过去值作为独立变量应当显著地增加回归的解释能力。

2）变量 Y 不应当有助于预测变量 X，其原因是如果变量 X 有助于预测变量 Y，变量 Y 也有助于预测变量 X，则很可能存在一个或几个其他的变量，它们既是引起 X 变化的原因，也是引起 Y 变化的原因。

要检验这两个条件是否成立，我们需要检验一个变量对预测另一个变量没有帮助的原假设。首先，检验"变量 X 不是引起变量 Y 变化的 Granger 原因"的原假设，要求对无约束条件回归方程式（14-41）和有约束条件回归方程式（14-42）这两个回归模型进行估计。

无约束条件回归方程为

$$Y_t = \alpha_0 + \sum_{i=1}^{m} \alpha_i Y_{t-i} + \sum_{i=1}^{m} \beta_i X_{t-i} + \mu_t \tag{14-41}$$

有约束条件回归方程为

$$Y_t = \alpha_0 + \sum_{i=1}^{m} \alpha_i Y_{t-i} + \varepsilon_t \tag{14-42}$$

式（14-41）的残差平方和用 RSS_U 表示，式（14-42）的残差平方和用 RSS_R 表示。

然后，用式（14-41）的残差平方和 RSS_U 和式（14-42）的残差平方和 RSS_R 构造 F 统计量为

$$F = \frac{(\text{RSS}_R - \text{RSS}_U)/m}{\text{RSS}_U/(n-(k+1))} \sim F(m, n-(k+1)) \tag{14-43}$$

式中，n 是样本观察值的个数；k 是无约束回归方程中解释变量的个数；m 是参数限制个数，即变量 X 的滞后期数。

接着，检验联合假设

$$H_0: \beta_1 = \beta_2 = \cdots = \beta_m = 0$$

$$H_1: \beta_i \text{ 中至少有一个不为零}, \quad i = 1, 2, \cdots, m$$

是否成立。F 统计量服从 $F(m, n-(k+1))$ 分布。如果原假设 H_0 成立，我们就不能拒绝"X 不是引起 Y 变化的 Granger 原因"。

在给定显著性水平 α 下,如果 F 统计量大于临界值 $F_\alpha(m, n-(k+1))$,则我们就拒绝原假设 H_0,接受备择假设 H_1,得到 X 是引起 Y 变化的 Granger 原因;否则,不能拒绝原假设 H_0,得到 X 不是引起 Y 变化的 Granger 原因。

采用同样的原理,可以检验变量 Y 不是引起变量 X 变化的 Granger 原因"。只需交换变量 X 与 Y,做同样的回归估计,检验变量 Y 的滞后项是否显著为零。要得到变量 Y 是引起变量 X 变化的 Granger 原因的结论,我们必须拒绝原假设 "Y 不是引起 X 变化的 Granger 原因",同时接受备择假设 "Y 是引起 X 变化的 Granger 原因"。

显然,变量 X 与 Y 之间存在 3 种影响关系。

1)变量 X 与 Y 之间互不影响,没有因果关系。

2)变量 X 与 Y 之间只存在单向因果关系,要么变量 X 是引起变量 Y 变化的 Granger 原因,要么变量 Y 是引起变量 X 变化的 Granger 原因。

3)变量 X 与 Y 之间只存在双向因果关系,变量 X 是引起变量 Y 变化的 Granger 原因,同时,变量 Y 也是引起变量 X 变化的 Granger 原因。

值得注意的是,Granger 因果检验只能建立在平稳变量之间或者是存在协整关系的非平稳变量之间,还有 Granger 因果检验对滞后期的长度比较敏感,不同的滞后期长度可能会得到完全不同的检验结果。关于 Granger 因果检验滞后期的选择通常有两种方法。

1)Granger 因果检验的检验式是 VAR 模型的一个方程,因此,VAR 模型的最佳滞后期便是 Granger 因果检验的最佳滞后期。

2)任意选择滞后期,用检验结果来判别。以 X_t 和 Y_t 为例,如果,X_{t-1} 对 Y_t 存在显著影响,则不必再做滞后期更长的检验;反之,则应该做比滞后期更长的检验。一般来说,要检验若干个不同滞后期的 Granger 因果检验,并且结论相同时最终才能下结论。

还要注意这个因果关系检验的一个不足之处是第三个变量 Z 也可能是引起 Y 变化的原因,而且同时又与 X 相关。

我们仍然以表 12-1 的数据为例,采用 EViews 软件,在工作文件下选中变量 X 和 Y,单击右键 "Open/as Group/View/Granger Causality",将会出现如图 14-6 所示的对话框。

如图 14-6 中的 "Lags to include" 对应的窗口中需要填写的是 Granger 因果检验的滞后期,系统中默认的滞后阶数为 2。因表 14-1 给出的基于变量 X 和 Y 的 VAR 模型的最佳滞后期为 1,因此,Granger 因果检验的最佳滞后期也为 1。在 "Lags to include" 对应的窗口中填入 1,单击 "OK" 便得到 Granger 因果检验的结果,见表 14-2。

图 14-6 Granger 因果检验对话框

表 14-2 Granger 因果检验的输出结果

Pairwise Granger Causality Tests
Sample: 1990 2016
Lags: 1

Null Hypothesis:	Obs	F-Statistic	Probability
X does not Granger Cause Y	26	19.2275	0.0002
Y does not Granger Cause X		11.2749	0.0027

在表 14-2 中，原假设 "X does not Granger Cause Y" 即 "X 不是 Y 的 Granger 原因" 的概率为 0.000 2，非常接近于零，因此，拒绝原假设，接受备择假设，认为 X 是 Y 的 Granger 原因；同理，原假设 "Y does not Granger Cause X" 即 "Y 不是 X 的 Granger 原因" 的概率为 0.002 7，也非常接近于零，因此拒绝原假设，接受备择假设，认为 Y 是 X 的 Granger 原因。由此，我们可以认为变量 X 和 Y 之间是双向因果关系。这一结果与 VAR 模型给出的结果是一致的。

14.6 案例分析

案例 14-1

能源是人类社会赖以生存的极为重要的物质之一，不仅如此，它还是经济发展过程中最重要的生产要素之一。随着经济的增长，能源的消费量也逐渐增长，并且能源消费量的增长对经济的高速增长可谓至关重要，已经上升到影响国家安全的高度。假设表 14-3 所示的是 1978—2015 年某城市能源消费量与 GDP 数据，基于这些数据，通过 VAR 模型来研究该市的能源消费量和 GDP 之间的关系。

表 14-3　1978—2015 年某城市能源消费量与 GDP 数据

年份	能源消费总量（t 标准煤）	GDP（万元）	年份	能源消费总量（t 标准煤）	GDP（万元）
1978	57 144	3 645.21	1997	137 798	78 973.03
1979	58 588	4 062.57	1998	136 184	84 402.27
1980	60 275	4 545.62	1999	140 569	89 677.05
1981	59 447	4 891.56	2000	146 964	99 214.55
1982	62 067	5 323.35	2001	155 547	109 655.20
1983	66 040	5 962.65	2002	169 577	120 332.70
1984	70 904	7 208.05	2003	197 083	135 822.80
1985	76 682	9 016.03	2004	230 281	159 878.30
1986	80 850	10 275.17	2005	261 369	183 217.40
1987	86 632	12 058.61	2006	286 467	211 923.50
1988	92 997	15 042.82	2007	311 442	257 305.60
1989	96 934	16 992.31	2008	320 611	300 670.00
1990	98 703	18 667.82	2009	336 126	349 081.40
1991	103 783	21 781.49	2010	360 648	413 030.30
1992	109 170	26 923.47	2011	387 043	489 300.60
1993	115 993	35 333.92	2012	402 138	540 367.40
1994	122 737	48 197.85	2013	416 913	595 244.40
1995	131 176	60 793.72	2014	425 806	643 974.00
1996	138 948	71 176.59	2015	430 000	689 052.10

1. 估计VAR模型

我们将 GDP 和 EN 两个变量进行一定数学变换，构建标准型 VAR 模型

$$\ln \text{GDP}_t = a_{10} + \sum_{i=1}^{p} b_{1i} \ln \text{GDP}_{t-i} + \sum_{i=1}^{p} c_{1i} \ln \text{EN}_{t-i} + e_{1t}$$

$$\ln \text{EN}_t = a_{20} + \sum_{i=1}^{p} b_{2i} \ln \text{GDP}_{t-i} + \sum_{i=1}^{p} c_{2i} \ln \text{EN}_{t-i} + e_{2t}$$

选中变量 lnGDP 和 lnEN，单击右键"Open/as VAR"，经反复验证，并通过 AIC 和 SC 判断出最佳滞后期为 2 期，完成相关设置后，单击"OK"后即得到表 14-4 所示的估计结果。

表 14-4 估计结果

Vector Autoregression Estimates
Sample(adjusted): 1980 2015
Included observations: 36 after adjusting endpoints
Standard errors in ( ) & t-statistics in [ ]

	LNGDP	LNEN
LNGDP(-1)	1.609755	-0.109701
	(-0.14080)	(-0.08291)
	[11.4329]	[-1.32314]
LNGDP(-2)	-0.628010	0.130658
	(-0.13759)	(-0.08102)
	[-4.56419]	[1.61262]
LNEN(-1)	0.281588	1.797315
	(-0.22135)	(-0.13034)
	[1.27213]	[13.7892]
LNEN(-2)	-0.251703	-0.856204
	(-0.22316)	(-0.13140)
	[-1.12792]	[-6.51579]
C	-0.118104	0.498349
	(-0.46679)	(-0.27487)
	[-0.25301]	[1.81305]
R-squared	0.999324	0.998566
Adj. R-squared	0.999237	0.998381
Sum sq. resids	0.059658	0.020685
S.E. equation	0.043868	0.025832
F-statistic	11459.5	5395.936
Log likelihood	64.16599	83.23138
Akaike AIC	-3.287	-4.34619
Schwarz SC	-3.06707	-4.12626
Mean dependent	11.05112	11.95195
S.D. dependent	1.588098	0.641938
Determinant resid covariance (dof adj.)		9.17E-07
Determinant resid covariance		6.80E-07
Log likelihood		153.4639
Akaike information criterion		-7.970214
Schwarz criterion		-7.530348

从表 14-4 给出的估计结果中可以写出标准型的 VAR 模型为

$$\ln\text{GDP}_t = -0.118 + 1.610\ln\text{GDP}_{t-1} - 0.628\ln\text{GDP}_{t-2} + 0.282\ln\text{EN}_{t-1} - 0.252\ln\text{EN}_{t-2} + e_{1t}$$

$$\ln\text{EN}_t = 0.498 - 0.110\ln\text{GDP}_{t-1} + 0.131\ln\text{GDP}_{t-2} + 1.797\ln\text{EN}_{t-1} - 0.856\ln\text{EN}_{t-2} + e_{2t}$$

2. 脉冲响应函数

在表 14-4 的界面下，单击 "View/Impulse responses"，选择 "Multiple graphs"，单击 "OK" 便得到脉冲响应函数的图形输出结果，如图 14-7 所示，图中实线表示 1 单位脉冲冲击的脉冲响应函数的时间路径，两边的虚线表示 2 个标准差的置信区间。

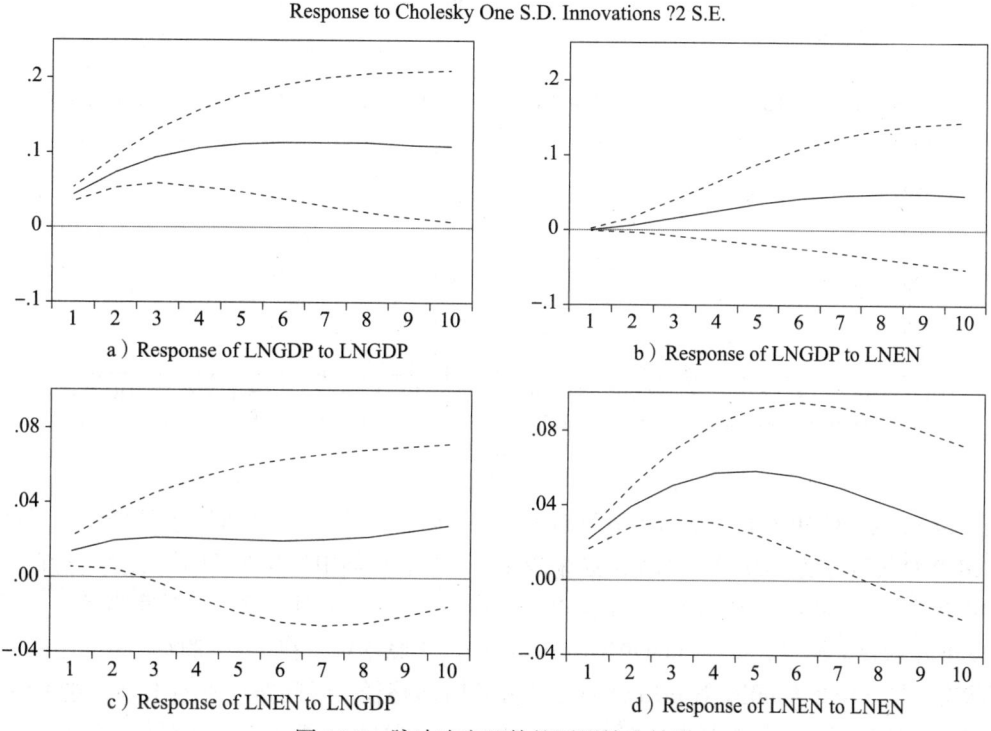

图 14-7 脉冲响应函数的图形输出结果

图 14-7a 表示 lnGDP 对自身的脉冲响应函数的时间路径，其脉冲响应函数的值在第 1 期大约为 0.05，以后逐期上升，并在第 5 期后趋于稳定，说明 GDP 的增长会引起后面各时期 GDP 的增长，且增长的弹性系数呈现变大后趋于稳定的规律。图 14-7c 为 lnEN 对 lnGDP 实施冲击，lnGDP 的脉冲响应函数时间路径，响应路径一直为正且比较平坦，说明能源消费的增加能引起后面各时期 GDP 的增长，且这种增长是持续稳定的。图 14-7b 为 lnGDP 对 lnEN 实施冲击，lnEN 的脉冲响应函数时间路径，在第 1 期的时候脉冲响应函数的值几乎为 0，在以后的各期中逐渐上升，在到达第 8 期后趋于稳定，说明 GDP 的增长会引发后面各时期的能源消费的增加，且增长的弹性呈现变大后趋于稳定的规律。图 14-7d 为 lnEN 对自身的脉冲响应函数时间路径，响应路径一直为正，且呈现先上升后下降的趋势，说明能源消费的增长会引发后面各时期能源消费的增长，且增长的弹性呈现先上升后下降的规律。

3. 方差分解

在表 14-4 的界面下，单击"View/Variance decomposition"，选择"Multiple graphs"，单击"OK"后便得到方差分解的结果，如图 14-8 所示，实线为方差分解的时间路径。

Variance Decomposition

a) Percent LNGDP variance due to LNGDP

b) Percent LNGDP variance due to LNEN

c) Percent LNEN variance due to LNGDP

d) Percent LNEN variance due to LNEN

图 14-8　方差分解的结果

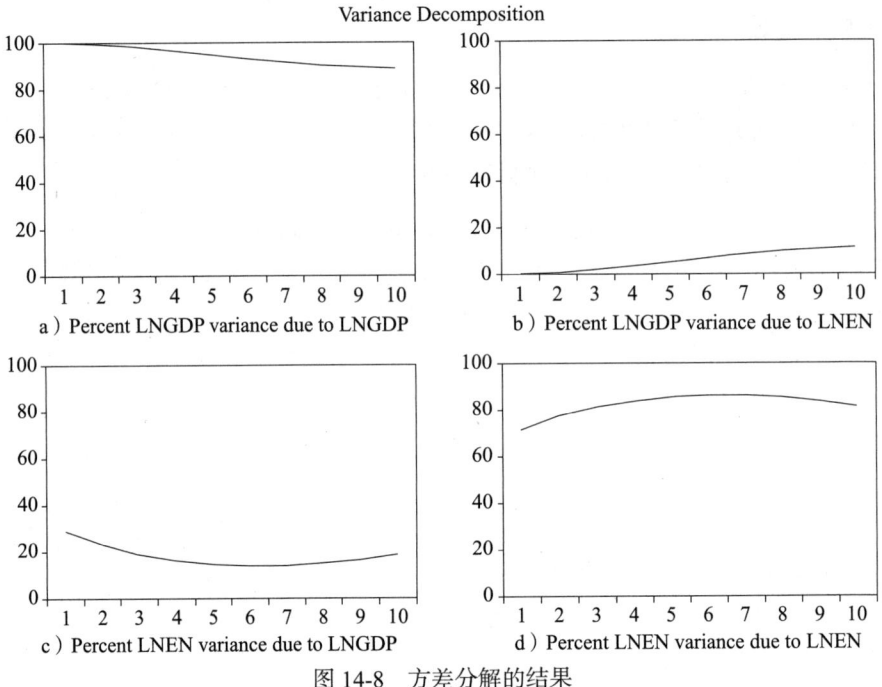

图 14-8a 为 lnGDP 对自身的方差分解时间路径，时间路径上，函数值一直不断下降，这说明当期 GDP 对其后各期 GDP 影响的贡献越来越小，随后各期间中自身变动的贡献率维持在 80% 以上，保持了稳定的状态。图 14-8c 为 lnGDP 对 lnEN 的方差分解时间路径，时间路径上，函数值小幅度下降后逐渐回升，说明 lnGDP 对 lnEN 影响的贡献率维持在 18%～22% 之间，之后保持着稳定状态。图 14-8b 为 lnEN 对 lnGDP 的方差分解时间路径，时间路径不断上升，这说明 lnEN 对 lnGDP 影响的贡献率越来越大。图 14-8d 为 lnEN 对自身的方差分解时间路径，时间路径在小幅度上升后逐渐下降，lnEN 对自身影响的贡献率维持在 75%～81% 之间。

4. Granger因果关系检验

在工作文件下，选中变量 lnGDP 和 lnEN，单击右键"Open/as Group/View/Granger Causality"，在随后出现的滞后期选择对话框中填入 2（因为前述 VAR 模型的最佳滞后期为 2），单击"OK"便得到 Granger 因果关系检验的结果，见表 14-5。

表 14-5　Granger 因果关系检验的结果

Pairwise Granger Causality Tests
Sample: 1978 2015
Lags: 2

Null Hypothesis:	Obs	F-Statistic	Probability
LNEN does not Granger Cause LNGDP	36	0.87274	0.4278
LNGDP does not Granger Cause LNEN		2.50749	0.0979

从表 14-5 可以看出，lnEN 不是 lnGDP 的 Granger 原因的概率是 0.428，说明能源消费对经济增长有一定的影响，但这种影响在统计上并不显著；同理，lnGDP 不是 lnEN 的 Granger 原因的概率是 0.097 9，在 10% 的显著性水平下，拒绝 lnGDP 不是 lnEN 的 Granger 原因的原假设，说明经济增长对能源消费的影响在统计上是显著的。

案例 14-2

房地产投资和经济发展密切相关，房地产投资可以直接促进经济增长，经济增长可以给房地产投资提供更多的资金来源。因此，房地产投资和经济增长之间存在相互影响，我们建立 VAR 模型来研究我国房地产投资与经济增长（通过 GDP 来体现）的关系，具体数据见表 14-6。

表 14-6　1997—2015 年我国房地产投资额与 GDP

年份	房地产投资额	GDP
1997	31 783 702.00	78 973.03
1998	36 142 292.00	84 402.28
1999	41 032 024.00	89 677.05
2000	49 840 529.00	99 214.55
2001	63 441 107.00	109 655.17
2002	77 909 223.00	120 332.69
2003	101 538 009.00	135 822.76
2004	131 582 516.00	159 878.34
2005	159 092 471.00	184 937.40
2006	194 229 174.00	216 314.40
2007	252 888 373.00	265 810.30
2008	312 031 942.00	314 045.40
2009	362 418 080.00	340 902.81
2010	482 594 030.00	401 512.80
2011	617 968 858.00	473 104.00
2012	718 037 869.00	519 470.10
2013	860 133 826.00	588 019.00
2014	950 356 146.00	643 974.00
2015	959 788 574.00	689 052.10

资料来源：由作者根据公开资料整理所得。

我们将 GDP 和房地产投资分别命名为变量 GDP、INV，并对它们取自然对数，分别命名为 lnGDP、lnINV。

1. 估计VAR模型

构建标准型 VAR 模型

$$\ln GDP_t = a + \sum_{i=1}^{p}\alpha_i \ln GDP_{t-i} + \sum_{i=1}^{p}\beta_i \ln INV_{t-i} + \varepsilon_{1t}$$

$$\ln INV_t = b + \sum_{i=1}^{p} \omega_i \ln EN_{t-i} + \sum_{i=1}^{p} \gamma_i \ln GDP_{t-i} + \varepsilon_{2t}$$

选中变量 lnGDP 和 lnINV，单击右键 "Open/as VAR"，经反复验证，并通过 AIC 和 SC 判断出最佳滞后期为 4 期，完成相关设置后，单击 "OK" 后即得到表 14-7 所示的估计结果。

表 14-7 估计结果

Vector Autoregression Estimates
Sample (adjusted): 1999 2015
Included observations: 15 after adjustments
Standard errors in ( ) & t-statistics in [ ]

	LNGDP	LNINV
LNGDP(-1)	0.336748 (0.76820) [0.43836]	-0.407728 (1.18702) [-0.34349]
LNGDP(-2)	-0.431819 (1.03290) [-0.41806]	0.567308 (1.59603) [0.35545]
LNGDP(-3)	-0.002773 (1.01689) [-0.00273]	1.161957 (1.57130) [0.73949]
LNGDP(-4)	-0.465053 (0.54819) [-0.84833]	-1.074458 (0.84707) [-1.26844]
LNINV(-1)	-0.538620 (0.45171) [1.19240]	1.578240 (0.69798) [2.26114]
LNINV(-2)	-0.628614 (0.72869) [-0.86266]	-0.591489 (1.12597) [-0.52531]
LNINV(-3)	0.494113 (0.67411) [0.73298]	0.045658 (1.04164) [0.04383]
LNINV(-4)	0.031362 (0.47671) [0.06579]	-0.250985 (0.73662) [-0.34073]
C	0.401527 (0.23626) [1.69951]	1.039649 (0.36507) [2.84783]

	（续）
R-squared	0.999125　0.999037
Adj. R-squared	0.997958　0.997753
Sum sq. resids	0.004855　0.011591
S.E. equation	0.028445　0.043953
F-statistic	856.3866　777.8971
Log likelihood	38.98487　32.45763
Akaike AIC	-3.997983　-3.127683
Schwarz SC	-3.573153　-2.702853
Mean dependent	12.57583　19.49390
S.D. dependent	0.629522　0.927128
Determinant resid covariance (dof adj.)	9.69E-08
Determinant resid covariance	1.55E-08
Log likelihood	92.30167
Akaike information criterion	-9.906890
Schwarz criterion	-9.057230

根据表 14-7 的估计结果，整理出标准型的 VAR 模型的估计方程为

$$\ln \text{GDP}_t = 0.402 + 0.337 \ln \text{GDP}_{t-1} - 0.432 \ln \text{GDP}_{t-2} - \\ 0.003 \ln \text{GDP}_{t-3} - 0.465 \ln \text{GDP}_{t-4} - 0.539 \ln \text{INV}_{t-1} - \\ 0.629 \ln \text{INV}_{t-2} + 0.494 \ln \text{INV}_{t-3} + 0.314 \ln \text{INV}_{t-4}$$

$$\ln \text{INV}_t = 1.040 + 1.578 \ln \text{INV}_{t-1} - 0.591 \ln \text{INV}_{t-2} + \\ 0.046 \ln \text{INV}_{t-3} - 0.251 \ln \text{INV}_{t-4} - 0.408 \ln \text{GDP}_{t-1} + \\ 0.567 \ln \text{GDP}_{t-2} + 1.162 \ln \text{GDP}_{t-3} - 1.074 \ln \text{GDP}_{t-4}$$

2. 脉冲响应函数

在表 14-7 的界面下，单击"Impulse"，在默认设置不变的情况下，选择"Multiple graphs"，单击"OK"后便得到脉冲响应函数的图形输出结果，如图 14-9 所示。

如图 14-9 所示，图中实线表示 1 单位脉冲冲击的脉冲响应函数的时间路径，两边的虚线表示 2 个标准差的置信区间。图 14-9a 表示 lnGDP 对自身的脉冲响应函数的时间路径，其脉冲影响在第 1 期大约为 0.040，以后逐期下降，并在第 14 期后趋于稳定，说明某期 GDP 的增长会引起其后各期 GDP 的增长。图 14-9c 为 lnINV 对 lnGDP 实施冲击后，lnGDP 的脉冲响应函数时间路径，响应路径一直为正且比较平坦，说明某期房地产投资的增加能引起其后各期 GDP 的增长，且这种增长是持续稳定的。图 14-9b 为 lnGDP 对 lnINV 实施冲击后，lnINV 的脉冲响应函数时间路径，在第 1 期的时候脉冲影响几乎为 0，在以后的各期中略微上升，在到达第 8 期后趋于稳定，说明某期 GDP 的增长会略微引发其后各期的房地产投资的增加。图 14-9d 为 lnINV 对自身的脉冲响应函数时间路径，响应路径上的函数值一直为正，且呈现先上升后下降的趋势，说明某期房地产投资的增长会引发其后各期房地产投资的增长，且增长的弹性呈现先上升后下降的规律。

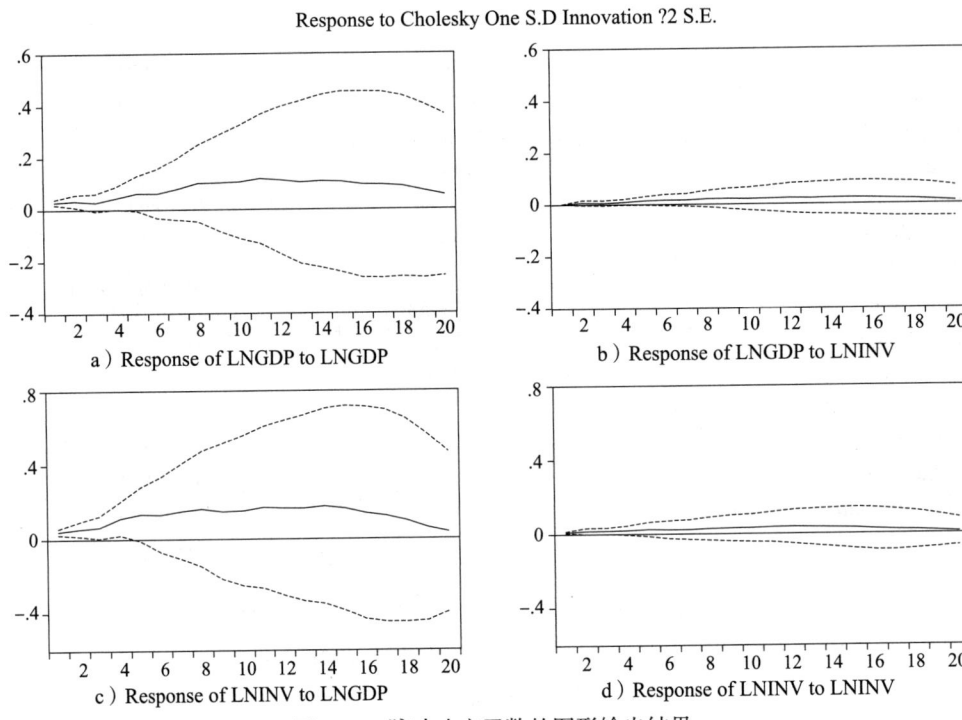

Response to Cholesky One S.D Innovation ?2 S.E.

a）Response of LNGDP to LNGDP

b）Response of LNGDP to LNINV

c）Response of LNINV to LNGDP

d）Response of LNINV to LNINV

图 14-9　脉冲响应函数的图形输出结果

3. 方差分解

在表 14-7 的界面下，单击"View/Variance decomposition"，在默认设置不变的情况下，选择"Multiple graphs"，单击"OK"后便得到方差分解的结果，如图 14-10 所示。

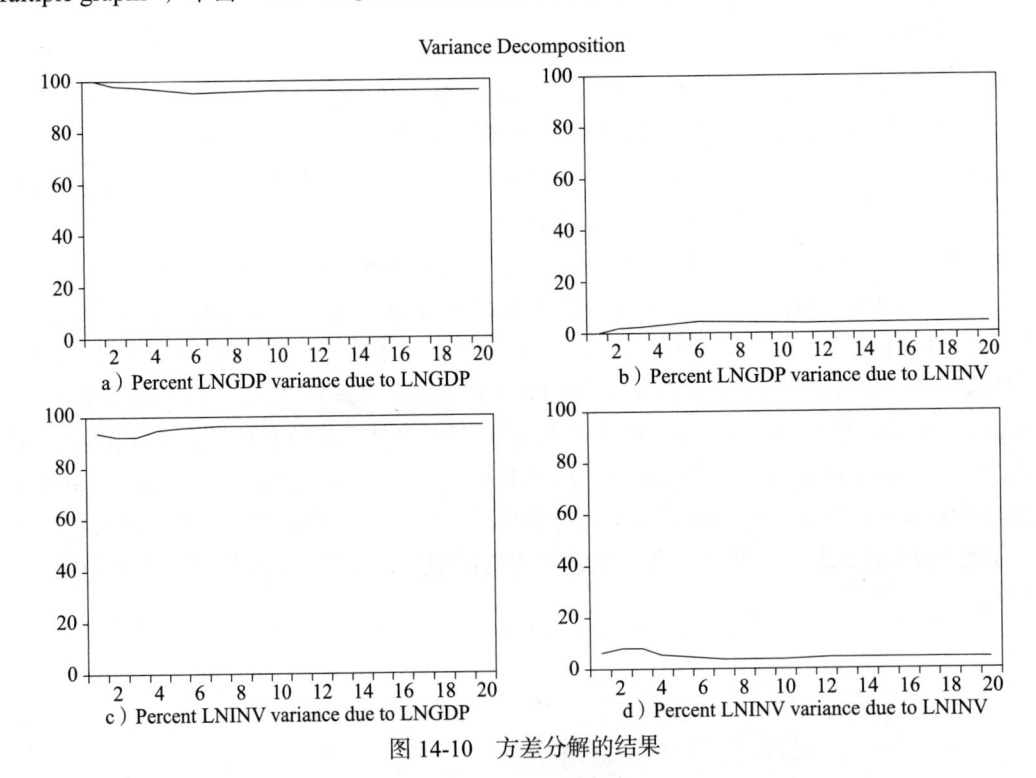

Variance Decomposition

a）Percent LNGDP variance due to LNGDP

b）Percent LNGDP variance due to LNINV

c）Percent LNINV variance due to LNGDP

d）Percent LNINV variance due to LNINV

图 14-10　方差分解的结果

图 14-10 中实线为方差分解的时间路径。图 14-10a 为 lnGDP 对自身的方差分解时间路径，时间路径随时间推移略有下降，这说明某期 GDP 对其后各期 GDP 值影响的贡献逐步减弱，随后各期间中自身变动的贡献率维持在 95%，从这个意义上讲，lnGDP 是影响后续的 lnGDP 的重要因素。图 14-10c 为 lnGDP 对 lnINV 的方差分解时间路径，时间路径比较平稳，从第 7 期开始 lnGDP 对 lnINV 的贡献率大约维持在 95%，显示出 lnINV 一直是影响 lnGDP 的因素。图 14-10b 为 lnINV 对 lnGDP 的方差分解时间路径，时间路径上的函数值一直为正且略有上升，这说明 lnGDP 对 lnINV 的影响几乎没有，表明国内生产值的变化并不是引起房地产投资的原因。图 14-10d 为 lnINV 对自身的方差分解时间路径，时间路径上的函数值一直为正且小幅度上升后下降，lnINV 对自身的贡献率大约维持在 2%。

4. Granger 因果关系检验

在工作文件下，选中变量 lnGDP 和 lnINV，单击右键选择"Open/as Group/View/Granger Causality"，在随后出现的滞后期选择对话框中填入 4（因为前述 VAR 模型的最佳滞后期为 4），单击"OK"后便得到 Granger 因果关系检验的结果，见表 14-8。

表 14-8 Granger 因果关系检验的结果

Pairwise Granger Causality Tests
Date: 01/14/18   Time: 14:58
Sample: 1997 2015
Lags: 4

Null Hypothesis:	Obs	F-Statistic	Prob.
LNINV does not Granger Cause LNGDP	15	1.33354	0.3578
LNGDP does not Granger Cause LNINV		1.61315	0.2857

从表 14-8 可以看出，lnINV 不是 lnGDP 的 Granger 原因的概率是 0.3578，因此，在 10% 的显著性水平下不能拒绝 lnINV 不是 lnGDP 的 Granger 原因的原假设。表明 lnINV 不是 lnGDP 的 Granger 原因。同理，lnGDP 也不是 lnINV 的 Granger 原因。

案例 14-3

将案例 14-2 采用 Stata 软件进行统计分析，探究房地产投资与经济增长之间的关系。

1. 估计VAR模型

我们用 lnGDP 表示国内生产总值，lnINV 表示能源消费量，构建标准型 VAR 模型

$$\ln \text{GDP} = a + \sum_{i=1}^{p} a_i \ln \text{GDP}_{t-i} + \sum_{i=1}^{p} \beta_i \ln \text{INV}_{t-i} + \varepsilon_{1t}$$

$$\ln \text{INV}_t = b + \sum_{i=1}^{p} \omega_i \ln \text{EN}_{t-i} + \sum_{i=1}^{p} \gamma_i \ln \text{GDP}_{t-i} + \varepsilon_{2t}$$

首先，判断最优滞后期，结果如图 14-11 所示，可以得到滞后项应为 4 期，命令如下：

-varsoc lninv lngdp

```
varsoc lninv lngdp

Selection-order criteria
Sample:  2001 - 2015                       Number of obs      =         15

 lag |    LL      LR      df    p      FPE       AIC      HQIC      SBIC
  0  |  9.70951                      .001227  -1.02793  -1.02894  -.933528
  1  | 60.3363  101.25    4  0.000  2.5e-06  -7.24484  -7.24786  -6.96162
  2  | 65.665    10.657   4  0.031  2.2e-06  -7.422    -7.42703  -6.94996
  3  | 78.1216   24.913   4  0.000  7.8e-07  -8.54955  -8.55659  -7.8887
  4  | 92.3026   28.362*  4  0.000  2.5e-07* -9.90701* -9.91606* -9.05735*
```

图 14-11　滞后项选择结果

然后进行 VAR 建模，运用数据得到的估计结果如图 14-12 所示，命令如下：

-var lninv lngdp,lags(1/4)

```
Vector autoregression

Sample:  2001 - 2015                      No. of obs    =        15
Log likelihood  =  92.3026                AIC           = -9.907013
FPE             =  2.48e-07               HQIC          = -9.916064
Det(Sigma_ml)   =  1.55e-08               SBIC          = -9.057353

Equation        Parms     RMSE      R-sq     chi2      P>chi2
lninv             9      .043953   0.9990   15557.76   0.0000
lngdp             9      .028445   0.9991   17127.45   0.0000

                  Coef.    Std. Err.      z    P>|z|    [95% Conf. Interval]
lninv
  lninv
   L1.         1.578212   .4414502    3.58   0.000    .7129851    2.443438
   L2.        -.5914709   .7121407   -0.83   0.406   -1.987241    .8042993
   L3.         .045674    .6587964    0.07   0.945   -1.245543    1.336891
   L4.        -.2510066   .4658787   -0.54   0.590   -1.164112    .6620989

  lngdp
   L1.        -.4076646   .7507436   -0.54   0.587   -1.879095    1.063766
   L2.         .5672352   1.009441    0.56   0.574   -1.411232    2.545702
   L3.        1.161978    .9937932    1.17   0.242   -.7858212    3.109776
   L4.       -1.074444    .5357339   -2.01   0.045   -2.124463   -.0244249
   _cons     1.039651    .2308905    4.50   0.000    .5871142    1.492188

lngdp
  lninv
   L1.         .5385913   .285693     1.89   0.059   -.0213567    1.098539
   L2.        -.6285803   .4608756   -1.36   0.173   -1.53188     .2747193
   L3.         .4941097   .4263528    1.16   0.246   -.3415265    1.329746
   L4.         .0313522   .3015024    0.10   0.917   -.5595817    .622286

  lngdp
   L1.         .3367853   .4858582    0.69   0.488   -.6154793    1.28905
   L2.         .4317606   .653279     0.66   0.509   -.8486426    1.712164
   L3.        -.0027322   .6431525   -0.00   0.997   -1.263288    1.257823
   L4.        -.4650597   .3467106   -1.34   0.180   -1.1446      .2144805
   _cons      .4015339   .1494253    2.69   0.007    .1086658    .6944021
```

图 14-12　VAR 的估计结果

由此，我们可以得出 VAR 模型为

$$\ln \text{GDP}_t = 0.402 + 0.337 \ln \text{GDP}_{t-1} + 0.432 \ln \text{GDP}_{t-2} - 0.003 \ln \text{GDP}_{t-3} - 0.465 \ln \text{GDP}_{t-4} + 0.539 \ln \text{INV}_{t-1} - 0.629 \ln \text{INV}_{t-2} + 0.494 \ln \text{INV}_{t-3} + 0.314 \ln \text{INV}_{t-4}$$

$$\ln \text{INV}_t = 1.04 + 1.578\ln \text{INV}_{t-1} - 0.591\ln \text{INV}_{t-2} + $$
$$0.046\ln \text{INV}_{t-3} - 0.251\ln \text{INV}_{t-4} - 0.408\ln \text{GDP}_{t-1} + $$
$$0.567\ln \text{GDP}_{t-2} + 1.162\ln \text{GDP}_{t-3} - 1.074\ln \text{GDP}_{t-4}$$

2. 脉冲响应函数

依次输入下列命令可以得到脉冲图形，脉冲响应结果如图 14-13 所示。

```
-irf create order1 , step(19) set(my)    //order1 是脉冲名，step 是时间长度，my 是文件名
-irf graph irf                            // 查看脉冲图形
```

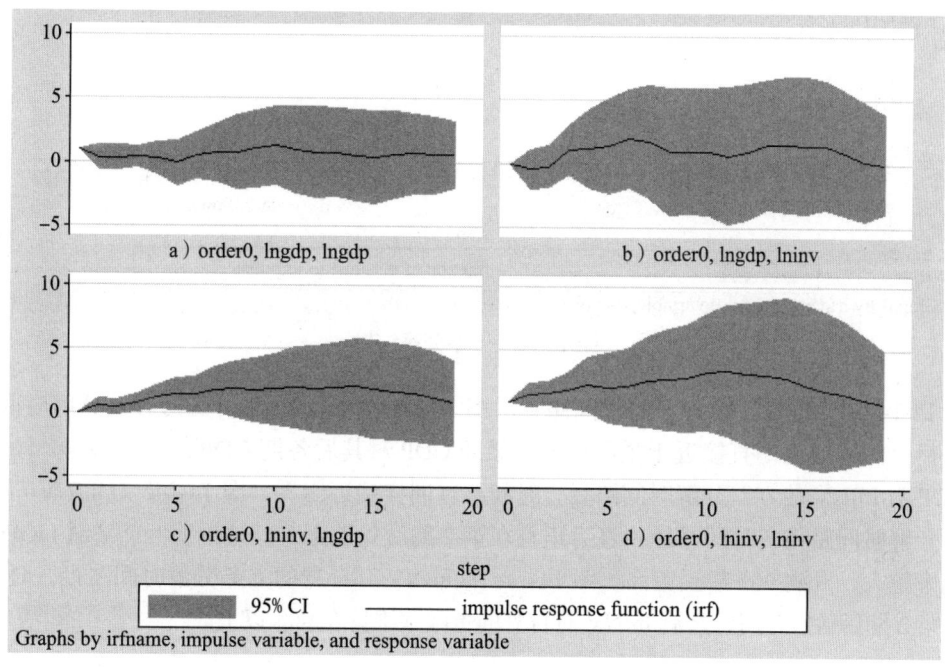

图 14-13　脉冲响应结果

如图 14-13 所示，图中实线表示 1 单位脉冲冲击的脉冲响应函数的时间路径，两边的阴影部分表示 2 个标准差的置信区间。图 14-13a 刻画的是 lnGDP 对自身的响应函数的时间路径，其脉冲影响一直为正但是整体保持在趋近于零的位置，说明某期 GDP 的增长对其后各期 GDP 的增长有促进作用但是影响并不是很大。图 14-13c 为 lnINV 对 lnGDP 实施冲击，lnGDP 的响应函数时间路径，响应路径一直为正先上升后下降，说明某期房地产投资的增加能引起其后各期 GDP 的增长，增长的弹性呈现先上升后下降的规律。图 14-13b 为 lnGDP 对 lnINV 实施冲击，lnINV 的响应函数时间路径，可以看出来 GDP 对房地产投资产生的冲击不是很平稳的，有升有降，但整体保持正值，说明 GDP 的增长会引起房地产投资的增加。图 14-13d 为 lnINV 对自身的响应函数时间路径，响应路径一直为正，且呈现先上升后下降的趋势，说明某期房地产投资的增长会引发其后各期房地产投资的增长，且增长的弹性呈现先上升后下降的规律。

3. 方差分解

对于方差分解，可以输入命令得到如图 14-14 所示的结果。命令如下：

```
-irf graph fevd
```

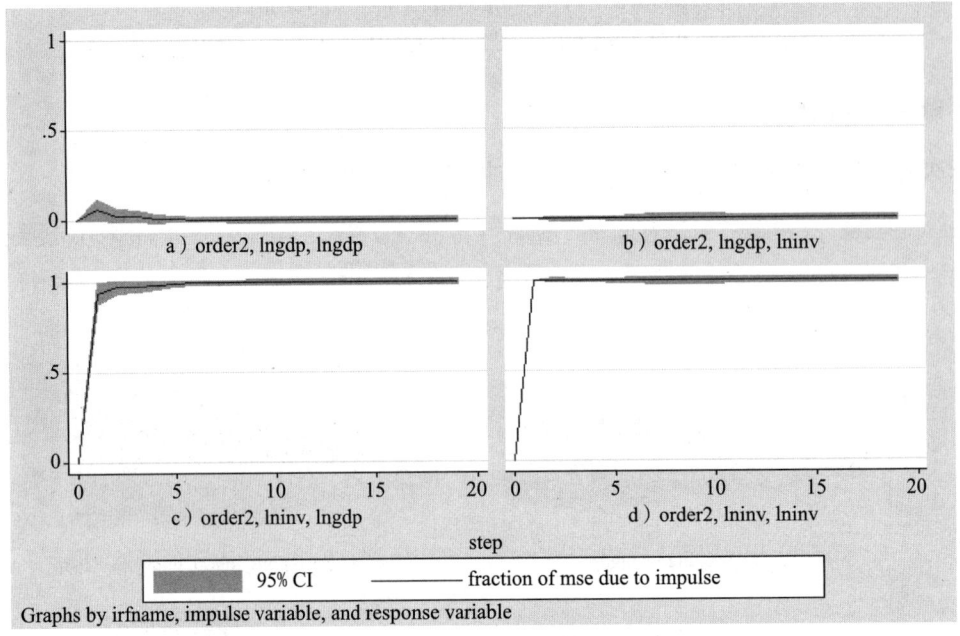

图 14-14　方差分解结果

图 14-14 中实线为方差分解的时间路径。图 14-14a 为 lnGDP 对自身的方差分解时间路径，时间路径上的函数值一直接近于零，这说明某期 GDP 对其后各期 GDP 的贡献很小。图 14-14b 为 lnGDP 对 lnINV 的方差分解时间路径，时间路径同样接近于零。图 14-14c 为 lnINV 对 lnGDP 的方差分解时间路径，时间路径一直为正且在第 2 期后猛地上升，这说明 lnINV 对 lnGDP 的贡献率越来越大，升到 90% 甚至更高。图 14-14d 为 lnINV 对自身的方差分解时间路径，时间路径也是在第 2 期后猛然升高，之后 lnINV 对自身的贡献率维持在 90% 以上。

4. Granger 因果关系检验

在下面，进行 Granger 因果关系检验，结果如图 14-15 所示，命令如下：

```
-vargranger
```

Granger causality Wald tests

Equation	Excluded	chi2	df	Prob > chi2
lninv	lngdp	16.131	4	0.003
lninv	ALL	16.131	4	0.003
lngdp	lninv	13.335	4	0.010
lngdp	ALL	13.335	4	0.010

图 14-15　Granger 因果关系检验结果

从图 14-15 可以看出，关于 GDP 和房地产投资二者没有因果关系的原假设所对应的 Prob 值都小于等于 1%，表明在 1% 的显著性水平下 lnINV 与 lnGDP 互相为对方的 Granger 原因。

思考与练习

1. 请解释以下名词：VAR 模型；脉冲响应函数；预测误差方差分解；Granger 因果关系检验。
2. VAR 模型与一般的联立方程组模型有何异同？
3. 如何确定 VAR 模型的滞后期？
4. 脉冲响应函数的思想是什么？它的主要用处是什么？
5. 方差分解的思想是什么？它的主要用处是什么？
6. Granger 因果关系思想是什么？它与 VAR 模型之间存在什么关系？
7. 表 14-9 给出的是我国 1978—2022 年 GDP 和各项税收的数据，试完成以下要求。
   （1）请采用 VAR 模型估计两者之间的关系。
   （2）做出脉冲响应函数并以此判断两者之间的关系。
   （3）利用预测误差方差分解分析各变量的贡献程度。
   （4）利用 Granger 因果关系检验验证两者的因果关系。

表 14-9　我国 1978—2022 年 GDP 和各项税收的数据　（单位：万亿元）

年份	各项税收	GDP	年份	各项税收	GDP
1978	519.28	3 678.70	2001	15 301.38	110 863.10
1979	537.82	4 100.50	2002	17 636.45	121 717.40
1980	571.70	4 587.60	2003	20 017.31	137 422.00
1981	629.89	4 935.80	2004	24 165.68	161 840.20
1982	700.02	5 373.40	2005	28 778.54	187 318.90
1983	775.59	6 020.90	2006	34 804.35	219 438.50
1984	947.35	7 278.50	2007	45 621.97	270 092.30
1985	2 040.79	9 098.90	2008	54 223.79	319 244.60
1986	2 090.73	10 376.20	2009	59 521.59	348 517.70
1987	2 140.36	12 174.60	2010	73 210.79	412 119.30
1988	2 390.47	15 180.40	2011	89 738.39	487 940.20
1989	2 727.40	17 179.70	2012	100 614.28	538 580.00
1990	2 821.86	18 872.90	2013	110 530.70	592 963.20
1991	2 990.17	22 005.60	2014	119 175.31	643 563.10
1992	3 296.91	27 194.50	2015	124 922.20	688 858.20
1993	4 255.30	35 673.20	2016	130 360.73	746 395.10
1994	5 126.88	48 637.50	2017	144 369.87	832 035.90
1995	6 038.04	61 339.90	2018	156 402.86	919 281.10
1996	6 909.82	71 813.60	2019	158 000.46	986 515.20
1997	8 234.04	79 715.00	2020	154 312.29	1 013 567.00
1998	9 262.80	85 195.50	2021	172 735.67	1 149 237.00
1999	10 682.58	90 564.40	2022	166 613.96	1 210 207.20
2000	12 581.51	100 280.10	—	—	—

资料来源：中华人民共和国国家统计局。

第15章
CHAPTER 15

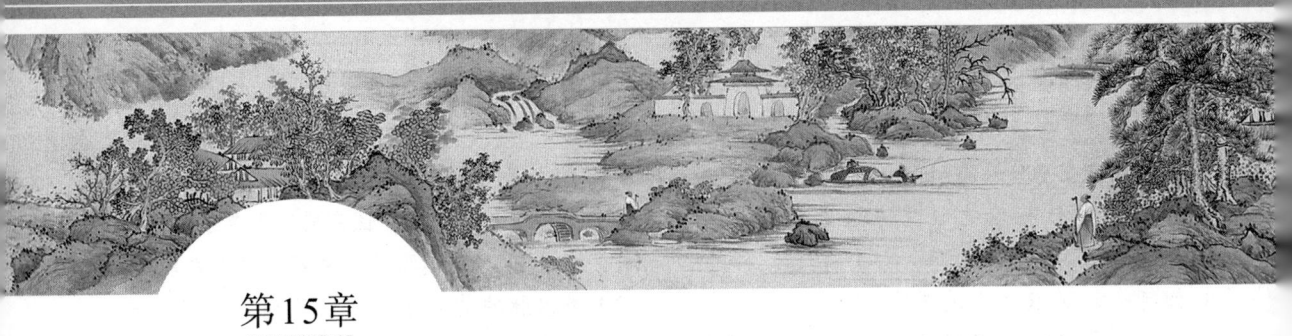

协整与误差修正

在第 12 章中我们已经看到一个随机游走变量和另一个随机游走变量进行回归有可能导致"伪回归"。由于很多经济变量都是非平稳的，因此，给经典回归分析带来诸多问题。为了使回归有意义，可以对非平稳变量实行平稳化。这一章探讨计量经济学中一个有趣的新发展：结构方程组的估计方法，或者说是包含非平稳变量的 VAR 的估计方法。在传统的回归分析中使用的所有非平稳变量通过多次差分可以消除随机趋势，并且形成平稳序列，然后对多次差分后变成的平稳序列进行回归。然而，这种做法却忽略了原时间序列包含的有用信息，而这些信息又对分析问题至关重要。为了解决这个问题，协整理论提供了一种科学的分析方法。尽管一些经济变量是非平稳的，但在多变量情况下，这些非平稳变量或单整变量的线性组合很可能是平稳的，这种变量间的关系被称为协整关系。具有协整关系的变量组合具有长期稳定的均衡状态，这种平稳的线性组合被称为协整方程，它可以采用经典回归分析方法进行估计。

15.1 协整理论

许多经济变量是非平稳的，这就给经典的回归分析方法带来了很大限制。但是，如果变量之间有着长期的稳定关系，即它们之间是协整（cointegration）的，则可以使用经典回归分析方法建立回归模型。

15.1.1 单整变量线性组合

含有非平稳的变量的均衡理论要求非平稳变量的线性组合是平稳的。例如，在前面的章节中，我们已经得到消费函数中的消费支出与收入是非平稳的，但是，消费和收入的线性组合却是平稳的，它们之间确实存在必然的联系。

简单的持久假说理论认为维持居民生活水平的总消费C_t是持久性消费C_t^p与暂时性消费C_t^t之和。由于持久性消费C_t^p与持久性收入Y_t^p成正比例，不妨假设这个比例为β，因此，总消费函数就可以写成

$$C_t = \beta Y_t^p + C_t^t \tag{15-1}$$

总消费C_t和总收入Y_t^p都被认为是非平稳的，是 1 阶单整变量，即为$I(1)$变量，暂时性消费C_t^t一定是平稳变量。也就是说，持久性收入假设下的消费函数要求给定的两个变量C_t和Y_t^p的线性组合

$$C_t^t = C_t - \beta Y_t^p \tag{15-2}$$

是平稳的。很显然，如果暂时性消费C_t^t具有随机游走趋势，则模型中的误差将被积累，导致不能消除偏离持久消费的离差。因此，如果能够准确地揭示持久性收入与持久性消费之间的长期稳定的均衡关系，则意味着从本质上讲偏离持久性消费的离差是暂时性的。于是，关键的假设是偏离持久消费的离差是平稳的，换句话说，暂时性消费C_t^t是平稳的。

假定有n个单整的经济变量$X_1, X_2, \cdots, X_n$，它们的线性组合具有长期均衡关系

$$\beta_1 X_{1t} + \beta_2 X_{2t} + \cdots + \beta_n X_{nt} = 0 \tag{15-3}$$

则相对于长期均衡式（15-3）的离差，被称为均衡误差，用e_t表示为

$$e_t = \beta_1 X_{1t} + \beta_2 X_{2t} + \cdots + \beta_n X_{nt} \tag{15-4}$$

如果均衡是有意义的，则均衡误差过程一定是平稳的。

15.1.2 协整定义

Engle（恩格尔）和 Granger（格兰杰）（1987）提出了如下的协整定义。如果

（1）向量$\boldsymbol{X}_t = (X_{1t}, X_{2t}, \cdots, X_{nt})^{\mathrm{T}}$的所有序列都是$d$阶单整。

（2）存在一个向量$\boldsymbol{\beta} = (\beta_1, \beta_2, \cdots, \beta_n)$，使得线性组合

$$\beta X_t = \beta_1 X_{1t} + \beta_2 X_{2t} + \cdots + \beta_n X_{nt} \tag{15-5}$$

是$(d-b)$阶单整，其中，$b > 0$，则称向量$\boldsymbol{X}_t = (X_{1t}, X_{2t}, \cdots, X_{nt})^{\mathrm{T}}$是$d$、$b$阶协整，记为$X_t \sim \mathrm{CI}(d, b)$。向量$\boldsymbol{\beta}$称为协整向量。

例如，总消费C_t和总收入Y_t^p都是非平稳的，是$I(1)$变量，并且线性组合$C_t - \beta Y_t^p = e_t$是平稳的，则变量间是$\mathrm{CI}(1,1)$阶协整。

需要注意的是，协整只涉及非平稳的变量；如果有n个非平稳的变量，则有$n-1$个线性独立的协整向量；如果$(\beta_1, \beta_2, \cdots, \beta_n)$是协整向量，则相对于$X_{1t}$的标准化协整向量为$(1, \beta_2/\beta_1, \cdots, \beta_n/\beta_1)$；如果线性组合中只有两个变量，则要求单整的阶数相同，而对于线性组合中超过两个变量时，尽

管单整阶数不同，但还是有可能存在协整关系。例如，变量X_{1t}和X_{2t}是 2 阶单整的，而变量X_{3t}是 1 阶单整的，显然，X_{1t}、X_{2t}分别与X_{3t}之间不可能存在协整关系，不过，如果变量X_{1t}和X_{2t}的线性组合是 1 阶单整的，即线性组合$\beta_1 X_{1t} + \beta_2 X_{2t}$是 1 阶单整的，这个 1 阶单整的线性组合与另外一个 1 阶单整的变量X_{3t}可能是协整的。

15.1.3 协整检验方法：E-G 两步法

协整检验从检验的对象上可以分为两种：一种是基于回归方程的残差的检验，可通过 ADF 检验确认是否存在协整关系，本小节讲述的 Engle-Granger 两步检验法，简称 E-G 两步法，就属于这种类型的检验方法；另外一种是基于回归参数的协整检验，如 Johansen 协整检验。

为了说明 E-G 两步法，我们从应用研究中经常遇到的问题类型开始。假设有两个变量Y_t和X_t，它们都是 d 阶单整的，并且我们需要确定这两个变量之间是否存在一个长期均衡关系。Engle 和 Granger（1987）指出：确定两个$I(d)$变量是否为$CI(d,d)$阶协整要经过 2 个步骤。需要强调的是，在只有两个变量的情况下，E-G 两步法只适用于同阶单整。

第 1 步：用 OLS 估计长期均衡关系。假设已经知道$\{Y_t\}$和$\{X_t\}$都是 1 阶单整的，即为$I(1)$变量，则它们可能存在协整关系，于是采用回归方程

$$Y_t = \beta_0 + \beta_1 X_t + \mu_t \tag{15-6}$$

估计长期均衡关系。如果变量间是协整的，则 OLS 回归就会得到协整系数β_0和β_1。为了确定变量间是否真正存在协整，用$\{\hat{e}_t\}$表示式（15-6）的残差序列。

第 2 步：用 ADF 检验估计残差序列的平稳性。因为$\{\hat{e}_t\}$是偏离长期均衡关系的离差估计值，所以，如果这些离差估计值平稳，则序列$\{Y_t\}$和$\{X_t\}$是 (1,1) 阶协整。因此，根据 ADF 检验的思想，需要对残差的自回归模型

$$\Delta \hat{e}_t = \rho \hat{e}_{t-1} + \varepsilon_t \tag{15-7}$$

进行考察，只需关心式（15-7）中的参数ρ即可。如果我们不能拒绝原假设$\rho = 0$，则我们断定残差序列含有一个单位根，认为序列$\{Y_t\}$和$\{X_t\}$不是协整的；换句话说，拒绝原假设意味着残差序列是平稳的。若得出序列$\{Y_t\}$和$\{X_t\}$都是$I(1)$，并且残差序列是平稳的话，则我们能够断定时间序列Y_t与X_t是 (1,1) 阶协整的。

需要强调的是，因为$\{\hat{e}_t\}$序列是式（15-6）的残差，残差之和为零，所以，在式（15-7）中不需要包含截距项，也不应该包含时间趋势项。在大多数应用研究中，仅仅用 ADF 检验是不够的。问题在于$\{\hat{e}_t\}$序列是由回归式产生的，研究者并不知道真实的随机误差项μ_t，只知道随机误差项μ_t的估计值。式（15-6）的回归拟合方法是选择使得残差的平方和达到最小的β_0和β_1。因为

尽可能地使残差方差最小，所以，使得寻找式（15-7）的平稳误差过程的处理方法被破坏了。

如果式（15-7）的随机误差没有出现白噪声，则可以用扩展形式的检验替代式（15-7）。假定诊断检测指出$\{\varepsilon_t\}$序列存在序列相关，则替代式（15-7）的自回归模型变为

$$\Delta \hat{e}_t = \rho \hat{e}_{t-1} + \sum_{i=1}^{p} \beta_i \Delta \hat{e}_{t-i} + \varepsilon_t \qquad (15\text{-}8)$$

如果拒绝原假设$\rho = 0$，则断定残差序列平稳，变量Y_t与X_t之间是协整的。

我们用 EViews 实现 E-G 两步法来检验表 12-1 中人均 GDP 和居民消费水平之间的协整关系。仍旧用 Y 表示人均居民消费水平，用 X 表示人均 GDP。在第 12 章我们已经检验出序列 Y 是 2 阶单整的，用同样的方法可以得到 X 也是 2 阶单整的。因此，Y_t与X_t的单整阶数相同，可以采用 E-G 两步法检验 X 与 Y 之间的协整关系。

第 1 步：估计式（15-6）。选中变量 Y 和 X，单击右键 "Open/as Equation"，单击 "OK"，或先不选择变量，在主菜单下，单击 "Quick/Estimate Equation" 或 "Object/new object/Equation"，键入 "Y X C"，单击 "OK"，便得到表 15-1 所示的回归结果。

表 15-1 式（15-6）的回归结果

Dependent Variable: Y
Method: Least Squares
Sample: 1990 2016
Included observations: 27

Variable	Coefficient	Std. Error	t-Statistic	Prob.
X	0.366106	0.004883	74.98125	0.0000
C	419.8227	120.2786	3.490419	0.0018

R-squared	0.995573	Mean dependent var	7178.133
Adjusted R-squared	0.995396	S.D. dependent var	6098.962
S.E. of regression	413.8343	Akaike info criterion	14.96
Sum squared resid	4281471	Schwarz criterion	15.05598
Log likelihood	-199.96	Hannan-Quinn criter.	14.98854
F-statistic	5622.187	Durbin-Watson stat	0.240777
Prob(F-statistic)	5.97E-31		

单击 "Quick/Generate series"，键入 "e1=resid"，单击 "OK"。这样，便将残差序列赋值于 "e1"。

第 2 步：估计残差的平稳性。返回到工作文件窗口，点开残差序列 e1，单击 "View/Unit Root Test"，进入单位根检验对话框。在检验类型处选择 "Augmented Dickey-Fuller"；在检验对象上选择 "Level"，这里只能对原始的残差序列进行检验而不能对差分后的残差序列进行检验；在检验形式中选择 "None"，因为式（15-8）中既不包含时间趋势项又不包含截距项；经过反复试验，并采用 SC 和 AIC 统计量以及相关滞后期的系数的显著性判断滞后期数，发现最佳滞后期数为 2 期，于是选择滞后期为 2，完成相关设置，单击 "OK" 后便得到残差序列 e1 的平稳性检验结果，见表 15-2。

表 15-2　残差序列 e1 的平稳性检验结果

		t-Statistic	Prob.*
Null Hypothesis: E1 has a unit root			
Exogenous: None			
Lag Length: 2 (Automatic - based on SIC, maxlag=2)			
Augmented Dickey-Fuller test statistic		-2.3803	0.019598
Test critical values:	1% level	-2.66485	
	5% level	-1.95568	
	10% level	-1.60879	

*MacKinnon (1996) one-sided p-values.
Augmented Dickey-Fuller Test Equation
Dependent Variable: D(E1)
Method: Least Squares
Sample (adjusted): 1993 2016
Included observations: 24 after adjustments

Variable	Coefficient	Std.Error	t-Statistic	Prob.
E1(-1)	-0.22043	0.092607	-2.3803	0.02685
D(E1(-1))	0.633033	0.188941	3.350429	0.003031
D(E1(-2))	0.562799	0.242139	2.324279	0.030223
R-squared	0.559019	Mean dependent var		50.16694
Adjusted R-squared	0.517021	S.D. dependent var		205.3115
S.E. of regression	142.6847	Akaike info criterion		12.87562
Sum squared resid	427537.5	Schwarz criterion		13.02288
Log likelihood	-151.507	Hannan-Quinn criter.		12.91469
Durbin-Watson stat	2.526226			

　　细心的读者可能已经发现，对残差序列的 ADF 检验实际上就是直接估计式（12-20），也就是直接到达图 12-1 所示检验步骤的最后一步，因此，只需用 ADF 统计量判断 ρ 是否为 0 即可。由表 15-2 可知，ADF 统计量为 -2.380 3，小于 5% 的显著性水平下临界值 -1.955 68，因此，在 5% 的显著性水平下拒绝 $\rho=0$ 的原假设，即不存在单位根，残差序列是平稳的。由此，我们就可认为变量 X 和 Y 之间具有长期稳定的均衡关系，是协整的。

15.1.4　协整检验的另一种方法：Johansen协整检验

　　Johansen 协整检验是一种基于 VAR 模型的检验回归参数的方法，适用于对多变量的协整检验。这种检验方法是由 Johansen（1988）以及 Juselius（1990）提出的，通常称为 JJ 检验。

1. JJ检验的基本思想

　　为了说明 JJ 检验的基本思想，首先建立一个 VAR(P) 的差分向量自回归模型

$$\Delta X_t = \pi_0 + \pi X_{t-1} + \pi_1 \Delta X_{t-1} + \pi_2 \Delta X_{t-2} + \cdots + \pi_p \Delta X_{t-p} + e_t \qquad (15\text{-}9)$$

　　对于差分向量自回归模型式（15-9），其中向量 $X_t = (X_{1t}, X_{2t}, \cdots, X_{nt})^T$ 中的所有变量都是 $I(1)$ 变量，经差分后的变量都是 $I(0)$ 变量，为平稳变量，所以，就要求 πX_{t-1} 是 $I(0)$ 向量时才能保证 ΔX_t 是平稳的向量，也就是说，只有当变量 $X_{1t}, X_{2t}, \cdots, X_{nt}$ 具有协整关系时，才能保证向量 ΔX_t 是平稳的。

因此，变量$X_{1t}, X_{2t}, \cdots, X_{nt}$之间是否存在协整取决于$\boldsymbol{X}_{t-1}$的系数矩阵$\boldsymbol{\pi}(\boldsymbol{\pi} = \boldsymbol{\alpha\beta}^{\mathrm{T}})$的秩。假定$\boldsymbol{\pi}$的秩为$r$，表示在$n$个内生变量中有$r$个协整向量存在，则$r$只会出现3种情况：要么为零，要么为$n$，要么介于这两者之间。

由于协整取决于$\boldsymbol{X}_{t-1}$的系数矩阵$\boldsymbol{\pi}$的秩，而系数矩阵$\boldsymbol{\pi}$的秩等于它的非零特征根的个数，于是Johansen就提出了通过对系数矩阵$\boldsymbol{\pi}$的非零特征根个数的检验来检验协整关系和协整向量（协整方程）的个数。假定系数矩阵$\boldsymbol{\pi}$的特征根为$\hat{\lambda}_1 > \hat{\lambda}_2 > \cdots > \hat{\lambda}_n$。

2. 特征根迹检验（trace检验）和最大特征值检验

$$\lambda_{\text{trace}}(r) = -T \sum_{i=r+1}^{n} \ln\left(1 - \hat{\lambda}_i\right) \tag{15-10}$$

$$\lambda_{\max}(r, r+1) = -T \ln\left(1 - \hat{\lambda}_{i+1}\right) \tag{15-11}$$

式中，$\hat{\lambda}$是从估计矩阵$\boldsymbol{\pi}$而得到的特征根的值；T是有效的样本观测数。当省略r后，这些统计量简称为λ_{trace}和$\lambda_{\max}$。

式（15-10）给出的统计量用于检验原假设：不同协整向量的个数小于或等于r。式（15-11）给出的统计量用于检验原假设：协整向量个数等于r。它们的备择假设都是协整向量的个数等于$r+1$。从$r=0$开始检验，若$r=0$被拒绝，则检验$r \leq 1$，$r \leq 2$，直至$r \leq r^*$不能被拒绝，这样就可以得出$\boldsymbol{X}_t$中存在r^*个协整向量。

3. 协整方程的形式

与单变量时间序列分析一样，协整方程可以包含截距和确定性趋势。于是，式（15-9）就可能出现如下情况。

（1）序列$\boldsymbol{X}_t$没有确定性趋势，协整方程不含截距项。

（2）序列$\boldsymbol{X}_t$没有确定性趋势，协整方程包含截距项。

（3）序列$\boldsymbol{X}_t$有确定性线性趋势，协整方程只包含截距项。

（4）序列$\boldsymbol{X}_t$和协整方程都具有线性趋势。

（5）序列$\boldsymbol{X}_t$有二次趋势，协整方程只有线性趋势。

JJ检验可在EViews中直接实现，下面我们用EViews来实现表12-1中的X和Y的协整关系。由于在平稳性检验中，发现变量X和Y都是2阶单整，不适用于JJ检验，因此我们考虑采用JJ检验验证变量X和Y的对数序列的协整关系。选中变量X，单击"Quick/Generate series"，键入"lgX=log（X）"，生成变量X的对数序列，再按照相同的方法生成变量Y的对数序列lg$Y$。平稳性检验发现，变量X和Y的对数序列都是一阶单整序列，可以采用JJ检验进行验证。

在工作文件窗口下，选中变量lg$X$和lg$Y$，单击"Open/as Group/View/Cointegration Test"，将会出现如图15-1的对话框。在图15-1中有6个圆形选择框，其中：情形1，"No intercept or trend in CE or test VAR"指的是协整方程中没有常数项；情形2，"Intercept（no trend）in CE-no intercept in VAR"指的是协整方程中有常数项（没有趋势项），VAR模型中没有常数项；情形3，"Intercept (no trend) in CE and test VAR"指的是协整方程和VAR模型中有常数项，但协整方程中没有趋势项；情形4，"Intercept and trend in CE-no intercept in VAR"指的是协整方程中含有常数项和线性趋势项，VAR模型中没有趋势项；情形5，"Intercept and trend in CE-intercept in VAR"指的是协整方程有常数项和趋势项，VAR模型有常数项；情形6，"Summarize all 5 sets of assumptions"指的是评价以上5种情形。系统默认的是情形3。

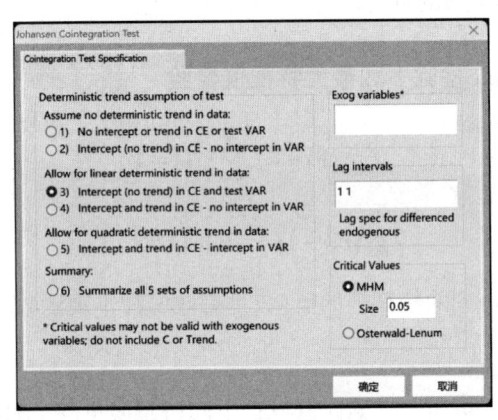

图 15-1　JJ检验对话框

"Exog variables*"对应的窗口中要求填写外生变量（不包含常数项和趋势项）。"Lag intervals"对应窗口需要填写滞后区间。

关于以上5种情形的选择，除了采用"Summarize all 5 sets of assumptions"之外，还可按照以下方法进行选择。

所有序列都不含有时间趋势项，在情形1和情形2中选择。如果所有的经济变量的均值为零，采用情形1，否则选择情形2。所有或者部分序列含有时间（线性）趋势项，在情形3和情形4中选择。如果所有的序列都含有常数项，采用情形3，否则采用情形4。情形5一般不使用。

关于滞后期的选择，通常是先选择"Summarize all 5 sets of assumptions"，采用AIC统计量和SC统计量进行判别，还可借助$\text{Log}L$统计量来综合判别。

在单位根检验中发现，$\lg Y$和$\lg X$只有常数项而没有时间趋势项，因此适用情形2，经反复试验发现，最佳滞后期为4期，完成相关设置后，单击"确定"，便得到JJ检验的结果，见表15-3。

表 15-3　JJ检验的结果

Sample (adjusted): 1995 2016
Included observations: 22 after adjustments
Trend assumption: No deterministic trend (restricted constant)
Series: LGX LGY
Lags interval (in first differences): 1 to 4
Unrestricted Cointegration Rank Test (Trace)

Hypothesized No. of CE(s)	Eigenvalue	Trace Statistic	0.05 Critical Value	Prob.**
None *	0.674432	36.30565	20.26184	0.000144
At most 1 *	0.410259	11.61759	9.164546	0.016796

（续）

Trace test indicates 2 cointegrating eqn(s) at the 0.05 level
* denotes rejection of the hypothesis at the 0.05 level
**MacKinnon-Haug-Michelis (1999) p-values

Unrestricted Cointegration Rank Test (Maximum Eigenvalue)

Hypothesized No. of CE(s)	Eigenvalue	Max-Eigen Statistic	0.05 Critical Value	Prob.**
None *	0.674432	24.68806	15.8921	0.001625
At most 1 *	0.410259	11.61759	9.164546	0.016796

Max-eigenvalue test indicates 2 cointegrating eqn(s) at the 0.05 level
* denotes rejection of the hypothesis at the 0.05 level
**MacKinnon-Haug-Michelis (1999) p-values

Unrestricted Cointegrating Coefficients (normalized by b'*S11*b=I):

LGX	LGY	C
-10.802	11.85893	3.325843
45.11891	-51.3613	18.80522

Unrestricted Adjustment Coefficients (alpha):

| D(LGX) | 0.019519 | 0.010314 |
| D(LGY) | 0.005148 | 0.016062 |

1 Cointegrating Equation(s):　　　　　　　　　Log likelihood　　117.348

Normalized cointegrating coefficients (standard error in parentheses)

LGX	LGY	C
1	-1.09785	-0.30789
	（0.031192）	（0.312442）

Adjustment coefficients (standard error in parentheses)

D(LGX)	-0.21084
	0.063072
D(LGY)	-0.05561
	0.075891

表 15-3 报告了采用特征根迹检验和最大特征值检验统计量评判的 JJ 检验结果。从迹检验结果看，针对假设"None"（无协整关系），其统计量为 36.306，大于 5% 水平下的临界值 20.262，因此拒绝没有协整方程的原假设，说明至少有一个协整方程；针对假设"at most 1"（最多 1 个协整），其统计量为 11.618，大于 5% 水平下的临界值 9.165，因此拒绝最多存在一个协整方程的原假设，从理论上说明存在一个以上的协整方程。从最大特征值检验结果看，针对假设"None"（无协整关系），其检验统计量为 24.688，大于 5% 水平下的临界值 15.892，因此拒绝没有协整方程的原假设，说明至少有一个协整方程；针对假设"at most 1"（最多 1 个协整），其检验统计量 11.618，大于在 5% 显著水平下的临界值 9.165，因此拒绝最多存在一个协整方程的原假设，从理论上说明存在一个以上的协整方程。但是，根据协整定义，考虑到本案例只有两个变量（最多只能存在一个协整关系），结合理论综合判断的结果为存在一个协整方程。

15.2　ECM

假设两个变量的长期均衡关系表现为

$$Y_t = \beta_0 + \beta_1 X_t + \mu_t \tag{15-12}$$

在现实经济中常常有某种冲击导致在短期内偏离长期均衡，呈现非均衡关系。假定变量X和Y都是1阶单整的，具有动态特征的(1,1)阶分布滞后模型

$$Y_t = \beta_0 + \beta_1 X_t + \beta_2 X_{t-1} + \beta_3 Y_{t-1} + \mu_t \tag{15-13}$$

因为变量是非平稳的，因此，不能直接采用 OLS 对式（15-13）进行估计。于是对式（15-13）进行适当变换，在式（15-13）的两边减去Y_{t-1}，同时，在方程的右边加一项$\beta_1 X_{t-1}$，然后再减去该项$\beta_1 X_{t-1}$，得到

$$\begin{aligned}\Delta Y_t &= \beta_0 + \beta_1 \Delta X_t + (\beta_1 + \beta_2) X_{t-1} - (1 - \beta_3) Y_{t-1} + \mu_t \\ &= \beta_1 \Delta X_t - (1 - \beta_3)\left(Y_{t-1} - \frac{\beta_0}{1-\beta_3} - \frac{\beta_1+\beta_2}{1-\beta_3} X_{t-1}\right) + \mu_t \end{aligned} \tag{15-14}$$

或

$$\Delta Y_t = \beta_1 \Delta X_t - \lambda(Y_{t-1} - \alpha_0 - \alpha_1 X_{t-1}) + \mu_t \tag{15-15}$$

式中，$\lambda = 1 - \beta_3$，$\alpha_0 = \beta_0/(1-\beta_3)$，$\alpha_1 = (\beta_1+\beta_2)/(1-\beta_3)$。

如果式（15-15）括号中的$Y_{t-1} - \alpha_0 - \alpha_1 X_{t-1}$与式（15-12）中的相同，则括号内的$Y_{t-1} - \alpha_0 - \alpha_1 X_{t-1}$就是$t-1$期时的非均衡误差。因此，变量$Y$的短期变化取决于变量$X$的短期变化和上一期的偏离均衡的程度，$Y$的值对前期的非均衡程度做出了一定的修正。式（15-15）被称为误差修正模型（error correction model，ECM）。

一般地，误差修正模型写成

$$\Delta Y_t = \beta_1 \Delta X_t - \lambda \text{ecm}_{t-1} + \mu_t \tag{15-16}$$

式中，ecm 表示误差修正项。由于式（15-13）中的$|\beta_3|<1$，否则，Y_t将发散，系统不会收敛，所以，$0 < \lambda < 1$。由此，我们可以看出误差修正模型中的 ecm 所起到的修正作用，如果$t-1$期的实际值大于长期均衡$\alpha_0 + \alpha_1 X_{t-1}$，则$\text{ecm}_{t-1}$为正，$-\lambda\text{ecm}_{t-1}$为负，使得$\Delta Y_t$减少，向长期均衡$\alpha_0 + \alpha_1 X_{t-1}$趋近；反之，如果$t-1$期的实际值小于长期均衡$\alpha_0 + \alpha_1 X_{t-1}$，则$\text{ecm}_{t-1}$为负，$-\lambda\text{ecm}_{t-1}$为正，使得$\Delta Y_t$增加，向长期均衡$\alpha_0 + \alpha_1 X_{t-1}$趋近。不难看出，趋近的快慢取决于参数$\lambda$的大小。无论哪种情况，都体现了非均衡误差对$Y_t$的调控。事实上，要想恢复到均衡水平，一是靠时间，二是靠强度。调整系数的绝对值越大，时间越短。

多变量的误差修正模型可类似地建立，假设三个变量之间存在长期稳定的均衡关系

$$Y_t = \beta_0 + \beta_1 X_t + \beta_2 Z_t + \mu_t \tag{15-17}$$

其误差修正模型可写为

$$\Delta Y_t = \beta_1 \Delta X_t + \beta_2 \Delta Z_t - \lambda \text{ecm}_{t-1} + \mu_t \tag{15-18}$$

式中，$\text{ecm}_{t-1} = Y_{t-1} - \beta_0 - \beta_1 X_{t-1} - \beta_2 Z_{t-1}$。

关于误差修正模型的建立，Engle 和 Granger 在 1987 年提出了著名的 Granger 表述定理，即如果变量 X 和 Y 是协整的，则它们间的短期非均衡关系总能由一个误差修正项来表述，即

$$\Delta Y_t = \sum_{i=1}^{p} \alpha_i \Delta Y_{t-i} + \sum_{i=0}^{p} \beta_i \Delta X_{t-i} - \lambda \mathrm{ecm}_{t-1} + \mu_t \qquad (15\text{-}19)$$

ΔX允许有非滞后差分项ΔX_t。滞后期的选择主要依据 ACI 和 SC 统计量以及相应滞后期的系数的显著性水平。

15.2.1 误差修正模型的估计

Engle 和 Granger 在 1987 年指出：如果 X 和 Y 是协整的，则它们的短期非均衡关系总可以由误差修正模型描述。

很显然，如果变量 X 和 Y 都是 1 阶单整的，则 1 阶差分序列 ΔX_t 和 ΔY_t 是平稳序列，因此，对于误差修正模型式（15-15）或式（15-16），只有当变量 X 和 Y 之间存在协整时，即均衡误差项平稳时，才能保证 ΔY_t 是平稳的。

因此，在建立和估计误差修正模型前，首先需要对变量进行协整分析，以确定变量间是否存在协整关系。如果存在协整关系，就以这种关系构成误差修正项，把误差修正项作为一个解释变量，与其他影响短期波动的变量一起，构成形如式（15-15）或式（15-16）的 ECM。

ECM 的优点在于不再单纯地使用原始序列和变量的差分序列构造模型，而是把两者有机地结合在一起，充分利用两者所提供的有效信息。从短期来看，被解释变量的变动是由偏离长期均衡的离差和短期波动引起的，也就是说，短期内系统偏离均衡状态的程度大小决定了短期波动程度的大小。从长期看，协整关系起到了反向修正的作用，使非均衡状态逐步恢复到均衡状态。

最常用的 ECM 的估计方法是 E-G 两步法，基本步骤如下：

第 1 步：用 OLS 估计方程

$$Y_t = \beta_0 + \beta_1 X_t + \mu_t \qquad (15\text{-}20)$$

又称协整回归，检验变量间的协整关系，估计长期均衡关系参数，得到残差序列。如果存在协整关系，则进行第 2 步。

第 2 步：将第 1 步得到的残差，即非均衡误差项加入误差修正模型中，用 OLS 直接估计相应的参数。

需要说明的是，在实际的操作过程中，变量常以对数形式出现，其原因是变量对数的差分近似等于相应变量的变化率，而经济变量的变化率常常是平稳序列，适合包含在经典回归方程中。

15.2.2 误差修正模型估计在EViews中的实现

下面我们用 EViews 来实现构建基于表 14-3 的我国能源消费量与 GDP 的 ECM。

第 1 步：建立长期均衡方程。

$$\ln \mathrm{EN}_t = \beta_0 + \beta_1 \ln \mathrm{GDP}_t + \mu_t$$

首先，进行单整期数检验。选中变量 GDP，单击 "Quick/Generate series"，键入 "logGDP=log（GDP）"生成变量 GDP 的对数序列，再按照相同的方法生成变量 EN 的对数序列。容易验证，

lnGDP, 和 lnEN, 都是 2 阶单整的。然后，采用最小二乘法得到以上长期均衡方程的估计结果，见表 15-4。

表 15-4　长期均衡方程的估计结果

Dependent Variable: LOGEN
Method: Least Squares
Sample: 1978 2015
Included observations: 38

Variable	Coefficient	Std. Error	t-Statistic	Prob.
C	7.643748	0.13529	56.49903	0.0000
LOGGDP	0.390344	0.012268	31.81749	0.0000
R-squared	0.96566	Mean dependent var		11.90005
Adjusted R-squared	0.964707	S.D. dependent var		0.663037
S.E. of regression	0.124562	Akaike info criterion		-1.27683
Sum squared resid	0.558562	Schwarz criterion		-1.19065
Log likelihood	26.25986	Hannan-Quinn criter.		-1.24617
F-statistic	1012.353	Durbin-Watson stat		0.081522
Prob(F-statistic)	5.92E-28			

单击"Quick/Generate series"，键入"ecm=resid"，这样便得到了协整回归的残差。接着检验残差序列 ecm 的协整性，检验结果发现 ecm 是平稳序列（检验输出结果略去，作者可自行验证），说明长期均衡方程是协整的，可进入构建误差修正模型的第 2 步。

第 2 步：建立误差修正模型。将第 1 步中的 ecm 作为误差修正项，代入如下方程

$$\Delta \text{LnEN}_t = \sum \alpha_p \Delta \text{LnEN}_{t-p} + \sum \beta_p \Delta \text{LnGDP}_{t-p} - \lambda \text{ecm}_{t-1} + \mu_t$$

经反复试验利用 AIC 和 SC 统计量以及相应滞后期的系数的显著性判断后发现，最佳滞后期为 1 期。因此，在工作文件下单击"Quick/Estimate Equation"，键入"d(logEN) d(logGDP) –ecm(–1) d(logEN(–1)) d(logGDP(–1))"，单击"OK"便得到误差修正模型的估计结果，见表 15-5。

表 15-5　误差修正模型的估计结果

Dependent Variable: D(LOGEN)
Method: Least Squares
Sample (adjusted): 1980 2015
Included observations: 36 after adjustments

Variable	Coefficient	Std. Error	t-Statistic	Prob.
D(LOGGDP)	0.350517	0.083261	4.209874	0.00019
-ECM(-1)	0.074508	0.030343	2.455493	0.01969
D(LOGEN(-1))	0.804383	0.107777	7.46341	0.00000
D(LOGGDP(-1))	-0.28883	0.084097	-3.43452	0.00166
R-squared	0.690221	Mean dependent var		0.055368
Adjusted R-squared	0.661179	S.D. dependent var		0.037918
S.E. of regression	0.022071	Akaike info criterion		-4.68463
Sum squared resid	0.015589	Schwarz criterion		-4.50868
Log likelihood	88.32329	Hannan-Quinn criter.		-4.62322
Durbin-Watson stat	1.86386			

由表 15-5 我们可以写出误差修正模型的估计结果

$$\Delta \text{LnEN}_t = 0.351\Delta \text{LnGDP}_t + 0.804\Delta \text{LnEN}_{t-1} - 0.289\Delta \text{LnGDP}_{t-1} - 0.075\text{ecm}_{t-1}$$

从上面的估计结果可以看出，误差修正项的系数为 0.075，表示当短期波动偏离长期均衡时，误差修正项将以 0.075 的力度做反向调整，将非均衡状态拉回到均衡状态。

15.3 VECM

在第 14 章，我们已经看到双变量的标准型 VAR 模型为

$$Y_t = a_{10} + a_{11}Y_{t-1} + a_{12}Z_{t-1} + e_{1t} \tag{15-21}$$

$$Z_t = a_{20} + a_{21}Y_{t-1} + a_{22}Z_{t-1} + e_{2t} \tag{15-22}$$

e_{1t} 和 e_{2t} 都是均值为零，方差恒定的随机误差项，它们相互之间可以是相关的。为叙述方便，假定 $a_{10} = a_{20} = 0$。如果在式（15-21）的两端都减去 Y_{t-1}，式（15-22）的两端都减去 Z_{t-1}，则式（15-21）和式（15-22）分别改写为式（15-23）和式（15-24）所表示的差分方程。

$$\Delta Y_t = (a_{11}-1)Y_{t-1} + a_{12}Z_{t-1} + e_{1t} \tag{15-23}$$

$$\Delta Z_t = a_{21}Y_{t-1} + (a_{22}-1)Z_{t-1} + e_{2t} \tag{15-24}$$

为了保证变量 Y 和 Z 是 CI(1,1)，系数必须满足 $a_{11}-1 = -a_{12}a_{21}/(1-a_{11})$[○]。于是，式（15-23）和式（15-24）就可以写为

$$\Delta Y_t = \left(-a_{12}a_{21}/(1-a_{11})\right)Y_{t-1} + a_{12}Z_{t-1} + e_{1t} \tag{15-25}$$

$$\Delta Z_t = a_{21}Y_{t-1} + (a_{22}-1)Z_{t-1} + e_{2t} \tag{15-26}$$

式（15-25）和式（15-26）就构成了向量误差修正模型（vector error correction model，VECM）。如果 $a_{12} \neq 0$ 且 $a_{21} \neq 0$，则可以相对于一个变量对协整向量进行标准化。假定相对于 Y_t 进行标准化，就可以得到

$$\Delta Y_t = \alpha_y(Y_{t-1} - \beta Z_{t-1}) + e_{1t} \tag{15-27}$$

$$\Delta Z_t = \alpha_z(Y_{t-1} - \beta Z_{t-1}) + e_{2t} \tag{15-28}$$

式中，$\alpha_y = -a_{12}a_{21}/(1-a_{11})$；$\alpha_z = a_{21}$；$\beta = (1-a_{22})/a_{21}$。$\alpha_y$ 和 α_z 为速度调整系数，协整向量为 $(1, \beta)$。

很明显，变量 Y_t 和 Z_t 的变化是受到了前期相对于长期均衡离差 $Y_{t-1} - \beta Z_{t-1}$ 的影响，如果 $Y_{t-1} = \beta Z_{t-1}$，则 Y_t 和 Z_t 的变化只受到了随机误差项的影响。当 $\alpha_y < 0$ 且 $\alpha_z > 0$ 时，随着相对于长期均衡的正向离差的增大，Y_t 才会减少，Z_t 才会增大，趋向于长期均衡。较大的 α_z 意味着变量 Z_t 对上期相对于长期均衡的离差的响应比较大。如果 α_y 和 α_z 都等于零，则不可能出现长期均衡，并且模型也不会是误差修正模型，或者说，不存在协整关系。

如果变量 Y 和 Z 都是 1 阶单整的，协整方程为

$$Y_t = \beta_0 + \beta_1 Z_t \tag{15-29}$$

则 VECM 变为

$$\Delta Y_t = \alpha_y(Y_{t-1} - \beta_0 - \beta_1 Z_{t-1}) + e_{1t} \tag{15-30}$$

○ 恩德斯. 应用计量经济学：时间序列分析 [M]. 杜江，谢志超，译. 2 版. 北京：高等教育出版社，2006.

$$\Delta Z_t = \alpha_z (Y_{t-1} - \beta_0 - \beta_1 Z_{t-1}) + e_{2t} \tag{15-31}$$

更一般地，VECM 可以表述为

$$\Delta Y_t = \delta_1 + \alpha_y (Y_{t-1} - \beta_0 - \beta_1 Z_{t-1}) + e_{1t} \tag{15-32}$$

$$\Delta Z_t = \delta_2 + \alpha_z (Y_{t-1} - \beta_0 - \beta_1 Z_{t-1}) + e_{2t} \tag{15-33}$$

在这个 VECM 的方程中，在括号外有一个截距项，反映了原始序列的随机性趋势。

对于两个变量 Y_t 和 Z_t 的更加一般的 VECM 为

$$\Delta Y_t = \delta_1 + \alpha_y (Y_{t-1} - \beta_0 - \beta_1 Z_{t-1}) + \sum_{i=1}^{p} a_{1i} \Delta Y_{t-i} + \sum_{i=1}^{q} b_{1i} \Delta Z_{t-i} + e_{1t} \tag{15-34}$$

$$\Delta Z_t = \delta_2 + \alpha_z (Y_{t-1} - \beta_0 - \beta_1 Z_{t-1}) + \sum_{i=1}^{p} a_{2i} \Delta Y_{t-i} + \sum_{i=1}^{q} b_{2i} \Delta Z_{t-i} + e_{2t} \tag{15-35}$$

VECM 可以在 EViews 中直接实现，在工作文件窗口下，我们采用表 14-3 的数据的对数序列 logEN 和 logGDP 来构建 VECM。选中变量 logEN 和 logGDP，单击"Open/as VAR"，此时将会弹出如图 14-1 所示的对话框，然后选择"Vector Error Correct"，将出现如图 15-2 所示的对话框。与估计 VAR 模型类似，在估计 VECM 时也要求给出内生变量、外生变量和滞后区间，但截距项与趋势项的设置应该与 JJ 检验时的设置一致。除此之外，还需在"Numbers of CE"中填写协整方程的个数。

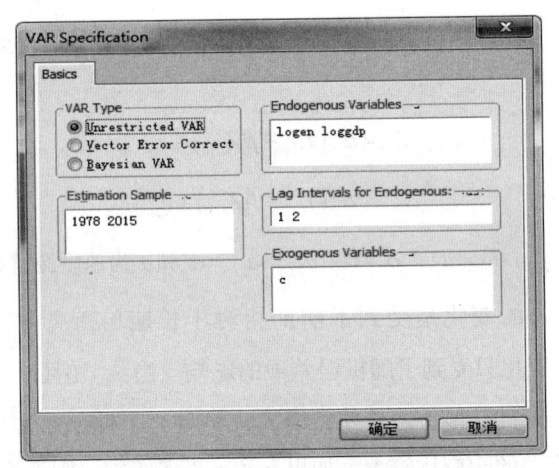

图 15-2 VECM 对话框

由于我们针对相同数据的 JJ 检验的时候，选择的是情形 2，结果发现只有 1 个协整方程，通过 AIC 和 SC 统计量判断最佳滞后期是 1 期。因此，在滞后期处设置为 1，协整方程个数设置为 1。完成所有设置后，单击"确定"便得到 VECM 的估计结果，见表 15-6。

表 15-6 VECM 的估计结果

Vector Error Correction Estimates
Sample (adjusted): 1981 2015
Included observations: 35 after adjustments
Standard errors in ( ) & t-statistics in [ ]

（续）

Cointegrating Eq:	CointEq1	
LOGEN(-1)	1	
LOGGDP(-1)	-0.41393	
	0.039926	
	[-10.3675]	
C	-7.37667	
Error Correction:	D(LOGEN)	D(LOGGDP)
CointEq1	-0.04114	0.057624
	0.037771	0.062014
	[-1.08915]	[0.92920]
D(LOGEN(-1))	0.8923	0.220235
	0.206755	0.339463
	[4.31573]	[0.64878]
D(LOGEN(-2))	-0.15969	-0.21291
	0.208229	0.341883
	[-0.76692]	[-0.62275]
D(LOGGDP(-1))	-0.04824	0.870362
	0.122755	0.201546
	[-0.39298]	[4.31843]
D(LOGGDP(-2))	-0.08162	-0.28273
	0.128885	0.21161
	[-0.63327]	[-1.33609]
C	0.033505	0.058257
	0.013837	0.022718
	[2.42139]	[2.56432]
R-squared	0.594147	0.563112
Adj. R-squared	0.524172	0.487787
Sum sq. resids	0.020119	0.054236
S.E. equation	0.02634	0.043246
F-statistic	8.49089	7.47572
Log likelihood	80.91191	63.55788
Akaike AIC	-4.28068	-3.28902
Schwarz SC	-4.01405	-3.02239
Mean dependent	0.056139	0.143462
S.D. dependent	0.038184	0.060425
Determinant resid covariance (dof adj.)		9.52E-07
Determinant resid covariance		6.54E-07
Log likelihood		149.8864
Akaike information criterion		-7.76494
Schwarz criterion		-7.1428

表 15-6 的输出结果分为 4 个部分，第 1 部分为协整向量，它将作为误差修正项进入 VAR 模型的两个方程；第 2 部分为 VECM 的估计结果，CointEq1 对应的值便是调整速度系数的值，分别为 -0.041 1 和 0.057 6，其余各项分别为内生变量差分项的参数估计值；第 3 部分给出的是 VECM 中每个方程的评价统计量；最后一个部分给出的是 VECM 的总体评价统计量。

15.4 案例分析

案例 15-1

为了研究税收收入的影响因素，我们用税收收入作为被解释变量，以反映税收水平；以反映经常增长水平的 GDP 和反映公共财政需求的财政支出作为解释变量，表 15-7 是某市相关数据。以下我们通过协整与误差修正模型来研究税收收入的影响因素。

表 15-7　某市 1978—2016 年税收及相关收入数据　　　　（单位：万元）

年份	税收收入	GDP	财政支出
1978	519.28	3 645.21	1 122.09
1979	537.82	4 062.57	1 281.79
1980	571.70	4 545.62	1 228.83
1981	629.89	4 891.56	1 138.41
1982	700.02	5 323.35	1 229.98
1983	775.59	5 962.65	1 409.52
1984	947.35	7 208.05	1 701.02
1985	2 040.79	9 016.03	2 004.25
1986	2 090.73	10 275.17	2 204.91
1987	2 140.36	12 058.61	2 262.18
1988	2 390.47	15 042.82	2 491.21
1989	2 727.40	16 992.31	2 823.78
1990	2 821.86	18 667.82	3 083.59
1991	2 990.17	21 781.49	3 386.62
1992	3 296.91	26 923.47	3 742.20
1993	4 255.30	35 333.92	4 642.30
1994	5 126.88	48 197.85	5 792.62
1995	6 038.04	60 793.72	6 823.72
1996	6 909.82	71 176.59	7 937.55
1997	8 234.04	78 973.03	9 233.56
1998	9 262.80	84 402.27	10 798.18
1999	10 682.58	89 677.05	13 187.67
2000	12 581.51	99 214.55	15 886.50
2001	15 301.38	109 655.17	18 902.58
2002	17 636.45	120 332.68	22 053.15
2003	20 017.31	135 822.75	24 649.95
2004	24 165.68	159 878.33	28 486.89
2005	28 778.54	183 217.40	33 930.28
2006	34 804.35	211 923.50	40 422.73

(续)

年份	税收收入	GDP	财政支出
2007	45 621.97	257 305.60	49 781.35
2008	54 223.79	300 670.00	62 592.66
2009	59 521.59	349 081.40	76 299.93
2010	73 210.79	413 030.30	89 874.16
2011	89 738.39	489 300.60	109 247.79
2012	100 614.30	540 367.40	125 952.97
2013	110 530.70	595 244.40	140 212.10
2014	119 175.31	643 974.00	151 785.56
2015	124 922.20	689 052.10	175 877.77
2016	130 360.73	744 127.20	187 755.21

1. 变量的平稳性检验

我们分别用 lnTAX、lnGDP、lnEP 表示税收收入、GDP、财政支出的对数。经平稳性检验发现，lnTAX、lnGDP、lnEP 都是 1 阶单整序列，且 3 个变量都含有常数项而没有时间趋势项。可以采用 E-G 两步法和 JJ 检验来进行协整检验。

2. E-G两步法

估计方程

$$\ln\text{TAX}_t = \beta_0 + \beta_1 \ln\text{GDP}_t + \beta_2 \ln\text{EP}_t + \mu_t \qquad (15\text{-}36)$$

在工作文件下，单击"Quick/Estimate Equation"，键入"lnTAX lnGDP lnEP"单击"OK"后，得到回归结果，此时单击"Quick/Generate series"，键入"e1=resid"，将得到残差序列。用另外一个变量"e1"，返回到工作文件窗口下，单击打开序列"e1"后，出现序列对话窗口，单击"View/Unit Root Test"，在检验形式上选择"none"，反复试验后发现最佳滞后期为 0 期，完成相关设置之后单击"OK"就得到残差的平稳性检验结果，见表 15-8。

表 15-8 残差的平稳性检验结果

Null Hypothesis: E1 has a unit root			
Exogenous: None			
Lag Length: 0 (Automatic - based on SIC, maxlag=9)			
		t-Statistic	Prob.*
Augmented Dickey-Fuller test statistic		-2.712161	0.008021
Test critical values:	1% level	-2.627238	
	5% level	-1.949856	
	10% level	-1.611469	

*MacKinnon (1996) one-sided p-values.
Augmented Dickey-Fuller Test Equation
Dependent Variable: D(E1)
Method: Least Squares
Sample (adjusted): 1979 2016
Included observations: 38 after adjustments

Variable	Coefficient	Std. Error	t-Statistic	Prob.
E1(-1)	-0.189060	0.069708	-2.712161	0.010082
R-squared	0.151198	Mean dependent var		0.014535
Adjusted R-squared	0.151198	S.D. dependent var		0.111197
S.E. of regression	0.102446	Akaike info criterion		-1.692998
Sum squared resid	0.388322	Schwarz criterion		-1.649904
Log likelihood	33.166961	Hannan-Quinn criter.		-1.677665
Durbin-Watson stat	2.039231			

从表 15-8 中可以看出，ADF 统计量为 −2.712 161 小于 1% 的显著性水平下的临界值 −2.627 238，说明残差序列是平稳的，进而说明 lnTAX、lnGDP、lnEP 之间存在协整关系。

3. JJ检验

在工作文件下，选中 lnTAX、lnGDP、lnEP，单击右键 "Open/as Group/View/ Cointegration Test"，由于在平稳性检验的时候发现 lnTAX、lnGDP、lnEP 都含有常数项，没有时间趋势项。因此在 JJ 检验时选择情形 2，经反复试验最佳滞后期为 2，完成相关设置单击 "OK" 就得到 JJ 检验的结果，见表 15-9。

表 15-9　JJ 检验的结果

Sample (adjusted): 1981 2016
Included observations: 36 after adjustments
Trend assumption: No deterministic trend (restricted constant)
Series: LNEP LNGDP LNTAX
Lags interval (in first differences): 1 to 2

Unrestricted Cointegration Rank Test (Trace)

Hypothesized No. of CE(s)	Eigenvalue	Trace Statistic	0.05 Critical Value
None *	0.488157	49.92065	35.19275
At most 1 *	0.367312	25.8101	20.26184
At most 2 *	0.228308	9.330107	9.164546

Trace test indicates 3 cointegrating eqn(s) at the 0.05 level
* denotes rejection of the hypothesis at the 0.05 level
**MacKinnon-Haug-Michelis (1999) p-values

Unrestricted Cointegration Rank Test (Maximum Eigenvalue)

Hypothesized No. of CE(s)	Eigenvalue	Max-Eigen Statistic	0.05 Critical Value
None *	0.488157	24.11054	22.29962
At most 1 *	0.367312	16.48	15.8921
At most 2 *	0.228308	9.330107	9.164546

Max-eigenvalue test indicates 3 cointegrating eqn(s) at the 0.05 level
* denotes rejection of the hypothesis at the 0.05 level
**MacKinnon-Haug-Michelis (1999) p-values

Unrestricted Cointegrating Coefficients (normalized by b'*S11*b=I):

LNEP	LNGDP	LNTAX	C
4.519162	-3.91186	-1.36187	10.79498
-0.03327	1.154772	-1.27985	2.074328
4.322778	4.880782	-8.51598	-17.4623

Unrestricted Adjustment Coefficients (alpha):

(续)

D(LNEP)	-0.01635	0.022734	0.003053
D(LNGDP)	0.004904	0.019025	-0.01108
D(LNTAX)	0.043643	0.041309	0.024681
1 Cointegrating Equation(s):		Log likelihood	175.2285

Normalized cointegrating coefficients (standard error in parentheses)

LNEP	LNGDP	LNTAX	C
1	-0.86562	-0.30135	2.388713
	(0.295779)	(0.267956)	(0.864884)

Adjustment coefficients (standard error in parentheses)

D(LNEP)	-0.0739	
	(0.034887)	
D(LNGDP)	0.022162	
	(0.03302)	
D(LNTAX)	0.19723	
	(0.080976)	
2 Cointegrating Equation(s):	Log likelihood	183.4685

Normalized cointegrating coefficients (standard error in parentheses)

LNEP	LNGDP	LNTAX	C
1	0	-1.29297	4.044484
		(0.15958)	(1.440295)
0	1	-1.14556	1.912822
		(0.179654)	(1.621471)

Adjustment coefficients (standard error in parentheses)

D(LNEP)	-0.07466	0.090221
	(0.029209)	(0.026362)
D(LNGDP)	0.021529	0.002786
	(0.028905)	(0.026087)
D(LNTAX)	0.195856	-0.12302
	(0.073182)	(0.066049)

从表 15-9 可知，Trace 统计量的值为 49.92 大于 5% 的显著性水平下的临界值 35.19，拒绝没有协整方程的原假设，认为至少存在一个协整方程；Trace 统计量的值为 25.81 大于 5% 的显著性水平下的临界值 20.26，拒绝至多有一个协整方程的原假设，认为至少存在两个协整方程；Trace 统计量的值为 9.33 大于 5% 的显著性水平下的临界值 9.16，拒绝至多两个协整方程的原假设。综合判断可知，序列 lnTAX、lnGDP、lnEP 之间存在两个协整方程。

标准化的协整方程如下

$$\ln EP = -4.044 + 1.293 \ln TAX$$

$$\ln GDP = -1.913 + 1.146 \ln TAX$$

4. 误差修正模型

在本案例的第 2 部分中，我们已经估计了式（15-36），并获取了式（15-36）的残差 $e1$。为了构建误差修正模型，我们将 $e1$ 作为误差修正项，估计方程

$$\Delta \ln TAX_t = \sum \alpha_p \Delta \ln TAX_{t-p} + \sum \beta_p \Delta \ln GDP_{t-p} + \sum \beta_p \gamma_p \Delta \ln EP_{t-p} - \lambda e1_{t-p} + \mu_t$$

在工作文件下，单击 "Quick/Estimate Equation"，经反复试验并通过 ACI 和 SC 统计量结合相关

滞后期的显著性水平，发现最佳滞后期为 0 期，因此，键入 "d(lnTAX) d(lnGDP) d(lnEP) −e1(−1)"，单击 "OK" 便得到误差修正模型的估计结果，见表 15-10。

表 15-10 误差修正模型的估计结果

Dependent Variable: D(LNTAX)
Method: Least Squares
Sample (adjusted): 1979 2016
Included observations: 38 after adjustments

Variable	Coefficient	Std. Error	t-Statistic	Prob.
D(LNGDP)	0.447231	0.249919	1.789503	0.082190
D(LNEP)	0.642156	0.254823	2.520008	0.016450
-E1(-1)	0.160694	0.071922	2.234275	0.031951

R-squared	0.353636	Mean dependent var	0.145411
Adjusted R-squared	0.316701	S.D. dependent var	0.121599
S.E. of regression	0.100516	Akaike info criterion	-1.68134
Sum squared resid	0.353621	Schwarz criterion	-1.55206
Log likelihood	34.945546	Hannan-Quinn criter.	-1.63534
Durbin-Watson stat	2.061541		

由表 15-9 我们可以写处误差修正模型的估计结果

$$\Delta \ln \text{TAX}_t = 0.447 \Delta \ln \text{GDP}_t + 0.642 \Delta \ln \text{EP}_t - 0.161 e1_{t-1}$$

从上面的估计结果可以看出，误差修正项的系数为 0.161，表示当短期波动偏离长期均衡时，误差修正项将以 0.161 的力度做反向调整，将非均衡状态恢复到均衡状态。

5. VECM

在工作文件窗口下，选中 lnTAX、lnGDP、lnEP，单击右键 "Open/as VAR"，选择 "Vector Error Correction"，经反复试验发现最佳滞后期为 3 期，根据 JJ 检验的设置，应该选择情形 2，协整方程个数为 2 个。设置完毕后，点击 "OK" 便得到向量误差修正模型的估计结果，见表 15-11。

表 15-11 VECM 的估计结果

Vector Error Correction Estimates
Sample (adjusted): 1982 2016
Included observations: 35 after adjustments
Standard errors in ( ) & t-statistics in [ ]

Cointegrating Eq:	CointEq1	CointEq2
LNTAX(-1)	1.000000	0.000000
LNGDP(-1)	0.000000	1.000000
LNEP(-1)	-0.916686	-0.836250
	0.036899	0.039901
	[-24.8430]	[-20.9584]
C	-0.686393	-2.253779
	0.342389	0.370239
	[-2.00472]	[-6.08736]

（续）

Error Correction:	D(LNTAX)	D(LNGDP)	D(LNEP)
CointEq1	-0.386031	-0.085470	-0.091914
	0.078751	0.033699	0.032412
	[-4.90189]	[-2.53627]	[-2.83582]
CointEq2	-0.150706	0.047883	0.118167
	0.085143	0.036434	0.035042
	[-1.77004]	[1.31423]	[3.37211]
D(LNTAX(-1))	-0.376977	-0.102749	0.036760
	0.161815	0.069243	0.066599
	[-2.32967]	[-1.48388]	[0.55196]
D(LNTAX(-2))	-0.336919	0.103346	-0.022650
	0.175188	0.074966	0.072103
	[-1.92318]	[1.37857]	[-0.31414]
D(LNTAX(-3))	-0.114916	0.130085	0.062958
	0.167222	0.071557	0.068824
	[-0.68721]	[1.81793]	[0.91477]
D(LNGDP(-1))	0.914050	1.161395	0.268575
	0.452171	0.193491	0.186101
	[2.02147]	[6.00233]	[1.44317]
D(LNGDP(-2))	-0.570545	-0.450889	-0.158856
	0.659782	0.282331	0.271548
	[-0.86475]	[-1.59703]	[-0.58500]
D(LNGDP(-3))	-0.062239	-0.057908	-0.181195
	0.503119	0.215292	0.207070
	[-0.12371]	[-0.26897]	[-0.87504]
D(LNEP(-1))	1.077872	-0.122802	0.293368
	0.546367	0.233799	0.224870
	[1.97280]	[-0.52524]	[1.30461]
D(LNEP(-2))	0.666204	0.194424	-0.050581
	0.513901	0.219906	0.211507
	[1.29637]	[0.88413]	[-0.23915]
D(LNEP(-3))	0.782023	-0.263505	-0.124805
	0.434760	0.186040	0.178935
	[1.79875]	[-1.41638]	[-0.69748]

（续）

R-squared	0.643859	0.723777	0.619154
Adj. R-squared	0.495466	0.608684	0.460469
Sum sq. resids	0.186536	0.034157	0.031598
S.E. equation	0.088161	0.037725	0.036285
F-statistic	4.338897	6.288624	3.901768
Log likelihood	41.940502	71.649594	73.012464
Akaike AIC	-1.768029	-3.465691	-3.543569
Schwarz SC	-1.279205	-2.976867	-3.054746
Mean dependent	0.152358	0.143563	0.145872
S.D. dependent	0.124117	0.060307	0.049399
Determinant resid covariance (dof adj.)		0.000000	
Determinant resid covariance		0.000000	
Log likelihood		190.067009	
Akaike information criterion		-8.518115	
Schwarz criterion		-6.696136	

表 15-11 所示的 CointEq1 和 CointEq2 对应的值便是调整速度系数的值，表示当短期波动偏离长期均衡时，误差修正项将以 CointEq1 和 CointEq2 对应参数估计值的力度将其恢复长期均衡状态。

案例 15-2

利率期限结构是指在某一时点上，不同期限资金的收益率与到期期限之间的关系。利率的期限结构反映了不同期限的资金供求关系，揭示了市场利率的总体水平和变化方向。短期利率和长期利率之间相互影响，我们研究美国 3 个月利率（r3）和 10 个月利率（r10）间的协整关系。数据见表 15-12。

表 15-12 美国 3 个月和 10 个月利率数据

日期	r3	r10	日期	r3	r10	日期	r3	r10
1960Q1[①]	4.67	4.49	1963Q2	3.55	3.96	1966Q3	5.58	5.14
1960Q2	4.25	4.26	1963Q3	3.78	4.03	1966Q4	5.40	5.00
1960Q3	3.49	3.83	1963Q4	3.94	4.12	1967Q1	4.65	4.58
1960Q4	3.52	3.89	1964Q1	4.05	4.18	1967Q2	4.63	4.82
1961Q1	3.40	3.79	1964Q2	4.07	4.20	1967Q3	5.23	5.25
1961Q2	3.40	3.79	1964Q3	3.96	4.19	1967Q4	5.65	5.64
1961Q3	3.69	3.98	1964Q4	4.05	4.17	1968Q1	5.65	5.61
1961Q4	3.65	3.97	1965Q1	4.08	4.20	1968Q2	5.89	5.74
1962Q1	3.63	4.02	1965Q2	4.10	4.21	1968Q3	5.45	5.46
1962Q2	3.39	3.87	1965Q3	4.16	4.25	1968Q4	5.75	5.77
1962Q3	3.50	3.99	1965Q4	4.52	4.47	1969Q1	6.31	6.18
1962Q4	3.37	3.90	1966Q1	4.96	4.77	1969Q2	6.53	6.35
1963Q1	3.40	3.89	1966Q2	4.98	4.78	1969Q3	7.46	6.86

（续）

日期	r3	r10	日期	r3	r10	日期	r3	r10
1969Q4	7.77	7.30	1978Q2	8.07	8.32	1986Q4	6.48	7.26
1970Q1	7.73	7.37	1978Q3	8.43	8.49	1987Q1	6.52	7.19
1970Q2	7.72	7.71	1978Q4	9.00	8.82	1987Q2	7.72	8.34
1970Q3	7.38	7.46	1979Q1	9.39	9.11	1987Q3	8.15	8.88
1970Q4	6.32	6.85	1979Q2	9.27	9.11	1987Q4	8.29	9.12
1971Q1	5.06	6.02	1979Q3	9.26	9.10	1988Q1	7.58	8.42
1971Q2	5.84	6.25	1979Q4	10.95	10.45	1988Q2	8.10	8.91
1971Q3	6.33	6.48	1980Q1	12.59	11.99	1988Q3	8.59	9.10
1971Q4	5.39	5.89	1980Q2	10.12	10.48	1988Q4	8.75	8.96
1972Q1	5.32	6.03	1980Q3	10.49	10.95	1989Q1	9.38	9.21
1972Q2	5.69	6.14	1980Q4	12.99	12.42	1989Q2	8.92	8.77
1972Q3	5.88	6.29	1981Q1	13.39	12.96	1989Q3	8.07	8.11
1972Q4	6.00	6.37	1981Q2	14.49	13.75	1989Q4	7.86	7.91
1973Q1	6.57	6.60	1981Q3	15.79	14.85	1990Q1	8.38	8.42
1973Q2	6.82	6.81	1981Q4	14.09	14.09	1990Q2	8.62	8.68
1973Q3	7.56	7.21	1982Q1	14.50	14.29	1990Q3	8.25	8.70
1973Q4	6.87	6.75	1982Q2	14.14	13.93	1990Q4	7.76	8.40
1974Q1	7.02	7.05	1982Q3	12.88	13.11	1991Q1	7.27	8.02
1974Q2	8.16	7.54	1982Q4	10.16	10.67	1991Q2	7.25	8.13
1974Q3	8.49	7.96	1983Q1	9.80	10.56	1991Q3	6.89	7.94
1974Q4	7.62	7.67	1983Q2	9.91	10.54	1991Q4	5.84	7.35
1975Q1	6.90	7.54	1983Q3	11.09	11.63	1992Q1	5.77	7.30
1975Q2	7.44	8.05	1983Q4	10.99	11.69	1992Q2	5.78	7.38
1975Q3	8.06	8.30	1984Q1	11.19	11.94	1992Q3	4.68	6.62
1975Q4	7.57	8.06	1984Q2	12.64	13.20	1992Q4	5.00	6.74
1976Q1	7.06	7.75	1984Q3	12.64	12.87	1993Q1	4.64	6.28
1976Q2	7.14	7.77	1984Q4	11.10	11.74	1993Q2	4.41	5.99
1976Q3	6.88	7.73	1985Q1	10.68	11.58	1993Q3	4.32	5.62
1976Q4	6.00	7.19	1985Q2	9.76	10.81	1993Q4	4.41	5.61
1977Q1	6.38	7.35	1985Q3	9.29	10.34	1994Q1	4.90	6.07
1977Q2	6.42	7.37	1985Q4	8.84	9.76	1994Q2	6.20	7.08
1977Q3	6.71	7.36	1986Q1	7.94	8.56	1994Q3	6.56	7.33
1977Q4	7.24	7.60	1986Q2	7.18	7.60	1994Q4	7.40	7.84
1978Q1	7.66	8.01	1986Q3	6.66	7.31	1995Q1	7.27	7.48

（续）

日期	r3	r10	日期	r3	r10	日期	r3	r10
1995Q2	6.25	6.62	1999Q4	6.00	6.14	2004Q2	2.98	4.60
1995Q3	5.96	6.32	2000Q1	6.56	6.48	2004Q3	2.92	4.30
1995Q4	5.58	5.89	2000Q2	6.52	6.18	2004Q4	3.05	4.17
1996Q1	5.38	5.91	2000Q3	6.16	5.89	2005Q1	3.61	4.30
1996Q2	6.29	6.72	2000Q4	5.63	5.57	2005Q2	3.73	4.16
1996Q3	6.36	6.78	2001Q1	4.64	5.05	2005Q3	3.98	4.21
1996Q4	5.94	6.34	2001Q2	4.43	5.27	2005Q4	4.37	4.49
1997Q1	6.19	6.56	2001Q3	3.93	4.98	2006Q1	4.58	4.57
1997Q2	6.42	6.70	2001Q4	3.33	4.77	2006Q2	4.98	5.07
1997Q3	6.01	6.24	2002Q1	3.75	5.08	2006Q3	4.87	4.90
1997Q4	5.78	5.91	2002Q2	3.77	5.10	2006Q4	4.65	4.63
1998Q1	5.46	5.59	2002Q3	2.62	4.26	2007Q1	4.68	4.68
1998Q2	5.57	5.60	2002Q4	2.27	4.01	2007Q2	4.76	4.85
1998Q3	5.11	5.20	2003Q1	2.07	3.92	2007Q3	4.41	4.73
1998Q4	4.41	4.67	2003Q2	1.77	3.62	2007Q4	3.50	4.26
1999Q1	4.87	4.98	2003Q3	2.20	4.23	2008Q1	2.17	3.66
1999Q2	5.35	5.54	2003Q4	2.38	4.29	—	—	—
1999Q3	5.71	5.88	2004Q1	2.17	4.02	—	—	—

① 1960Q1 表示 1960 年第一季度，其余依此类推。

资料来源：恩格斯. 应用计量经济学：时间序列分析 3 版 [M]. 杜江，袁景安，译. 北京：机械工业出版社，2012.

1. 单位根检验

设 Y 为 3 个月利率，X 为 10 个月利率。按照第 11 章的方法对变量 Y 和 X 进行单位根检验，结果发现 Y 和 X 都是 1 阶单整的。

2. JJ 检验

在工作文件下，选中 Y 和 X，单击右键"Open/as Group/View/ Cointegration Test"，由于在平稳性检验的时候发现 Y 和 X 都含有常数项，没有时间趋势项。因此在 JJ 检验时选择情形 2，经反复试验最佳滞后期为 3，完成相关设置单击"OK"就得到 JJ 检验的结果，见表 15-13。

表 15-13 JJ 检验的结果

Sample (adjusted): 5 193
Included observations: 189 after adjustments
Trend assumption: No deterministic trend (restricted constant)
Series: Y X
Lags interval (in first differences): 1 to 3

Unrestricted Cointegration Rank Test (Trace)

（续）

Hypothesized No. of CE(s)	Eigenvalue	Trace Statistic	0.05 Critical Value	Prob.**
None *	0.104011	24.28208	20.26184	0.0132
At most 1	0.018476	3.524689	9.164546	0.4875

Trace test indicates 1 cointegrating eqn(s) at the 0.05 level
* denotes rejection of the hypothesis at the 0.05 level
**MacKinnon-Haug-Michelis (1999) p-values

Unrestricted Cointegration Rank Test (Maximum Eigenvalue)

Hypothesized No. of CE(s)	Eigenvalue	Max-Eigen Statistic	0.05 Critical Value	Prob.**
None *	0.104011	20.75739	15.89210	0.0079
At most 1	0.018476	3.524689	9.164546	0.4875

Max-eigenvalue test indicates 1 cointegrating eqn(s) at the 0.05 level
* denotes rejection of the hypothesis at the 0.05 level
**MacKinnon-Haug-Michelis (1999) p-values

Unrestricted Cointegrating Coefficients (normalized by b'*S11*b=I):

Y	X	C
1.961048	-2.011901	1.246367
-0.155338	0.566155	-2.877424

Unrestricted Adjustment Coefficients (alpha):

D(Y)	-0.052356	-0.080974
D(X)	0.010108	-0.063620

1 Cointegrating Equation(s):   Log likelihood   -80.40613
Normalized cointegrating coefficients (standard error in parentheses)

Y	X	C
1.000000	-1.025931	0.635562
	(0.04504)	(0.33219)

Adjustment coefficients (standard error in parentheses)

D(Y)	-0.102673
	(0.08943)
D(X)	0.019823
	(0.06817)

从表 15-13 可知，Trace 统计量的值为 24.28 大于 5% 的显著性水平下的临界值 20.26，拒绝没有协整方程的原假设，认为至少存在一个协整方程；3.52 小于 5% 的显著性水平下的临界值 9.16，接受至多有一个协整方程的原假设，因此可以判定，序列 Y 和 X 之间存在一个协整方程。

标准化的协整方程如下

$$Y = -0.636 + 1.026X$$

3. VECM

因为长短期利率是相互影响的，因而建立向量误差修正模型更符合实际情况。在工作文件窗口下，选中 Y 和 X，单击右键"Open/as VAR"，选择"Vector Error Correction"，经反复试验发现最佳滞后期为 3 期，根据 JJ 检验的设置，应该选择情形 2，协整方程个数为 1 个。设置完毕后，单击"OK"便得到向量误差修正模型的估计结果，见表 15-14。

表 15-14 VECM 的估计结果

Vector Error Correction Estimates
Date: 01/20/15 Time: 16:42
Sample (adjusted): 5 193
Included observations: 189 after adjustments
Standard errors in ( ) & t-statistics in [ ]

Cointegrating Eq:	CointEq1	
Y(-1)	1.000000	
X(-1)	-1.025931	
	(0.04504)	
	[-22.7772]	
C	0.635562	
	(0.33219)	
	[1.91324]	
Error Correction:	D(Y)	D(X)
CointEq1	-0.102673	0.019823
	(0.08943)	(0.06817)
	[-1.14809]	[0.29077]
D(Y(-1))	0.311258	9.04E-05
	(0.22654)	(0.17269)
	[1.37398]	[0.00052]
D(Y(-2))	-0.359587	-0.303504
	(0.22602)	(0.17230)
	[-1.59097]	[-1.76153]
D(Y(-3))	0.406226	0.226205
	(0.22413)	(0.17086)
	[1.81247]	[1.32396]
D(X(-1))	-0.002691	0.268713
	(0.29720)	(0.22656)
	[-0.00905]	[1.18607]
D(X(-2))	0.230934	0.276433
	(0.29985)	(0.22858)
	[0.77016]	[1.20935]
D(X(-3))	-0.236222	-0.160710
	(0.29495)	(0.22484)
	[-0.80088]	[-0.71476]
R-squared	0.126327	0.101646
Adj. R-squared	0.097525	0.072030
Sum sq. resids	71.53410	41.56955

		（续）
S.E. equation	0.626933	0.477916
F-statistic	4.385998	3.432125
Log likelihood	-176.3658	-125.0706
Akaike AIC	1.940378	1.397572
Schwarz SC	2.060443	1.517637
Mean dependent	-0.007143	-0.001217
S.D. dependent	0.659938	0.496118
Determinant resid covariance (dof adj.)		0.008657
Determinant resid covariance		0.008027
Log likelihood		-80.40613
Akaike information criterion		1.030753
Schwarz criterion		1.322338

表 15-14 所示的 CointEq1 正是前面估计出的协整方程。Error Correction 表示的是 VECM。CointEq1 系数对应的值便是调整速度系数的值。写出对应的向量误差方程。

$$\Delta Y_t = -0.103 \text{ecm}_t + 0.311\Delta Y_{t-1} - 0.360\Delta Y_{t-2} + 0.406\Delta Y_{t-3} - 0.003\Delta X_{t-1} + 0.231\Delta X_{t-2} - 0.236\Delta X_{t-3}$$

$$\Delta X_t = 0.020 \text{ecm}_t + (9.04E-05)\Delta Y_{t-1} - 0.304\Delta Y_{t-2} + 0.226\Delta Y_{t-3} + 0.269\Delta X_{t-1} + 0.276\Delta X_{t-2} - 0.161\Delta X_{t-3}$$

其中第一方程中误差修正项的系数 -0.103 表示当误差修正项大于 0 时，Y 以每期 0.103 单位的速度减小，直到恢复到长期均衡水平 $Y = -0.636 + 1.026X$；第二方程中误差修正项的系数 0.02 表示当误差修正项小于 0 时，X 以每单位 0.02 的速度增大，直到恢复到长期均衡水平。表明它们都符合反向修正机制。

案例 15-3

将案例 15-1 采用 Stata 软件进行协整检验和误差修正模型的建立。

1. 平稳性检验

同样的，我们分别用 lntax、lngdp、lnep 表示税收收入、国内生产总值、财政支出的对数。经 Stata 平稳性检验发现，lntax、lngdp、lnep 都是 1 阶单整序列。

2. JJ 检验

接下来，进行 JJ 检验，结果如图 15-3 所示，命令如下

```
-varsoc lntax lngdp lnep  // 滞后项检测，结果显示最佳滞后项为 2 期
-vecrank lntax lngdp lnep, lag(2)  //JJ 检验
```

```
. vecrank lntax lngdp lnep,lag(2)

              Johansen tests for cointegration
Trend: constant                         Number of obs =      37
Sample: 1980 - 2016                     Lags          =       2

                                                         5%
maximum                                     trace     critical
  rank    parms       LL     eigenvalue   statistic    value
    0      12     158.05845       .        36.6410     29.68
    1      17     171.01249    0.50352     10.7329*    15.41
    2      20     175.93775    0.23374      0.8824      3.76
    3      21     176.37893    0.02357
```

图 15-3 JJ 检验结果

结果显示，序列 lntax lngdp lnep 存在一个协整方程（图中带 * 的那一项）。

3. VECM

经过反复试验通过 AIC 和 SC 统计量结合相关滞后项的显著性水平，发现最佳滞后项为 1。于是建立误差修正模型，结果如图 15-4 所示，命令如下

```
-vec lntax lngdp lnep, lag(1)
```

得到结果

```
Vector error-correction model

Sample:  1980 - 2016                            No. of obs   =       37
                                                AIC          = -8.324999
Log likelihood =  171.0125                      HQIC         = -8.064061
Det(Sigma_ml) =  1.94e-08                       SBIC         = -7.584848

Equation           Parms      RMSE     R-sq      chi2     P>chi2

D_lntax              5       .116987   0.6754    66.59421  0.0000
D_lngdp              5       .041076   0.9374    479.5032  0.0000
D_lnep               5       .049428   0.9064    309.9137  0.0000
```

	Coef.	Std. Err.	z	P>|z|	[95% Conf. Interval]
D_lntax					
_ce1 L1.	-.0096367	.006344	-1.52	0.129	-.0220706 .0027973
lntax LD.	-.1809544	.1880529	-0.96	0.336	-.5495312 .1876225
lngdp LD.	.4943187	.3747876	1.32	0.187	-.2402514 1.228889
lnep LD.	.7918926	.3953211	2.00	0.045	.0170774 1.566708
_cons	.0270353	.0568973	0.48	0.635	-.0844814 .1385519
D_lngdp					
_ce1 L1.	-.003298	.0022275	-1.48	0.139	-.0076637 .0010678
lntax LD.	-.1577662	.0660283	-2.39	0.017	-.2871792 -.0283532
lngdp LD.	.8220247	.1315937	6.25	0.000	.5641058 1.079944
lnep LD.	.1635629	.1388033	1.18	0.239	-.1084866 .4356124
_cons	.035678	.0199775	1.79	0.074	-.0034772 .0748332
D_lnep					
_ce1 L1.	.0079732	.0026804	2.97	0.003	.0027198 .0132267
lntax LD.	.045553	.0794541	0.57	0.566	-.1101743 .2012802
lngdp LD.	.0895548	.1583514	0.57	0.572	-.2208082 .3999177
lnep LD.	.3151685	.167027	1.89	0.059	-.0121983 .6425354
_cons	.047433	.0240397	1.97	0.048	.0003162 .0945499

```
Cointegrating equations

Equation       Parms      chi2      P>chi2

_ce1             2      20.99674   0.0000

Identification:  beta is exactly identified
                 Johansen normalization restriction imposed
```

beta	Coef.	Std. Err.	z	P>|z|	[95% Conf. Interval]
_ce1					
lntax	1				
lngdp	10.64638	2.33824	4.55	0.000	6.063517 15.22925
lnep	-10.07534	2.293979	-4.39	0.000	-14.57146 -5.579224
_cons	-29.19506				

图 15-4　VECM 估计结果

于是我们可以得出估计的向量误差模型为

$$\Delta \ln \text{tax}_t = -0.096 \text{ecm}_{t-1} - 0.181\Delta \ln \text{tax}_{t-1} + 0.494\Delta \ln \text{gdp}_{t-1} + 0.792\Delta \ln \text{ep}_{t-1}$$

$$\Delta \ln \text{gdp}_t = -0.033 \text{ecm}_{t-1} - 0.158\Delta \ln \text{tax}_{t-1} + 0.822\Delta \ln \text{gdp}_{t-1} + 0.164\Delta \ln \text{ep}_{t-1}$$

$$\Delta \ln \text{ep}_t = 0.080 \text{ecm}_{t-1} + 0.046\Delta \ln \text{tax}_{t-1} + 0.090\Delta \ln \text{gdp}_{t-1} + 0.315 \ln \text{ep}_{t-1}$$

思考与练习

1. 请解释下列名词：协整；ECM；Granger 表述定理；VECM；E-G 两步法；JJ 检验。
2. 在采用 E-G 两步法进行协整检验的时候，对残差的检验有没有特殊要求？
3. 简述误差修正机制，这种机制有什么特点？
4. 简述 E-G 两步法的思路和步骤。
5. 简述 JJ 检验的基本思路和步骤。
6. 在固定资产存量模型

$$K_t = \beta_0 + \beta_1 K_{t-1} + \beta_2 I_t + \beta_3 I_{t-1} + \mu_i$$

中，经过检验 K_t 为 2 阶单整，I_t 为 1 阶单整。请写出由模型导出的误差修正模型的表达式。

7. 表 15-15 给出的是某城市 1970—1990 年人均食物年支出、人均年生活费收入和职工生活费用定基价格指数的相关数据，试根据这些数据构建误差修正模型并进行估计。

表 15-15　某城市 1970—1990 年人均食物年支出以及相关数据

年份	人均食物年支出（元）	人均年生活费收入（元）	职工生活费用定基价格指数（1950=1）
1970	144.60	261.48	1.274 516
1971	151.20	274.08	1.271 967
1972	163.20	286.68	1.271 967
1973	165.00	288.00	1.277 055
1974	170.52	293.52	1.273 224
1975	170.16	301.92	1.274 497
1976	177.36	313.80	1.274 497
1977	181.56	330.12	1.278 321
1978	200.40	361.44	1.278 321
1979	219.60	398.76	1.291 104
1980	260.76	491.76	1.356 950
1981	271.08	501.00	1.374 591
1982	290.28	529.20	1.381 464
1983	318.48	552.72	1.388 371
1984	365.40	671.16	1.413 362
1985	418.92	811.80	1.598 512
1986	517.56	988.44	1.707 211
1987	577.92	1 094.64	1.823 301

(续)

年份	人均食物年支出（元）	人均年生活费收入（元）	职工生活费用定基价格指数（1950=1）
1988	665.76	1 231.80	2.131 439
1989	756.24	1 374.60	2.444 760
1990	833.76	1 522.20	2.518 103

8. 为研究我国 1978—2022 年农村居民消费情况，根据 1978—2022 年我国农村居民年人均消费支出（Y）和农村居民年人均收入（X）数据（见表 15-16）建立消费模型。分别对 Y 和 X 取对数，则有 $\ln Y$ 和 $\ln X$。试完成如下要求。

(1) 对 $\ln X$ 和 $\ln Y$ 进行平稳性检验。

(2) 对 $\ln X$ 和 $\ln Y$ 进行协整性检验并建立误差修正模型，并分析该模型的经济意义。

表 15-16　我国 1978—2022 年农村居民消费及人均收入数据　　　　（单位：元）

年份	X	Y	年份	X	Y
1978	134	116	2001	2 407	1 803
1979	160	135	2002	2 529	1 917
1980	191	162	2003	2 690	2 050
1981	223	191	2004	3 027	2 326
1982	270	220	2005	3 370	2 749
1983	310	248	2006	3 731	3 072
1984	355	274	2007	4 327	3 536
1985	398	317	2008	4 999	4 054
1986	424	357	2009	5 435	4 464
1987	463	398	2010	6 272	4 945
1988	545	477	2011	7 394	5 892
1989	602	535	2012	8 389	6 667
1990	686	585	2013	9 430	7 485
1991	709	620	2014	10 489	8 383
1992	784	659	2015	11 422	9 223
1993	922	770	2016	12 363	10 130
1994	1 221	1 017	2017	13 432	10 955
1995	1 578	1 310	2018	14 617	12 124
1996	1 926	1 572	2019	16 021	13 328
1997	2 090	1 617	2020	17 131	13 713
1998	2 171	1 604	2021	18 931	15 916
1999	2 229	1 604	2022	20 133	16 632
2000	2 282	1 714	—	—	—

资料来源：中华人民共和国国家统计局，http://www.stats.gov.cn/。

第5篇
PART 5

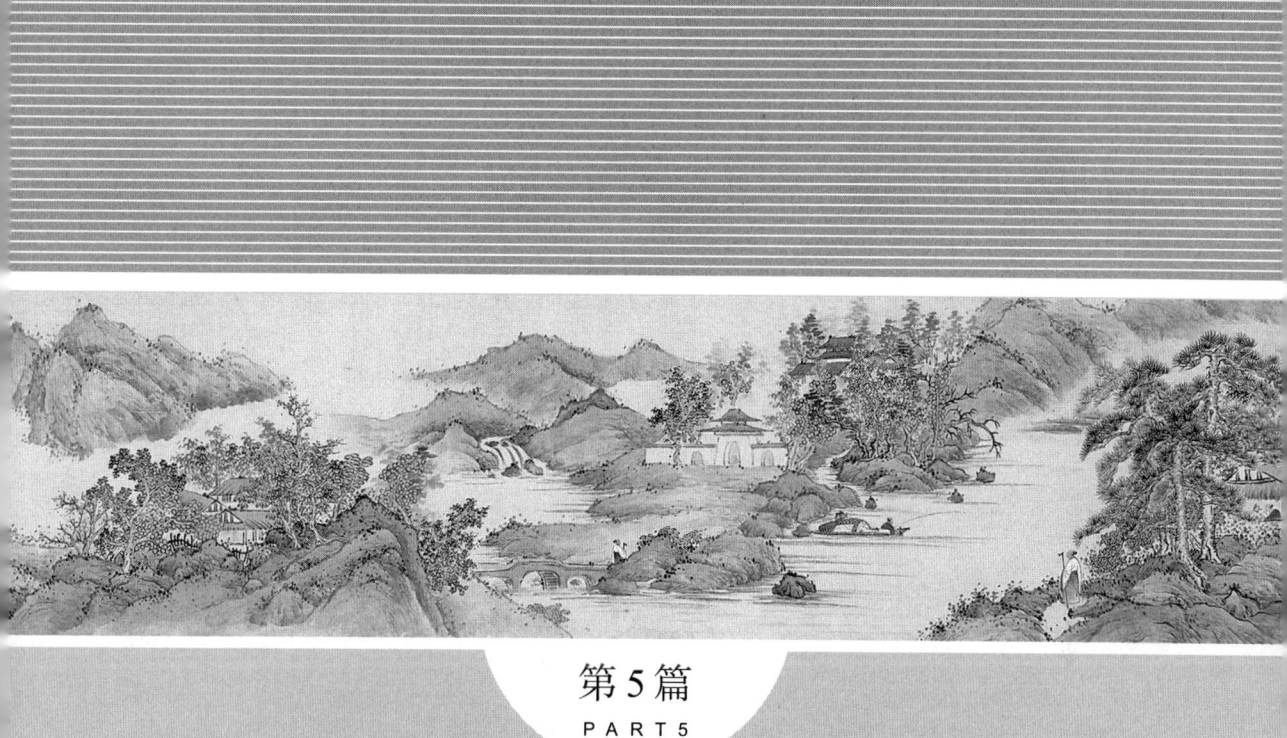

计量经济学的高级应用

第16章　虚拟被解释变量模型
第17章　面板数据模型

第16章
CHAPTER 16

虚拟被解释变量模型

在现实生活中，人们会面临各种选择。例如，上班通勤是乘坐公共交通工具还是驾车，当利用公共交通工具时，是乘地铁还是坐公共汽车。再如，想喝饮料时是喝咖啡还是喝茶，购房时是一次性付款还是按揭，本科毕业后是考研还是找工作，假期去外地旅游还是在本地旅游等。事实上，面对诸如此类的问题，人们做出的恰当选择都是建立在各种因素影响之上的，我们都可以采用计量经济学进行研究。很明显，研究这类问题的计量经济模型有一个显著的特点，就是被解释变量往往是虚拟变量，取值仅为 0 或 1，这类模型通常称为虚拟被解释变量模型。本章主要介绍两种最常见的虚拟被解释变量模型，即线性概率模型、二元 logit 模型。

16.1 线性概率模型

16.1.1 什么是线性概率模型

线性概率模型（Linear probability model）是最直观的虚拟被解释变量模型，它和一般计量经济学模型唯一的区别在于被解释变量的取值只有 0 和 1。和一般计量经济学模型一样，线性概率模型也采用 OLS 估计。

线性概率模型用参数线性方程来解释虚拟被解释变量。例如，某研究者想知道为什么有些大学生毕业后直接找工作，而另外一些大学生则继续深造，构建了线性概率模型

$$D_i = \beta_0 + \beta_1 X_{1i} + \beta_2 X_{2i} + \mu_i \tag{16-1}$$

式中，D 是虚拟变量，当第 i 个大学毕业生选择找工作时，取值为 1，否则取值为 0；X_1 和 X_2 是解释变量，分别表示家庭收入和父母受教育年限；β_0、β_1 和 β_2 为回归参数，μ 为随机误差项。

术语"线性概率模型"意思是方程的右边是线性的,而左边刻画的是$D_i=1$的概率。假设家庭收入较高、父母受教育年限较长的大学毕业生倾向于继续深造,那么,D的值可能接近于0。假设我们估计出了式(16-1)的方程,得到某个特定大学毕业生的$\hat{D}_i$值为0.10,这是什么意思呢?既然$D=1$表示直接就业,$D=0$表示继续深造,那么,某毕业生的$\hat{D}_i$值为0.10就表示该大学毕业生直接就业的可能性为10%,它取决于该大学毕业生的家庭收入和父母受教育年限这两个解释变量的取值。因此,$\hat{D}_i$刻画的是D的第i个观测值为1的概率,用表达式可表示为

$$\hat{D}_i = \Pr(D_i = 1) = \beta_0 + \beta_1 X_{1i} + \beta_2 X_{2i} \tag{16-2}$$

式中,$\Pr(D_i=1)$表示第i个观测值为$D_i=1$的概率。

那么,又如何解释式(16-2)的参数呢?由于$\hat{D}_i$刻画的是$D_i=1$的概率,因此,线性概率模型参数的经济意义如下:当方程中其他解释变量不变时,1单位某解释变量的变动引起的$D_i=1$的概率变动的百分比。真实的概率是无法观察的,因为它反映的是离散选择发生之前的情况。选择发生后,只能观察到选择的结果,所有被解释变量D_i的取值只能为0或1。因此,虽然被解释变量D_i的期望值可以是0~1之间的任意值,但能够观察到的仅仅是两个极端值0和1。

16.1.2 线性概率模型存在的问题

线性概率模型的优点在于简单、直观,然而,采用OLS估计线性概率模型的参数会产生2个严重的问题。

(1)校正的判定系数$\bar{R}^2$不能准确度量模型的拟合优度。对于线性概率模型而言,校正的判定系数$\bar{R}^2$很难反映解释变量对被解释变量的解释程度。由于D_i只能等于1或0,而$\hat{D}_i$的取值却在0和1这两个极端值之间连续变化,意味着在X_i的一定范围内,$\hat{D}_i$与D_i之间存在明显的差别。因此,即便模型很好地解释了所涉及的选择,校正的判定系数$\bar{R}^2$也会远小于1。其结果是,不能依赖校正的判定系数$\bar{R}^2$(或判定系数R^2)来度量虚拟被解释变量模型的整体拟合优度。

(2)$\hat{D}_i$不以0和1为界。因为D_i是虚拟变量,所以,既然$\hat{D}_i$是概率值,取值就应该介于0~1。概率的预测值大于1(或小于0)是没有意义的。然而,再次观察式(16-2),根据X和β的值,式左边的取值可能会超出有意义的范围。例如,如果式(16-2)中所有的X和β都取1,则$\hat{D}_i$等于3,远大于1。

以上两个问题,第一个问题是可以解决的,因为对于虚拟被解释变量方程来说,校正的判定系数$\bar{R}^2$并不是衡量拟合优度的唯一指标。最常用的方法是构造新统计量$\bar{R}_p^2$,它等于1和0分别被正确预测的百分比的均值。为了应用这种方法,一般假设$\hat{D}_i>0.5$意味着$D_i=1$,而$\hat{D}_i\leqslant0.5$意味着$D_i=0$,此时,比较预测值与真实D_i,就能计算出观测值被正确解释的百分比。

第二个可采用的方法是令所有大于1的$\hat{D}_i$等于1,令所有小于0的$\hat{D}_i$等于0。这种处理方法忽

略了无界性,因为对于线性概率模型来说,有理由相信预测概率为 3 的观测值比预测概率为 1 的观测值更有可能令$\hat{D}_i$等于 1。

16.2 二元logit模型

16.2.1 什么是二元logit

线性概率模型存在无界限问题,为了解决这一问题,其中一种方法是采用一种平滑且有意义的方法,将$\hat{D}_i$的值限制在 0~1 的范围内,二元 logit 模型就可以做到这一点。二元 logit(binomial logit)模型采用累积 logistic 函数的变形来回避线性概率模型的无界性问题。累积 logistics 函数的变形为

$$D_i = \frac{1}{1+e^{-[\beta_0+\beta_1 X_{1i}+\beta_2 X_{2i}+\mu_i]}} \quad (16\text{-}3)$$

仔细观察式(16-3)可知,$\hat{D}_i$的值被限制在 0~1 之间。当$\beta_0 + \beta_1 X_{1i} + \beta_2 X_{2i} + \mu_i$为正无穷时,因为 e 的负无穷次方为 0,有

$$D_i = \frac{1}{1+e^{-\infty}} = \frac{1}{1} = 1 \quad (16\text{-}4)$$

当$\beta_0 + \beta_1 X_{1i} + \beta_2 X_{2i} + \mu_i$为负无穷时,有

$$D_i = \frac{1}{1+e^{\infty}} = \frac{1}{\infty} = 0 \quad (16\text{-}5)$$

因此,$\hat{D}_i$的取值介于 0~1。$\hat{D}_i$逐渐接近于 1 和 0。因此,二元 logit 模型避免了线性概率模型在处理虚拟被解释变量时产生的概率值超出概率取值范围的无界限问题。此外,多数研究者之所以偏爱 logit 模型,是因为现实数据经常呈现"S"形。

logit 模型不能采用 OLS 估计,而应该采用最大似然法(maximum likelihood,ML)进行估计。与 OLS 估计不同的是,最大似然估计是通过最大化样本数据被观察到的概率来确定参数估计值的。OLS 估计与 ML 估计的结果并非完全不同,对线性方程来说,在古典假设(包括正态性假设)满足的情况下,ML 估计结果与 OLS 估计结果完全相同。

使用最大似然法的原因之一是最大似然法具有很多可取的大样本特性。最大似然估计量具有一致性和渐进有效性(在大样本下具有无偏性和最小方差性)。此外,在大样本下,最大似然法还有另外一些优点,诸如生成正态分布的参数估计值,适用于典型的假设检验方法。因此,logit 模型需要的样本容量远大于线性回归需要的样本容量。

还有一点值得注意的是,logit 样本中两种选择(如直接就业还是继续深造)的观测值都应该足够多。例如,假设 98% 的样本观测值为选择直接就业,2% 的样本观测值为选择继续深造,那么,在一个样本容量为 500 的随机样本中,选择继续深造的观测值只有 10 个。在这种情况下,参数估计值将非常依赖于这 10 个观测值的特性。

尽管采用 ML 可以估计式(16-3),但式(16-3)的函数形式过于复杂,需要简化。首先,采

用数学变换可以将式（16-3）变换为

$$\ln\left(\frac{D_i}{1-D_i}\right) = \beta_0 + \beta_1 X_{1i} + \beta_2 X_{2i} + \mu_i \tag{16-6}$$

式中，D_i 是虚拟变量。式（16-6）看起来也有些复杂，因为式左边包含了 $D_i/(1-D_i)$ 的自然对数。为简便起见，可以令

$$L : \Pr(D_i = 1) = \ln\left(\frac{D_i}{(1-D_i)}\right) \tag{16-7}$$

L 表示 logit 函数形式，"$\Pr(D_i=1)$" 表示被解释变量为虚拟变量，由估计出的 logit 方程计算出的 $\hat{D}_i$ 表示 $D_i=1$ 的概率。将式（16-7）代入式（16-6），有

$$L : \Pr(D_i = 1) = \beta_0 + \beta_1 X_{1i} + \beta_2 X_{2i} + \mu_i \tag{16-8}$$

式（16-8）是被估 logit 模型的标准格式。在 EViews 软件中，logit 模型可以直接估计，在 EViews 主菜单下，单击"Quick/Estimare Equation"，在"Equation specification"中写入各变量名，然后在"Method"下拉菜单中选择"Binary choice"，单击"确定"即可，如图 16-1 所示。

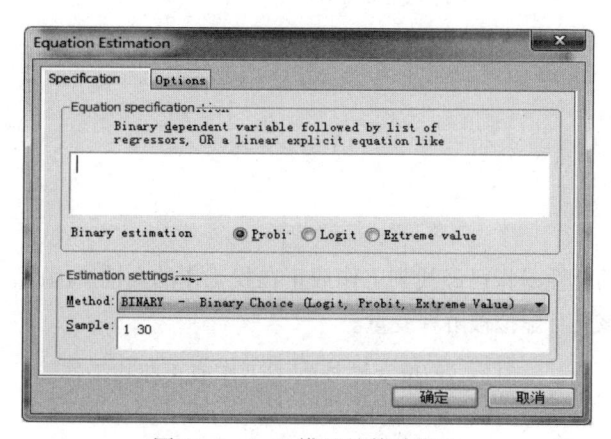

图 16-1　logit 模型的估计窗口

16.2.2　解释 logit 模型的参数估计值

logit 模型也需要进行假设检验，这里用到的假设检验方法和前面章节采用的方法相同。logit 模型与线性概率模型的参数估计值的符号具有相同的经济意义。在这里，需要着重强调如何解释 logit 模型的参数的经济意义。对于相同的样本，在模型设定一致的情况下，logit 模型的参数估计值的绝对值与线性概率模型的参数估计值的绝对值之间具有很大的区别。原因在于：第一，logit 模型和线性概率模型的设定形式可知，logit 方程中的被解释变量与线性概率模型中的被解释变量不同。被解释变量不同，参数估计值自然就不同；第二，logit 模型的参数估计值更富有动态性，logit 曲线的斜率随 D_i 在 0～1 之间变动而变动。因此，1 单位某解释变量的变动引起 $D_i=1$ 的概率的变动（方程中其他解释变量保持不变），将随着 D_i 由 0 到 1 而变化。

那么，该怎么解释 logit 模型的参数估计值呢？有 3 种方法可供选择。

(1) 改变平均观测值。将所有解释变量的平均值代入估计出的 logit 方程，计算出"平均"$\hat{D}_i$，即构造出平均观测值。然后，增加 1 单位解释变量，重新计算 $\hat{D}_i$。前后两次计算出的 $\hat{D}_i$ 之差便是 1 单位解释变量变动引起 $D_i=1$ 的概率的平均变动量（保持其他解释变量不变）。

(2) 使用偏导数。对 logit 模型求导，可以发现：在其他解释变量不变时，X_{1i} 每增加 1 单位，$\hat{D}_i$ 的变动量为 $\hat{\beta}_1 \hat{D}_i (1-\hat{D}_i)$。在运用这个公式时，只需将 β_1 和 D_i 的参数估计值代入即可。从公式中可以看出，X 的边际影响 β_1 确实决定 $\hat{D}_i$ 的值。

(3) 采用 0.25 的粗略估计。以上两种方法都比较精确，但操作起来很不方便，最简便的方法是将 logit 模型的参数估计值乘以 0.25（或除以 4），这样得到的参数相当于线性概率模型的参数。

具体应该采用哪种方法应该视研究情况而定，然而，在精度要求不是太苛刻的情况下，本书倾向于第 3 种方法。只需乘以 0.25 就可以近似得到 logit 模型参数的经济意义。

与线性概率模型一样，校正的判断系数 $\bar{R}^2$ 也不能用于评价 logit 模型的拟合优度，用于评价线性概率模型拟合优度的正确预测平均百分比 $\bar{R}_p^2$ 也可以用来评价 logit 模型的拟合优度。

16.3 案例分析

案例 16-1

1. 建立模型

进入劳动力市场的女性是指已经找到工作或正在找工作的女性。因此，女性参与劳动力市场的专题研究的模型应该具有虚拟被解释变量。

$$D_i = \begin{cases} 1 & \text{第 } i \text{ 位女性找到了工作或正在找工作} \\ 0 & \text{其他情形} \end{cases}$$

从理论上讲，尽管存在很多潜在解释变量影响女性的就业选择，但其中最重要的两个变量为女性的婚姻状况和受教育年限。一般来说，相较于受教育年限较短的未婚女性，受教育年限长的未婚女性更容易进入劳动力市场。

假设：M_i 为虚拟变量，若第 i 位女性已婚则为 1，否则为 0；S_i 表示第 i 位女性的受教育年限。表 16-1 列出了样本数据，这些数据将在案例 16-2 中继续使用。

表 16-1 女性参与劳动力市场的数据

样本序号	D_i	M_i	S_i	$\hat{D}_i$
1	1	0	16	1.20
2	1	1	14	0.63
3	1	1	16	0.82
4	0	0	9	0.55

（续）

样本序号	D_i	M_i	S_i	$\hat{D}_i$
5	1	0	12	0.83
6	0	1	12	0.45
7	1	0	14	1.01
8	1	0	10	0.64
9	0	0	12	0.83
10	1	0	8	0.45
11	1	0	11	0.73
12	1	0	14	1.01
13	0	1	12	0.45
14	1	1	13	0.54
15	0	1	9	0.17
16	1	0	10	0.64
17	1	1	14	0.63
18	0	1	10	0.26
19	0	1	12	0.45
20	1	0	13	0.92
21	1	0	14	1.01
22	1	1	12	0.45
23	0	1	7	−0.01
24	0	1	11	0.35
25	0	1	12	0.45
26	1	1	10	0.26
27	1	0	15	1.11
28	0	1	10	0.26
29	0	1	11	0.35
30	1	1	12	0.45

资料来源：施图德蒙德．应用计量经济学 [M]．杜江，李恒，译．北京：机械工业出版社，2011。

假设两个解释变量对女性就业选择的影响都是线性的，那么，线性概率模型可以设定为

$$D_i = \beta_0 + \beta_1 M_i + \beta_2 S_i + \mu_i \tag{16-9}$$

2. 估计模型

线性概率模型与一般计量经济学模型一样，采用 OLS 估计，对于式（16-9），变量 D、M、S 分别命名为 DI、M、S。在工作文件下，单击"Quick/Estimate Equation"，键入"DI M S C"，单击"OK"就得到表 16-2 所示的估计结果。

表 16-2　线性概率模型的估计结果

Dependent Variable: DI
Method: Least Squares
Sample: 1 30
Included observations: 30

Variable	Coefficient	Std. Error	t-Statistic	Prob.
M	-0.38178	0.153053	-2.49443	0.019034
S	0.093012	0.034598	2.688402	0.012149
C	-0.2843	0.435743	-0.65245	0.519627

R-squared	0.363455	Mean dependent var		0.6
Adjusted R-squared	0.316304	S.D. dependent var		0.498273
S.E. of regression	0.412001	Akaike info criterion		1.15906
Sum squared resid	4.583121	Schwarz criterion		1.29918
Log likelihood	-14.3859	Hannan-Quinn criter.		1.203885
F-statistic	7.708257	Durbin-Watson stat		2.550725
Prob(F-statistic)	0.002247			

3. 解释

从表 16-2 可以看出，尽管样本容量很小且可能存在设定偏误（遗漏变量所致），但两个解释变量的参数估计值依然是显著的，其符号也符合经济意义。此外，对线性概率模型来说，校正的判定系数 $\bar{R}^2$ 约为 0.32，算是非常高的了。原因在于：D_i 等于 0 或 1，校正的判定系数大于 0.7 几乎是不可能的，也难以用这个统计指标来判断拟合优度的好坏。

下面我们来计算 $\bar{R}_p^2$。由式（16-9）可知，$\hat{D}_i = D_i - \varepsilon$。在式（16-9）对应的工作文件下单击"Quick/Generate Series"，键入"dii=di-resid"（dii 即为 $\hat{D}_i$），就可以得到被解释变量的估计值 $\hat{D}_i$，如表 16-1 最后一列所示。从表 16-1 可以看出，被解释变量观察值为"1"的有 18 个，而被解释变量估计值大于 0.5 的有 16 个，正确解释的百分比为 16/18=0.89；被解释变量观测值为"0"的 12 个，而被解释变量估计值小于 0.5 的有 14 个，正确解释的百分比为 14/12=1.17。对 0.89 和 1.17 求均值的结果就是 $\bar{R}_p^2$，为 0.76。可见，式（16-9）的线性概率模型的拟合程度较高，表明被式（16-9）"正确"解释的选择的百分比均值为 76%。

值得注意的是，在解释式（16-9）的参数估计值时必须十分谨慎。线性概率模型的斜率参数是指在方程中其他解释变量不变的情况下，1 单位某解释变量的变动引起的 $D_i=1$ 的概率变动的百分比。参数估计值是否具有经济意义呢？答案是肯定的。式（16-9）显示受教育年限相同的情况下，已婚女性参与劳动力市场的概率比未婚女性参与劳动力市场的概率低 38 个百分点。在婚姻状况相同的情况下，受教育年限每增加 1 年，女性参与劳动力市场的概率上升 9 个百分点。此外，从表 16-1 还可以看出 $\hat{D}_i$ 经常超出有意义的范围（0~1），即存在 $\hat{D}_i$ 的无界限问题。

案例 16-2

为了解决线性概率模型的无界限问题，可以采用 logit 模型来估计参数。沿用前文女性参与劳动力市场的案例。

1. 建立模型

$$L: \Pr(D_i = 1) = \beta_0 + \beta_1 M_i + \beta_2 S_i + \varepsilon_i \quad (16\text{-}10)$$

式中，各变量的含义与案例 16-1 中的相同。

2. 估计模型

对于式（16-10），在工作文档下，单击"Quick/Estimate Equation"，键入"DI M S C"，然后在"Method"下拉菜单中选择"Binary Choice"，单击"确定"就会出现如图 16-2 所示的界面。

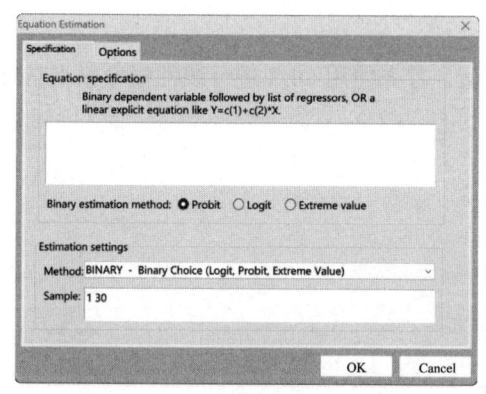

图 16-2 logit 模型估计窗口选项

在图 16-2 中的"Binary estimation method"中选择"Logit"，单击"OK"后就可以得到如表 16-3 所示的估计结果。

表 16-3 logit 模型的估计结果

Dependent Variable: DI
Method: ML - Binary Logit (Quadratic hill climbing)
Sample: 1 30
Included observations: 30
Convergence achieved after 5 iterations
Covariance matrix computed using second derivatives

Variable	Coefficient	Std. Error	z-Statistic	Prob.
M	-2.586110	1.180162	-2.191318	0.0284
S	0.690368	0.315828	2.185899	0.0288
C	-5.895933	3.324731	-1.773356	0.0762

Mean dependent var	0.600000	S.D. dependent var		0.498273
S.E. of regression	0.399177	Akaike info criterion		1.085128
Sum squared resid	4.302237	Schwarz criterion		1.225248
Log likelihood	-13.27693	Hannan-Quinn criter.		1.129954
Restr. log likelihood	-20.19035	Avg. log likelihood		-0.442564
LR statistic (2 df)	13.82685	McFadden R-squared		0.342412
Probability(LR stat)	0.000994			

Obs with Dep=0	12	Total obs	30
Obs with Dep=1	18		

如表 16-3 所示，比较式（16-10）和式（16-9），斜率参数的符号和显著性都相同。即便如前面建议的那样，将 logit 模型的参数估计值除以 4，logit 模型的参数估计值仍大于线性概率模型的

参数估计值。尽管存在差别，特别是被解释变量不同，估计方法不同，但两个模型的整体拟合优度大致相同（本案例中，logit 模型的 $\bar{R}_p^2$ 与线性概率模型的 $\bar{R}_p^2$ 非常接近，两者的计算方法完全相同，不再赘述）。在本案例中，两种估计方法的不同主要在于 logit 模型不会产生概率值不在 0~1 的范围的问题。

案例 16-3

将案例 16-1 采用 Stata 软件进行统计分析，研究女性就业受婚姻状况和受教育年限的影响情况。

1. 线性概率模型

采用上述式（16-9）模型，首先使用 OLS 进行线性概率模型估计，结果如图 16-3 所示，命令如下：

```
-regress DI M S,r
```

```
. regress DI M S,r
Linear regression                               Number of obs  =        30
                                                F(  2,    27)  =     16.30
                                                Prob > F       =    0.0000
                                                R-squared      =    0.3635
                                                Root MSE       =      .412

                            Robust
         DI |      Coef.   Std. Err.      t    P>|t|     [95% Conf. Interval]
          M |  -.3817805   .1566592    -2.44   0.022    -.7032186   -.0603424
          S |   .0930121   .0286807     3.24   0.003     .0341642    .1518601
      _cons |  -.2843012   .4150763    -0.68   0.499    -1.135967    .567365
```

图 16-3 线性概率模型估计结果

其结果和 EViews 软件进行统计分析的结果一致。

2. logit 模型

接下来，使用 logit 模型进行估计，结果如图 16-4 所示，命令如下：

```
-logit DI M S,nolog
```

```
. logit DI M S,nolog
Logistic regression                             Number of obs  =        30
                                                LR chi2(2)     =     13.83
                                                Prob > chi2    =    0.0010
Log likelihood = -13.276927                     Pseudo R2      =    0.3424

         DI |      Coef.   Std. Err.      z    P>|z|     [95% Conf. Interval]
          M |   -2.58611   1.180162    -2.19   0.028    -4.899186   -.2730346
          S |   .6903679   .315828      2.19   0.029     .0713563   1.309379
      _cons |  -5.895933   3.324732    -1.77   0.076    -12.41229    .6204226
```

图 16-4 logit 模型估计结果

其结果和 EViews 软件进行统计分析的结果也是一致的。

思考与练习

1. 解释以下名词：线性概率模型；二元 logit 模型。
2. 线性概率模型的优缺点是什么？
3. logit 模型的优点是什么？
4. 应采用什么方法估计 logit 模型的参数。
5. logit 模型参数的经济学含义是什么？
6. 表 16-4 给出了 2016 年部分上市公司每股收益与分红情况。试完成以下要求。
（1）估计每股收益对分红情况的线性概率模型。
（2）估计对应的 logit 模型。

表 16-4　2016 年部分上市公司每股收益与分红情况

股票代码	是否分红	每股收益	股票代码	是否分红	每股收益
000038	是	0.74	002084	是	0.19
000065	是	1.03	002107	是	0.17
000155	是	0.68	002113	是	0.07
000159	是	0.07	600887	否	0.93
000166	是	0.28	002120	是	1.17
000413	是	0.27	002153	是	0.38
000572	是	0.01	002161	是	0.05
000598	是	0.29	002182	是	0.54
000619	是	0.24	002202	是	1.14
600664	否	0.33	002249	是	0.23
000725	是	0.06	002331	是	0.24
000851	是	0.20	600707	否	−0.42
002030	是	0.19	600686	否	−3.12
002053	是	0.47	601028	否	−0.82
002074	是	1.18	002122	否	−0.22

资料来源：国泰安（CSMAR）数据库。

第17章

CHAPTER 17

面板数据模型

对一些经济变量进行研究时，研究者经常会遇到模型涉及的数据既不是时间序列数据也不是截面数据，而是两者的结合。例如

$$C_{it} = \beta_i + \beta_1 X_{it} + \mu_{it} \tag{17-1}$$

式中，C_{it}表示我国31个省级行政区，1978—2022年的居民家庭平均消费额，下标"i"表示不同的省级行政区，"t"表示不同的年份。与经典计量经济学模型不同的是，该模型同时涉及截面、时间和指标三个方面的信息，在分析的过程中既能考察截面关系又能考察时间序列关系，比单纯的截面数据模型或时间序列模型的分析更加深入。

17.1 什么是面板数据模型

假设被解释变量与$k \times 1$维的解释变量向量之间满足线性关系

$$y_{it} = \alpha_{it} + \beta_{it} x_{it} + \mu_{it} \quad i = 1, 2, \cdots, N \quad t = 1, 2, \cdots, T \tag{17-2}$$

式（17-2）表示k个经济指标在N个个体以及T个时间点上的变动对被解释变量y的影响关系。式中，N表示每个时间点的截面个数，T表示每个截面的时间点个数；α_{it}为模型的常数项；β_{it}表示解释变量向量对应的系数向量；μ_{it}为随机误差项，且每个随机误差项之间相互独立、零均值、同方差。这样的模型称为面板数据模型（panel data model）。

观察式（17-2）可知，常数项α_{it}和系数向量β_{it}的性质决定了面板数据模型的性质。一般来说，可以根据常数项α_{it}和系数向量β_{it}的不同约束要求，将面板数据模型划分为三种类型：混合回归模型（也称为无个体影响的不变系数模型）、变截距模型、变系数模型。

17.1.1 混合回归模型

把式（17-3）表述的模型称为混合回归模型

$$y_{it} = \beta_0 + \beta x_{it}' + \mu_{it}, \quad i=1,2,\cdots,N \quad t=1,2,\cdots,T \tag{17-3}$$

在式（17-3）中，对任何个体和截面，回归系数 β_0 和 β 都相同，表示既不受个体差异的影响也不随时间存在结构变化。在不存在模型设定偏误的前提下，解释变量与随机误差项不相关，即 $\text{Cov}(x_{it}, \mu_{it}) = 0$，将个体的时间序列数据按序堆积起来作为样本数据，模型参数的混合最小二乘估计量（pooled OLS）是一致有效估计量。

17.1.2 变截距模型

变截距模型表述为

$$y_{it} = \alpha_i + \beta x_{it}' + \mu_{it}, \quad i=1,2,\cdots,N \quad t=1,2,\cdots,T \tag{17-4}$$

式中，α_i 为个体影响，反映了混合回归模型中被忽略的个体差异，但与式（17-2）所有个体的系数向量 β_i 相比较，在式（17-4）中的系数都相同，为 β。这说明变截距模型的每个个体都存在差异。μ_{it} 为随机误差项。该模型称为变截距模型，是应用最广泛的一种面板数据模型之一。

在式（17-4）中，若个体影响 α_i 为固定（未知）常数，则式（17-4）称为个体固定效应变截距模型；若个体影响 α_i 是一个随机变量，不是固定的常数，则式（17-4）称为个体随机效应变截距模型。

与式（17-4）的个体影响类似，也存在时点差异。时点固定效应变截距模型表述为

$$y_{it} = \gamma_t + \beta x_{it}' + \mu_{it}, \quad i=1,2,\cdots,N \quad t=1,2,\cdots,T \tag{17-5}$$

式中，若 γ_t 表示固定的（未知）常数，换句话说，表示 T 个时点有 T 个不同的截距项。因此，截距项刻画出了随不同时点变化，但不随个体变化的难以观测的变量的影响，所以把式（17-5）称为时点固定效应变截距模型；若 γ_t 为随机变量，则式（17-5）为时点随机效应变截距模型。

同样地，在变截距模型中，还有个体时点双固定效应模型、个体时点双随机效应模型。

17.1.3 变系数模型

在变截距模型中，模型的截距会随着个体的变化而变化，反映了未纳入模型的变量对被解释变量的影响。然而，在某些情况下，不同个体的解释变量对应的参数并不相同。例如，个体之间的经济结构不同或者面临的经济背景不同。此时的面板数据模型为

$$y_{it} = \alpha_i + \beta_i x_{it}' + \mu_{it}, \quad i=1,2,\cdots,N \quad t=1,2,\cdots,T \tag{17-6}$$

我们把这种模型称为变系数模型（又称无约束模型）。在这种模型中，被解释变量既受个体影响，又随横截面变化而变化。与变截距模型类似，变系数模型也可以分为固定效应模型和随机效应模型两种。

17.1.4 面板数据模型设定检验方法

尽管面板数据模型有多种设定方法，但如果模型设定产生偏误，那么，估计结果就会与真实情况相去甚远。因此，建立面板数据模型的第一步是正确地设定模型形式，即究竟是采用混合回归模型、变截距模型还是变系数模型；第二步是确定适用固定效应模型还是随机效应模型。

对于模型的设定，常用的检验方法为协变分析检验，该检验建立在以下两个假设的基础上

$$H_1: \beta_1 = \beta_2 = \cdots = \beta_N$$

$$H_2: \alpha_1 = \alpha_2 = \cdots = \alpha_N$$

$$\beta_1 = \beta_2 = \cdots = \beta_N$$

如果不能拒绝 H_2，那么，应该选择混合回归模型，检验到此结束，无须继续检验。如果拒绝 H_2，那么，需要检验 H_1。在此基础上，如果不能拒绝 H_1，那么，模型为变截距模型；如果拒绝 H_1，则模型为变系数模型。

协变分析检验建立在 F 统计量的基础上，记检验 H_2 的 F 统计量为 F_2，则有

$$F_2 = \frac{(S_3 - S_1)/[(NT-k-1)-(NT-N(k+1))]}{S_1/(NT-N(k+1))} \sim F[(N-1)(k+1), N(T-k-1)] \quad (17\text{-}7)$$

式中，S_3 表示式（17-3）的残差平方和；S_1 表示式（17-6）的残差平方和；N 表示每个时间点的截面个数，T 表示每个截面的时间点个数，k 表示解释变量个数。如果计算出的 F 统计量小于给定显著性水平 α 下的 F 分布临界值 F_α，则不能拒绝原假设，即认定真实的模型为混合回归模型；反之，应该继续检验 H_1。记检验 H_1 的 F 统计量为 F_1，则有

$$F_1 = \frac{(S_2 - S_1)/[(N-1)k]}{S_1/(NT-N(k+1))} \sim F[(N-1)k, N(T-k-1)] \quad (17\text{-}8)$$

式中，S_2 表示式（17-4）的残差平方和；S_1 表示式（17-6）的残差平方和；N 表示每个时间点的截面个数，T 表示每个截面的时间点个数。如果计算出的 F 统计量大于给定显著性水平 α 下的 F 分布临界值 F_α，则拒绝 H_1，认为模型为变系数模型；反之，模型为变截距模型。

17.2 固定效应模型

在面板数据中，如果不同的截面或不同的时间序列，模型的截距不同，则可以采用在模型中加虚拟变量的方法估计回归参数，这种模型为称为固定效应模型（fixed effects regression model）。固定效应模型分为3种类型，即个体固定效应模型（entity fixed effects regression model）、时点固定效应模型（time fixed effects regression model）和时点个体固定效应模型（time and entity fixed effects regression model）。

17.2.1 个体固定效应模型

个体固定效应模型就是不同的个体有不同截距的模型。如果不同时间序列（个体）的截距不同，但对于不同的截面，模型的截距没有显著变化，那么，就应该建立个体固定效应模型，模型

形式为

$$y_{it} = \beta x_{it} + \alpha_1 W_{1it} + \alpha_2 W_{2it} + \cdots + \alpha_N W_{Nit} + \mu_{it} \quad t=1,2,\cdots,T \quad i=1,2,\cdots,N \quad (17\text{-}9)$$

式中，$W_j(j=1,2,\cdots,N)$ 为个体虚拟变量，在任意时刻 t，第 j 个虚拟变量定义为

$$W_{ji} = \begin{cases} 1 & j=i \\ 0 & \text{其他} \end{cases}$$

y_{it}、x_{it} 分别表示被解释变量和解释变量；μ_{it} 表示随机误差项。

式（17-9）可以更加直观地表示为

$$\begin{cases} y_{1t} = \alpha_1 + \beta x_{1t} + \mu_{1t} & \text{（针对第1个个体）}, \quad t=1,2,\cdots,T \\ y_{2t} = \alpha_2 + \beta x_{2t} + \mu_{2t} & \text{（针对第2个个体）}, \quad t=1,2,\cdots,T \\ \quad\quad\quad \vdots \\ y_{Nt} = \alpha_N + \beta x_{Nt} + \mu_{Nt} & \text{（针对第}N\text{个个体）}, \quad t=1,2,\cdots,T \end{cases}$$

17.2.2 时点固定效应模型

时点固定效应模型是指不同截面（时点）有不同截距的模型。如果不同截面的截距显著不同，而时间序列（个体）截距是相同的，那么，应该建立式（17-10）表述的时点固定效应模型

$$y_{it} = \beta x_{it} + \gamma_1 D_{1it} + \gamma_2 D_{2it} + \cdots + \gamma_T D_{Tit} + \mu_{it} \quad t=1,2,\cdots,T \quad i=1,2,\cdots,N \quad (17\text{-}10)$$

式中，$D_j(j=1,2,\cdots,T)$ 为时点虚拟变量，对于任意个体 i，第 j 个虚拟变量定义为

$$D_j = \begin{cases} 1 & j=t\text{时} \\ 0 & \text{其他} \end{cases}$$

y_{it}、x_{it} 分别表示被解释变量和解释变量；μ_{it} 表示随机误差项。

式（17-10）可以更加直观地表示为

$$\begin{cases} y_{i1} = \gamma_1 + \beta x_{i1} + \mu_{i1} & \text{（针对第1个截面）}, \quad i=1,2,\cdots,N \\ y_{i2} = \gamma_2 + \beta x_{it} + \mu_{i2} & \text{（针对第2个截面）}, \quad i=1,2,\cdots,N \\ \quad\quad\quad \vdots \\ y_{iT} = \gamma_T + \beta x_{iT} + \mu_{iT} & \text{（针对第}T\text{个截面）}, \quad i=1,2,\cdots,N \end{cases}$$

17.2.3 时点个体固定效应模型

时点个体固定效应模型，顾名思义，就是不同的截面、不同的时间序列都有不同截距项的模型。如果不同的截面、不同的时间序列的截距都显著不相同，那么应该建立时点个体效应模型，模型可以写为

$$y_{it} = \beta x_{it} + \alpha_1 W_{1it} + \alpha_2 W_{2it} + \cdots + \alpha_N W_{Nit} + \gamma_1 D_{1it} + \gamma_2 D_{2it} + \cdots + \gamma_T D_{Tit} + \mu_{it} \\ t=1,2,\cdots,T \quad i=1,2,\cdots,N \quad (17\text{-}11)$$

式中，$W_j(j=1,2,\cdots,N)$ 为个体虚拟变量，$D_j(j=1,2,\cdots,T)$ 为时点虚拟变量，其定义与前面的定义相同。y_{it}、x_{it} 分别表示被解释变量和解释变量；μ_{it} 表示随机误差项。

式（17-11）可以更加直观地表示为

$$\begin{cases} y_{11} = \alpha_1 + \gamma_1 + \beta x_{11} + \mu_{11}, & t=1, i=1 \text{（第1个截面、第1个个体）} \\ y_{21} = \alpha_1 + \gamma_2 + \beta x_{21} + \mu_{21}, & t=1, i=2 \text{（第1个截面、第2个个体）} \\ \quad\vdots \\ y_{N1} = \alpha_1 + \gamma_N + \beta x_{N1} + \mu_{N1}, & t=1, i=N \text{（第1个截面、第N个个体）} \end{cases}$$

$$\begin{cases} y_{12} = (\alpha_1 + \alpha_2) + \gamma_1 + \beta_1 x_{12} + \mu_{12}, & t=2, i=1 \text{（第2个截面、第1个个体）} \\ y_{22} = (\alpha_1 + \alpha_2) + \gamma_2 + \beta_1 x_{22} + \mu_{22}, & t=2, i=2 \text{（第2个截面、第2个个体）} \\ \quad\vdots \\ y_{N2} = (\alpha_1 + \alpha_2) + \gamma_N + \beta_1 x_{N2} + \mu_{N2}, & t=2, i=N \text{（第2个截面、第N个个体）} \end{cases}$$

$$\begin{cases} y_{1T} = (\alpha_1 + \alpha_T) + \gamma_1 + \beta_1 x_{12} + \mu_{1T}, & t=T, i=1 \text{（第T个截面、第1个个体）} \\ y_{2T} = (\alpha_1 + \alpha_T) + \gamma_2 + \beta_1 x_{22} + \mu_{2T}, & t=T, i=2 \text{（第T个截面、第2个个体）} \\ \quad\vdots \\ y_{NT} = (\alpha_1 + \alpha_T) + \gamma_N + \beta_1 x_{NT} + \mu_{NT}, & t=T, i=N \text{（第T个截面、第N个个体）} \end{cases}$$

17.3 随机效应模型

固定效应模型是采用虚拟变量来解释没有纳入模型的变量对被解释变量的影响的模型，然而，这并非是唯一的解决办法。本书第4章曾指出随机误差项可以代表未知的影响因素、模型的众多次要变量等。因此，也可以通过对随机误差项的分解来描述缺失的信息。

假设面板数据模型为

$$y_{it} = \alpha + \beta_1 x_{it} + \mu_{it} \tag{17-12}$$

式中，随机误差项在时间上和截面上都是相关的，可以用3个分量表示为

$$\mu_{it} = u_i + v_t + \omega_{it} \tag{17-13}$$

式中，$u_i \sim N(0, \sigma_u^2)$ 表示截面的随机误差项；$v_t \sim N(0, \sigma_v^2)$ 表示时间（个体）的随机误差项；$\omega_{it} \sim N(0, \sigma_\omega^2)$ 表示混合随机误差项。与此同时，假定 u_i、v_t、ω_{it} 之间互不相关，各自之间分别不存在截面自相关、时间自相关和混合自相关。这样的模型称为随机效应模型。

相对于固定效应模型来说，随机效应模型只是将固定效应模型中的截距项看作两个随机变量，即截面随机误差项（u_i）和时间随机误差项（v_t）。与17.2节类似，随机效应模型也分为个体随机效应模型、时点随机效应模型、时点个体随机效应模型。

17.4 Hausman检验

如17.1.4小节所述，协变分析检验可以确定采用混合回归模型、变截距模型还是变系数模

型。然而，变截距模型和变系数模型都有固定效应和随机效应之分。那么，应该如何来确定是固定效应还是随机效应呢？Hausman 检验能够回答这个问题。该检验的原假设是：随机效应模型中个体影响与解释变量之间不相关。

H_0: 个体影响与解释变量无关

H_1: 个体影响与解释变量相关

该检验统计量为

$$H = \left(\hat{\beta}_{RE} - \tilde{\beta}_{W}\right)' \left(\widehat{\text{Var}}\left(\tilde{\beta}_{W}\right) - \widehat{\text{Var}}\left(\hat{\beta}_{RE}\right)\right)^{-1} \left(\hat{\beta}_{RE} - \tilde{\beta}_{W}\right) \sim \chi^2(k) \quad (17\text{-}14)$$

式中，$\hat{\beta}_{RE}$ 表示 β 的离差 OLS 估计量；$\tilde{\beta}_{W}$ 表示 β 的随机 GLS 法估计量；k 表示待估参数向量 β 的维数。

在给定的显著性水平 α 下，如果计算出的 H 统计量小于 χ^2 分布临界值 $\chi^2_\alpha(k)$，则不能拒绝原假设，即认定真实的模型为随机效应模型；反之，如果计算出的 H 统计量大于 χ^2 分布临界值 $\chi^2_\alpha(k)$，则拒绝原假设，即认定真实的模型为固定效应模型。

17.5 案例分析

案例 17-1

城镇化是指农村人口转化为城镇人口的过程。反映城镇化水平高低的一个重要指标为城镇化率，即一个地区常住于城镇的人口占该地区总人口的比例。城镇化是人口持续向城镇集聚的过程，是世界各国工业化进程中必然经历的历史阶段。本案例主要针对影响城镇化率的人均 GDP 这个因素，探究其与城镇化率之间的关系。为此，本案例选择了北京、天津、河北、黑龙江、江苏、浙江等地区 2006—2015 年的人均 GDP 和城镇化率作为样本数据（见表 17-1）。

表 17-1 部分地区 2006—2015 年的人均 GDP 与城镇化率数据

	年份	北京	天津	河北	黑龙江	江苏	浙江
人均 GDP（元）	2006	49 505	40 961	16 894	16 268	28 685	31 684
	2007	60 096	47 970	19 662	18 580	33 837	36 676
	2008	64 491	58 656	22 986	21 740	40 014	41 405
	2009	66 940	62 574	24 581	22 447	44 253	43 842
	2010	73 856	72 994	28 668	27 076	52 840	51 711
	2011	81 658	85 213	33 969	32 819	62 290	59 249
	2012	87 475	93 173	36 584	35 711	68 347	63 374
	2013	94 648	100 105	38 909	37 697	75 354	68 805
	2014	99 995	105 231	39 984	39 226	81 874	73 002
	2015	106 497	107 960	40 255	39 462	87 995	77 644
城镇化率（%）	2006	84.33	75.73	38.44	53.5	51.9	56.5
	2007	84.5	76.31	40.25	53.9	53.2	57.2
	2008	84.9	77.23	41.9	55.4	54.3	57.6
	2009	85	78.01	43	55.5	55.6	57.9

（续）

	年份	北京	天津	河北	黑龙江	江苏	浙江
城镇化率（%）	2010	85.93	79.60	44.50	55.67	60.58	61.61
	2011	86.18	80.44	45.60	56.49	61.89	62.29
	2012	86.23	81.53	46.80	56.91	63.01	63.19
	2013	86.29	82.00	48.11	57.39	64.11	64.01
	2014	86.34	82.27	49.32	58.02	65.21	64.87
	2015	86.46	82.61	51.33	58.79	66.52	65.81

资料来源：中华人民共和国国家统计局，《中国统计年鉴2016》，中国统计出版社，2016。

1. 建立混合数据库

首先建立工作文档，建立工作文档的时候在"Workfile structure type"的下拉菜单中选择"Dated-regular frequency"，在"Date specification"中填入时间跨度，界面1如图17-1所示，单击"OK"。进入工作文档后，单击"Objects"，选择"New Object"，在"Type of Object"选择区选择"Pool"，并在"Name of Object"选择区为混合数据库命名（初始显示为Untitled），单击"OK"键，从而打开混合数据库（Pool）窗口，在里面写上表示各个省市的符号，bj（北京）、tj（天津）等，界面2如图17-2所示。

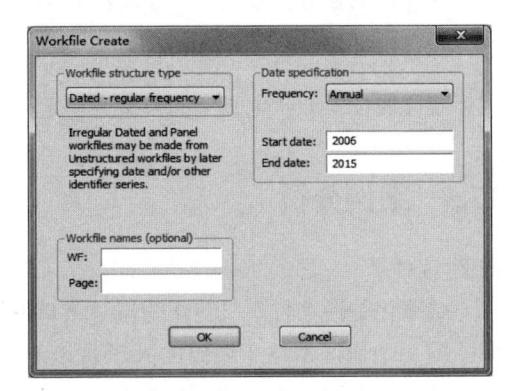

图 17-1　界面 1

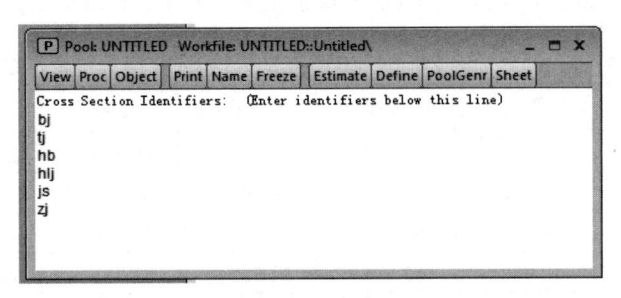

图 17-2　界面 2

2. 定义序列名并输入数据。

在新建的混合数据库（Pool）窗口的工具栏中单击"Sheet"，从而打开"Series List"（列写序列名）窗口，在空白区域写入变量名，值得注意的是每个变量名后必须加上"?"，变量之间以空格隔开，界面3如图17-3所示。单击"OK"键，然后，单击"Edit+/-"，输入数据，输入完成后的界面4如图17-4所示。

图 17-3　界面 3

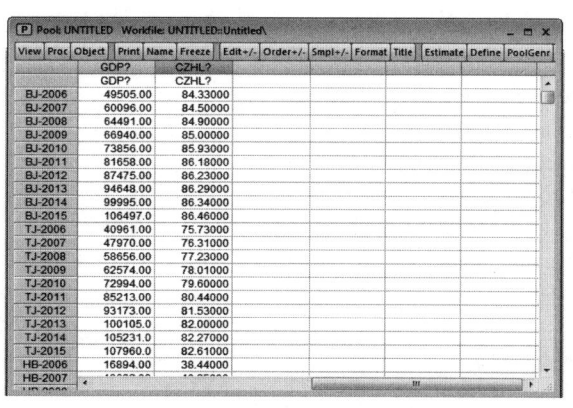

图 17-4　界面 4

值得注意的是，单击"Order+/−"键，还可以变换为以时间为序的阵列式排列。

3. 估计模型

用 EViews 可以估计固定效应模型（包括个体固定效应模型、时点固定效应模型和时点个体固定效应模型 3 种）、随机效应模型、带有 AR(1) 参数的模型、截面不同回归系数也不同的面板数据模型。单击图 17-2 中的"Estimate"键，随后弹出"Pool Estimation"（混合估计）对话窗，如图 17-5 所示。

如图 17-5 所示，"Dependent variable"用于填写被解释变量；"Common coefficients"表示所有截面成员的系数相同，而各变量的系数不同；"Cross-section specific"表示每个截面的系数不同。

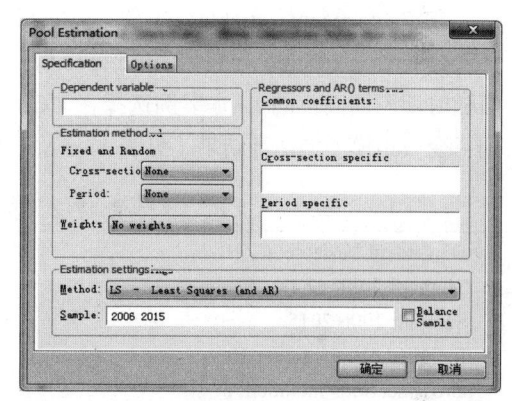

图 17-5　"Pool Estimation"（混合估计）对话窗

"Period specific"表示每个时期的系数不同。"Estimation method"对应的是各界面单位或各时期的影响，下拉菜单有"None、Fixed、Random"三个选项。"None"为初始状态，EViews 默认的是没有影响；"Fixed"对应的是固定效应；"Random"对应的是随机效应。（值得注意的是截面影响和时期影响都可以表现为固定效应和随机效应两种）"Weights"下拉菜单中有 5 个选项，分别为"No weights""Cross-section weights""Cross-section SUR""Period weights""Period SUR"，依次表示：所有观测值的权重相等；假定模型出现截面异方差（截面较多，时间跨度较短时容易出现这种情况），对模型进行相应的广义最小二乘回归；假定模型出现截面异方差和同期相关（截面较多，时间跨度较长时），对模型进行相应的广义最小二乘回归；假定模型出现时期异方差（高频数据时容易出现这种情况），对模型进行相应的广义最小二乘回归；假定模型存在时期异方差和同期相关（时间跨度较长的高频数据容易出现这种情况）。

如图 17-5 所示，在"Dependent variable"中键入"czhl？"，在"Common coefficients"中键入"gdp? C"，单击"确定"就得到了混合模型的估计结果（见表 17-2）。

表 17-2　混合模型的估计结果

Dependent Variable: CZHL?
Method: Pooled Least Squares
Sample: 2006 2015
Included observations: 10
Cross-sections included: 6
Total pool (balanced) observations: 60

Variable	Coefficient	Std. Error	t-Statistic	Prob.
GDP?	0.000452	0.000043	10.640286	0.000000
C	39.805142	2.564524	15.521452	0.000000
R-squared	0.661246	Mean dependent var		64.500167
Adjusted R-squared	0.655405	S.D. dependent var		14.395742
S.E. of regression	8.450615	Akaike info criterion		7.139121
Sum squared resid	4141.947375	Schwarz criterion		7.208932
Log likelihood	-212.173615	Hannan-Quinn criter.		7.166428
F-statistic	113.215679	Durbin-Watson stat		0.054102
Prob(F-statistic)	0.000000			

在"Dependent variable"中键入"czhl？"，在"Common coefficients"中键入"gdp？"，在"Cross-section specific"或"Period specific"中键入"C"（截距随截面不同而不同，后者表示截面随时期不同而不同），本案例选择在"Cross-section specific"中键入"C"，单击"确定"，就得到了变截距模型的估计结果（见表 17-3）。

表 17-3　变截距模型的估计结果

Dependent Variable: CZHL?
Method: Pooled Least Squares
Sample: 2006 2015
Included observations: 10
Cross-sections included: 6
Total pool (balanced) observations: 60

Variable	Coefficient	Std. Error	t-Statistic	Prob.
GDP?	0.00016	0.00001	11.15429	0.00000
BJ--C	72.74206	1.29580	56.13677	0.00000
TJ--C	66.86833	1.28230	52.14711	0.00000
HB--C	39.96517	0.73805	54.15004	0.00000
HLJ--C	51.38517	0.72801	70.58260	0.00000
JS--C	50.19596	1.03084	48.69418	0.00000
ZJ--C	52.12265	0.99723	52.26764	0.00000
R-squared	0.98496	Mean dependent var		64.50017
Adjusted R-squared	0.98326	S.D. dependent var		14.39574
S.E. of regression	1.86277	Akaike info criterion		4.19129
Sum squared resid	183.90516	Schwarz criterion		4.43563
Log likelihood	-118.73858	Hannan-Quinn criter.		4.28686
F-statistic	578.45426	Durbin-Watson stat		0.25806
Prob(F-statistic)	0.00000			

值得注意的是，变截距模型没有固定的截距项，从表 17-3 可以看出，随着地区的不同，截距项也不同。在"Dependent variable"中键入"czhl？"，在"Cross-section specific"或"Period specific"中键入"gdp？C"（前者表示系数和截距随截面不同而不同，后者表示系数和截距随时期不同而不同），本案例选择在"Cross-section specific"中键入"gdp？C"，单击"确定"，就得到了变系数模型的估计结果（见表17-4）。

表17-4 变系数模型的估计结果

Dependent Variable: CZHL?
Method: Pooled Least Squares
Sample: 2006 2015
Included observations: 10
Cross-sections included: 6
Total pool (balanced) observations: 60

Variable	Coefficient	Std. Error	t-Statistic	Prob.
BJ--GDPBJ	0.000042	1.199E-05	3.489933	0.001046
TJ--GDPTJ	0.000106	9.195E-06	11.526134	0.000000
HB--GDPHB	0.000454	2.531E-05	17.930670	0.000000
HLJ--GDPHLJ	0.000183	2.5E-05	7.325123	0.000000
JS--GDPJS	0.000256	1.077E-05	23.727263	0.000000
ZJ--GDPZJ	0.000215	1.394E-05	15.423724	0.000000
BJ--C	82.330615	0.9649767	85.318757	0.000000
TJ--C	71.360888	0.7433646	95.997156	0.000000
HB--C	31.194460	0.7945758	39.259262	0.000000
HLJ--C	50.826554	0.7579609	67.056961	0.000000
JS--C	44.925640	0.6550795	68.580437	0.000000
ZJ--C	49.329825	0.791911	62.292134	0.000000
R-squared	0.998235	Mean dependent var		64.500167
Adjusted R-squared	0.997830	S.D. dependent var		14.395742
S.E. of regression	0.670571	Akaike info criterion		2.215483
Sum squared resid	21.583957	Schwarz criterion		2.634352
Log likelihood	-54.464485	Hannan-Quinn criter.		2.379325
F-statistic	2467.574479	Durbin-Watson stat		1.313302
Prob(F-statistic)	0.000000			

表17-2至表17-4的"Sum squared resid"给出了相应的残差平方和，据此就可以计算出用于协变分析检验 F 统计量。根据式（17-7）和式（17-8）有 F_2=916.317，F_1=72.196。在5%的显著性水平下，F_2 的临界值介于1.99～2.08，表明应该拒绝 H_2；在5%的显著性水平下，F_1 的临界值介于2.37～2.45，表明应该拒绝 H_1，认为模型是变系数模型。

在"Dependent variable"中键入"czhl？"，在"Common coefficients"中键入"gdp？"，在"Cross-section specific"中选择"Fixed"，点击"确定"，就得到了个体固定效应模型的估计结果（见表17-5）。

表17-5 个体固定效应模型的估计结果

Sample: 2006 2015
Included observations: 10
Cross-sections included: 6
Total pool (balanced) observations: 60

(续)

Variable	Coefficient	Std. Error	t-Statistic	Prob.
C	55.54656	0.837955	66.28826	0.00000
GDP?	0.000164	1.47E-05	11.15429	0.00000
Fixed Effects (Cross)				
BJ--C	17.1955			
TJ--C	11.32178			
HB--C	-15.5814			
HLJ--C	-4.16138			
JS--C	-5.3506			
ZJ--C	-3.42391			
Effects Specification				
Cross-section fixed (dummy variables)				
R-squared	0.984959	Mean dependent var		64.50017
Adjusted R-squared	0.983256	S.D. dependent var		14.39574
S.E. of regression	1.862769	Akaike info criterion		4.191286
Sum squared resid	183.9052	Schwarz criterion		4.435626
Log likelihood	-118.739	Hannan-Quinn criter.		4.286861
F-statistic	578.4543	Durbin-Watson stat		0.258061
Prob(F-statistic)	1.90E-46			

如式（17-9）所示，个体固定效应模型不带有常数项，然而，表17-5的估计结果中却有常数项。原因在于在EViews输出结果中γ_i（式（17-9）中的参数）是以一个不变的常数部分和随个体变化的部分相加而成。在"Dependent variable"中键入"czhl？"，在"Common coefficients"中键入"gdp?"，在"Cross-section specific"中选择"Random"，单击"确定"，就得到了个体随机效应模型的估计结果（见表17-6）。

表17-6 个体随机效应模型的估计结果

Dependent Variable: CZHL?
Sample: 2006 2015
Included observations: 10
Cross-sections included: 6
Total pool (balanced) observations: 60

Variable	Coefficient	Std. Error	t-Statistic	Prob.
C	55.23584	2.786581	19.82208	0.0000
GDP?	0.00017	1.46E-05	11.60962	0.0000
Random Effects (Cross)				
BJ--C	16.92105			
TJ--C	11.10081			
HB--C	-15.3175			
HLJ--C	-3.98368			
JS--C	-5.3238			
ZJ--C	-3.39688			
Effects Specification				
			S.D.	Rho
Cross-section random			6.513257	0.92439
Idiosyncratic random			1.862769	0.07561

(续)

	Weighted Statistics		
R-squared	0.658871	Mean dependent var	5.809687
Adjusted R-squared	0.652989	S.D. dependent var	3.468572
S.E. of regression	2.043253	Sum squared resid	242.1432
F-statistic	112.0236	Durbin-Watson stat	0.197226
Prob(F-statistic)	3.63E-15		
	Unweighted Statistics		
R-squared	0.40307	Mean dependent var	64.50017
Sum squared resid	7298.662	Durbin-Watson stat	0.006543

在表17-6对应的工作文档下，单击"View/Fixed/Random Effects Testing/Correlated Random Effects-Hausman Tests"，就可以自动实现实现 Hausman 检验。值得注意的是，进行 Hausman 检验的时候必须首先估计出一个随机效应模型，然后，在此基础上通过前述按钮进行检验。检验结果见表17-7。

表17-7　Hausman 检验的输出结果

Correlated Random Effects - Hausman Test
Pool: Untitled
Test cross-section random effects

Test Summary	Chi-Sq.Statistic	Chi-Sq. d.f.	Prob.
Cross-section random	12.78374	1	0.00035

Cross-section random effects test comparisons:

Variable	Fixed	Random	Var(Diff.)	Prob.
GDP?	0.000164	0.00017	2.53E-12	0.00035

Cross-section random effects test equation:
Dependent Variable: CZHL?
Method: Panel Least Squares
Sample: 2006 2015
Included observations: 10
Cross-sections included: 6
Total pool (balanced) observations: 60

Variable	Coefficient	Std. Error	t-Statistic	Prob.
C	55.54656	0.837955	66.28826	0.0000
GDP?	0.000164	1.47E-05	11.15429	0.0000

	Effects Specification		
Cross-section fixed (dummy variables)			
R-squared	0.984959	Mean dependent var	64.50017
Adjusted R-squared	0.983256	S.D. dependent var	14.39574
S.E. of regression	1.862769	Akaike info criterion	4.191286
Sum squared resid	183.9052	Schwarz criterion	4.435626
Log likelihood	-118.739	Hannan-Quinn criter.	4.286861
F-statistic	578.4543	Durbin-Watson stat	0.258061
Prob(F-statistic)	1.90E-46		

从表 17-7 可以看出，Hausman 统计量对应的卡方值为 12.78，相伴概率为 0.000 4，远小于 0.05，因此，应该拒绝随机效应模型中个体影响与解释变量之间不相关的原假设，认为应该选择固定效应模型。其实，有时候未必需要 Hausman 检验来选择固定效应模型还是随机效应模型，只要灵活运用前面章节学到的知识就可以协助判断。比较表 17-5 和表 17-6 可知，固定效应模型下校正后的判定系数 $\bar{R}^2$ 为 0.983 3，而个体随机效应模型下校正后的判定系数 $\bar{R}^2$ 为 0.653，可见前者的拟合效果高于后者。通过比较 EViews 的输出结果还可以协助选择混合模型、变截距模型和变系数模型，有兴趣的读者可以比较表 17-2、表 17-3、表 17-4 中的校正后的判定系数 $\bar{R}^2$、AIC 统计量、SC 统计量，并将比较的结果和协变分析检验的结果进行印证。

固定效应和随机效应都可以分别表现在截面和时期上，表 17-5 和表 17-6 为了演示仅仅给出了个体固定效应模型和个体随机效应模型的估计结果，而没有给出在设定模型的时候如何选择。那应该选择个体固定（随机）呢，还是时点固定（随机）效应呢？这一点可以通过检验个体固定（随机）效应或时点固定（随机）效应的显著性来实现。下面我们以固定效应模型为例，来判断应该选择个体固定效应还是时点固定效应。在"Dependent variable"中键入"czhl？"，在"Common coefficients"中键入"gdp？"，在"Cross-section specific"中选择"Fixed"，在"Period"中选择"Fixed"，单击"确定"，就得到了个体时点固定效应模型的估计结果。然后，单击"View/Fixed/Random Effects Testing/Redundant Fixed Effects-Likelihood Ratio"，单击"OK"就得到固定效应检验的结果（见表 17-8）。

表 17-8　固定效应检验的结果

Redundant Fixed Effects Tests
Pool: Untitled
Test cross-section and period fixed effects

Effects Test	Statistic	d.f.	Prob.
Cross-section F	160.7814	(5,44)	0.00000
Cross-section Chi-square	177.5149	5	0.00000
Period F	1.930204	(9,44)	0.07226
Period Chi-square	19.96569	9	0.01813
Cross-Section/Period F	95.58774	(14,44)	0.00000
Cross-Section/Period Chi-square	206.8358	14	0.00000

从表 17-8 可以看出，F 统计量在 5% 的显著性水平下接受个体固定效应不显著的原假设，卡方统计量在 5% 的显著性水平下拒绝时点固定效应不显著的原假设，认为不存在个体固定效应，但存在时点固定效应。

案例 17-2

将案例 17-1 采用 Stata 软件进行统计分析，决定固定效应模型是否更合适，先看一看数据中有哪些变量，并且它们代表了什么，如图 17-6 所示。

对于面板数据，必须指示 Stata 我们有一个面板数据集。输入 tsset 指令：

```
-tsset regioncode year
```

其中，regioncode 是一个用来区分数据样本的变量，year 是一个用来区分时间的变量。

```
. describ

Contains data from E:\计量经济学\16-2.dta
  obs:             60
 vars:              5                          25 Dec 2017 00:20
 size:          1,440

              storage   display    value
variable name  type     format     label      variable label

region         str6     %9s                   地区
year           int      %10.0g                年份
gdp            long     %10.0g                人均gdp（元）
urban_rate     double   %10.0g                城镇化率（%）
regioncode     float    %9.0g                 地区编码

Sorted by: regioncode
```

图 17-6　数据描述

1. 估计固定效应模型

要做 Hausman 检验，需要先估计固定效应模型，结果如图 17-7 所示。命令如下：

-xtreg urban_rate gdp,fe

```
. xtreg urban_rate gdp,fe

Fixed-effects (within) regression              Number of obs      =        60
Group variable: regioncode                     Number of groups   =         6

R-sq:  within  = 0.7013                        Obs per group: min =        10
       between = 0.8527                                       avg =      10.0
       overall = 0.6612                                       max =        10

                                               F(1,53)            =    124.42
corr(u_i, Xb)  = 0.6735                        Prob > F           =    0.0000

------------------------------------------------------------------------------
urban_rate |    Coef.   Std. Err.      t    P>|t|     [95% Conf. Interval]
-----------+------------------------------------------------------------------
       gdp |  .000164   .0000147    11.15   0.000     .0001345    .0001934
     _cons | 55.54656   .8379547    66.29   0.000     53.86583    57.22728
-----------+------------------------------------------------------------------
   sigma_u | 12.035918
   sigma_e |  1.8627691
       rho |  .97660734   (fraction of variance due to u_i)
------------------------------------------------------------------------------
F test that all u_i=0:     F(5, 53) =   228.14             Prob > F = 0.0000
```

图 17-7　固定效应模型结果

然后将该结果存储。命令如下：

-estimates store fixed

2. 估计随机效应模型

估计随机效应模型，结果如图 17-8 所示。命令如下：

-xtreg urban_rate gdp,re

```
. xtreg urban_rate gdp,re

Random-effects GLS regression              Number of obs      =         60
Group variable: regioncode                 Number of groups   =          6

R-sq:  within  = 0.7013                    Obs per group: min =         10
       between = 0.8527                                   avg =       10.0
       overall = 0.6612                                   max =         10

                                           Wald chi2(1)       =     112.02
corr(u_i, X)   = 0 (assumed)               Prob > chi2        =     0.0000

------------------------------------------------------------------------------
  urban_rate |      Coef.   Std. Err.      z    P>|z|     [95% Conf. Interval]
-------------+----------------------------------------------------------------
         gdp |   .0001697    .000016    10.58   0.000     .0001382    .0002011
       _cons |   55.23584   3.056573    18.07   0.000     49.24507    61.22661
-------------+----------------------------------------------------------------
     sigma_u |  6.5132569
     sigma_e |  1.8627691
         rho |  .92439038   (fraction of variance due to u_i)
------------------------------------------------------------------------------
```

图 17-8　随机效应模型结果

然后将该结果存储。命令如下：

-estimates store random

3. Hausman 检验

进行 Hausman 检验，结果如 17-9 所示，命令如下：

- hausman fixed random ,sigmamore

```
. hausman fixed random ,sigmamore

                 ---- Coefficients ----
             |      (b)          (B)            (b-B)     sqrt(diag(V_b-V_B))
             |    fixed        random        Difference          S.E.
-------------+----------------------------------------------------------------
         gdp |   .000164     .0001697       -5.69e-06          1.75e-06
------------------------------------------------------------------------------
                      b = consistent under Ho and Ha; obtained from xtreg
           B = inconsistent under Ha, efficient under Ho; obtained from xtreg

    Test:  Ho:  difference in coefficients not systematic

           chi2(1) = (b-B)'[(V_b-V_B)^(-1)](b-B)
                   =       10.63
           Prob>chi2 =     0.0011
```

图 17-9　Hausman 检验结果

p 值等于 0.001 1，小于给定显著性水平 5%，这表明我们可以拒绝固定效应不显著的原假设，认为是固定效应模型。

◆ 思考与练习

1. 什么是面板数据？它和截面数据与时间序列数据相比有什么优点？

2. 混合模型、变截距模型和变系数模型的差别是什么？如何判断用哪个模型？

3. 固定效应与随机效应的含义是什么？如何判断用哪个模型？
4. Hausman 检验的原理是什么？
5. 表 17-9 给出了我国四个直辖市 2001—2022 年的进出口总额和 GDP 数据。试完成以下要求。
（1）它们属于哪种数据类型？应该采用什么模型估计其关系？
（2）试确定应该选用混合模型、变截距模型还是变系数模型，并给出理由。
（3）试确应该选用固定效应还是随机效应。
（4）估计该模型并根据估计结果解释其经济学含义。

表 17-9　我国四个直辖市 2001—2022 年的进出口总额和 GDP 数据

	年份	北京	天津	上海	重庆
进出口总额（千美元）	2001	51 541 310	18 172 090	60 893 150	1 833 910
	2002	52 505 290	22 811 400	72 627 110	1 793 070
	2003	68 500 170	29 342 440	112 339 550	2 594 760
	2004	94 575 725	42 028 606	160 009 920	3 857 147
	2005	125 506 425	53 276 804	186 336 738	4 292 842
	2006	158 036 628	64 461 940	227 524 196	5 469 679
	2007	192 999 761	71 449 733	282 853 878	7 437 944
	2008	271 692 899	80 400 836	322 055 310	9 521 394
	2009	214 733 053	63 831 234	277 713 611	7 712 521
	2010	301 721 548	82 100 050	368 950 652	12 427 074
	2011	389 555 977	103 376 166	437 548 615	29 207 634
	2012	408 107 320	115 634 270	436 586 950	53 203 580
	2013	428 995 812	128 501 788	441 268 216	68 692 163
	2014	415 518 593	133 886 075	466 399 838	95 431 578
	2015	319 440 570	114 282 803	449 240 723	74 466 845
	2016	282 348 960	102 655 947	433 768 191	62 753 637
	2017	324 017 423	112 919 165	476 196 649	66 601 107
	2018	412 487 938	122 557 291	515 679 700	79 016 913
	2019	416 456 752	106 645 671	493 905 026	83 949 585
	2020	336 478 080	106 321 816	503 831 363	94 181 104
	2021	470 990 000	132 570 000	628 520 000	123 820 000
	2022	546 499 121	126 757 514	627 239 726	122 829 556
GDP（亿元）	2001	3 861.5	1 756.9	5 257.7	2 014.6
	2002	4 525.7	1 926.9	5 795.0	2 279.8
	2003	5 267.2	2 257.8	6 804.0	2 615.6
	2004	6 252.5	2 621.1	8 101.6	3 059.5

(续)

	年份	北京	天津	上海	重庆
GDP（亿元）	2005	7 149.8	3 158.6	9 197.1	3 448.4
	2006	8 387.0	3 538.2	10 598.9	3 900.3
	2007	10 425.5	4 158.4	12 878.7	4 770.7
	2008	11 813.1	5 182.4	14 536.9	5 899.5
	2009	12 900.9	5 709.6	15 742.4	6 651.2
	2010	14 964.0	6 830.8	17 915.4	8 065.3
	2011	17 188.8	8 112.5	20 009.7	10 161.2
	2012	19 024.7	9 043.0	21 305.6	11 595.4
	2013	21 134.6	9 945.4	23 204.1	13 027.6
	2014	22 926.0	10 640.6	25 269.8	14 623.8
	2015	24 779.1	10 879.5	26 887.0	16 040.5
	2016	27 041.2	11 477.2	29 887.0	18 023.0
	2017	29 883.0	12 450.6	32 925.0	20 066.3
	2018	33 106.0	13 362.9	36 011.8	21 588.8
	2019	35 445.1	14 055.5	37 987.6	23 605.8
	2020	35 943.3	14 008.0	38 963.3	25 041.4
	2021	41 045.6	15 685.1	43 653.2	28 077.3
	2022	41 610.9	16 311.3	44 652.8	29 129.0

资料来源：中华人民共和国国家统计局。

附 录
APPENDIX

标准正态分布表

$$\Phi_0 = \frac{1}{\sqrt{2\pi}} \int_{-\infty}^{u} e^{-\frac{x^2}{2}} dx \ (u \geq 0)$$

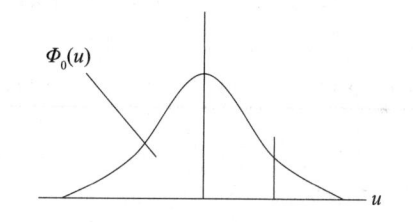

Z	0.00	0.01	0.02	0.03	0.04	0.05	0.06	0.07	0.08	0.09
0.0	0.0000	0.0040	0.0080	0.0120	0.0160	0.0199	0.0239	0.0279	0.0319	0.0359
0.1	0.0398	0.0438	0.0478	0.0517	0.0557	0.0596	0.0636	0.0675	0.0714	0.0753
0.2	0.0793	0.0832	0.0871	0.0910	0.0948	0.0987	0.1026	0.1064	0.1103	0.1141
0.3	0.1179	0.1217	0.1255	0.1293	0.1331	0.1368	0.1406	0.1443	0.1480	0.1517
0.4	0.1554	0.1591	0.1628	0.1664	0.1700	0.1736	0.1772	0.1808	0.1844	0.1879
0.5	0.1915	0.1950	0.1985	0.2019	0.2054	0.2088	0.2123	0.2157	0.2190	0.2224
0.6	0.2257	0.2291	0.2324	0.2357	0.2389	0.2422	0.2454	0.2486	0.2517	0.2549
0.7	0.2580	0.2611	0.2642	0.2673	0.2704	0.2734	0.2764	0.2794	0.2823	0.2852
0.8	0.2881	0.2910	0.2939	0.2967	0.2995	0.3023	0.3051	0.3078	0.3106	0.3133
0.9	0.3159	0.3186	0.3212	0.3238	0.3264	0.3289	0.3315	0.3340	0.3365	0.3389
1.0	0.3413	0.3438	0.3461	0.3485	0.3508	0.3531	0.3554	0.3577	0.3599	0.3621
1.1	0.3643	0.3665	0.3686	0.3708	0.3729	0.3749	0.3770	0.3790	0.3810	0.3830

（续）

Z	0.00	0.01	0.02	0.03	0.04	0.05	0.06	0.07	0.08	0.09
1.2	0.3849	0.3869	0.3888	0.3907	0.3925	0.3944	0.3962	0.3980	0.3997	0.4015
1.3	0.4032	0.4049	0.4066	0.4082	0.4099	0.4115	0.4131	0.4147	0.4162	0.4177
1.4	0.4192	0.4207	0.4222	0.4236	0.4251	0.4265	0.4279	0.4292	0.4306	0.4319
1.5	0.4332	0.4345	0.4357	0.4370	0.4382	0.4394	0.4406	0.4418	0.4429	0.4441
1.6	0.4452	0.4463	0.4474	0.4484	0.4495	0.4505	0.4515	0.4525	0.4535	0.4545
1.7	0.4454	0.4564	0.4573	0.4582	0.4591	0.4599	0.4608	0.4616	0.4625	0.4633
1.8	0.4641	0.4649	0.4656	0.4664	0.4671	0.4678	0.4686	0.4693	0.4699	0.4706
1.9	0.4713	0.4719	0.4726	0.4732	0.4738	0.4744	0.4750	0.4756	0.4761	0.4767
2.0	0.4772	0.4778	0.4783	0.4788	0.4793	0.4798	0.4803	0.4808	0.4812	0.4817
2.1	0.4821	0.4826	0.4830	0.4834	0.4838	0.4842	0.4846	0.4850	0.4854	0.4857
2.2	0.4861	0.4864	0.4868	0.4871	0.4875	0.4878	0.4881	0.4884	0.4887	0.4890
2.3	0.4893	0.4896	0.4898	0.4901	0.4904	0.4906	0.4909	0.4911	0.4913	0.4916
2.4	0.4918	0.4920	0.4922	0.4925	0.4927	0.4929	0.4931	0.4932	0.4934	0.4936
2.5	0.4938	0.4940	0.4941	0.4943	0.4945	0.4946	0.4948	0.4949	0.4951	0.4952
2.6	0.4953	0.4955	0.4956	0.4957	0.4959	0.4960	0.4961	0.4962	0.4963	0.4964
2.7	0.4965	0.4966	0.4967	0.4968	0.4969	0.4970	0.4971	0.4972	0.4973	0.4974
2.8	0.4974	0.4975	0.4976	0.4977	0.4977	0.4978	0.4979	0.4979	0.4980	0.4981
2.9	0.4981	0.4982	0.4982	0.4983	0.4984	0.4984	0.4985	0.4985	0.4986	0.4986
3.0	0.4987	0.4987	0.4987	0.4988	0.4988	0.4989	0.4989	0.4989	0.4990	0.4990

t分布表

$P\{t > t_{\alpha/2}\} = \alpha$

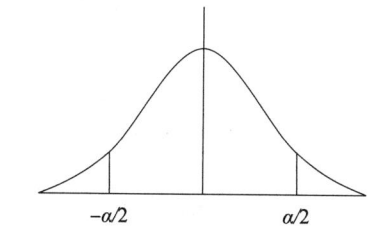

v	α						
	0.25	0.10	0.05	0.025	0.01	0.005	0.001
1	1.000	3.078	6.314	12.706	31.821	63.657	318.31
2	0.816	1.886	2.920	4.303	6.965	9.925	22.327
3	0.765	1.638	2.353	3.182	4.541	5.841	10.214
4	0.741	1.533	2.132	2.776	3.747	4.604	7.173
5	0.727	1.476	2.015	2.571	3.365	4.032	5.893
6	0.718	1.440	1.943	2.447	3.143	3.707	5.208
7	0.711	1.415	1.895	2.365	2.998	3.499	4.785
8	0.706	1.397	1.860	2.306	2.896	3.355	4.501
9	0.703	1.383	1.833	2.262	2.821	3.250	4.297
10	0.700	1.372	1.812	2.228	2.764	3.169	4.144
11	0.697	1.363	1.796	2.201	2.718	3.106	4.025
12	0.695	1.356	1.782	2.179	2.681	3.055	3.930
13	0.694	1.350	1.771	2.160	2.650	3.012	3.852
14	0.692	1.345	1.761	2.145	2.624	2.977	3.787
15	0.691	1.341	1.753	2.131	2.602	2.947	3.733
16	0.690	1.337	1.746	2.120	2.583	2.921	3.686
17	0.689	1.333	1.740	2.110	2.567	2.898	3.646
18	0.688	1.330	1.734	2.101	2.552	2.878	3.610
19	0.688	1.328	1.729	2.093	2.539	2.861	3.579
20	0.687	1.325	1.725	2.086	2.528	2.845	3.552
21	0.686	1.323	1.721	2.080	2.518	2.831	3.527
22	0.686	1.321	1.717	2.074	2.508	2.819	3.505
23	0.685	1.319	1.714	2.069	2.500	2.807	3.485
24	0.685	1.318	1.711	2.064	2.492	2.797	3.467
25	0.684	1.316	1.708	2.060	2.485	2.787	3.450
26	0.684	1.315	1.706	2.056	2.479	2.779	3.435
27	0.684	1.314	1.703	2.052	2.473	2.771	3.421
28	0.683	1.313	1.701	2.048	2.467	2.763	3.408
29	0.683	1.311	1.699	2.045	2.462	2.756	3.396
30	0.683	1.310	1.697	2.042	2.457	2.750	3.385
40	0.681	1.303	1.684	2.021	2.423	2.704	3.307
60	0.679	1.296	1.671	2.000	2.390	2.660	3.232
120	0.677	1.289	1.658	1.980	2.358	2.617	3.160
∞	0.674	1.282	1.645	1.960	2.326	2.576	3.090

χ^2分布百分位数表

$P\{\chi^2 > \chi^2_{\alpha(f)}\} = \alpha$

其中，α表示概率，f表示自由度

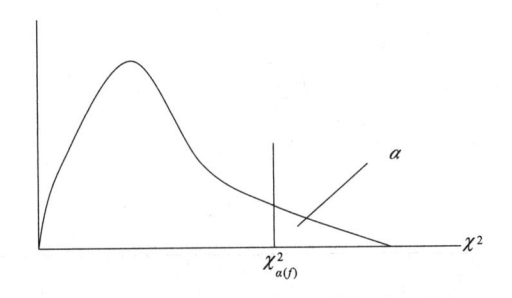

f	α								
	0.99	0.975	0.95	0.9	0.1	0.05	0.025	0.01	0.005
1	—	0.001	0.004	0.016	2.706	3.841	5.024	6.635	7.879
2	0.020	0.051	0.103	0.211	4.605	5.991	7.378	9.210	10.597
3	0.115	0.216	0.352	0.584	6.251	7.815	9.348	11.345	12.838
4	0.297	0.484	0.711	1.064	7.779	9.488	11.143	13.277	14.860
5	0.554	0.831	1.145	1.610	9.236	11.071	12.833	15.086	16.750
6	0.872	1.237	1.635	2.204	10.645	12.592	14.449	16.812	18.548
7	1.239	1.690	2.167	2.833	12.017	14.067	16.013	18.475	20.278
8	1.646	2.180	2.733	3.490	13.362	15.507	17.535	20.090	21.955
9	2.088	2.700	3.325	4.168	14.684	16.919	19.023	21.666	23.589
10	2.558	3.247	3.940	4.865	15.987	18.307	20.483	23.209	25.188
11	3.053	3.816	4.575	5.578	17.275	19.675	21.920	24.725	26.757
12	3.571	4.404	5.226	6.304	18.549	21.026	23.337	26.217	28.299
13	4.107	5.009	5.892	7.042	19.812	22.362	24.736	27.688	29.819
14	4.660	5.629	6.571	7.790	21.064	23.685	26.119	29.141	31.319
15	5.229	6.262	7.261	8.547	22.307	24.966	27.488	30.578	32.801
16	5.812	6.908	7.962	9.312	23.542	26.296	28.845	32.000	34.267
17	6.408	7.564	8.672	10.085	24.769	27.587	30.191	33.409	35.718
18	7.015	8.231	9.390	10.865	25.989	28.869	31.526	34.805	37.156
19	7.633	8.907	10.117	11.651	27.204	30.144	32.852	36.191	38.582
20	8.260	9.591	10.851	12.443	28.412	31.410	34.170	37.566	39.997
21	8.897	10.283	11.591	13.240	29.615	32.671	35.479	38.932	41.401
22	9.542	10.982	12.338	14.042	30.813	33.924	36.781	40.289	42.796

（续）

f	\multicolumn{9}{c	}{α}
	0.99	0.975	0.95	0.9	0.1	0.05	0.025	0.01	0.005
23	10.196	11.689	13.091	14.848	32.007	35.172	38.076	41.638	44.181
24	10.856	12.401	13.848	15.659	33.196	36.415	39.364	42.980	45.559
25	11.524	13.120	14.611	16.473	34.382	37.652	40.646	44.314	46.928
26	12.198	13.844	15.379	17.292	35.563	38.885	41.923	45.642	48.290
27	12.879	14.573	16.151	18.114	36.741	40.113	43.194	46.963	49.645
28	13.565	15.308	16.928	18.939	37.916	41.337	44.461	48.278	50.993
29	14.257	16.047	17.708	19.768	39.087	42.557	45.722	49.588	52.336
30	14.954	16.791	18.493	20.599	40.256	43.773	46.979	50.892	53.672
31	15.655	17.539	19.281	21.434	41.422	44.985	48.232	52.191	55.003
32	16.362	18.291	20.072	22.271	42.585	46.194	49.480	53.486	56.328
33	17.074	19.047	20.867	23.110	43.745	47.400	50.725	54.776	57.648
34	17.789	19.806	21.664	23.952	44.903	48.602	51.966	56.061	58.964
35	18.509	20.569	22.465	24.797	46.059	49.802	53.203	57.342	60.275
36	19.233	21.336	23.269	25.643	47.212	50.998	54.437	58.619	61.581
37	19.960	22.106	24.075	26.492	48.363	52.192	55.668	59.892	62.883
38	20.691	22.878	24.884	27.343	49.513	53.384	56.896	61.162	64.181
39	21.426	23.654	25.695	28.196	50.660	54.572	58.120	62.428	65.476
40	22.164	24.433	26.509	29.051	51.805	55.758	59.342	63.691	66.766
50	29.707	32.357	34.764	37.689	63.167	67.505	71.420	76.154	79.490
60	37.485	48.482	43.188	46.459	74.397	79.082	83.298	88.379	91.952
70	45.442	48.758	51.739	55.329	85.527	90.531	95.023	100.425	104.215
80	53.540	57.513	60.392	64.278	96.578	101.879	106.629	112.329	116.321
90	61.754	65.647	69.126	73.291	107.565	113.145	118.136	124.116	128.299
100	70.065	74.222	77.930	83.358	118.498	124.342	129.561	135.807	140.169

F 分布百分位数表

$$P\{F > F_{0.05}(f_1, f_2)\} = 0.05$$

其中 f_1 表示分子自由度，f_2 表示分母自由度

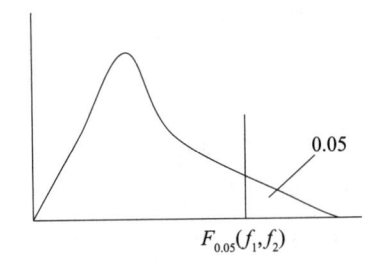

分母自由度	Pr	1	2	3	4	5	6	7	8	9	10	11	12
1	0.25	5.83	7.50	8.20	8.58	8.82	8.98	9.10	9.19	9.26	9.32	9.36	9.41
	0.10	39.90	49.50	53.60	55.80	57.20	58.20	58.90	59.40	59.90	60.20	60.50	60.70
	0.05	161.00	200.00	216.00	225.00	230.00	234.00	237.00	239.00	241.00	242.00	243.00	244.00
2	0.25	2.57	3.00	3.15	3.23	3.28	3.31	3.34	3.35	3.37	3.38	3.39	3.39
	0.10	8.53	9.00	9.16	9.24	9.29	9.33	9.35	9.37	9.38	9.39	9.40	9.41
	0.05	18.50	19.00	19.20	19.20	19.30	19.30	19.40	19.40	19.40	19.40	19.40	19.40
	0.01	98.50	99.00	99.20	99.20	99.30	99.30	99.40	99.40	99.40	99.40	99.40	99.40
3	0.25	2.02	2.28	2.36	2.39	2.41	2.42	2.43	2.44	2.44	2.44	2.45	2.45
	0.10	5.54	5.46	5.39	5.34	5.31	5.28	5.27	5.25	5.24	5.23	5.22	5.22
	0.05	10.10	9.55	9.28	9.12	9.01	8.94	8.89	8.85	8.81	8.79	8.76	8.74
	0.01	34.10	30.80	29.50	28.70	28.20	27.90	27.70	27.50	27.30	27.20	27.10	27.10
4	0.25	1.81	2.00	2.05	2.06	2.07	2.08	2.08	2.08	2.08	2.08	2.08	2.08
	0.10	4.54	4.32	4.19	4.11	4.05	4.01	3.98	3.95	3.94	3.92	3.91	3.90
	0.05	7.71	6.94	6.59	6.39	6.26	6.16	6.09	6.04	6.00	5.96	5.94	5.91
	0.01	21.20	18.00	16.70	16.00	15.50	15.20	15.00	14.80	14.70	14.50	14.40	14.40
5	0.25	1.69	1.85	1.88	1.89	1.89	1.89	1.89	1.89	1.89	1.89	1.89	1.89
	0.10	4.06	3.78	3.62	3.52	3.45	3.40	3.37	3.34	3.32	3.30	3.28	3.27
	0.05	6.61	5.79	5.41	5.19	5.05	4.95	4.88	4.82	4.77	4.74	4.71	4.68
	0.01	16.30	13.30	12.10	11.40	11.00	10.70	10.50	10.30	10.20	10.10	9.96	9.89
6	0.25	1.62	1.76	1.78	1.79	1.79	1.78	1.78	1.78	1.77	1.77	1.77	1.77
	0.10	3.78	3.46	3.29	3.18	3.11	3.05	3.01	2.98	2.96	2.94	2.92	2.90
	0.05	5.99	5.14	4.76	4.53	4.39	4.28	4.21	4.15	4.10	4.06	4.03	4.00
	0.01	13.70	10.90	9.78	9.15	8.75	8.47	8.26	8.10	7.98	7.87	7.79	7.72
7	0.25	1.57	1.70	1.72	1.72	1.71	1.71	1.70	1.70	1.69	1.69	1.69	1.68
	0.10	3.59	3.26	3.07	2.96	2.88	2.83	2.78	2.75	2.72	2.70	2.68	2.67
	0.05	5.59	4.74	4.35	4.12	3.97	3.87	3.79	3.73	3.68	3.64	3.60	3.57
	0.01	12.20	9.55	8.45	7.85	7.46	7.19	6.99	6.84	6.72	6.62	6.54	6.47
8	0.25	1.54	1.66	1.67	1.66	1.66	1.65	1.64	1.64	1.63	1.63	1.63	1.62
	0.10	3.46	3.11	2.92	2.81	2.73	2.67	2.62	2.59	2.56	2.54	2.52	2.50
	0.05	5.32	4.46	4.07	3.84	3.69	3.58	3.50	3.44	3.39	3.35	3.31	3.28
	0.01	11.30	8.65	7.59	7.01	6.63	6.37	6.18	6.03	5.91	5.81	5.73	5.67
9	0.25	1.51	1.62	1.63	1.63	1.62	1.61	1.60	1.60	1.59	1.59	1.58	1.58
	0.10	3.36	3.01	2.81	2.69	2.61	2.55	2.51	2.47	2.44	2.42	2.40	2.38
	0.05	5.12	4.26	3.86	3.63	3.48	3.37	3.29	3.23	3.18	3.14	3.10	3.07
	0.01	10.60	8.02	6.99	6.42	6.06	5.80	5.61	5.47	5.35	5.26	5.18	5.11

自由度												Pr	分母自由度
15	20	24	30	40	50	60	100	120	200	500	∞		
9.49	9.58	9.63	9.67	9.71	9.74	9.76	9.78	9.80	9.82	9.84	9.85	0.25	
61.20	61.70	62.00	62.30	62.50	62.70	62.80	63.00	63.10	63.20	63.30	63.30	0.10	1
246.00	248.00	249.00	250.00	251.00	252.00	252.00	253.00	253.00	254.00	254.00	254.00	0.05	
3.41	3.43	3.43	3.44	3.45	3.45	3.46	3.47	3.47	3.48	3.48	3.48	0.25	
9.42	9.44	9.45	9.46	9.47	9.47	9.47	9.48	9.48	9.49	9.49	9.49	0.10	2
19.40	19.40	19.50	19.50	19.50	19.50	19.50	19.50	19.50	19.50	19.50	19.50	0.05	
99.40	99.40	99.50	99.50	99.50	99.50	99.50	99.50	99.50	99.50	99.50	99.50	0.01	
2.46	2.46	2.46	2.47	2.47	2.47	2.47	2.47	2.47	2.47	2.47	2.47	0.25	
5.20	5.18	5.18	5.17	5.16	5.15	5.15	5.14	5.14	5.14	5.14	5.13	0.10	3
8.70	8.66	8.64	8.62	8.59	8.58	8.57	8.55	8.55	8.54	8.53	8.53	0.05	
26.90	26.70	26.60	26.50	26.40	26.40	26.30	26.20	26.20	26.20	26.10	26.10	0.01	
2.08	2.08	2.08	2.08	2.08	2.08	2.08	2.08	2.08	2.08	2.08	2.08	0.25	
3.87	3.84	3.83	3.82	3.80	3.80	3.79	3.78	3.78	3.77	3.76	3.76	0.10	4
5.86	5.80	5.77	5.75	5.72	5.70	5.69	5.66	5.66	5.65	5.64	5.63	0.05	
14.20	14.00	13.90	13.80	13.70	13.70	13.70	13.60	13.60	13.50	13.50	13.50	0.01	
1.89	1.88	1.88	1.88	1.88	1.88	1.87	1.87	1.87	1.87	1.87	1.87	0.25	
3.24	3.21	3.19	3.17	3.16	3.15	3.14	3.13	3.12	3.12	3.11	3.10	0.10	5
4.62	4.56	4.53	4.50	4.46	4.44	4.43	4.41	4.40	4.39	4.37	4.36	0.05	
9.72	9.55	9.47	9.38	9.29	9.24	9.20	9.13	9.11	9.08	9.04	9.02	0.01	
1.76	1.76	1.75	1.75	1.75	1.75	1.74	1.74	1.74	1.74	1.74	1.74	0.25	
2.87	2.84	2.82	2.80	2.78	2.77	2.76	2.75	2.74	2.73	2.73	2.72	0.10	6
3.94	3.87	3.84	3.81	3.77	3.75	3.74	3.71	3.70	3.69	3.68	3.67	0.05	
7.56	7.40	7.31	7.23	7.14	7.09	7.06	6.99	6.97	6.93	6.90	6.88	0.01	
1.68	1.67	1.67	1.66	1.66	1.66	1.65	1.65	1.65	1.65	1.65	1.65	0.25	
2.63	2.59	2.58	2.56	2.54	2.52	2.51	2.50	2.49	2.48	2.48	2.47	0.10	7
3.51	3.44	3.41	3.38	3.34	3.32	3.30	3.27	3.27	3.25	3.24	3.23	0.05	
6.31	6.16	6.07	5.99	5.91	5.86	5.82	5.75	5.74	5.70	5.67	5.65	0.01	
1.62	1.61	1.60	1.60	1.59	1.59	1.59	1.58	1.58	1.58	1.58	1.58	0.25	
2.46	2.42	2.40	2.38	2.36	2.35	2.34	2.32	2.32	2.31	2.30	2.29	0.10	8
3.22	3.15	3.12	3.08	3.04	2.02	3.01	2.97	2.97	2.95	2.94	2.93	0.05	
5.52	5.36	5.28	5.20	5.12	5.07	5.03	4.96	4.95	4.91	4.88	4.86	0.01	
1.57	1.56	1.56	1.55	1.55	1.54	1.54	1.53	1.53	1.53	1.53	1.53	0.25	
2.34	2.30	2.28	2.25	2.23	2.22	2.21	2.19	2.18	2.17	2.17	2.16	0.10	9
3.01	2.94	2.90	2.86	2.83	2.80	2.79	2.76	2.75	2.73	2.72	2.71	0.05	
4.96	4.81	4.73	4.65	4.57	4.52	4.48	4.42	4.40	4.36	4.33	4.31	0.01	

分母自由度	Pr	1	2	3	4	5	6	7	8	9	10	11	分子 12
10	0.25	1.49	1.60	1.60	1.59	1.59	1.58	1.57	1.56	1.56	1.55	1.55	1.54
	0.10	3.29	2.92	2.73	2.61	2.52	2.46	2.41	2.38	2.35	2.32	2.30	2.28
	0.05	4.96	4.10	3.71	3.48	3.33	3.22	3.14	3.07	3.02	2.98	2.94	2.91
	0.01	10.0	7.56	6.55	5.99	5.64	5.39	5.20	5.06	4.94	4.85	4.77	4.71
11	0.25	1.47	1.58	1.58	1.57	1.56	1.55	1.54	1.53	1.53	1.52	1.52	1.51
	0.10	3.23	2.86	2.66	2.54	2.45	2.39	2.34	2.30	2.27	2.25	2.23	2.21
	0.05	4.84	3.98	3.59	3.36	3.20	3.09	3.01	2.95	2.90	2.85	2.82	2.79
	0.01	9.65	7.21	6.22	5.67	5.32	5.07	4.89	4.74	4.63	4.54	4.46	4.40
12	0.25	1.46	1.56	1.56	1.55	1.54	1.53	1.52	1.51	1.51	1.50	1.50	1.49
	0.10	3.18	2.81	2.61	2.48	2.39	2.33	2.28	2.24	2.21	2.19	2.17	2.15
	0.05	4.75	3.89	3.49	3.26	3.11	3.00	2.91	2.85	2.80	2.75	2.72	2.69
	0.01	9.33	6.93	5.95	5.41	5.06	4.82	4.64	4.50	4.39	4.30	4.22	4.16
13	0.25	1.45	1.55	1.55	1.53	1.52	1.51	1.50	1.49	1.49	1.48	1.47	1.47
	0.10	3.14	2.76	2.56	2.43	2.35	2.28	2.23	2.20	2.16	2.14	2.12	2.10
	0.05	4.67	3.81	3.41	3.18	3.03	2.92	2.83	2.77	2.71	2.67	2.63	2.60
	0.01	9.07	6.70	5.74	5.21	4.86	4.62	4.44	4.30	4.19	4.10	4.02	3.96
14	0.25	1.44	1.53	1.53	1.52	1.51	1.50	1.49	1.48	1.47	1.46	1.46	1.45
	0.10	3.10	2.73	2.52	2.39	2.31	2.24	2.19	2.15	2.12	2.10	2.08	2.05
	0.05	4.60	3.74	3.34	3.11	2.96	2.85	2.76	2.70	2.65	2.60	2.57	2.53
	0.01	8.86	6.51	5.56	5.04	4.69	4.46	4.28	4.14	4.03	3.94	3.86	3.80
15	0.25	1.43	1.52	1.52	1.51	1.49	1.48	1.47	1.46	1.46	1.45	1.44	1.44
	0.10	3.07	2.70	2.49	2.36	2.27	2.21	2.16	2.12	2.09	2.06	2.04	2.02
	0.05	4.54	3.68	3.29	3.06	2.90	2.79	2.71	2.64	2.59	2.54	2.51	2.48
	0.01	8.68	6.36	5.42	4.89	4.56	4.32	4.14	4.00	3.89	3.80	3.73	3.67
16	0.25	1.42	1.51	1.51	1.50	1.48	1.47	1.46	1.45	1.44	1.44	1.44	1.43
	0.10	3.05	2.67	2.46	2.33	2.24	2.18	2.13	2.09	2.06	2.03	2.01	1.99
	0.05	4.49	3.63	3.24	3.01	2.85	2.74	2.66	2.59	2.54	2.49	2.46	2.42
	0.01	8.53	6.23	5.29	4.77	4.44	4.20	4.03	3.89	3.78	3.69	3.62	3.55
17	0.25	1.42	1.51	1.50	1.49	1.47	1.46	1.45	1.44	1.43	1.43	1.42	1.41
	0.10	3.03	2.64	2.44	2.31	2.22	2.15	2.10	2.06	2.03	2.00	1.98	1.96
	0.05	4.45	3.59	3.20	2.96	2.81	2.70	2.61	2.55	2.49	2.45	2.41	2.38
	0.01	8.40	6.11	5.18	4.67	4.34	4.10	3.93	3.79	3.68	3.59	3.52	3.46
18	0.25	1.41	1.50	1.49	1.48	1.46	1.45	1.44	1.43	1.42	1.42	1.41	1.40
	0.10	3.01	2.62	2.42	2.29	2.20	2.13	2.08	2.04	2.00	1.98	1.96	1.93
	0.05	4.41	3.55	3.16	2.93	2.77	2.66	2.58	2.51	2.46	2.41	2.37	2.34
	0.01	8.29	6.01	5.09	4.58	4.25	4.01	3.84	3.71	3.60	3.51	3.43	3.37
19	0.25	1.41	1.49	1.49	1.47	1.46	1.44	1.43	1.42	1.41	1.41	1.40	1.40
	0.10	2.99	2.61	2.40	2.27	2.18	2.11	2.06	2.02	1.98	1.96	1.94	1.91
	0.05	4.38	3.52	3.13	2.90	2.74	2.63	2.54	2.48	2.42	2.38	2.34	2.31
	0.01	8.18	5.93	5.01	4.50	4.17	3.94	3.77	3.63	3.52	3.43	3.36	3.30
20	0.25	1.40	1.49	1.48	1.46	1.45	1.44	1.43	1.42	1.41	1.40	1.39	1.39
	0.10	2.97	2.59	2.38	2.25	2.16	2.09	2.04	2.00	1.96	1.94	1.92	1.89
	0.05	4.35	3.49	3.10	2.87	2.71	2.60	2.51	2.45	2.39	2.35	2.31	2.28
	0.01	8.10	5.85	4.94	4.43	4.10	3.87	3.70	3.56	3.46	3.37	3.29	3.23

(续)

自由度													分母自由度
15	20	24	30	40	50	60	100	120	200	500	∞	Pr	
1.53	1.52	1.52	1.51	1.51	1.50	1.50	1.49	1.49	1.49	1.48	1.48	0.25	
2.24	2.20	2.18	2.16	2.13	2.12	2.11	2.09	2.08	2.07	2.06	2.06	0.10	10
2.85	2.77	2.74	2.70	2.66	2.64	2.62	2.59	2.58	2.56	2.55	2.54	0.05	
4.56	4.41	4.33	4.25	4.17	4.12	4.08	4.01	4.00	3.96	3.93	3.91	0.01	
1.50	1.49	1.49	1.48	1.47	1.47	1.47	1.46	1.46	1.46	1.45	1.45	0.25	
2.17	2.12	2.10	2.08	2.05	2.04	2.03	2.00	2.00	1.99	1.98	1.97	0.10	11
2.72	2.65	2.61	2.57	2.53	2.51	2.49	2.46	2.45	2.43	2.42	2.40	0.05	
4.25	4.10	4.02	3.94	3.86	3.81	3.78	3.71	3.69	3.66	3.62	3.60	0.01	
1.48	1.47	1.46	1.45	1.45	1.44	1.44	1.43	1.43	1.43	1.42	1.42	0.25	
2.10	2.06	2.04	2.01	1.99	1.97	1.96	1.94	1.93	1.92	1.91	1.90	0.10	12
2.62	2.54	2.51	2.47	2.43	2.40	2.38	2.35	2.34	2.32	2.31	2.30	0.05	
4.01	3.86	3.78	3.70	3.62	3.57	3.54	3.47	3.45	3.41	3.38	3.36	0.01	
1.46	1.45	1.44	1.43	1.42	1.42	1.42	1.41	1.41	1.40	1.40	1.40	0.25	
2.05	2.01	1.98	1.96	1.93	1.92	1.90	1.88	1.88	1.86	1.85	1.85	0.10	13
2.53	2.46	2.42	2.38	2.34	2.31	2.30	2.26	2.25	2.23	2.22	2.21	0.05	
3.82	3.66	3.59	3.51	3.43	3.38	3.34	3.27	3.25	3.22	3.19	3.17	0.01	
1.44	1.43	1.42	1.41	1.41	1.40	1.40	1.39	1.39	1.39	1.38	1.38	0.25	
2.01	1.96	1.94	1.91	1.89	1.87	1.86	1.83	1.83	1.82	1.80	1.80	0.10	14
2.46	2.39	2.35	2.31	2.27	2.24	2.22	2.19	2.18	2.16	2.14	2.13	0.05	
3.66	3.51	3.43	3.35	3.27	3.22	3.18	3.11	3.09	3.06	3.03	3.00	0.01	
1.43	1.41	1.41	1.40	1.39	1.39	1.38	1.38	1.37	1.37	1.36	1.36	0.25	
1.97	1.92	1.90	1.87	1.85	1.83	1.82	1.79	1.79	1.77	1.76	1.76	0.10	15
2.40	2.33	2.29	2.25	2.20	2.18	2.16	2.12	2.11	2.10	2.08	2.07	0.05	
3.52	3.37	3.29	3.21	3.13	3.08	3.05	2.98	2.96	2.92	2.89	2.87	0.01	
1.41	1.40	1.39	1.38	1.37	1.37	1.36	1.36	1.35	1.35	1.34	1.34	0.25	
1.94	1.89	1.87	1.84	1.81	1.79	1.78	1.76	1.75	1.74	1.73	1.72	0.10	16
2.35	2.28	2.24	2.19	2.15	2.12	2.11	2.07	2.06	2.04	2.02	2.01	0.05	
3.41	3.26	3.18	3.10	3.02	2.97	2.93	2.86	2.84	2.81	2.78	2.75	0.01	
1.40	1.39	1.38	1.37	1.36	1.35	1.35	1.34	1.34	1.34	1.33	1.33	0.25	
1.91	1.86	1.84	1.81	1.78	1.76	1.75	1.73	1.72	1.71	1.69	1.69	0.10	17
2.31	2.23	2.19	2.15	2.10	2.08	2.06	2.02	2.01	1.99	1.97	1.96	0.05	
3.31	3.16	3.08	3.00	2.92	2.87	2.83	2.76	2.75	2.71	2.68	2.65	0.01	
1.39	1.38	1.37	1.36	1.35	1.34	1.34	1.33	1.33	1.32	1.32	1.32	0.25	
1.89	1.84	1.81	1.78	1.75	1.74	1.72	1.70	1.69	1.68	1.67	1.66	0.10	18
2.27	2.19	2.15	2.11	2.06	2.04	2.02	1.98	1.97	1.95	1.93	1.92	0.05	
3.23	3.08	3.00	2.92	2.84	2.78	2.75	2.68	2.66	2.62	2.59	2.57	0.01	
1.38	1.37	1.36	1.35	1.34	1.33	1.33	1.32	1.32	1.31	1.31	1.30	0.25	
1.86	1.81	1.79	1.76	1.73	1.71	1.70	1.67	1.67	1.65	1.64	1.63	0.10	19
2.23	2.16	2.11	2.07	2.03	2.00	1.98	1.94	1.93	1.91	1.89	1.88	0.05	
3.15	3.00	2.92	2.84	2.76	2.71	2.67	2.60	2.58	2.55	2.51	2.49	0.01	
1.37	1.36	1.35	1.34	1.33	1.33	1.32	1.31	1.31	1.30	1.30	1.29	0.25	
1.84	1.79	1.77	1.74	1.71	1.69	1.68	1.65	1.64	1.63	1.62	1.61	0.10	20
2.20	2.12	2.08	2.04	1.99	1.97	1.95	1.91	1.90	1.88	1.86	1.84	0.05	
3.09	2.94	2.86	2.78	2.69	2.64	2.61	2.54	2.52	2.48	2.44	2.42	0.01	

分母自由度	Pr	1	2	3	4	5	6	7	8	9	10	11	分子 12
22	0.25	1.40	1.48	1.47	1.45	1.44	1.42	1.41	1.40	1.39	1.39	1.38	1.37
	0.10	2.95	2.56	2.35	2.22	2.13	2.06	2.01	1.97	1.93	1.90	1.88	1.86
	0.05	4.30	3.44	3.05	2.82	2.66	2.55	2.46	2.40	2.34	2.30	2.26	2.23
	0.01	7.95	5.72	4.82	4.31	3.99	3.76	3.59	3.45	3.35	3.26	3.18	3.12
24	0.25	1.39	1.47	1.46	1.44	1.43	1.41	1.40	1.39	1.38	1.38	1.37	1.36
	0.10	2.93	2.54	2.33	2.19	2.10	2.04	1.98	1.94	1.91	1.88	1.85	1.83
	0.05	4.26	3.40	3.01	2.78	2.62	2.51	2.42	2.36	2.30	2.25	2.21	2.18
	0.01	7.82	5.61	4.72	4.22	3.90	3.67	3.50	3.36	3.26	3.17	3.09	3.03
26	0.25	1.38	1.46	1.45	1.44	1.42	1.41	1.39	1.38	1.37	1.37	1.36	1.35
	0.10	2.91	2.52	2.31	2.17	2.08	2.01	1.96	1.92	1.88	1.86	1.84	1.81
	0.05	4.23	3.37	2.98	2.74	2.59	2.47	2.39	2.32	2.27	2.22	2.18	2.15
	0.01	7.72	5.53	4.64	4.14	3.82	3.59	3.42	3.29	3.18	3.09	3.02	2.96
28	0.25	1.38	1.46	1.45	1.43	1.41	1.40	1.39	1.38	1.37	1.36	1.35	1.34
	0.10	2.89	2.50	2.29	2.16	2.06	2.00	1.94	1.90	1.87	1.84	1.81	1.79
	0.05	4.20	3.34	2.95	2.71	2.56	2.45	2.36	2.29	2.24	2.19	2.15	2.12
	0.01	7.64	5.45	4.57	4.07	3.75	3.53	3.36	3.23	3.12	3.03	2.96	2.90
30	0.25	1.38	1.45	1.44	1.42	1.41	1.39	1.38	1.37	1.36	1.35	1.35	1.34
	0.10	2.88	2.49	2.28	2.14	2.05	1.98	1.93	1.88	1.85	1.82	1.79	1.77
	0.05	4.17	3.32	2.92	2.69	2.53	2.42	2.33	2.27	2.21	2.16	2.13	2.09
	0.01	7.56	5.39	4.51	4.02	3.70	3.47	3.30	3.17	3.07	2.98	2.91	2.84
40	0.25	1.36	1.44	1.42	1.40	1.39	1.37	1.36	1.35	1.34	1.33	1.32	1.31
	0.10	2.84	2.44	2.23	2.09	2.00	1.93	1.87	1.83	1.79	1.76	1.73	1.71
	0.05	4.08	3.23	2.84	2.61	2.45	2.34	2.25	2.18	2.12	2.08	2.04	2.00
	0.01	7.31	5.18	4.31	3.83	3.51	3.29	3.12	2.99	2.89	2.80	2.73	2.66
60	0.25	1.35	1.42	1.41	1.38	1.37	1.35	1.33	1.32	1.31	1.30	1.29	1.29
	0.10	2.79	2.39	2.18	2.04	1.95	1.87	1.82	1.77	1.74	1.71	1.68	1.66
	0.05	4.00	3.15	2.76	2.53	2.37	2.25	2.17	2.10	2.04	1.99	1.95	1.92
	0.01	7.08	4.98	4.13	3.65	3.34	3.12	2.95	2.82	2.72	2.63	2.56	2.50
120	0.25	1.34	1.40	1.39	1.37	1.35	1.33	1.31	1.30	1.29	1.28	1.27	1.26
	0.10	2.75	2.35	2.13	1.99	1.90	1.82	1.77	1.72	1.68	1.65	1.62	1.60
	0.05	3.92	3.07	2.68	2.45	2.29	2.17	2.09	2.02	1.96	1.91	1.87	1.83
	0.01	6.85	4.79	3.95	3.48	3.17	2.96	2.79	2.66	2.56	2.47	2.40	2.34
200	0.25	1.33	1.39	1.38	1.36	1.34	1.32	1.31	1.29	1.28	1.27	1.26	1.25
	0.10	2.73	2.33	2.11	1.97	1.88	1.80	1.75	1.70	1.66	1.63	1.60	1.57
	0.05	3.89	3.04	2.65	2.42	2.26	2.14	2.06	1.98	1.93	1.88	1.84	1.80
	0.01	6.76	4.71	3.88	3.41	3.11	2.89	2.73	2.60	2.50	2.41	2.34	2.27
∞	0.25	1.32	1.39	1.37	1.35	1.33	1.31	1.29	1.28	1.27	1.25	1.24	1.24
	0.10	2.71	2.30	2.08	1.94	1.85	1.77	1.72	1.67	1.63	1.60	1.57	1.55
	0.05	3.84	3.00	2.60	2.37	2.21	2.10	2.01	1.94	1.88	1.83	1.79	1.75
	0.01	6.63	4.61	3.78	3.32	3.02	2.80	2.64	2.51	2.41	2.32	2.25	2.18

(续)

自由度													分母自由度
15	20	24	30	40	50	60	100	120	200	500	∞	Pr	
1.36	1.34	1.33	1.32	1.31	1.31	1.30	1.30	1.30	1.29	1.29	1.28	0.25	
1.81	1.76	1.73	1.70	1.67	1.65	1.64	1.61	1.60	1.59	1.58	1.57	0.10	22
2.15	2.07	2.03	1.98	1.94	1.91	1.89	1.85	1.84	1.82	1.80	1.78	0.05	
2.98	2.83	2.75	2.67	2.58	2.53	2.50	2.42	2.40	2.36	2.33	2.31	0.01	
1.35	1.33	1.32	1.31	1.30	1.29	1.29	1.28	1.28	1.27	1.27	1.26	0.25	
1.78	1.73	1.70	1.67	1.64	1.62	1.61	1.58	1.57	1.56	1.54	1.53	0.10	24
2.11	2.03	1.98	1.94	1.89	1.86	1.84	1.80	1.79	1.77	1.75	1.73	0.05	
2.89	2.74	2.66	2.58	2.49	2.44	2.40	2.33	2.31	2.27	2.24	2.21	0.01	
1.34	1.32	1.31	1.30	1.29	1.28	1.28	1.26	1.26	1.26	1.25	1.25	0.25	
1.76	1.71	1.68	1.65	1.61	1.59	1.58	1.55	1.54	1.53	1.51	1.50	0.10	26
2.07	1.99	1.95	1.90	1.85	1.82	1.80	1.76	1.75	1.73	1.71	1.69	0.05	
2.81	2.66	2.58	2.50	2.42	2.36	2.33	2.25	2.23	2.19	2.16	2.13	0.01	
1.33	1.31	1.30	1.29	1.28	1.27	1.27	1.26	1.25	1.25	1.24	1.24	0.25	
1.74	1.69	1.66	1.63	1.59	1.57	1.56	1.53	1.52	1.50	1.49	1.48	0.10	28
2.04	1.96	1.91	1.87	1.82	1.79	1.77	1.73	1.71	1.69	1.67	1.65	0.05	
2.75	2.60	2.52	2.44	2.35	2.30	2.26	2.19	2.17	2.13	2.09	2.06	0.01	
1.32	1.30	1.29	1.28	1.27	1.26	1.26	1.25	1.24	1.24	1.23	1.23	0.25	
1.72	1.67	1.64	1.61	1.57	1.55	1.54	1.51	1.50	1.48	1.47	1.46	0.10	30
2.01	1.93	1.89	1.84	1.79	1.76	1.74	1.70	1.68	1.66	1.64	1.62	0.05	
2.70	2.55	2.47	2.39	2.30	2.25	2.21	2.13	2.11	2.07	2.03	2.01	0.01	
1.30	1.28	1.26	1.25	1.24	1.23	1.22	1.21	1.21	1.20	1.19	1.19	0.25	
1.66	1.61	1.57	1.54	1.51	1.48	1.47	1.43	1.42	1.41	1.39	1.38	0.10	40
1.92	1.84	1.79	1.74	1.69	1.66	1.64	1.59	1.58	1.55	1.53	1.51	0.05	
2.52	2.37	2.29	2.20	2.11	2.06	2.02	1.94	1.92	1.87	1.83	1.80	0.01	
1.27	1.25	1.24	1.22	1.21	1.20	1.19	1.17	1.17	1.16	1.15	1.15	0.25	
1.60	1.54	1.51	1.48	1.44	1.41	1.40	1.36	1.35	1.33	1.31	1.29	0.10	60
1.84	1.75	1.70	1.65	1.59	1.56	1.53	1.48	1.47	1.44	1.41	1.39	0.05	
2.35	2.20	2.12	2.03	1.94	1.88	1.84	1.75	1.73	1.68	1.63	1.60	0.01	
1.24	1.22	1.21	1.19	1.18	1.17	1.16	1.14	1.13	1.12	1.11	1.10	0.25	
1.55	1.48	1.45	1.41	1.37	1.34	1.32	1.27	1.26	1.24	1.21	1.19	0.10	120
1.75	1.66	1.61	1.55	1.50	1.46	1.43	1.37	1.35	1.32	1.28	1.25	0.05	
2.19	2.03	1.95	1.86	1.76	1.70	1.66	1.56	1.53	1.48	1.42	1.38	0.01	
1.23	1.21	1.20	1.18	1.16	1.14	1.12	1.11	1.10	1.09	1.08	1.06	0.25	
1.52	1.46	1.42	1.38	1.34	1.31	1.28	1.24	1.22	1.20	1.17	1.14	0.10	200
1.72	1.62	1.57	1.52	1.46	1.41	1.39	1.32	1.29	1.26	1.22	1.19	0.05	
2.13	1.97	1.89	1.79	1.69	1.63	1.58	1.48	1.44	1.39	1.33	1.28	0.01	
1.22	1.19	1.18	1.16	1.14	1.13	1.12	1.09	1.08	1.07	1.04	1.00	0.25	
1.49	1.42	1.38	1.34	1.30	1.26	1.24	1.18	1.17	1.13	1.08	1.00	0.10	∞
1.67	1.57	1.52	1.46	1.39	1.35	1.32	1.24	1.22	1.17	1.11	1.00	0.05	
2.04	1.88	1.79	1.70	1.59	1.52	1.47	1.36	1.32	1.25	1.15	1.00	0.01	

杜宾-沃森检验临界值表

5% 的上下界

n	k=2 d_L	k=2 d_U	k=3 d_L	k=3 d_U	k=4 d_L	k=4 d_U	k=5 d_L	k=5 d_U	k=6 d_L	k=6 d_U
15	1.08	1.36	0.95	1.54	0.82	1.75	0.69	1.97	0.56	2.21
16	1.10	1.37	0.98	1.54	0.86	1.73	0.74	1.93	0.62	2.15
17	1.13	1.38	1.02	1.54	0.90	1.71	0.78	1.90	0.67	2.10
18	1.16	1.39	1.05	1.53	0.93	1.69	0.82	1.87	0.71	2.06
19	1.18	1.40	1.08	1.53	0.97	1.68	0.86	1.85	0.75	2.02
20	1.20	1.41	1.10	1.54	1.00	1.68	0.90	1.83	0.79	1.99
21	1.22	1.42	1.13	1.54	1.03	1.67	0.93	1.81	0.83	1.96
22	1.24	1.43	1.15	1.54	1.05	1.66	0.96	1.80	0.86	1.94
23	1.26	1.44	1.17	1.54	1.08	1.66	0.99	1.79	0.90	1.92
24	1.27	1.45	1.19	1.55	1.10	1.66	1.01	1.78	0.93	1.90
25	1.29	1.45	1.21	1.55	1.12	1.66	1.04	1.77	0.95	1.89
26	1.30	1.46	1.22	1.55	1.14	1.65	1.06	1.76	0.98	1.88
27	1.32	1.47	1.24	1.56	1.16	1.65	1.08	1.76	1.01	1.86
28	1.33	1.48	1.26	1.56	1.18	1.65	1.10	1.75	1.03	1.85
29	1.34	1.48	1.27	1.56	1.20	1.65	1.12	1.74	1.05	1.84
30	1.35	1.49	1.28	1.57	1.21	1.65	1.14	1.74	1.07	1.83
31	1.36	1.50	1.30	1.57	1.23	1.65	1.16	1.74	1.09	1.83
32	1.37	1.50	1.31	1.57	1.24	1.65	1.18	1.73	1.11	1.82
33	1.38	1.51	1.32	1.58	1.26	1.65	1.19	1.73	1.13	1.81
34	1.39	1.51	1.33	1.58	1.27	1.65	1.21	1.73	1.15	1.81
35	1.40	1.52	1.34	1.58	1.28	1.65	1.22	1.73	1.16	1.80
36	1.41	1.52	1.35	1.59	1.29	1.65	1.24	1.73	1.18	1.80
37	1.42	1.53	1.36	1.59	1.31	1.66	1.25	1.72	1.19	1.80
38	1.43	1.54	1.37	1.59	1.32	1.66	1.26	1.72	1.21	1.79
39	1.43	1.54	1.38	1.60	1.33	1.66	1.27	1.72	1.22	1.79
40	1.44	1.54	1.39	1.60	1.34	1.66	1.29	1.72	1.23	1.79
45	1.48	1.57	1.43	1.62	1.38	1.67	1.34	1.72	1.29	1.78
50	1.50	1.59	1.46	1.63	1.42	1.67	1.38	1.72	1.34	1.77
55	1.53	1.60	1.49	1.64	1.45	1.68	1.41	1.72	1.38	1.77
60	1.55	1.62	1.51	1.65	1.48	1.69	1.44	1.73	1.41	1.77
65	1.57	1.63	1.54	1.66	1.50	1.70	1.47	1.73	1.44	1.77
70	1.58	1.64	1.55	1.67	1.52	1.70	1.49	1.74	1.46	1.77
75	1.60	1.65	1.57	1.68	1.54	1.71	1.51	1.74	1.49	1.77
80	1.61	1.66	1.59	1.69	1.56	1.72	1.53	1.74	1.51	1.77
85	1.62	1.67	1.60	1.70	1.57	1.72	1.55	1.75	1.52	1.77
90	1.63	1.68	1.61	1.70	1.59	1.73	1.57	1.75	1.54	1.78
95	1.64	1.69	1.62	1.71	1.60	1.73	1.58	1.75	1.56	1.78
100	1.65	1.69	1.63	1.72	1.61	1.74	1.59	1.76	1.57	1.78

1% 的上下界

n	k=2 d_L	k=2 d_U	k=3 d_L	k=3 d_U	k=4 d_L	k=4 d_U	k=5 d_L	k=5 d_U	k=6 d_L	k=6 d_U
15	0.81	1.07	0.70	1.25	0.59	1.46	0.49	1.70	0.39	1.96
16	0.84	1.09	0.74	1.25	0.63	1.44	0.53	1.66	0.44	1.90
17	0.87	1.10	0.77	1.25	0.67	1.43	0.57	1.63	0.48	1.85
18	0.90	1.12	0.80	1.26	0.71	1.42	0.61	1.60	0.52	1.80
19	0.93	1.13	0.83	1.26	0.74	1.41	0.65	1.58	0.56	1.77
20	0.95	1.15	0.86	1.27	0.77	1.41	0.68	1.57	0.60	1.74
21	0.97	1.16	0.89	1.27	0.80	1.41	0.72	1.55	0.63	1.71
22	1.00	1.17	0.91	1.28	0.83	1.40	0.75	1.54	0.66	1.69
23	1.02	1.19	0.94	1.29	0.86	1.40	0.77	1.53	0.70	1.67
24	1.04	1.20	0.96	1.30	0.88	1.41	0.80	1.53	0.72	1.66
25	1.05	1.21	0.98	1.30	0.90	1.41	0.83	1.52	0.75	1.65
26	1.07	1.22	1.00	1.31	0.93	1.41	0.85	1.52	0.78	1.64
27	1.09	1.23	1.02	1.32	0.95	1.41	0.88	1.51	0.81	1.63
28	1.10	1.24	1.04	1.32	0.97	1.41	0.90	1.51	0.83	1.62
29	1.12	1.25	1.05	1.33	0.99	1.42	0.92	1.51	0.85	1.61
30	1.13	1.26	1.07	1.34	1.01	1.42	0.94	1.51	0.88	1.61
31	1.15	1.27	1.08	1.34	1.02	1.42	0.96	1.51	0.90	1.60
32	1.16	1.28	1.10	1.35	1.04	1.43	0.98	1.51	0.92	1.60
33	1.17	1.29	1.11	1.36	1.05	1.43	1.00	1.51	0.94	1.59
34	1.18	1.30	1.13	1.36	1.07	1.43	1.01	1.51	0.95	1.59
35	1.19	1.31	1.14	1.37	1.08	1.44	1.03	1.51	0.97	1.59
36	1.21	1.32	1.15	1.38	1.10	1.44	1.04	1.51	0.99	1.59
37	1.22	1.32	1.16	1.38	1.11	1.45	1.06	1.51	1.00	1.59
38	1.23	1.33	1.18	1.39	1.12	1.45	1.07	1.52	1.02	1.58
39	1.24	1.34	1.19	1.39	1.14	1.45	1.09	1.52	1.03	1.58
40	1.25	1.34	1.20	1.40	1.15	1.46	1.10	1.52	1.05	1.58
45	1.29	1.38	1.24	1.42	1.20	1.48	1.16	1.53	1.11	1.58
50	1.32	1.40	1.28	1.45	1.24	1.49	1.20	1.54	1.16	1.59
55	1.36	1.43	1.32	1.47	1.28	1.51	1.25	1.55	1.21	1.59
60	1.38	1.45	1.35	1.48	1.32	1.52	1.28	1.56	1.25	1.60
65	1.41	1.47	1.38	1.50	1.35	1.53	1.31	1.57	1.28	1.61
70	1.43	1.49	1.40	1.52	1.37	1.55	1.34	1.58	1.31	1.61
75	1.45	1.50	1.42	1.53	1.39	1.56	1.37	1.59	1.34	1.62
80	1.47	1.52	1.44	1.54	1.42	1.57	1.39	1.60	1.36	1.62
85	1.48	1.53	1.46	1.55	1.43	1.58	1.41	1.60	1.39	1.63
90	1.50	1.54	1.47	1.56	1.45	1.59	1.43	1.61	1.41	1.64
95	1.51	1.55	1.49	1.57	1.47	1.60	1.45	1.62	1.42	1.64
100	1.52	1.56	1.50	1.58	1.48	1.60	1.46	1.63	1.44	1.65

注：n 是观察值的数目；k 是解释变量的数目，包含常数项。

ADF分布临界值表

模型形式	样本数	显著性水平			
		0.01	0.025	0.05	0.10
无常数项和趋势项	25	−2.66	−2.26	−1.95	−1.60
	50	−2.62	−2.25	−1.95	−1.61
	100	−2.60	−2.24	−1.95	−1.61
	250	−2.58	−2.23	−1.95	−1.62
	300	−2.58	−2.23	−1.95	−1.62
	∞	−2.58	−2.23	−1.95	−1.62
有常数项但无趋势项	25	−3.75	−3.33	−3.00	−2.62
	50	−3.58	−3.22	−2.93	−2.60
	100	−3.51	−3.17	−2.89	−2.58
	250	−3.46	−3.14	−2.88	−2.57
	300	−3.44	−3.13	−2.87	−2.57
	∞	−3.43	−3.12	−2.86	−2.57
有常数项和趋势项	25	−4.38	−3.95	−3.60	−3.24
	50	−4.15	−3.80	−3.50	−3.18
	100	−4.04	−3.73	−3.45	−3.15
	250	−3.99	−3.69	−3.43	−3.13
	300	−3.98	−3.68	−3.42	−3.13
	∞	−3.96	−3.66	−3.41	−3.12

$\varPhi$ 的经验分布表

模型形式	显著性水平				
	样本数	0.10	0.05	0.025	0.01
$\varPhi_1$	25	4.12	5.18	6.30	7.88
	50	3.94	4.86	5.80	7.06
	100	3.86	4.71	5.57	6.70
	250	3.81	4.63	5.45	6.52
	300	3.79	4.61	5.41	6.47
	∞	3.78	4.59	5.38	6.43
$\varPhi_2$	25	4.67	5.68	6.75	8.21
	50	4.31	5.13	5.94	7.02
	100	4.16	4.88	5.59	6.50
	250	4.07	4.75	5.40	6.22
	300	4.05	4.71	5.35	6.15
	∞	4.03	4.68	5.31	6.09
$\varPhi_3$	25	5.91	7.24	8.65	10.61
	50	5.61	6.73	7.81	9.31
	100	5.47	6.49	7.44	8.73
	250	5.39	6.34	7.25	8.43
	300	5.36	6.30	7.20	8.34
	∞	5.34	6.25	7.16	8.27

参考文献

[1] 白仲林. 面板数据的计量经济分析 [M]. 天津：南开大学出版社，2008.

[2] 陈强. 高级计量经济学及 Stata 应用 [M]. 2 版. 北京：高等教育出版社，2014.

[3] 陈强. 计量经济学及 Stata 应用 [M]. 2 版. 北京：高等教育出版社，2024.

[4] 陈诗一，陈登科. 高级计量经济学 [M]. 北京：高等教育出版社，2022.

[5] 陈诗一，陈登科. 计量经济学 [M]. 北京：高等教育出版社，2019.

[6] 邓翔，杜江，张蕊. 计量经济学 [M]. 成都：四川大学出版社，2002.

[7] 高铁梅. 计量经济分析方法与建模：EViews 应用及实例 [M]. 4 版. 北京：清华大学出版社，2020.

[8] 黄少敏. 计量经济学入门 [M]. 北京：北京大学出版社，2004.

[9] 伍德里奇. 计量经济学导论：现代观点 5 版 [M]. 张成思，李红，张步昙，译. 北京：中国人民大学出版社，2015.

[10] 李宝仁. 计量经济学 [M]. 2 版. 北京：机械工业出版社，2015.

[11] 李子奈，潘文卿. 计量经济学 [M]. 5 版. 北京：高等教育出版社，2020.

[12] 马成文，郑丽琳，夏万军. 计量经济学 [M]. 北京：机械工业出版社，2021.

[13] 施图德蒙德. 应用计量经济学 6 版 [M]. 杜江，李恒，译. 北京：机械工业出版社，2011.

[14] 古扎拉蒂. 计量经济学基础 4 版 [M]. 费剑平，孙春霞，等译. 北京：中国人民大学出版社，2005.

[15] 林德，马歇尔，沃森. 商务与经济统计方法 15 版 [M]. 聂巧平，叶光，译. 北京：机械工业出版社，2015.

[16] 迪博尔德. 经济预测基础教程 4 版 [M]. 杜江，李恒，等译. 北京：机械工业出版社，2012.

[17] 平狄克，鲁宾费尔德. 计量经济模型与经济预测 [M]. 钱小军，等译. 4 版. 北京：机械工业出版社，1999.

[18] 恩德斯. 应用计量经济学：时间序列分析：第 4 版 [M]. 杜江，袁景安，译. 北京：机械工业出版社，2017.

[19] 斯托克，沃森. 计量经济学：第 4 版 [M]. 王立勇，徐晓莉，译. 北京：机械工业出版社，2022.

[20] 庞皓. 计量经济学 [M]. 4 版. 北京：科学出版社，2019.

[21] 于俊年. 计量经济学 [M]. 3 版. 北京：对外经济贸易大学出版社，2014.

[22] 张晓峒. 计量经济学基础 [M]. 5 版. 天津：南开大学出版社，2023.

[23] 张晓峒. EViews 使用指南与案例 [M]. 北京：机械工业出版社，2007.